石油高等院校特色规划教材

国际石油经济学

（第三版）

王建良　冯连勇　唐　旭　主编

石油工业出版社

内 容 提 要

本书融合石油科学、经济科学、管理科学等多学科知识，反映石油经济前沿及行业新动态、新发展。本书主要内容包括石油工业历史、石油基础知识、世界油气资源与供需状况、石油供应预测理论与方法、石油价格波动与定价机制、石油价格影响因素与价格预测、石油市场与石油贸易、国际石油工业中的公司、政府与组织、国际石油合作、能源安全与石油体制改革等。本书能够为学生日后从事石油经济分析、石油贸易、石油产品销售、石油合作、石油战略研究等提供基础知识储备。

本书可作为石油院校能源经济专业学生的教材，也可供有意从事油气市场分析与管理的企业人员阅读。

图书在版编目（CIP）数据

国际石油经济学/王建良，冯连勇，唐旭主编. —3版. —北京：石油工业出版社，2021.11

石油高等院校特色规划教材

ISBN 978-7-5183-4945-6

Ⅰ.①国… Ⅱ.①王…②冯…③唐… Ⅲ.①石油经济-世界-高等学校-教材 Ⅳ.①F416.22

中国版本图书馆 CIP 数据核字（2021）第 212424 号

出版发行：石油工业出版社
　　　　　（北京市朝阳区安华里2区1号楼　100011）
　　　网　　址：www.petropub.com
　　　编辑部：（010）64523733
　　　图书营销中心：（010）64523633
经　　销：全国新华书店
排　　版：三河市燕郊三山科普发展有限公司
印　　刷：北京中石油彩色印刷有限责任公司

2021年11月第3版　2021年11月第1次印刷
787毫米×1092毫米　开本：1/16　印张：15.25
字数：390千字

定价：38.00元
（如发现印装质量问题，我社图书营销中心负责调换）
版权所有，翻印必究

第三版前言

本教材第一版于2009年2月出版，随着国际能源市场格局和外部环境的变化，于2013年5月修订出版第二版。自本书出版以来，已作为国际石油经济学教材供本科生使用了十余年，使学生手中有内容可供参考，初步达到了教材编写的预期效果。2011年4月，本书第一版获得了2010年度中国石油和化学工业优秀出版物奖（教材类）二等奖，这不仅仅是一个鼓励，更是一个鞭策。

距离第二版教材出版已过去八年时间，时至今日，国际形势已发生重大变化，教材自身的一些内容也与时代主题要求有了差异。编者始终认为教材应紧跟石油经济的前沿，及时反映世界石油工业的新动态，成为能够反映时代特征、最新进展的高质量教材，更好地支撑课程，为学生提供更好的教材服务。因此，本着这样的想法，编者组织了有关人员，结合时代的变化，根据时代要求及学生的反馈，融合新的理论、知识内容，对第二版教材进行全面修订。

教材修订紧密围绕新时代的特征与要求进行。首先，根据"双一流"建设模式的要求，对教材进行了改进。推进世界一流大学和一流学科建设（即"双一流"建设）是党中央、国务院适应时代变化提出的致力于提升我国高等教育综合实力和国际竞争力的重要举措，其顺利推进将对中国实现"两个一百年"奋斗目标和中华民族伟大复兴的中国梦提供有力支撑。对于石油院校而言，其传统优势在能源，借助这一优势，做精做强与能源相关的专业和课程已然成为学校的重要发展思路。在此背景下，对国际石油经济学教材的改进与建设就显得尤为重要，其建设成果将直接服务于石油院校的新工科人才建设与能源经济专业的建设。

其次，按照新时代复合型人才培养理念的要求，对教材进行持续的完善。人才培养理念是整个社会体系培养学生的基础，在教育发展阶段、教育所处外部环境发生变化的情况下，人才培养理念也应适当调整。进入21世纪以来，人类科学进入所谓的"后常规科学时代"，所面临问题的复杂性、重大性、价值观的冲突性是这一新时代的典型特征。要解决这些问题，包容的文化是基础，而多学科交叉、一专多能宽视野的复合型人才是关键。国际石油经济研究本身就是一个多学科交叉研究典范，与此对应的国际石油经济学课程与教材理应也顺应这一趋势，支撑这一交叉研究。因此，对教材进行适当调整，体现这种多学科交叉特性就显得尤为必要。

最后，依照"新经管"思维下人才培养方式转变的要求，对教材进行不断改进。2017年2月以来，教育部积极推进新工科建设，先后形成了"复旦共识"、"天大行动"和"北京指南"，并发布了《关于开展新工科研究与实践的通知》《关于推进新工科研究与实践项目的通知》，全力探索形成领跑全球工程教育的中国模式、中国经验，助力高等教育强国建设。2020年11月3日，全国有关高校和专家齐聚山东威海，共商新时代文科教育发展大计，共话新时代文科人才培养，共同发布了《新文科建设宣言》。在此背景下，"新经管"的思路逐渐明朗。在新经管的视角下，要以知识为基础，以问题为导向，重实践是强调的一大亮点。在此背景下，本教材也做出相应调整，融合管理与经济，体现对问题的认知解决力。

与第二版教材相比，编者调整了全书章节的安排，整合了相关章节，删除了部分目前已不作为重点的章节内容，如第二版教材的第四、第五、第七、第十二、第十三章，其他章节则在第二版的基础上对内容进行修订和完善。在第三版中，第一章重点围绕世界及中国石油工业发展历史展开；第二章石油基础知识在框架上做出了更为明晰的调整，内容上也更加有条理；第三章对世界油气资源与供需状况根据最新统计数据重新进行了整理分析，反映了最新的世界油气资源情况，为学生、同行了解当前的油气资源形势提供了更为可靠的依据；第四章为第三版教材的新增内容，在石油供应预测理论的基础上，从资源视角、经济视角等分别探讨石油供应预测的方法；第五章、第六章由第二版的第六章拆分而来，将石油的定价机制与石油价格的影响因素分别进行系统讨论，不再杂糅在一起；第七章对石油市场与石油贸易进行了详细分析；第八章关于国际石油工业中的公司，选取了近5年的数据，对综合一体化公司及国家石油公司的战略目标、勘探开发情况进行了梳理，以方便读者更加清楚地了解到当今世界大型石油公司正在进行的业务活动，以及全球的治理目标等内容；第九章政府与组织中对第二版内容进行了精简，同时将对世界影响巨大的一些组织的最新变化也融入其中；第十章国际石油合作与合同是在第二版基础上适当调整后的内容，补充了部分合同收入分成的情况；第十一章将石油安全问题单独提出来重点讨论，意在强调现今世界石油安全的重要性，并在这一章增加了中国石油体制改革的内容，强化油气行业对经济发展影响的重要地位。

在第三版的编写过程中，尤其要感谢正在读书的学生们。刘睿同学［目前就读于中国石油大学（北京），博士研究生］对第三章、第五章、第六章、第七章、第八章、第十一章做了大量更新和完善工作；薛梦浩同学［目前就读于中国石油大学（北京），硕士研究生］完成了第九章、第十章的修订和完善工作；张智琳同学［目前就读于中国石油大学（北京），硕士研究生］完成了第一章和第二章的修改工作。另外，2019级的研究生胡欢也为本书的修订工作贡献了力量。这些都是非常优秀出色的学生，没有他们的心血就无法完成本教材的修订工作。在此，编者向他们表示由衷的感谢！

尽管本教材的第三版修订工作已经完成，编者也多次推翻又重新建立教材结构，不断地修改和完善教材内容，但由于水平有限，教材中难免出现错误。作者会持续不断地努力，为第四版的出版做大量的前期准备工作。只有这样，才能为使用本教材的学生和石油界、能源界的同仁提供更好的学习和参考用书。对此，敬请有关专家、学者以及同学们批评赐教，多多指正。

王建良　冯连勇　唐旭
2021年4月于北京昌平

第二版前言

本教材 2009 年 2 月第一版印刷以来已经供本科生使用近四年了，初步达到了预期效果：在国际石油经济学的教材方面提出了一个框架，使学生手中有内容可供参考。另外，2011 年 4 月第一版教材获得了中国石油和化学工业联合会 2010 年度中国石油和化学工业优秀出版物奖（教材类）二等奖，这不仅仅是一个鼓励，更是一个鞭策。作者认为，第一版的教材应尽快修订完善，使之能够反映石油经济的前沿，反映世界石油工业的动态；同时还能突出研究国际石油经济问题的理论和方法体系。本着这种想法，编者组织有关人员用了大约两年的时间对本教材进行了修订。

第二版教材紧密围绕"后石油时代"这一主题。在第一版出版时，编者对直接表述"后石油时代已经来临"这一提法还有些胆怯，心中充满各种疑惑，有时甚至用胆战心惊来形容，担心这种提法过于冒进。但两年多来的实践说明，这种说法是符合世界石油工业实际的，是站在一定高度看待石油工业问题的。这期间有三件大事需要提及：一是，2010 年 5 月发生的墨西哥湾漏油事件，对海洋石油工业尤其是深海石油打击很大，也反映出石油峰值论者的预见性和正确性，还有 2011 年 6 月 11 日发生的中国渤海湾漏油事件也对中国的海洋石油工业造成深远影响，凸显石油峰值问题的严峻性；二是，2011 年初以来的北非中东的动荡，埃及、突尼斯、利比亚、阿曼等国家都是石油产量峰值已过的国家，石油美元在美国量化宽松的货币政策及双赤字等一系列问题的影响下持续贬值，这些国家无法维持正常开支，加上宗教、政治、社会治理等问题终于发生了影响空前的动荡，对世界石油工业的影响是空前的，正在改写世界石油工业的历史，改写国际石油合作的规则，改写世界的格局；三是，2011 年 3 月 11 日日本发生地震及海啸，引发核危机，表面看上去这件事离石油有些距离，但是由于能源的连带效应，这对化石能源尤其是对石油影响很大。在北非中东动荡及日本核危机的共同影响下，国际油价不断攀升，世界经济叫苦不迭。这些实际现象说明：后石油时代已经来临。

还需提及的是，2011 年 2 月，编者之一冯连勇与博士生胡燕同学合作编写了《走进后石油时代》，在石油及其相关领域取得了很好的反响。这本书是在中国私家车的数量快速增长的情况下对人们的一个警示。2013 年 1 月，冯连勇等完成的著作《峰值的幽灵》也正式出版。编者把这两本书中一些非常有价值的内容加入了本教材，以便更加丰富和充实。

在第二版的编写过程中，三位主编对第一版进行了全新的调整，修订了每一章，齐超同学（目前就读于西南石油大学，硕士研究生）对第一章、第三章、第八章、第九章做了大量更新和完善工作；中国石油勘探开发公司战略发展部赵林博士完成了第十章和第十三章的修改工作，并且对绪论中关于美国 HEES 会议研究内容作了整理；唐旭完成了第十三章的修订工作，并补充了第五章第四节；王建良完成了第四和第五章的修订与完善工作；胡燕完成了第七章的编写工作；曲会完成了第十二章的起草和修订工作；李丽宁完成了第六章的撰写和修订工作以及第三章中美国 SEC 储量标准调整对石油储量的影响；王柳青参加了第十三章的起草工作。另外，邓秀文、王高媛、田冬、甘柳、郦白珂、高霞都做了大量工作。这些都是非常优秀出色的学生，没有他们的心血就完不成教材的修订工作。在此，编者向他们表示由衷的感谢！

尽管本教材的第二版修订工作已经完成，尽管编者多次推翻又重新建立教材结构，不断地修改和完善，但作者清醒地认识到，教材的水平还相当有限。当然，作者会持续不断地努力，为第三版的出版做大量的前期准备工作；只有这样，才能对得起使用本教材的学生和石油界、能源界的同仁。对此，希望有关专家、学者以及同学们批评赐教，多多指正。

冯连勇　陈大恩　唐旭
2012 年 11 月于北京昌平

第一版前言

20世纪70年代后，由于石油危机的爆发，世界石油问题越发引人注目。在廉价时代终结的今天，更是如此。油价暴涨、石油安全、石油储备、国际石油合作、石油与恐怖主义威胁等几乎天天见诸媒体，石油问题极大地影响了世界。同样，作为石油院校的课程之一，"国际石油经济学"也成为大学生非常愿意选择的课程。

目前开设"国际石油经济学"课程的多数为国内外的石油院校，如中国石油大学（北京）、俄罗斯莫斯科石油大学、加拿大卡尔加里大学等。但由于种种原因，并没有通用的教材，只是讲课的教师基本上按照自己的经历和理解讲解，而且重点各不同。因此，到目前为止还没有一本为大家所接受的教材。

我们相信，把国际石油经济学的教学与石油工业实践结合起来，编写出一本适合本科生和研究生使用的教材，对推动石油院校教育的国际化会发挥一定的积极作用。我们认为国际石油经济学是针对世界石油资源、市场、石油公司以及国际石油合作中的石油经济问题，运用预测、评价等研究手段和方法给出答案或解决方案的课程或学科体系。该课程是集石油科学、经济科学和管理科学于一身的一门综合课程，为学生以后从事石油战略研究、石油市场及贸易、石油产品营销及国际石油合作等打下基础。说得再具体点，国际石油经济学就是围绕世界石油资源与市场，探讨石油企业如何开展国际石油合作的问题。按照笔者的理解，"国际石油经济学"应回答如下几个问题：世界石油资源能用多少年？世界石油市场的中长期走势如何？政府及有关组织在石油工业中发挥怎样的作用？参与石油工业的公司是哪些公司？石油企业如何开展国际化经营与国际石油合作？……

按照笔者近几年的理解，国际石油经济学不仅仅是一门课程，也可以扩大为一专业或一学科。它至少包括三个层次的内容，应培养三个层次的能力。第一个层次也就是最基本的层次（本科生）是宏观石油经济分析与预测，即运用石油的宏观数据（如bp能源统计、IEA公布的数据、各有关国家公布的宏观数据、各交易市场数据等）及所学习的各种数量经济、计量经济学方法分析石油市场，预测供给与需求、价格等；第二个层次（研究生）是对石油项目进行评价，即在第一个层次的基础上运用技术经济学、计算机编程等研究与评价石油项目，考察项目的经济可行性；第三个层次（博士生）是在上两个层次的基础上运用预测、评价和优化的理论与方法对油藏、石油项目和石油公司进行研究，得出石油（或公司）的价值，为区块的交易、项目的交易以及公司的并购服务，并不断创新国际石油经济学的理论与方法。

因此，从课程功能上讲，国际石油经济学应包括技术经济学课程的内容，即项目评价的原理与方法，尤其是针对石油项目的评价方法等内容。如果这样，课时将过长，缺乏灵活性。因此，一门课拆分成两门课较为方便。另外，大家还关心国际石油经济学与能源经济学有何区别？我们的理解是，能源经济学重点讲述在能源经济领域的研究方法和研究手段，如能源结构分析、能源系统分析与模型计算、能源效率与经济结构演变以及能源政策等方面的内容，而国际石油经济学是紧密围绕石油资源、市场、公司、政府及有关组织和国际石油合作等内容，解答石油经济问题。所以，国际石油经济学应该是能源经济学下面的某一具体能源的课程。

表面上看，该课程文字叙述较多，定量计算较少。但实际上，要充分掌握，难度是相当大的。究其原因，一是"国际石油经济学"是实践性非常强的课程，不仅要求深入学习石油技术和工程的知识，还要求深入实践，去石油企业一线体验和锻炼。二是由于该课程研究的不仅仅是经济学的范畴，更是一个石油科学、经济学与管理学相结合的综合性课程，先行课程应该至少包括地球科学概论、技术经济学、石油地质学、石油加工及石油商品学、经济学和管理学等课程。可以看出，石油勘探开发、炼油化工等知识和经验对理解和掌握国际石油经济学是非常重要的。

我国石油企业国际化经营的奠基人之一、中国石油大学（北京）双聘院士、兼职教授——童晓光院士在百忙之中为本书作了序；石油经济管理专业的老前辈、北京石油学院20世纪50年代石油工业经济系的创始人之一，79岁高龄的华泽澎教授也为本书作序。这是对我们极大的鼓励和支持，更使我们感到，编好这个教材和办好石油经济管理教育责任重大。

在本书编写过程中，我院青年教师余祖德参与了部分章节的校对工作，高建和曾叶丽参加了第五章和第六章的编写工作。另外，我们的不少学生发挥了很大作用，如王月（研07）、杨丽静（研06）、牟春英（研05）、唐旭（研06）、胡燕（研08）、刘庆琳（研04）、相文文（研05）、赵林（研05）、李君臣（研06）、王思聪（研05）、杨兴（研08）等同学都参与了编写，并进行校对和修订，不断完善教材结构，几易其稿，他们是非常出色的学生，为配合本教材的出版做了大量的工作，在此，我们表示由衷的感谢。

尽管本教材的内部讲义已经使用了两个学期，但在把书稿交付出版之际，仍然忐忑不安。由于水平有限，教材中错误难免，敬请有关专家、学者以及同学们批评指正，以便于今后不断修改完善。

冯连勇　陈大恩
2009年1月于北京昌平

目录

第一章　石油工业历史 ... 1
- 第一节　世界石油工业发展历程 ... 1
- 第二节　中国石油工业发展历程 ... 17
- 思考题 ... 24
- 参考文献 ... 24

第二章　石油基础知识 ... 25
- 第一节　油气概述 ... 25
- 第二节　油气的生成与聚集 ... 28
- 第三节　油气分类 ... 31
- 第四节　油气资源/储量分级分类体系 ... 34
- 第五节　油气勘探开发与储量确认 ... 40
- 思考题 ... 46
- 参考文献 ... 47

第三章　世界油气资源与供需状况 ... 48
- 第一节　世界油气资源状况 ... 48
- 第二节　世界油气供需状况 ... 55
- 第三节　世界油气供需趋势 ... 66
- 思考题 ... 78
- 参考文献 ... 78

第四章　石油供应预测理论与方法 ... 79
- 第一节　石油供应预测理论 ... 79
- 第二节　石油供应预测的主要方法 ... 81
- 第三节　可耗竭资源供应预测的曲线拟合法 ... 85
- 思考题 ... 97
- 参考文献 ... 97

第五章　石油价格波动与定价机制 ... 100
- 第一节　国际油价历史回顾及其波动分析 ... 100
- 第二节　国际石油定价机制 ... 103
- 第三节　国际石油价格形式 ... 110
- 第四节　中国石油定价机制 ... 113
- 思考题 ... 117
- 参考文献 ... 117

第六章　石油价格影响因素与价格预测 … 118
- 第一节　石油价格影响因素分析 … 118
- 第二节　短期油价预测方法 … 123
- 第三节　中长期油价预测方法与应用 … 126
- 思考题 … 128
- 参考文献 … 128

第七章　石油市场与石油贸易 … 130
- 第一节　国际石油市场 … 130
- 第二节　国际石油贸易 … 133
- 第三节　中国石油市场与石油贸易 … 144
- 思考题 … 155
- 参考文献 … 155

第八章　国际石油工业中的公司 … 156
- 第一节　石油公司类型及其兼并重组 … 156
- 第二节　综合一体化大型石油公司 … 161
- 第三节　国家石油公司 … 170
- 第四节　国际石油技术服务公司 … 176
- 第五节　新形势下的石油公司能源转型 … 178
- 思考题 … 181
- 参考文献 … 181

第九章　政府与组织 … 183
- 第一节　政府在石油工业中的作用 … 183
- 第二节　主要石油及能源组织 … 189
- 思考题 … 193
- 参考文献 … 194

第十章　国际石油合作 … 195
- 第一节　国际石油合作形式 … 195
- 第二节　国际石油合同类型及其经济评价 … 198
- 第三节　不同国家的石油税收制度 … 208
- 思考题 … 217
- 参考文献 … 217

第十一章　能源安全与石油体制改革 … 218
- 第一节　能源安全 … 218
- 第二节　中国石油安全 … 220
- 第三节　中国石油体制改革 … 224
- 思考题 … 232
- 参考文献 … 232

第一章 石油工业历史

第一节 世界石油工业发展历程

一、人类古代石油（1859年以前）

能源是人类生存和发展的重要物质基础。约7000年前人们开始利用畜力，约3000年前人们开始利用煤炭。可人类何时开始使用石油，至今还没有一个确切的答案，但可以肯定的是，人类发现石油和天然气并加以利用的历史已非常悠久。

在欧洲及中亚，早在公元前5世纪，古波斯（今伊朗）的拜火教就已经会利用石油来燃烧"神火"。公元前4世纪，古希腊、古罗马人已开始用原油来治创伤、疥癣等疾病，耶路撒冷人也已用天然沥青来照明；阿塞拜疆的巴库是当时石油生产的主要地区，亚历山大·马其顿的军队就用该地的石油作为战车车轴的润滑剂。公元650年左右，波斯人和阿拉伯人已能利用石油制作"希腊火"，供作战时用来烧毁敌人的船只。"石脑油"（naphtha）一词起源于该时期，并沿用至今。

在亚洲，中国是世界上发现和利用石油和天然气最早的国家之一。早在3000多年前《易经》中就记载了有关石油和天然气的情况。公元1世纪在四川临邛发现的天然气井，手工钻井超过百米，是当时世界之最。公元3世纪左右，中国就将天然气作为燃料并用管道运输，这可以说是人类最早的管道。19世纪前，中国的石油开发技术居世界前列，欧美国家纷纷效仿。13世纪，缅甸的仁安羌油田也已经开采，至18世纪时，该国已有500口人工开掘的油井。

在美洲，玛雅人和安茨太克斯（Aztecs）人早在几个世纪前就发现了"油苗"。在现在的巴西巴伊亚州（Bahia）地区，当地人在16世纪就开始使用石油，他们在箭头上涂上松香以烧毁葡萄牙侵略军的船只。

1430年左右，欧洲石油市场上就出现了激烈的竞争，主要是意大利北部的摩迪那（Modena）地区的石油与德国南部塔格尼（Tegernee）教士们生产的"奥利奥地塞索"（Olio di Sasso）石油间的竞争。此后，1643年荷兰东印度公司（Dutch East Indies Company）也加入了该竞争的行列，他们从印度尼西亚的埃特奇（Atjeh）地区进口石油，将石油用于医药和润滑剂。

1845年开始，依希西（Ichthy）公司开始从事"大规模"的油砂石油生产。当时的石油炼化装备还十分简陋，其生产方法是使用两口锅，将油砂放在一个倒扣着小锅的大锅中，加热后，石油便漏下来，这种做法一直延续到1860年。

尽管石油的开发历史早，但因其规模小，还不能被称为产业或工业。并且石油生产的方法原始，多为自然露头的石油或简单的人工采掘，机械化尚未出现。当时的石油产量极小，对世界历史进程无影响。直到19世纪中叶，石油才进入了大规模开发的时代。

二、现代世界石油工业的诞生（1859—1920年）

（一）美国德雷克井的发现

尽管最早发现石油的国家不是美国，但美国却是第一个对石油资源进行大规模商业开发的国家。

美国第一个石油公司"纽约宾夕法尼亚石油公司"于1854年诞生，该公司的目的是开采宾夕法尼亚梯突斯维尔（Titusville）地区的石油。第一个石油专家可能是苏里文教授，1855年他用科学的方法分析了石油，在100~220℃之间将石油蒸馏成了八个组分，并得出结论：石油馏出物在照明方面非常成功。他认为原油加热后在不同的沸点会分馏出几种不同的物质，其中一种是高质量的照明油。

1858年，经过股份改组后的"西尼卡（Seneca）石油公司"成立，德雷克（Edwin L. Drake）上校作为总代理被该公司雇用。其实德雷克并非上校，这只是公司为了打开局面并给用户留下深刻印象而采取的一种手段。因为钻井找油的思想源于产盐业，所以德雷克租用了一台找盐的钻机并订购了一台蒸汽机，凭借以蒸汽为动力的绳索钻，于1859年在梯突斯维尔地下112米深处钻出了原油，日产1.37~4.79吨。德雷克井出油的消息不胫而走，炼油商们蜂拥而至，高价收购原油。

自此，找油热在美国东部以星火燎原之势迅速发展起来，越来越多的美国人追随德雷克的事业，无论是在宾夕法尼亚州，还是在其他地方，掀起了开采石油的热潮。丹尼尔·耶金在《石油风云》一书中写道："随之而来的像是一场淘金热。两岸狭窄山谷中的平地很快被租出去。到1860年11月，即德雷克井发现之后15个月，有75口井出油，将这一地区戳得千疮百孔。"人们不仅来这里找油，还开办炼油厂，就地把原油加工成灯用煤油。到1860年这一地区已至少有15个炼油厂投产。

尽管早在德雷克油井之前的几个月，加拿大的潘特洛利亚（Petrolea）就已发现了石油，但德雷克井实现了人类历史上第一次对石油的商业性勘探开发，其本质是一次真正的商业成功案例，它对石油产业的建立和影响是空前的。

德雷克井是世界上第一口用机器钻成的，并且用机器抽油的油井。它的成功带动的不只是几口油井，而是带动了一个完整的工业体系，自此之后，大批石油公司、炼厂、管道出现，石油服务业——钻井制造商、钻井承包商、石油运输商、石油销售商等也随之出现。自德雷克井出油后不到十年时间，一个从机械钻井到采油，从集输到长距离运输，直到加工成产品的石油工业体系形成并发展起来。从此，一部轰轰烈烈的历史开始了，现代石油工业诞生了。

19世纪中叶，美国成为世界石油工业的摇篮有其历史的必然性，有如下原因：

一是宾夕法尼亚州的梯突斯维尔位于美国东部的发达地区。这里工商业发达，人口稠密，东部的费城、纽约，中西部的匹兹堡等大城市都在附近，市场容量大，灯用煤油这种新型的照明燃料很受欢迎，需求迅速上升，刺激了石油产量的上升。同时，这里交通发达，公路、铁路、水路能迅速把原油运输到纽约、匹兹堡等炼油中心，在这些地方加工成煤油并输送到世界各地。

二是美国当时已经形成了活跃的资本市场。银行已形成网络，企业贷款方便；实力较大的可以兼并实力较小的公司。19世纪60年代末，洛克菲勒兼并了匹兹堡的大部分炼油企业。有前景的资产（如发现井）都可以发行股票筹资。从19世纪70年代初美国就开办了石油交易市场，可以进行期货、现货交易，因此石油工业发展具有充足的资本。

三是工业化为石油勘探、开发、运输提供了有力的技术支持。在梯突斯维尔地区，以及周围的几个州，蓬勃兴起的找油热得到了材料、设备、劳务供应的有力保障。几年之内，成百上千台钻机、蒸汽机、泵，数以万计的油桶和大小储罐、铁管等得到了充分的供应。美国的钻井设备在19世纪70年代以后陆续出口到罗马尼亚、阿塞拜疆等地区。

四是宾夕法尼亚州有得天独厚的石油资源。梯突斯维尔及周围地区属于美国东部的阿帕拉契亚盆地，石油资源丰富，埋藏浅，油苗露头多，在有石油地质理论指导和形成勘探技术之前，沿着油苗附近钻井，就容易出油。因此能在技术很原始的情况下，石油生产迅速形成规模。

五是美国国内战争大大推动了石油工业的发展。丹尼尔·耶金在《石油风云》一书写道："国内战争实现了美国南北统一，打开了广阔的国内市场。国内战争之后，成千上万的退伍兵涌入油区，重新开始了生活，寻找发财之道。这时油价已经涨到每桶13.75美元，促成了一次新的投机性繁荣。在东海岸也可以感受到狂潮的影响。""战争切断了来自西方的松脂运输线，造成了松脂油的严重短缺。宾夕法尼亚州石油提炼的煤油迅速填补了这一空缺，更快地开拓了北方市场。""战争还有另一个更重要的影响，由于南方分离出去，北方无法继续分享棉花的出口收入。对欧洲的石油出口迅速增长，弥补了这一损失，成为外汇收入的新源泉。"

（二）世界石油工业的煤油灯时代

之所以将这一时期称为煤油灯时代是因为这一时期主要石油产品为灯用煤油，汽油被看作"危险的"副产品。煤油作为一种新的照明燃料备受欢迎，但市场需求有限，又受运输条件的限制，世界煤油市场的需求增长不快。19世纪末汽车问世，1911年T型车开始大批量进入市场，汽油开始逐步取代煤油成为主要石油产品。但从整体来看，石油工业仍处在"煤油时期"。

石油工业刚刚在世界上兴起，一些国家陆续发现和开始开采石油，当时全球只有美国、俄罗斯、墨西哥等少数几个国家地区可以在一定规模上生产石油。

1. 美国

在这个阶段的几十年中，除了1899—1901年外，美国一直都是世界第一大产油国。从1859年起步，19世纪60年代初期的南北战争，有力地推动了劳动力、资本和商品（煤油）的流通，促进了石油勘探活动的扩展。到19世纪末，美国的产油州也从宾夕法尼亚扩展到其他7个州。1870年全国产量526万桶，1900年达到6362万桶。这个阶段的石油生产主要集中在东北部的阿帕拉契亚地区。

这段时期美国石油产量迅速增长。在1859—1900年的41年中，美国累计生产了第一个10亿桶石油；第二个10亿桶石油仅用了9年（1900—1909年）时间；第一次世界大战时期（1914—1918年），美国更是用了4年时间就生产出第四个10亿桶石油；第五个10亿桶石油更是飞快，仅2年时间（1917—1919年）就全部生产出来。

2. 俄罗斯

自19世纪80年代以来，俄罗斯很快成为世界第二大产油国，1875年产量为13.2万吨，1898年产量达到833万吨。1900年前后到达那个时代的产量高峰，年产量超过1000万吨，一度领先美国，但此后其国内陷入政治动荡和战乱，石油产量呈持续下降趋势。1905年产量降到755万吨，1920年仅为380万吨。

1900年以前，俄罗斯的石油生产主要集中在巴库地区，20世纪初扩展到北高加索的格罗兹尼（车臣—印古什地区）和玛依科普（库班地区）及中亚地区。

3. 墨西哥

1901年墨西哥发现第一个油田——埃巴诺（Ebano）油田。1919年墨西哥年产量突破1000万吨，超过俄罗斯成为世界第二大产油国；1920年突破2000万吨，占世界总产量的22.8%。

4. 罗马尼亚

罗马尼亚是欧洲的重要产油国之一，自1895年颁布《矿产法》以来，石油工业快速发展。1900年罗马尼亚生产原油24.7万吨；1912年达到189.8万吨的高值，为此，罗马尼亚成为第一次世界大战中各方激烈争夺的对象。战争期间，1917年其国内石油年产量降到了72.4万吨，1920年恢复到110.9万吨。

5. 波斯（今伊朗）

波斯是中东最早发现和生产石油的国家，1908年5月，发现了中东的第一个油田——马斯杰德苏莱曼（Masjid-Ⅰ-Suleiman）油田。1912年5月波斯出口第一船石油。1919年日产石油2592吨。

除此之外，当时发现和开采石油的国家还有波兰、德国、意大利、中国、日本、缅甸、印尼（当时的荷属东印度群岛）、秘鲁、阿根廷、加拿大等国，但产量都很小。

到1920年，全球石油产量达到9398万吨，其中美国占64.3%；墨西哥占22.8%；俄罗斯占3.7%；亚洲、中东占6.1%；其他国家占3.1%。

（三）世界石油市场呈现垄断局面

石油工业在一些国家逐步形成完整的工业体系，一批规模比较大的石油公司已经形成，出现了垄断。

1. 标准石油公司的建立

美国是最早建立石油工业体系和国内石油市场最早形成垄断局面的国家，也是最早从法律上提出反垄断的国家。

约翰·戴维森·洛克菲勒（John Davidson Rockefeller）是对现代石油工业产生重大影响的人物之一。他生于1839年，16岁时便在克里夫兰一家农产品运销公司当记账员，20岁时与莫里斯·克拉可合伙开了一个农产品贸易公司，1862年这个公司开始经营石油业务。1865年2月，洛克菲勒买下了这个公司，主要从事石油的炼制和贸易。此时，洛克菲勒的公司是克里夫兰30家炼油公司中最大的一家，到了19世纪60年代末其已经发展成为世界上最大的炼油企业。

19世纪60—70年代是美国石油业大萧条时期，为了应对危机，1870年1月10日，洛克菲勒在原公司的基础上，与亨利·佛莱格勒等5人，成立了标准石油公司，意在使消费者相信该公司的油品是"标准油品"。标准石油公司此时控制着美国炼油业的十分之一，在这家公司中洛克菲勒拥有四分之一的股份。标准石油公司成立后，洛克菲勒利用当时铁路运输业的不景气，迫使铁路公司不但给予其折扣，还要给予每桶一定数量的"退款"，从而使自己获得更大的竞争优势。此外，标准石油公司还通过削价等手段，击败了许多竞争对手，兼并了大批炼油厂。19世纪80年代中期，标准石油公司三个炼油厂生产了超过世界煤油供应总量1/4的煤油，并控制了美国国内80%的石油产品市场。

到1891年，标准石油公司生产的原油已占美国原油总产量的1/4。与此同时，标准石油公司于1888年在英国成立了自己的第一家国外分公司——英美石油公司，并不断在欧洲大陆投资。通过国外的分公司，标准石油公司控制了美国90%以上的石油出口。当时其石油出口量占美国石油产量一半以上，位居美国出口的制成品中的第一位。这样，洛克菲勒的标准石油公司最终成为一个从原油生产、炼油到销售一体化的国际大石油公司。

1890年美国国会通过了反托拉斯法。洛克菲勒对托拉斯采取明撤暗存的方法，把中心转移到新泽西标准石油公司，因为新泽西州的法律允许该州的公司持有其他州公司的股权。1899年新泽西标准石油公司改组为控股公司兼营业公司，原先的20家公司把原托拉斯的股票转换成新泽西的股票，从而在"合法"的旗帜下把"队伍"重新集结起来，注册资本从1000万美元扩大到11000万美元。1904年，这家公司控制了美国85%的国内市场和90%的石油出口。1911年，美国联邦最高法院依据反垄断法，下令标准石油公司解体为多个独立的石油公司：Exxon（ESSO）——新泽西，Chevron——加州，Mobil——纽约，Amoco——印第安纳，Ohio Standard——俄亥俄，Conoco——大陆石油公司，Arco——大西洋富田。从中诞生了后来对美国和世界石油工业有重大影响的一批大石油公司——埃克森（Exxon）、莫比尔（Mobil，即美孚）、雪佛龙（Chevron）、阿莫科（Amoco）等。

19世纪末20世纪初，美国的油气发现扩大到国内16个州，包括西部的加利福尼亚、中陆地区的俄克拉何马和得克萨斯等州。尤其是1901年在得克萨斯州南部博蒙特的"大山"上发现了高产大油田纺锤顶（Spindle Top）油田。纺锤顶油田的井喷，冲破了洛克菲勒的标准石油公司对石油业的垄断地位。这里兴起了一些石油公司，成为它的竞争对手。包括"世界石油七姊妹"的得克萨斯石油公司（Texas Company，即后来的Texaco）和海湾石油公司（Gulf Oil Corp.），以及当时美国十大石油公司之一的太阳石油公司（Sun Oil）。

2. 美国以外地区的石油垄断

迅速发展的俄国石油工业使俄国在世界石油市场上成为强有力的竞争者，1879年，诺贝尔兄弟石油公司应运而生。

早在1890年，在荷兰印第斯（Indies）地区勘探石油的皇家荷兰公司开始从事苏门答腊的石油资源的开发活动。1902年荷兰皇家公司与壳牌和勃尼托（BONITO）合并成立了亚细亚石油公司。1907年，在荷属东印度群岛起家的荷兰皇家石油公司与英国壳牌运输公司，按6:4组成英荷壳牌石油公司（Royal Dutch/Shell Group of Companies）。

1909年在波斯（今伊朗）发现石油。进行油田开发的英波石油公司（Anglo-Persian Oil Company）在中东兴旺起来，并得到英国政府的投资参与。

此时，世界石油市场形成了美国新泽西标准石油公司、纽约标准石油公司、英荷壳牌石油公司、英波石油公司和诺贝尔兄弟石油公司、罗恩柴维尔德家族的寡头垄断格局。他们控制了世界石油贸易量的绝大部分。

随着国际石油业的发展，国际上形成了七家有着雄厚实力的石油公司，分别是埃克森公司、英荷壳牌石油公司、美孚公司、德士古公司、BP公司、雪佛龙公司、海湾石油公司，人们将"石油七姊妹"作为这七家国际大石油公司的爱称。

（四）石油科学技术的萌芽与发展

这一时期是石油科学技术的"幼年时期"，石油地质学出现萌芽。19世纪60年代，加拿大地质学家斯泰利·亨特（T. Sterry Hunt）提出了背斜理论，总结了早期找油实践。但是这一理论并未得到实际运用，因为当时还不需要背斜理论的指导。人们找油，一是看油苗走向，二是看"风水"。找到油苗，就在附近钻井。井很浅，出油就开发，不出油就放弃。

当时最重要的找油和开发油田技术就是钻井。早期的钻井技术和装备是从采盐业"引进"的，是只能打浅井的冲击钻机（顿钻）。与中国古代的钻井技术所不同的是，德雷克井用蒸汽机作为动力。19世纪末出现了有转盘的简易旋转钻机。20世纪初相继出现了泥浆钻井工艺、牙轮钻头、下套管固井等技术。实际上，直到20世纪20年代初，各地的主要钻井手段还是冲击钻。

油气储运技术发展迅速，是因为必须把开采出来的石油储存和运走。最初的储油工具是啤酒桶，驳船、帆船、马车、铁路平板车上都用这种桶存油。直到现在，美国还用桶作为基本的计量单位。第一批油田上的储罐，也是放大了的木质油桶。直到1913年才出现用螺栓连接的钢质储油罐。20世纪60年代中期出现了铁路平板车和远洋帆船上的立式储罐，70年代出现了铁路平板车上的卧式油罐。

1862年，德雷克井出油的第三年，油田上出现了第一条用铸铁管连接的短距离（4英里长）2英寸直径的原油管道。1879年有了第一条输往外地炼油中心的输油管，直径6英寸，日输油1万桶。1891年出现第一条输气管道，长120英里。

在现代石油工业诞生这一阶段，还有一个特点就是战争的爆发。1914—1918年发生的第一次世界大战，第一次显示了石油的重大价值。第一次世界大战给世界石油工业带来了深刻的影响，使石油成为具有高度战略意义的产品，汽车、卡车、坦克和飞机起到了重要的作用。

1914年9月，德军长驱直入，直逼巴黎。在这危急关头，巴黎空防司令约瑟夫·加利埃尼将军，于9月6日晚上，组织巴黎3000辆出租车，连续两天两夜运送数万名将士奔赴前线，使法军于9月8日全线反击，夺取了胜利。这是整个战争的转折点。

另外，英军在1916年索姆河战役中首次使用"陆上巡洋舰"——坦克。1918年8月8日，456辆坦克大破德军防线，发挥了决定性的作用，协约国的军队在战争中依靠大量汽车（包括美国运去的5万辆），大大增强了军队的机动性。第一次世界大战结束时，英国陆军已拥有5.6万辆卡车、2.3万辆汽车、3.4万辆摩托车。

战争中首次使用了飞机，不仅有轰炸机，还有战斗机。到第一次世界大战快结束的时候，飞机的速度已超过了每小时120英里。战争期间，英、法、意、德四国生产了近20万架飞机。战术轰炸在战争中发挥了重要作用。

在海上，战前已完成了"煤改油"的英国军舰，在速度、活动范围、燃料补充上都比德国以煤为燃料的船队更加优越。1916年5月31日，德英海战之后，英国完全控制了北海，迫使德国海军无法出港。

战争证明：石油对于军事力量是非常重要的。法国总理克利蒙梭说："法国军队不能哪怕有一时一刻缺少石油。""在明天的战争中，石油是血液那样必不可少的东西。"第一次世界大战刺激了石油需求，引起了人们对石油的重视，促进了世界石油工业新的高涨。

三、世界石油工业蓬勃发展期（1920—1945 年）

世界石油工业的第二阶段，大致始于 20 世纪 20 年代初期，止于第二次世界大战。这是石油工业在世界范围内蓬勃发展的时期，这一时期的主要特点如下。

（一）汽车工业迅速发展，汽油需求急速增加，石油工业进入"汽油时代"

汽车是德国人戴姆勒和本茨在 1883 年和 1885 年先后发明的。1903 年福特在美国成立福特汽车公司，开始把汽车生产产业化。1904 年一辆汽车售价达 8000 美元。而 1908 年通过技术进步，车价降到 850 美元。1911 年福特公司改进企业管理，并首次采用流水线生产汽车。该公司推出的 4 汽缸、20 马力的 T 型车，实现了"大众化"，价格大幅降低。1926 年，每辆车的售价仅 260 美元。于是，汽车在美国迅速发展起来。1911 年美国生产汽车 19.9 万辆，1927 年一年的销售量达到 1500 万辆。20 世纪 20 年代末，美国已拥有汽车 2310 万辆。

汽车需要汽油。在汽车工业的推动下，1911 年汽油的销售量首次超过煤油。汽油需求的急速增长带动了石油生产的迅速增长。1919 年美国每天的石油需求量是 103 万桶，1929 年达到 258 万桶。石油在一次能源消费中的比重从 10% 增长到 25%。

世界石油总产量在这一阶段保持了快速增长的势头，从 1920 年的 6.9 亿桶增长到 1940 年的 21.5 亿桶，20 年增长了 2 倍。1945 年世界石油总产量达 3.5 亿吨。

（二）世界石油生产范围和规模迅速扩大

除了 20 世纪前十年在古巴、哥伦比亚、委内瑞拉、捷克斯洛伐克、阿尔巴尼亚、摩洛哥、埃及、巴基斯坦先后发现油田外，20—40 年代又有一批国家进入产油国行列，其中委内瑞拉迅速上升为世界第二大产油国，中东阿拉伯国家也相继发现大型和巨型油田。

首先进入委内瑞拉的是英荷壳牌石油公司。1913 年，该公司开始在马拉开波湖附近钻探，第二年发现了梅内格兰特（Mene Grande）油田，1917 年建立第一座炼油厂，正式生产石油。1922 年 12 月，巴罗索 1 号油井发生强烈井喷，估计日产量达 10 万桶左右。于是，100 多家公司蜂拥而至，在委内瑞拉开始了大规模的勘探。1926 年在湖中发现拉古尼亚斯（Lagunillas）大油田，1930 年在东委内瑞拉发现基里基尔（Quiriquire）油田。1921 年委内瑞拉成为仅次于美国的世界第二大产油国。

1925 年，一支英、法、美地质学家组成的联合地质调查组在中东的美索不达米亚进行考察，发现了一批前景良好的地质构造。1927 年 10 月 15 日凌晨，伊拉克的巴古 1 号探井喜喷原油，这是中东阿拉伯地区第一口喷油井，既而发现了第一个大油田——基尔库克（Kirkuk）大油田，拉开了中东阿拉伯世界石油工业大发展的序幕。

1931 年 10 月，加利福尼亚标准石油公司开始在巴林钻探，1932 年 5 月底发现了石油，1933 年获得沙特阿拉伯的石油租借地。与此同时，海外石油公司与英波石油公司合伙，于 1935 年获得科威特的找油特许权。1938 年 2 月，科威特发现特大油田——大布尔干油田；3 月，沙特阿拉伯发现达曼油田。

中东向人们展示了诱人的前景。但是第二次世界大战中断了中东的勘探活动，一部分油田也关闭了。

此时，美国仍然是世界第一大产油国。20 世纪 20 年代到 30 年代初，由于物探技术的兴起，美国的东南沿海地带和西部的加利福尼亚陆续发现多个大油田和特大油田。1923年美国石油产量达到1亿吨；1943年达到2亿吨。1925年美国产量占世界总产量的71.5%，1930和1935年分别占到63.6%和60.2%，1940年占62.9%，也就是说，全世界几乎三分之二的石油产自美国。

（三）世界石油工业出现分化

1917年，俄国十月革命的胜利及1922年苏联的成立使世界分为两个阵营，也使世界石油工业分为两个阵营。国有化运动和国家石油公司出现。

苏维埃政权实行了与资本主义世界完全不同的经济与社会制度，1921年对石油工业实现国有化，在石油工业中实行计划经济和政府对石油生产的直接管理。石油产品由国家分配，而不是商品。苏联发挥其社会主义计划经济的优越性一面，集中国家的人力、物力、财力，恢复石油生产，发展石油工业。20世纪20年代后期，就使石油生产恢复到了战前最高水平（1920年产油1068万吨），1930年上升到1845万吨，已占世界总产量11%，超过委内瑞拉居世界第二位。这个时期，其原油生产仍主要集中在高加索地区，尤其是阿塞拜疆的巴库地区。

与此同时，在资本主义世界，国家石油公司开始走上历史舞台。1922年诞生了第一家国家石油公司——阿根廷国家石油公司（YPF）。1936年玻利维亚实现了石油工业国有化。1938年墨西哥对外国石油公司在墨西哥的资产也实行国有化，成立了墨西哥国家石油公司（Pemex）。拉丁美洲国家率先开始石油工业国有化并由国家石油公司垄断本国的油气勘探开采。

（四）世界石油卡特尔的形成

进入20世纪20年代，在资本主义世界，各大石油公司展开了激烈的市场争夺。20年代中期，由于苏联廉价原油出口逐渐增加，爆发了一场大规模的价格战，结果两败俱伤。1928年9月，英荷壳牌石油公司董事长德特丁（Henry Detedin）邀请新泽西标准石油公司董事长梯格尔（Walter Teagle）和英波石油公司的首脑卡德曼（John Cadman）在英国的阿克纳卡里城堡进行会谈，签订了"阿克纳卡里协定"（Achnacarry Agreement）。该协定是当时资本主义世界石油市场上最大的竞争者协议：承认各大石油公司1928年在除美国以外的资本主义石油市场上的现状，按产地就近供应原油，防止生产过剩，维护垄断价格。所以也称"维持现状协议"（As Is Agreement），这标志着以上述三家为主的世界石油卡特尔初步形成。其他大的跨国石油公司如纽约标准石油公司、加利福尼亚标准石油公司、得克萨斯公司等也接受这些原则，承认市场瓜分现状。

1932年12月，三巨头又签订了"分配协定原则"，规定了以后缔结地区性卡特尔协定的条件，排除外来竞争者的措施。1934年6月，这三家签订备忘录，规定了资本主义石油市场原油定价的原则——海湾基价加运费的计价制度。

至此，以英荷壳牌石油公司、新泽西标准石油公司和英波石油公司为核心的世界石油卡特尔初步形成。

（五）中国出现在世界石油工业舞台之上

1939年3月13日，中国人自己在玉门钻开了K（白垩纪）地层，发现了老君庙油田，当年产量418.85吨，1940年产油1346.7吨。1941年正式成立甘肃油矿局，同年4月21日钻穿 L 油层，获强烈井喷。到 1949 年，探明储量 1700 多万吨，当年产量 7 万多吨，建成了炼油厂和一整套输油生产系统。自此，中国形成了自己的石油工业。

（六）第二次世界大战对世界石油工业影响巨大

在第二次世界大战中，世界石油勘探开发的速度有所减慢。在第二次世界大战的 1941 年 12 月到 1945 年 8 月间，盟国共消耗了约 70 亿桶石油，这一数量占世界石油总产量的 2/3。直至第二次世界大战结束，世界石油的供求才基本平衡。

第一次世界大战已经证明了石油的战略价值。轴心国都认识到了这种产品的重要性，德国人和日本人都从煤中提炼石油以提高其长期的燃料供应。但是这种方法成本高而且速度慢。

1931 年 9 月 18 日，日本帝国主义发动了侵华战争，不久就占领了中国的东三省，把它变成日本的后方。在多年石油勘探没有收获的情况下，日本开始在东北建立一系列工厂，以煤为原料生产合成油。但其需要的石油 80% 来自美国，10% 来自东印度群岛。1937 年 7 月 7 日卢沟桥事变，为第二次世界大战拉开了序幕。日本在占领华北之后，迅速沿东南岸南下，目标是占领产油的缅甸和东印度群岛。1941 年侵入印度支那南部。1942 年初侵入东印度群岛。英荷壳牌石油公司忍痛炸毁了油田、炼油厂和管道与储油设备，撤走了人员。日本组织 4000 名本国石油工人南下，迅速恢复并扩大生产。1943 年一季度，日本从这里进口的石油已占美国珍珠港事件后对它禁运时的 75%。日本利用留下的钻机，在苏门答腊发现了一个大油田。但是，1943 年起，盟军大量袭击日本的海上通道，击沉油轮，到 1944 年一季度，日本已经没有了石油进口，整个军事机器陷入瘫痪。

在西线，法西斯德国和日本一样，本国生产的石油很少。1913 年，德国化学家弗里德里克·伯吉尤斯发明了从煤中提炼液体燃料的技术，1927 年法本公司开始以煤生产合成油，1936 年末，希特勒制定了 9 年计划，要使合成油产量增长 6 倍，1940 年日产量已经达到 7.2 万桶，等于石油产量的 46%，占航空汽油供应的 9%，1943 年日产达 12.4 万桶。1939—1940 年，它以"闪电式"侵占波兰和法国，从那里掠夺了大量石油。此时，罗马尼亚已经成为其盟友，但油区受苏联的威胁；来自罗马尼亚的石油进口量占它进口量的 58%。1942 年发动"蓝色行动"，目标是苏联的高加索地区，而且组织了一支 15000 人的石油技术旅，准备在占领油田之后恢复和扩大石油生产。但苏联进行了顽强的抵抗，德国只是占领了北高加索的马依科普油田，却始终无法进占巴库。1944 年 9 月，德国的合成油日产量下降到仅 5000 桶。而苏联红军又占领了罗马尼亚，使德国断绝了石油供应。这也是德国失败的重要原因。

盟军的胜利，很大程度上得益于石油，其中绝大部分来自美国。美国实行的配产使大量过剩的生产能力在战争中可充分地得到发挥。

（七）世界石油工业第一次技术革命

20 世纪 20—30 年代，世界石油工业发生了第一次技术革命。这次技术革命的最初标志，是 1900 年前后出现的钻井技术革命。

这次技术革命的最重要标志，是地球物理勘探技术的诞生。一是重力勘探（gravity survey）工具——扭秤（torsion balance）在勘探上的应用，在美国发现了一些盐丘构造。不久，扭秤发展为重力仪。二是地震勘探技术的产生和发展。德国人明特洛普（Mintrop）发明的折射地震法（refraction method）在墨西哥、美国初步应用后，美国人德高里尔

(Everette DeGolyer)用电子技术加以改造，并且支持卡切尔（John C Karcher）发明和形成了反射地震法（reflection method），不久就被推广应用，成为此后各地油气勘探的主要手段。三是测井（well logging）技术把地面测量电阻率技术用于裸眼井中，形成了电法测井，1927年由法国人康拉德·斯伦贝谢（Kanrald Slumberger）发明并开发成商业化的成套技术，随后在委内瑞拉、苏联、美国广泛采用，成为判别产油底层重要的矿场地球物理技术。

地球物理技术推动了石油地质学的发展。大石油公司纷纷聘请地质学家找油。用背斜理论指导，运用多种勘探方法，寻找储油圈闭，摆脱了单纯靠地面地质找油苗的方式，人们开始向较深的地层找油。

这场技术革命的另一个重要内容就是油田开发的科学化。人们通过多年的采油实践，逐步认识到，一个油田的开发，不是井打得越多越好，而是存在一个合理的界限。一个油田要作为一个整体来考虑，合理布置井网。与此同时，人们发现，随着天然能量的损失，油井产量逐步递减，人工注入水可以为产油层补充能量，提高油井产量，从而开始对油田进行注水开采，即二次采油（second recovery）。

这一技术革命的第三个重要内容是炼油工艺技术的飞跃。随着汽油需求量的大幅上升，人们必须开发新工艺来提高油品的收率，即从每吨原油中提炼出更多的汽油。接着是提高汽油的质量。第一次突破是热裂化（thermal cracking）工艺的诞生和发展。从伯顿热裂化，到克拉克热裂化，到达布斯连续热裂化工艺，大大提高了汽油的收率。第二次突破是20世纪30年代催化裂化（catalytic cracking）工艺的诞生，从固定床催化裂化到移动床催化裂化，使汽油质量大为提高。20世纪30年代末产生的烷基化（alkylation）工艺，在第二次世界大战中为盟军生产了大量高质量的航空汽油。

四、世界石油工业极速发展的"黄金时期"（1945—1973年）

从第二次世界大战结束到20世纪70年代中期，是世界石油工业急速成长的"黄金时期"，其主要特征如下。

（一）世界石油产量、储量高速增长

1945年世界石油总产量是3.55亿吨，1950年为5.4亿吨，1960年几乎翻了一番，达到10.8亿吨，到1970年再翻一番，达23.2亿吨。20年间产量翻两番，年产量净增加17多亿吨。

石油产量之所以如此高速增长，一方面是由于在中东及其他地区，陆续发现和投产一批大的，甚至是特大型油田；另一方面是由于战后美国通过马歇尔计划，推动欧洲主要工业国家实现了能源结构的大调整，实现了从以煤为主到以油为主的转变。油气在一次能源中的比重，美国1950年已达58.8%；日本1963年达50.3%；西德1962年达52%；法国1964年达50.7%；苏联1966年达到51.3%。1967年石油在世界能源消费中的比重达到40.4%，超过煤炭（38.8%）成为第一消费能源。石油消费急剧增加，石油需求增长迅速。

这个时期，美国的石油生产于1970年到达峰值。从那年开始，石油储量、产量逐步下降。1973年石油总产量被苏联超过，从70多年来一贯高居不下的世界第一宝座上跌落下来，位居第三位，主要原因是几十年来一直没有大的新油田发现。20世纪60年代发现的阿拉斯加北坡普鲁德霍湾大油田，由于环境恶劣，直到1976年才投入开发。原油生产缺乏战略的接替，美国国内的石油战略重点逐渐向墨西哥湾海上转移。

（二）中东发展成为世界石油工业的中心和出口中心

第二次世界大战结束后，美国在过去数十年，特别是在战争中的石油主要供应国的国际地位也随之结束。在波斯湾周围陆上和海上，获得了油气勘探大发现。战前已发现的科威特的大布尔甘（Burgan）油田（1938年发现，储量94.5亿吨）、伊朗的阿加贾里（Aghajari）油田（1936年发现，储量13.8亿吨）在这个时期先后投入开发。

由于中东地区发现大量石油资源，波斯湾地区的重要作用日益凸显。在过去较长一段时间里，美国石油产量占世界总产量的比重一直超过60%。然而，1953年开始下降到50%以下，同时由于煤炭迅速失去了它作为世界主要燃料的地位，在市场经济国家能源需求量中所占比重迅速下降，石油以其低廉的价格，在市场上占有的份额迅速上升。美国国内的石油需求量成倍地增长，1948年起，美国开始从中东进口原油，由以前的石油出口国变成石油净进口国，石油的主要出口中心已从墨西哥湾向波斯湾转移。

海湾地区的石油产量迅速增加，而且绝大部分供出口，因而也是世界最主要的石油供应地。1961年，中东石油产量已占世界石油总产量的25.1%，出口占世界总出口量的51.6%，即其产量占世界的1/4，而其出口量占世界的一半还多。

1974年，中东的产量占世界的比重达到最高峰，为38.9%；而1975年该地区的总产量达到98477万吨，占世界的比重达到37%；其石油出口量占世界的比重也达高峰，为61%。

（三）苏联成为世界第一大产油国

苏联的石油生产战前主要依赖高加索地区，特别是阿塞拜疆的巴库地区。第二次世界大战开始前，已经在乌拉尔山脉以西、伏尔加河以东的广阔地带陆续发现石油。战后，这一地区的勘探工作全面展开，成绩卓著。1945年高加索地区的石油产量占全苏联石油产量的69.3%（其中阿塞拜疆占59.4%），1950年占55.2%。1944年发现杜伊玛兹（Tuymazy）油田，可采储量2.85亿吨；1948年发现罗马尼什金（Romashkin）大油田，地质储量高达45亿吨，可采储量24亿吨；1954年发现新叶尔霍夫（Novo Elkhov）油田，可采储量4.4亿吨。1955年全苏联总产量7079万吨，其中伏尔加—乌拉尔地区产油4250万吨，占60%，实现了第一次战略接替，这地区被称为"第二巴库"。它包括彼尔姆、基洛夫、古比雪夫、奥伦堡、萨拉托夫和伏尔加格勒，以及斯维尔德洛夫斯克、本萨、乌里扬诺夫斯克、鞑旦、巴什基利亚及乌德穆尔特自治共和国。1965年该地区产油1.75亿吨，占全苏联石油产量的72%。

20世纪60年代，苏联在西西伯利亚地区一再获得巨大突破，10年间陆续发现一系列大中型油田，仅开采量1亿吨以上的特大油田就有10个。尤其是1965—1966年相继发现世界第一大油田——萨莫特洛尔（Sanmotlor）油田（储量24亿吨）和世界第一大气田——乌连戈伊（Urengoy）气田。西西伯利亚1964年开始产油；1970年产量为3149万吨；1975年的产量已经上升到1.43亿吨，使全苏联总产量上升到4.9亿吨。1973年苏联石油产量超过美国成为世界第一大产油国。

（四）中国石油工业迅速发展

1949年新中国成立，玉门、乌苏、延长三个油矿及东北几座人造油厂的石油年产量总共才12万吨。在中央人民政府的领导下，集中国家的力量，促进石油工业的恢复和发展。最重要的是1959年国庆10周年前夕，在黑龙江发现了世界级油田——大庆油田，1960—

1965年开展了油田开发大会战。20世纪60年代前期,陆续在渤海湾地区发现了大港油田、胜利油区、辽河油区。1975年发现了任丘高产油田,从而使中国在1978年石油产量突破1亿吨,进入世界产油大国的行列。

(五) 非洲出现在世界石油舞台上

1. 埃及

埃及是非洲最早发现石油的国家。1869年发现第一个油田杰姆萨(Gemsa)油田,手工开采,直到1910年,Shell/BP合营的英埃(Anglo-Egyptian)石油公司才加以开发。第二次世界大战后,美国、意大利等国的公司陆续进入埃及。1955年ENI Agip与埃及地方合营IEOC,到1963年共发现7个油田。1965年Amoco与埃及合营的Gupco在苏伊士湾发现莫甘(Morgan)大油田(原始可采储量2.4亿吨)。这样,埃及20世纪40年代石油年产量为100万吨左右,1969年突破1000万吨。

2. 阿尔及利亚

阿尔及利亚早在1892年就发现石油。英荷壳牌石油公司在此钻井开发,1932年产油1.5万吨。20世纪50年代,在法国政府支持下,法国石油公司会同法国国有的阿尔及利亚石油勘探公司展开勘探,于1956年相继发现哈西·梅萨乌德大油田(原始可采储量15.6亿吨)和哈西·勒梅勒大气田(原始储量1.53万亿立方米)。1962年,阿尔及利亚独立,1963年12月成立国家石油公司Sonatrach。1965年签订阿法石油协定,Sonatrach参与勘探和开发。1966—1970年又发现16个油气田,新增石油储量6亿吨、天然气储量1500亿立方米。

3. 尼日利亚

1938年,壳牌达西(英荷壳牌和英波石油公司合营)石油公司在尼日利亚首先获得石油租借地,并开展勘探,但因届时爆发的第二次世界大战而中断。1946年该地区的油气勘探重新开始。美、意等石油公司于20世纪50年代起相继进入。1956年发现第一个油田奥洛伊比里(Olobiri)油田,1958年开始产油。1964年发现第一个海上油田奥坎(Okan)油田。此后尼日利亚的石油产量节节上升。1973年突破1亿吨,进入世界主要产油国行列。

4. 利比亚

20世纪30年代意大利人阿迪托·戴西奥教授取得并分析油样,认为利比亚的锡尔特盆地有丰富的石油资源。后来,Agip公司派出勘探队进行勘探,后因战争中止。1955年利比亚颁布石油法,开始吸收外国资本,开展油气勘探。接受中东国家的教训,利比亚把区块划小,欢迎独立石油公司参加。美孚公司赢得第一个区块,开始钻第一口井,但是是干井。1959年相继发现了5个大油田。进入60年代,勘探活动更加活跃,一共发现64个油气田,其中大油田8个,特大油田1个(萨利尔油田)。从1961年开始生产原油,1968年突破1亿吨,1970年达到高峰1.6亿吨。

(六) 产油主权国收回石油主权的斗争风起云涌

在战后民族解放运动高涨的推动下,这些国家纷纷起来同"石油七姊妹"作斗争。1953年伊朗的国有化运动将英波石油公司收归国有,成立国家石油公司。但这一行动遭到英美的压制,最后只得将经营权、出口权交给英美石油公司集团。1960年成立的石油输出国组织(OPEC),向"石油七姊妹"发起争取提高石油标价、提高石油税率,继而发展到旨在废除殖民主义性质的石油租借地制度的斗争。它们通过在外资石油企业中参股并逐步提高参股比例，乃至对外资企业实行国有化，建立本国的国家石油公司。这一斗争在20世纪70年代取得全面胜利。"石油七姊妹"在北美以外的上游资产几乎全部丧失，它们对资本主义石油市场的价格决定权转移到了OPEC手中。

（七）石油工业发生第二次技术革命

这次技术革命的主要标志是地球物理技术的数字化取代模拟化。20世纪60年代出现了数字地震仪，几乎同时出现了数字测井仪。计算机用于资料的采集、处理和解释，又大大促进了软件技术的进步。以地震勘探为例，60年代采用多次覆盖，70年代发展到亮点技术，在解释上形成地震地层学。测井方面，70年代广泛采用计算机，对油气层进行处理和解释。

这一时期，石油工业在地质研究、钻井技术、海洋石油开发能力、储运、炼油等方面取得了显著的进步。

五、世界石油工业波荡起伏期（1973—2000年）

这一阶段世界石油工业发生了重要的变化，主要特征如下。

（一）中东政局动荡不稳

中东地缘政局发生变革。第一次石油危机的起因是主要产油国对资本主义旧的石油体系不满。1950—1971年间，原油价格被七大石油公司人为地压得很低，每桶均价1.80美元，经过OPEC的斗争，到1973年1月才升到2.95美元。1973年10月，利用第四次中东战争的机会，沙特阿拉伯等几个主要的阿拉伯产油国首先对支持以色列的美国和荷兰实行石油禁运，继而全部阿拉伯产油国实行减产提价。世界石油市场每天减少500万~600万桶的石油供应，1973年10月16日先将原油价格提高70%，达到5.11美元/桶，1974年1月1日起，再提高128%，达到11.65美元/桶。此时正值西方资本主义经济危机刚刚开始，依靠大量进口石油的主要资本主义国家日本、西欧和美国经济危机加剧，社会一片混乱。

第二次石油危机发生在1979年年初，伊朗发生"伊斯兰革命"，政局动荡，这个世界第二大产油出口国突然停止石油出口，世界石油市场一下减少了520万桶/天的供应量；而此时各国经济都在复苏，石油消费量上升，在世界石油市场上掀起了抢购风潮，石油现货价格由每桶12.86美元猛增到40~41美元，导致资本主义世界又一次陷入经济危机。

1990年伊拉克入侵科威特，引发了美国等介入的海湾战争，也对石油市场产生重要影响。

（二）世界石油工业在动荡中大分化、大改组

1978年起中国走上改革开放的道路。中国石油工业逐渐由国家政府主导变为中国石油、中国石化、中国海油三个上下游一体化的集团公司主导，并开始跨入世界石油工业大体系。一方面引进外资，参与本国石油工业的勘探、开发、炼油、化工与销售；另一方面走出国门，参与利用国外石油天然气资源，参与世界石油服务市场的竞争。在中国推进改革开发和石油市场化步伐的同时，在20世纪80年代末到90年代初，东欧社会制度发生重大转变，苏联解体，统一的石油工业体系解散。此外，作为历史上曾主导世界石油工业的"石油七姊妹"，在市场动荡，竞争格局变化的背景下，通过兼并重组，形成五大超级巨头，即埃克森美孚、壳牌、BP、道达尔、雪佛龙，一些新的石油公司也逐渐成长壮大，并产生国际影

响力，如意大利的埃尼石油公司。

（三）海洋石油工业在波荡中快速发展

海洋石油工业产生略晚于陆上，1887年，在美国加利福尼亚海岸数米深的海域钻探了世界上第一口海上探井，拉开了海洋石油勘探的序幕。1947年，美国在墨西哥湾发现第一个近海油田，标志现代海洋石油工业的开始。之后的20世纪50—60年代，在波斯湾海域、西非海域、北海海域等都获得了一系列重大发现，其中包括1951年在沙特阿拉伯海域发现的世界级大油田——萨法尼亚（Safania）油田。此外，中国和澳大利亚也有两个重大发现，但在1970年前，受市场供需与价格等多方面因素影响，海洋石油产量增长相对较为缓慢。进入70年代以后，尽管石油工业受石油危机、政局动荡等影响，但海洋石油工业却呈现出快速发展之势，储量迅速上升，产量也相应快速增长，特别是在80年代以后，海洋石油产量保持了持续增长，成为引领全球石油产量增长的主力。此外，北海等海域石油产量的快速增长也使得西欧（特别是英国）减少了对中东原油的依赖。

（四）石油工业信息革命的兴起

此阶段以"信息高速公路"为标志，始于20世纪80年代世界范围内信息技术为核心的技术革命深刻地影响着石油工业。

三维地震是反射地震的一场革命。三维地震数据采集、处理和解释的一体化，大大提高了地质信息采集数量和质量，进而实现可视化；测井技术的飞跃是成像化。重要的测井新方法是核磁测井；遥感技术的应用和地表地球化学勘探技术扩大了油气勘探的能力；计算机技术的发展，实现了多学科对应用虚拟现实技术，对各种地质信息加以集成和综合评价。油气系统理论从宏观上，层序地层学从微观上帮助地质学家评价油气资源，预测勘探方向；随钻钻井和随钻测井技术实现了钻井技术的革命。定向井、水平井、大位移水平井、分支多底井和老井侧钻技术的发展，使油气田开发效率更高、成本更低；油藏工程发展为油藏管理。四维地震技术加强了油藏的动态监测；深水海底输气管道技术和天然气液化（包括再气化和液化气船）技术的发展，为天然气工业的大发展开辟了道路；超重原油开采、处理、加工技术的发展，使加拿大油砂和委内瑞拉沥青巨大资源得以大规模、商业化开发；重油加氢裂化等炼油工艺的发展和分子筛催化剂的应用，使重质原油得到更充分的加工利用。气化技术使炼油残渣和石油焦等低值副产品得到充分利用。

六、世界石油工业进入后石油时代（2000年以来）

在过去的两个世纪中，技术的发展在所谓的工业时代取得了根本性的进步，这对石油也提出了新的要求。人类对石油的开采已经持续了一个多世纪，尤其是第二次世界大战后，油气产量迅速增加，油气消费也达到了前所未有的规模。作为一种自然资源，石油可能会耗竭，伴随着石油的耗竭，石油开发的成本、难度都将持续增加；与此同时，作为一种化石能源，在全球应对气候变化的背景下，石油的消费也可能面临天花板约束。种种迹象表明，后石油时代已经来临。后石油时代的特征主要有以下几点。

（一）廉价易开采石油供应趋于停滞

通常而言，在油气勘探的早期，整装的大油田通常被发现，且这些油田由于开采成本低、产量高而被首先开采出来；之后随着勘探的继续，这些大型油田的发现将变得越来越难，表现在每年的新增发现储量（这里的储量通常是指工业界采取的 2P 储量）上，其值会先增加，之后开始下降。这些整装的、开采成本低的、产量高的油田生产的原油通常被称为常规原油，它们是典型的廉价易开采石油，正是这些石油资源支撑了整个石油工业的发展，到 20 世纪初，常规原油占世界石油总产量的比例仍然高达 85.8%。但是自 20 世纪五六十年代开始，此类油田的发现数量和发现规模都已经开始变得越来越小，新发现储量的下降将直接决定产出增长的可持续性。进 21 世纪第一个十年，全球石油需求持续增长，但廉价易开采石油的供应显然已经无法满足这一需求增长。国际能源署 2008 年发布的年度旗舰报告《世界能源展望 2008》显示，全球常规原油供应自 2006 年起已经达到了供应高峰，供应增长趋势中断。受此影响，国际石油价格在 2004 年之后也开始大幅上涨，并在 2008 年达到历史性高点，接近 150 美元/桶。

（二）昂贵难开采油气开发进入黄金期

在常规原油供应增长停滞的背景下，面对石油需求的持续增长，石油工业逐渐转向开发成本高、难度大的非常规石油或极地石油，如委内瑞拉的超重油资源、加拿大的油砂沥青资源、美国的页岩油/致密油资源。勘探开发区域也从传统的陆上转向极地、海域，特别是水深 500 米以上的深海。世界最大石油巨头之一、埃克森美孚公司近几年来保持每年投资 100 亿美元用于海洋油气资源开发，其中主要投资在深海海域。廉价易开采石油供应增长的停滞及对这些高成本石油资源的开发，要求国际石油价格也要提高，这也是 21 世纪石油价格水平总体高于 20 世纪的原因之一。上述转变的背后已经阐释出，以廉价石油工业为代表的前半段已经结束，以昂贵难开采油气开发为代表的后半段正在开始，并随着需求的增长和价格的提高进入开发的黄金期。2006 年以后，全球石油产量增长主要来源于美国页岩油、加拿大油砂等非常规石油的开发。

（三）石油开采的能源投入回报值在不断降低

经济社会发展需要的本质是驱动社会运转的能量，而能量往往赋存于一定的有形载体之中，如石油、天然气、煤炭，这些载能体物质被称为能源。而在这些能源的开采过程中，也会投入一定的能源，例如石油的开采过程需要发动机来钻井、固井和储层改造等。因此，能源开发的本质是通过投入一定的能量，然后生产一定的能量，对于人类社会而言，真正有价值的是净能量（即产出能量减去投入能量）。能源投入回报值（Energy Return on Investment，简称 EROI）就是衡量净能量的一个指标，它是整个生产过程中能量产出总和与能量投入总和的比值。对于石油工业而言，在勘探开发的早期，由于发现和生产的石油资源都是整装的、低成本的和高品质的，所以早期的油田能量投入相对较小，但产出较高，导致 EROI 比较高，且不断增加。但在某个高点后，随着资源品质越来越差，资源丰度越来越小，获得同样的产出，需要的投入就会越来越大，从而导致 EROI 不断下降。美国本土石油天然气开发 EROI 在 20 世纪 30 年代为 100，20 世纪 70 年代为 30，而到 21 世纪只有 11~18；世界油气开发的 EROI 由 20 世纪 90 年代的 35 降到 18 左右；加拿大西部和大庆油田的油气开发 EROI 近十几年维持在 5~10 之间，且有缓慢下降的趋势。EROI 的下降也表明了后石油时代的到来。

（四）油价进入大幅波动期

过去 20 年国际石油市场剧烈动荡，油价进入大幅波动期。自 2000 年以来的国际油价变化情况可以分为七个阶段（图1-1）。

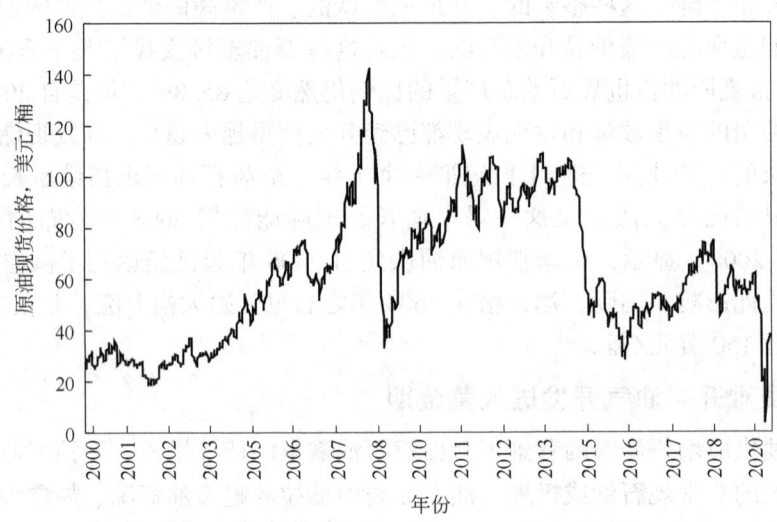

图1-1　2000年至2020年WTI原油现货价格趋势图
资料来源：根据U.S Energy Information Administration 数据绘制

1. 第一阶段：2000年—2003年

这一阶段油价基本维持在OPEC的价格带内（22~28美元/桶）。2000年3月28日，OPEC开始实施价格带政策，即若OPEC规定的七种原油一揽子平均价格连续20天低于或超出22~28美元/桶的范围时，该组织将自动减少或增加产量50万桶/天，这使得当时国际油价较为平稳。

2. 第二阶段：2004年—2008年上半年

这一阶段油价快速上升。2004年世界经济取得了5%的增长率，为30年来新高，同时石油需求暴涨了300万桶/天，这使油价摆脱了价格带的束缚，开始了不断上涨的进程。2008年第一个交易日，就首度突破了100美元/桶的大关；最终于7月11日飙升至147.27美元/桶的历史最高价位。

3. 第三阶段：2008年下半年—2009年上半年

这一阶段油价急转直下，跌回40美元/桶附近。随着金融危机的蔓延，油价暴涨的走势突然戛然而止，开始了深幅下跌，并于2008年12月19日探至33.87美元/桶的谷底。2009年年初，油价持续颓势，一直在低位徘徊。

4. 第四阶段：2009年下半年—2014年上半年

这一阶段油价稳中有升，基本维持在100美元/桶的价格附近。

5. 第五阶段：2014下半年—2016年上半年

这一阶段的油价出现断崖式下跌，2016年2月的油价仅有30.62美元/桶，主要是由供应过剩导致的。

6. 第六阶段：2016年下半年—2020年初

这一阶段油价开始逐渐复苏，但最高时仍未突破80美元/桶，在2019年期间始终维持在50美元/桶附近。

7. 第七阶段：2020 年以来

随着需求的逐步萎缩，油价开始逐步下跌，从年初的 60~70 美元/桶下降到 3 月初的 50 美元/桶左右。世界新冠肺炎疫情的暴发、OPEC+会议上没有达成减产协议等问题的出现，导致油价再次出现暴跌，2020 年 4 月 20 日当天石油收报每桶-37 美元，美油历史首次跌入负值。5 月初，OPEC+开始减产 970 万桶/日，油价逐渐回升至 40 美元/桶附近，并保持了数月的平稳波动。10 月新冠肺炎疫情再次来袭，油价受压跌回 35 美元/桶。直至 11 月，新冠疫苗的研发进展有了重大突破，加上年底 OPEC+决定放缓缩减减产规模，由 770 万桶/日将至 720 万桶/日，油价终于重回 50 美元/桶的水平。2021 年，伴随中美贸易战、新冠疫情反复不止、伊朗核协议等压力，尽管目前来看油价处于逐渐回升之势，但今后如何变化仍然未知……

（五）气候变化等环境问题成为影响未来油气开发的重要因素

气候变化是 21 世纪影响人类社会发展的最重要环境因素，也是重塑世界能源格局的最本源要求之一。在国际能源署发布的世界能源展望报告中，如果全球要将气候变化控制在可接受范围内，那么包括石油在内的化石能源消费都必须尽快达到峰值，这是石油行业发展的最大外部环境，将直接决定石油工业的走势。而作为石油企业而言，它既是能源生产者也是耗能和排放大户，在应对气候变化的背景下，也不得不积极谋划并布局未来，实现低碳转型，以 BP、壳牌、道达尔等为代表的欧洲石油巨头均纷纷提出"零碳"发展目标，积极投资天然气和可再生等低碳能源业务。而对于那些对忽视气候变化和环境问题的石油公司，其经营活动也越来越受到市场波动的不利影响及环保组织的影响。例如埃克森美孚一直以来都对气候变化持不屑一顾的态度，但自 2015 年开始，该公司因为气候和环保方面的问题屡次受到舆论压力和相关部门的调查。2018 年初以来，埃克森美孚公司对环境变化的态度开始转变，一方面积极增加在清洁能源和环保业务方面的投资，另一方面积极参与和资助环保组织及相关研究。在中国，油气勘探开发面临的环保压力也越来越大。中国自 2015 年 1 月 1 日起开始施行新的《中华人民共和国环境保护法》。随着中国政府开始对环保问题开展铁腕治理，因环保问题而出现的关停事件越来越多。因违规在陕西桥山自然保护区内进行石油开采，中国石油长庆油田分公司和陕西延长石油集团多名相关人员受到处分。2017 年 8 月，中央环保督查组要求中国石化胜利油田 3 年内退出位于黄河三角洲自然保护区核心区和缓冲区内的生产设施，共计 300 处。油气勘探开发活动在全球范围内正面临越来越大的环保压力，在后石油时代，石油公司需要在未来油气开发的环保方面投入更多的资金和更长的时间。

第二节　中国石油工业发展历程

一、中国古代石油简史

我国是世界上最早发现、开采和利用石油天然气的国家之一。由于天然气比石油更易从地层中逸出，遇到野火、雷鸣就会燃烧，因此，在历史上，人类对天然气的认识早于石油。

《易经》就记载了距今三千多年前的周代有关石油和天然气的情况,其中"上火下泽""火在水上""泽中有火"等记载,阐明了可燃的天然气在地表湖沼水面所出露的气苗。

到后汉时期,我国已开始使用石油。距今1900多年前,后汉班固所著《汉书·地理志》记载:"高奴,有洧水,可蘸。"高奴即今天的陕西延安一带,洧水是延河的一条支流,"蘸"就是古代的"燃"字。可证明在陕西北部延安、延长一带发现有石油,当地人民把它用作燃料和润滑剂。

晋朝张华著《博物志》(公元267年)详细描述了甘肃省酒泉市石油的特征:"酒泉延寿县南山出泉水,大如筥,注地为沟,水有肥,如肉汁,取著器中,始黄后黑,如凝膏,然极明。……彼方人谓之石漆水。"可见当时称石油为石漆水,人们对其开始观察和收集,用以润滑、燃烧和照明。

唐朝诗人李延寿在《北史·西域传》中记载了"(龟兹)西北大山中,有膏者如流出成川。行数里入地,状如醍醐,甚臭"。龟兹即现今新疆南部库车一代,可见远在1100多年前,我国就发现库车一带的沥青。公元863年左右,唐朝段成式的《酉阳杂俎》中写道:"高奴县石脂水,水腻浮水上,如漆,采以膏车及燃灯,极明。"

宋朝时期,著名科学家沈括在其名著《梦溪笔谈》中在我国历史上第一次正式提出"石油"这一名称:"鄜延境内有石油,旧说高奴县出脂水,即此也""生于水际沙石,与泉水相杂,惘惘而出"。在描述了陕北富县、延安一带石油的性质和产状后,沈括首次创造了用油烟代替松木炭黑制造烟墨的工艺,"黑光如漆,松墨不及也"。同时他已经注意到石油资源丰富:"该石油至多,生于地中无穷,不若松木有时而竭",并预见"此物后必大行于世",这一观点现在已被证实。也就在这一时期,北宋神宗六年(公元1073年)在京都汴梁军器间设有专门的"猛火油作"加工石油制作兵器。

元代《元一统志》中写道:"延长县南迎河有凿开石油一井,其油可燃,兼治六畜疥癣,岁纳壹佰壹拾斤。又延川县西北八十里永平村有一井,岁纳四百斤,入路之延丰库。"又记:"石油,再宜君县西二十里姚曲村石井中,汲水澄而取之,气虽臭而味可疗马羊牛疥癣。"可见距今约800年前陕北已经开始开凿油井取油,并有政府统一收购入库,而且当时石油已被用于治疗牲畜的皮肤病。

明代,我国已能从石油中提炼灯油,四川等地还发现了凝析油,并在政府的主持下进行有组织地开采和利用。曹学佺在《蜀中广记》中写道:"国朝正德末年(1521年),嘉州开盐井,偶得油水,可依照夜。""今复开出数井,官司主之。"

我国四川最早利用天然气煮盐促进了我国钻井技术的发展。公元前256—公元前251年秦朝李冰为蜀守时就发明了顿钻,并成功钻成了第一口采盐井。公元前221—公元前220年,四川邛崃出现了用顿钻钻凿的天然气井。晋朝常璩在《华阳国志》中记载了秦始皇时代,四川邛县郡(即今邛崃市)西南劳动人民钻井开采天然气煮盐的情景:"有火井,夜时,光映上照。民欲其火,先以家火投之,倾许如雷声,火焰出,通耀数十里,以竹筒盛其火藏之,可拽行终不灭也。"

我国是最早开发气田的国家,四川自流井气田的开采约有2000年历史。《自流井记》关于"阴火潜燃于炎汉"的记述表明,早在汉朝记载自流井中就发现了天然气。《富顺县志》记载,晋太康元年(280年)彝族人梅泽在江阳县(今富顺自流井)发现石缝中流出泉水,"饮之而咸,遂凿石三百尺,咸泉涌出,煎之成盐"。自流井即因这口井自喷卤水而得名。

宋末元初(13世纪)我国已大规模开采自流井的浅层天然气。《富顺县志》中写道:

"火井在县西九十里，深四五丈，经六七寸，中无盐水。"1840年钻成磨子井，在1200米深处钻达三叠系嘉陵江统石灰岩第三组深部主气层，强烈井喷，火光冲天，号称"火井王"，"经二十余年犹旺也"。

由于较早地发现了石油，为了对其加以开采利用，中国劳动人民在生产实践中逐步发明创造了一整套钻井技术。远在2200多年前的战国时代，人们就已开凿了较深的井；在秦朝，我国就开始钻井。到宋代，我国创造了人力顿钻，并发明了一整套相应的钻井和打捞工具，形成一项相当复杂的机械组合，钻井机械得以推广和改进，并且普遍废弃了大口浅井，凿成了筒井。北宋文同（1018—1079年）所著《丹渊集》记录了当时"卓桶井"技术，到1129年前后，这个技术已经在当时四川境内的17个县得到了推广。到11世纪末，我国已在陕北的延安、延川和宜君等地钻了第一批采油井，它比1859年美国正式大规模开采石油要早700多年。到了明代，钻井机械设备和技术有了更大的发展。顾炎武的《天下郡国利病书》中的"井法"和宋应星《天工开物》中的"井盐"部分都系统记录了11世纪40年代到17世纪钻井技术的发展。到清朝1820年前后，我国钻井深度已经达到1000米左右。

我国的石油炼制工艺也开始得很早。北魏晚期郦道元时所著的《水经注》中介绍了从石油中提炼润滑油的情况，说明早在6世纪我国就萌发了石油炼制工艺。英国科学家李约瑟在有关论文中指出："在公元10世纪，中国就已经有石油而且大量使用。由此可见，在这以前中国人就对石油进行蒸馏加工了。"前面提到的"猛火油作"是世界上最早的炼油车间，并开始生产经过粗加工的石油产品——"猛火油"。当时的"猛火油作"，是设在京城开封的中央军器监的十个作坊之一。沈括曾兼管过这个中央军器监。当时，这个军器监的规模很大，上万人在作坊从事生产。

中国是世界上最早用近代机械开采石油的国家之一，但形成石油工业体系则比较晚。

清朝同治末年（1874年），钦差大臣沈葆桢视察台湾，得知苗栗出磺坑有人挖坑采油卖给附近居民照明和医用，主张收归官办。清朝光绪年间（1876—1877年），福州将军兼闽浙总督文煜和福建巡抚丁日昌报请光绪帝批准，开办官营的苗栗油矿，从美国买回一台用蒸汽机驱动的新型顿钻，雇用两名美国技师，1878年开钻，这口井钻到394英尺（120米）时完井，日产原油约0.75吨。投产一个月，产量约20吨，卖出5吨给榨甘蔗的人照明用，其他原油卖不掉也运不走。同年七、八月钻第二口井时，钻工们染上了疾病，加上发生钻具落井的事故，处理了三个星期还是没有打捞上来，只好报废。此时，美国的技师合同期满，主管官吏调往厦门，这个中国发现的第一个油田的勘探和开发就此中止了。所以苗栗这口井没有成为中国石油工业的开端。1887年台湾省首任巡抚刘铭传在苗栗重新开办矿务局，用留下的顿钻一连打了5口井，只有1口出油。"产出未多，入不敷出"，刘铭传也被解职。苗栗油田的勘探再次中断。

1904年，陕西巡抚曹鸿勋看到了进口煤油日渐增加，申报朝廷开发陕北延长一带的石油资源，获得批准。1907年成立延长石油官厂，从日本购买顿钻一套，雇用技师一名、技工6人。第一口井于同年9月完钻出油，年产1~1.5吨。就地建起小铜釜试炼，日产灯用煤油12.5千克。10月，安装了从日本进口的试炼釜，所产煤油运往西安销售。一时"内外传颂，交相称赞"。新任巡抚恩寿拨银20多万两，扩大规模。1909年延长油矿实行"官附商办"。当年派人去日本买设备，请技工；还派出3人去日本越后炼油厂实习。1910年7月，大冢博士来华勘定35口井位。1911年第二口井出油，第三口井是干井。日本技工走后，中国工人自己钻成第四口井。延长油田成为中国正式开发的第一个油田。

1909年新疆从俄国购回小型炼油设备1套，并安装于迪化（今乌鲁木齐市）工艺厂，此外还购回顿钻设备一套，在俄国技师的主持下开始钻井，获得油流。这是新疆近代石油工业的开端。

1914年2月，当时的中国政府与美孚石油公司签订了关于勘探开发陕西石油的合同，但后来随着美孚地质师对陕西石油勘探的否定，1917年历时三年的中美合作石油勘探计划宣告失败。石油地质勘探成败本是常事，但当时国际上却因此流行起"中国无论海相地层还是陆相地层，都不可能生产大量的石油"的论断，并将中国列为"贫油国"之一，其中最具代表性的文章就是美国地质家、斯坦福大学教授布莱克维尔德的《中国和西伯利亚的石油资源》。

虽说在山西和新疆等地都发现了石油，但规模都较小。中国石油史学界大多数人认为，被誉为"中国现代石油工业第一矿"的老君庙油田才是中国石油工业真正意义上的开端。1939年，因在老君庙旁钻凿的1号井出油而得名的老君庙油田，是20世纪40年代建成的中国最大的现代石油矿场，曾为抗日战争和解放战争的胜利做出了特殊贡献。

二、中国石油工业的发展

（一）中国石油工业发展阶段简介

中国石油工业一百多年的发展历程，大体可以分为以下五个阶段。

1. 贫油时期（1878—1949年）

从1878年台湾苗栗第一口工业油井出油到1949年新中国成立的七十多年时间里，由于政治和经济等因素的影响，中国石油工业的勘探、开发规模微小。到1949年新中国成立，全国才生产石油12万吨，这段时期中国是严重贫油的国家。

2. 突破时期（1949—1964年）

从新中国成立到1964年，中国石油工业在艰难困苦中努力探索，终于在1959年发现了大庆油田，摘掉了"贫油国"的帽子。这十年石油勘探开发的重点集中在西部地区，主要油田有克拉玛依油田、玉门油田等，石油产量从12万吨上升到373万吨；20世纪50年代末，石油勘探的重点从西北向东北的松辽盆地转移。到1965年，全国油田钻井400口，建成原油产能1000万吨，生产原油834万吨。

1959年9月26日，松辽盆地松基3井获得工业油流，标志着大庆油田的发现，这是中国石油工业历史上具有深远意义的重大事件。当年全国原油产量373.3万吨，生产四大类产品234.9万吨，我国石油自给率达40.6%。此后三年多，我国开展了声势浩大的大庆石油会战。大庆石油会战的胜利，从根本上改变了我国石油工业的面貌，这是中国石油工业发展史上的一次飞跃。1963年中国实现了石油基本自给。

3. 快速发展时期（1964—1978年）

大庆石油会战后，石油大军挥师南下，转战渤海湾。1964年，华北石油会战开始，发现了胜利油田和大港油田，开辟了渤海湾石油勘探的新局面。随后，又陆续开展了四川、江汉、长庆、辽河、吉林、江苏、河南、任丘、东濮等新区的石油会战，都取得了较好的效果。与此同时，一批炼油厂也逐步建成。1965年中国实现了石油产品全部自给。

从1966年到1978年，中国原油产量以每年18.6%的速度递增。到1978年，中国原油产量达到了1.04亿吨，成为世界第八大产油国。1978年我国原油产量突破亿吨大关，其中大庆油田约占一半的产量份额，胜利油田、大港油田、新疆油田和吉林油田产量分别为1946万吨、300万吨、353万吨和185万吨，也做出了突出贡献。至此，中国从一个贫油国家跻身世界产油大国行列。这一时期，石油工业不仅为国民经济的发展提供了原料和动力，还成为我国出口创汇的主要来源之一，仅大庆油田40年来就出口原油3.52亿吨，为国家出口创汇495亿美元。

4. 改革开放稳定发展时期（1978—1988年）

中国石油行业进入20世纪80年代以后，勘探投资严重不足，导致勘探工作量减少，储量增长速度跟不上产量增长速度，加上老油田产量递减加快，石油产量有所下降。因此，国家对石油行业提出了"原油产量亿吨包干"政策。这一政策的全面推行，引发了石油行业内在机制的一系列深刻变革，使中国石油再次获得较快发展。在这一时期，国家还实行了海上石油对外开放、炼油化工和石油勘探开发分离等政策。

改革开放以后，我国坚持"稳定东部，发展西部和海洋石油"的方针，油气产量不断跃上新台阶。20世纪90年代初，原油年产量大约为1.3亿吨，天然气年产量大约为150亿立方米，原油年加工量约为1.1亿吨。

5. 稳定东部、发展西部及国际化经营时期（1989年至今）

进入20世纪90年代以来，由于我国经济的长期持续快速发展，石油消费量的增长超过了生产量的增长，1993年我国成为石油净进口国。从90年代初开始，石油工业提出"稳定东部，发展西部"的战略方针。并且从1993年开始，中国石油工业就开始走出国门在全球范围内寻找石油资源。从1993年到1996年底，中国石油天然气总公司先后在秘鲁、加拿大、泰国、巴布亚新几内亚和苏丹等国搞了几个小型项目。1994年，中国海洋石油总公司参股美国阿科公司的马六甲油田的32.58%的股份。近20年来，西部地区不断获得新的发现，海上、海外石油项目也取得一系列重大突破。到2005年，我国国内石油产量达到1.8亿吨，居世界第5位。

1998年以两大石油公司重组为开端，以三大石油公司进入国际资本市场为契机，中国三大石油公司的国际化经营跨入了新的阶段。到2007年，我国石油消费量达到3.68亿吨，该年进口石油2.031亿吨，石油消费已经超过了日本而跃居亚洲第一。2019年，中国石油企业协会发布"新中国成立70周年中国石油工业十大成就"，通过10个标志性成果，展示了新中国石油工业波澜壮阔的发展历程。70年来，从贫油国跻身世界产油大国，从煤油、蜡烛都要从国外进口，到成为世界石油化工大国，中国石油工业完成了从无到有、由弱变强的艰难跨越，对国民经济和社会发展做出了重大贡献。

回顾我国石油工业的历史，有几个时间点是值得记忆的。1963年，随着大庆石油会战取得胜利，我国摘掉了"贫油国"的帽子，基本实现了石油自给；1965年完全实现了石油自给；1973年至1992年，成为石油净出口国，其中1978年，产量突破1亿吨大关，成为世界第八大产油国；1993年，在改革开放15年后，我国石油消费首次超过石油生产，成为石油净进口国；1996年，成为原油净进口国，其后进口量逐年增加；2000—2001年，中国石油、中国石化、中国海油三家股份公司先后在海外上市，国有石油公司的产权改革取得了历史性突破；2003年，大庆油田调整产量4830万吨，结束了自1976年以来稳产5000万吨以上27年的辉煌历史，中国的石油供给安全又一次成为各方关注的焦点；2004年，"西气东输"一线管道投入运行，成为国家西部大开发战略的标志性工程；2008年，国家能源局组建；2013年以来，石油企业积极响应"一带一路"倡议，成为"一带一路"建设主力军；

2014年，提出"四个革命、一个合作"能源安全新战略，为能源行业的体制改革指明了方向；2016年，习近平总书记提出要大力弘扬以"苦干实干""三老四严"的"石油精神"；2017年，南海神狐海域天然气水合物（又称可燃冰）试采成功，中国成为世界上首个成功试采海域天然气水合物的国家；2018年，海外油气权益产量突破2亿吨；2020年，我国页岩气产量突破200亿立方米。

（二）中国石油工业管理体制逐步迈向市场化

1. 集权管理阶段

20世纪80年代以前，石油工业管理体制的特点是高度集中和垄断经营。虽然石油工业的政府主管部门几经变迁，但石油工业从上游到下游都是由一个政府部门统一管理的，"石油会战"成为这一阶段的特色。

1950年，中央人民政府设立了燃料工业部，石油工业的管理由下设的石油管理总局负责。

1955年，为了大力发展能源工业，国家撤销了燃料工业部，成立石油工业部、煤炭工业部和电力工业部。石油工业部负责石油工业的生产建设工作，地质部承担石油资源的普查工作。我国大庆、胜利、辽河、大港等几大油田，都是在当时石油部的统一部署下，经过数次石油会战而逐步建成投产的。

1970年6月，燃料工业部、石油工业部、化学工业部合并，成立燃料化学工业部，1975年，撤销燃料化学工业部，恢复石油工业部和化学工业部。

1980年，成立国家能源委员会，负责管理石油、煤炭、电力三个部，1982年撤销能源委员会，三个部直接由国务院领导。

2. 专业化分工阶段

从20世纪80年代初期到1998年，石油工业管理体制的特点是专业化分工，而且，尽管成立后的石油、石化总公司仍然承担着大部分的政府管理职能，但总体上石油产业开始向企业化管理方式迈进。

1982年2月，中国海洋石油公司成立，由石油工业部归口管理，全面负责我国海洋石油的对外合作业务，享有在对外合作海区进行石油勘探、开发和销售的专营权。

1983年7月，石油工业部等部门及部分石化企业合并组建成立中国石油化工总公司，直属国务院领导，对全国重要的炼油、石油化工和化纤企业集中管理。

1988年9月，国务院撤销石油工业部、煤炭工业部和电力工业部，成立能源部，在原石油工业部的基础上组建中国石油天然气总公司。在能源部内设石油总工程师办公室，负责协调中国石油天然气总公司和海洋石油总公司的开发、生产建设业务。

1992年3月，撤销能源部，中国石油天然气总公司、中国海洋石油总公司、中国石油化工总公司直属国务院领导。三大公司加上负责进出口业务的中国化工进出口总公司，中国石油产业"上下游分割、海陆分家、内外贸分治"的格局逐步形成。

1996年12月7日，国务院正式批复地质矿产部，同意组建中国新星石油有限责任公司。

"五龙治水"虽然打破了石油工业集中垄断管理的局面，但五个公司各自为政，分散经营，石油工业管理体制的矛盾日益暴露出来：一是几个总公司承担了大部分的政府管理职能，政企不分，不利于企业建立现代企业制度；二是资源管理体制没有理顺，出现了乱开滥采的现象，不利于资源的合理开发利用；三是下游产业低水平重复建设严重，产业结构不合理。

3. 集团化重组阶段

这一阶段的特点是以区域分割垄断为前提，各个集团内部实现上下游、内外贸、产销一体化，集团之间形成互相交叉、各有优势、有序竞争的格局。

1998年3月10日，在第九届全国人民代表大会第一次会议审议的国务院机构改革方案中，关于石油工业体制的改革方案为：将化学工业部、中国石油天然气总公司、中国石油化工总公司的政府职能合并，组建国家石油和化学工业局，由国家经贸委管理。化学工业部和两个总公司下属的油气田、炼油、石油化工、化肥、化纤等石油与化工企业及石油公司和加油站，按照上下游结合的原则，组建南北两个特大型石油石化企业集团公司和若干大型化肥、化工产品公司，海洋石油总公司维持现状不变。

1998年4月17日，国家经贸委向国务院正式上报了《关于组建两个特大型石油石化集团公司有关事项的请示》。《请示》提出了重组的基本原则：各有侧重、互相交叉、保持优势、有序竞争。新组建的中国石油天然气集团公司侧重石油天然气勘探开发，同时经营石油化工业务；新组建的中国石油化工集团公司，侧重石油化工发展，同时经营石油天然气勘探开发业务。在保持各自优势的同时，建立统一、开放、有序竞争的全国石油资源、石化产品和技术服务市场，实现上下游、内外贸、产销一体化。

两大集团公司的企业划分如下：东北、西北、内蒙古、四川、西藏等11个内陆地域内的石油、石化生产企业、原油成品油运输管道和地方石油公司及其加油站，划归中国石油天然气集团公司；华东、中南、云南、贵州、广西等15个省区地域内的油气田和石化生产企业、原油成品油运输管道和地方石油公司及其加油站，划归中国石油化工集团公司；原两总公司管辖的建设、设计、科研、教育等各事业单位隶属关系不变。两大集团公司由国家经贸委负责联系，国家经贸委及其管理的国家石油和化学工业局承担相应的政府职能。

1998年6月26日，两大集团公司正式签署了两大公司划转企业交接协议。根据协议，将中国石油天然气总公司所属的胜利石油管理局等12家石油企业划转给中国石油化工总公司；将中国石油化工总公司所属的大庆石油化工总厂等19家石化企业划转给中国石油天然气总公司。随后，按照国家确定的区域分工，两大集团公司陆续接管了各省和计划单列的石油公司及所属的加油站。1998年7月27日，两大集团公司在人民大会堂隆重召开了成立大会。7月28日，两大集团公司正式挂牌，我国石油工业的大重组告一段落。

4. 公司制改造阶段

这次重组在打破行业垄断、引进竞争机制及规范市场运作方面起到了积极的作用，但依然没有解决企业社会负担、资产优化及经营机制等问题。各个集团公司在成立之后很快就着手进行内部结构的治理改造，并先后在国际资本市场登场亮相。而石油产业的政府管理职能，在国家石油和化学工业局撤销之后交由2003年在国家发展改革委员会下新成立的能源局接管。

1999年11月5日，中国石油天然气集团公司（简称中油集团）在通过了大规模的内部业务和资产重组之后，独家发起成立了中国石油天然气股份有限公司（简称中国石油）。中油集团向中国石油注入了与勘探和生产、炼制和营销、化工产品和天然气业务有关的大部分资产和负债。中国石油成为中国在海外资本市场上市的最大企业。2017年12月19日晚，中国石油发布公告，宣布其由全民所有制企业整体改制为国有独资公司，并正式更名为

"中国石油天然气集团有限公司"。改制后,原有业务、资产、资质、债权、债务等均由中国石油天然气集团有限公司继承,股东、公司住所、法定代表人、经营范围等均保持不变。

2000年2月28日,中国石油化工股份有限公司重组成立,中国石油化工集团公司为其控股母公司。2000年3月31日,中国新星石油有限责任公司整体并入中国石油化工集团公司。中国石油化工股份有限公司是一家拥有上游、下游和中游业务的一体化公司。该公司在2000年10月18日和19日在纽约、香港和伦敦成功挂牌上市,2001年又在中国A股市场上市,成为国内上市公司中唯一的在四地挂牌的公司。2018年8月20日,公司改制完成,更名为"中国石油化工集团有限公司",从全民所有制改为国有独资,形成有效制衡的公司法人结构和灵活高效的市场化经营机制。

中国海洋石油总公司是具有法人资格的国家公司,其下属的中国海洋石油有限公司注册地在香港。2001年2月27日、28日,中国海洋石油有限公司在纽约和香港上市。海洋石油显然并不满足于核心资产的上市,对于存续企业,也不断进行内部重组,2002年,海油工程和中海油服先后在国内和香港成功上市,一个强大的"中海油系"已经开始在海内外资本市场上浮出水面,中国海洋石油总公司的职能逐步向资本运营转变。2017年11月,中国海洋石油总公司完成集团层面的公司制体制改革,正式更名为"中国海洋石油集团有限公司",由全民所有制企业整体改制为国有独资企业。

思考题

1. 人类古代石油阶段的特征是什么?
2. 什么事件标志着现代石油工业的诞生?为什么?
3. "石油七姊妹"有哪些?
4. 世界石油工业的历史大体上分为几个阶段?
5. 石油工业不同发展阶段都具有什么样的特征?
6. 世界石油工业未来的发展趋势是什么?
7. 世界上最早对石油进行商业化开采的是哪个国家?
8. 如何理解后石油时代?

参考文献

[1] 陈俊武.21世纪油气工业发展刍议[J].中国工程科学,2000(4):21-24.
[2] 葛家理,刘立力,等.现代石油战略学[M].北京:石油工业出版社,1998.
[3] 刘均安.中国石油石化工业的现状和发展[J].中外能源,2007(5):68-72.
[4] 刘满平,封红丽.40年成就耀眼,油气改革下一步该发力何处[J].中国石油和化工,2019(1):22-27.
[5] 田在艺.中国石油工业的发展[J].石油实验地质,2001(1):3-7.
[6] 王才良.世界石油工业百年风云(之一)[J].国际石油经济,2000(1):51-53.
[7] 熊育坤.21世纪石油工业的高新技术[J].石油机械,2000(6):61.
[8] 詹玉兰,尹光辉,徐坤吉.科技革命与石油工业[J].海洋地质动态,2008(2):28-31.
[9] 张厚福,等.石油地质学[M].北京:石油工业出版社,1999.
[10] 张宁宁,王青,王建君,等.近20年世界油气新发现特征与勘探趋势展望[J].中国石油勘探,2018,23(1):44-53.

第二章

石油基础知识

第一节 油气概述

"石油"一词最早出现在公元 977 年中国北宋李昉编著的《太平广记》一书中。我国北宋杰出的科学家沈括（1031—1095 年）在所著《梦溪笔谈》中根据这种油"生于水际砂石，与泉水相杂，惘惘而出"而将其正式命名为"石油"。在 14 世纪中期，有人把希腊字中的"petra"（岩石）和罗马字中的"oleum"（油）组合成一个新词，即英文单词石油——"petroleum"（岩石中的油）。德国人乔治·拜耳于公元 1556 年在一篇关于石油开采与炼制的论文中第一次公开使用"petroleum"一词，而后一直沿用至今。petroleum 可以看作是广义的石油，即包括狭义说的石油（oil），也包括天然气（gas）。

一、石油的定义与组分

（一）石油的定义

通常所指的石油是指原油，但在很多国际机构统计的"石油产量"或"oil production"中，实际上指的是"液体燃料"或"liquids production"。原油是一种黏稠状的可燃性液体矿物油，颜色多为黑色、褐色或绿色，少数有黄色。地下开采出来的石油未经加工前叫原油。石油产品是以石油或石油某一部分做原料直接生产出来的各种商品的总称，如燃料油、润滑油、润滑脂、石蜡、沥青、石油焦及炼厂气等。

（二）石油的组分

1. 石油的元素组分

世界上各国油田所产原油在性质上虽然千差万别，但其元素组成基本一致，主要由 C（83%~87%）、H（11%~14%）、S（0.05%~8%）、N（0.02%~2.00%）、O（0.05%~2%）组成，还含有微量的 Cl、I、P、As、Si、Na、K、Ca、Mg、Fe、Ni、V 等元素。

碳、氢两种元素在原油中所占比例很大，一般在 95%（质量分数）以上，但在不同原油中所占比例差别不大，因此无法单纯地用碳含量、氢含量对不同原油进行比较。氢碳原子比是更能反映原油属性的一个指标，也是石油各种加工过程中需考虑的重要参数。我国大庆油田的氢碳原子比为 1.90，江汉油田为 1.84，辽河油田为 1.75，胜利油田为 1.68。

非碳氢元素在原油中所占比例一般不超过 5%（质量分数），它们以碳氢化合物的衍生物形态存在于石油中。与国外原油相比，我国原油在元素组成上具有含硫低、含氮高的特点。河南井楼及辽河高升原油含氮量高达0.7%以上，是世界上罕见的高氮原油。非碳氢元素对石油的性质、石油加工过程和石油产品质量有很大的影响，尤其是除碳、氢、硫、氮、氧外的金属与非金属元素，虽含量甚微，但是对催化加工中的催化剂有很大影响，不容忽视。

2. 石油的馏分组分

石油组分复杂，沸点范围也从常温到500℃以上。加工利用石油时，必须对石油进行分馏。所谓分馏，是指按照石油组分沸点不同将其"切割"成若干馏分，如200~350℃馏分，每个馏分的沸点范围称为馏程或沸程。

一般把原油在常压蒸馏时从开始馏出的温度（初馏点）到200℃（或180℃）之间的轻馏分称为汽油馏分（也称轻油或石脑油馏分），200（或180）~350℃之间的中间馏分称为煤柴油馏分，或称常压瓦斯油（简称AGO）。由于原油从350℃开始即有明显的分解现象，所以对于沸点高于350℃的馏分，需在减压下进行蒸馏，再将减压下蒸出馏分的沸点换算成常压沸点。一般将相当于常压下350~500℃的高沸点馏分称为减压馏分或润滑油馏分，或称减压瓦斯油（简称VGO）；而减压蒸馏后高于500℃的油称为减压渣油（简称VR）；同时人们也将常压蒸馏后高于350℃的油称为常压渣油或常压重油（简称AR）。表2-1是馏分的种类。

表2-1 馏分的种类

馏分	简称	馏程	蒸馏条件
汽油馏分	—	初馏点200℃（或180℃）	常压蒸馏
煤柴油馏分	AGO	200（或180）~350℃	常压蒸馏
润滑油馏分	VGO	350~500℃	减压蒸馏后换算为常压
减压渣油	VR	>500℃	减压蒸馏
常压渣油	AR	>350℃	常压蒸馏

我国主要油区原油中高于500℃减压渣油的含量较高，低于200℃的汽油馏分含量较少。原油中的汽油馏分含量低、渣油含量高是我国原油馏分组成的一个特点。

3. 石油的化合物组成

石油从化合物组成来看主要包括烃类和非烃类两大类物质，它们的相对含量因石油产地及种类不同而差异很大。

（1）烃类化合物。石油中的烃类化合物是石油的主要成分，主要包含烷烃、环烷烃和芳香烃及在分子中兼有这三类烃结构的混合烃。这些烃类在石油中的分布变化很大，含烷烃较多的原油称为石蜡基原油，含环烷烃较多的原油称为环烷基原油，而介于二者之间的称为中间基原油。同一原油随着馏分沸程增高，烃类含量逐渐降低，非烃类含量逐渐增加。

（2）非烃类有机物。在前文中提过石油中的非碳氢元素主要以碳氢化合物的衍生物形态存在，即非烃类有机物。非烃类有机物主要包括含硫、含氮、含氧化合物及胶状沥青状物质。尽管非碳氢元素所占质量分数极少，但它们形成化合物的量却一般占石油总量的10%~15%，极少数原油中非烃类有机物含量甚至高达60%。它们对石油炼制和石油产品质量的影响不可忽视，如石油加工中的催化剂中毒问题、石油化工厂的环境污染问题等。石油中的非烃类有机物一般需在加工过程中予以脱除，如果将它们进行适当处理，可生产一些有用化工产品。

（3）无机物。除烃类及其衍生物外，石油中还含有少量无机物，主要是水及Na、Ca、Mg的氯化物，硫酸盐和碳酸盐及少量泥污等。它们分别呈溶解、悬浮状态或以油包水型乳化液分散于石油中,危害主要是增加原油储运的能量消耗、加速设备腐蚀和磨损、促进结垢和生胶、影响深度加工催化剂的活性等。

4. 石油中的微量元素

石油中微量元素的含量一般都在百万分级至十亿分级范围。微量元素含量虽然很少,但有些元素对石油的加工过程,特别是对催化剂的活性影响很大。目前已从石油中检测出59种微量元素,其中金属元素45种。我国大庆、胜利、大港等原油的灰分中检测出34种元素。石油中的微量元素按其化学属性可划分为三类:变价金属(V、Ni、Pe、Mo、Co、W、Cr、Cu、Mn、Pb、Ca、Hg、Tl等)、碱金属和碱土金属(Na、K、Ba、Ca、Sr、Mg等)、卤素及其他元素(Cl、Br、I、Si、Al、As等)。

二、天然气的定义与组分

(一) 天然气的定义

天然气是指自然生成、在一定压力下蕴藏于地下岩层孔隙或裂缝中的混合气体,主要成分为甲烷和少量乙烷、丙烷、丁烷、戊烷及以上烃类气体,并可能含有氮、氢、二氧化碳、硫化氢和水蒸气等非烃类气体及少量氦、氩等惰性气体。石油工业范围内,天然气通常是指从气田采出的气及油田采油过程同时采出的伴生气。

(二) 天然气的组分

天然气的主要成分是甲烷,其次是乙烷、丙烷、丁烷等,此外还含有少量非烃类气体,如氮、氢、二氧化碳、硫化氢、水蒸气等,以及少量惰性气体如氦、氩等。其常见组分的性质如下:

(1) 甲烷:天然气的主要组成部分,在天然气混合物中的含量因油气藏类型不同而不同,可以为29%~99.9%(体积分数)。在天然气的混合物中,其含量往往超过90%;纯甲烷为无色,稍有蒜味;比空气轻,具有较高的热稳定性和很高的热值含量(33904~37668千焦/米^3),比煤高1.5倍。

(2) 乙烷:无色气体,比空气稍轻,热值介于60345~65946千焦/米^{3}之间。在20℃时加压至3.8兆帕以上,便液化成相对密度为0.446的液体。

(3) 丙烷:无色气体,比空气重,热值介于86420.9~93888.9千焦/米^{3}之间;在20℃加压至0.85兆帕以上时呈液态;在天然气中的含量一般在0.005%~4.0%。

(4) 二氧化碳:无色、无味,在15℃和压力超过5.65兆帕时,转化为液态,在水中有很高的溶解度。二氧化碳与水在一定条件下可以形成水合物(如碳酸),对井下及集输设备产生腐蚀作用。

(5) 氮气:无色、无味、化学性质不活跃的气体,在标准压力下,当温度低于-195℃时开始液化。在天然气中的含量一般不超过10%(体积分数)。

(6) 硫化氢:具有臭鸡蛋气味的有毒可燃气体,易溶解于水。硫化氢化学活动性极大,能对钻井的钻杆、套管、集输管线产生严重的腐蚀作用而形成氢脆。含硫化氢的天然气给钻井和采气工程带来很大困难,但它也是硫磺资源的重要来源。由于硫化氢易溶于水,故一般气藏中含量甚微或不含。我国天然气藏中,硫化氢含量最高的是渤海湾盆地的赵兰庄气藏,硫化氢含量92%(体积分数),即约1.416千克/米^3。

（7）氦气：属于稀有惰性气体，无色，无味，微溶于水，不能燃烧，也不能助燃。氦气是除氢气以外密度最小的气体，密度是氢气的1.98倍。氦气是贵重的稀有气体，在天然气中的含量不超过1%（体积分数），但超过0.1%时，就有提氦的工业价值。

第二节 油气的生成与聚集

一、油气的生成

对石油的生成问题，学者们已经进行了大量的研究并提出了许多涉及石油生成的学说，但是直到今天也没有一个人能够证明在自然界中石油的生成过程，或从实验室中拿出令所有人信服的证据证明石油的生成过程。由于石油的化学成分比较复杂，又是流体，现在找到油藏的地方往往不是石油生成的地方，这为研究石油成因带来许多困难。因此，当前对于石油成因的说法多是以假说的形式出现的，在众多的假说中，最主要的两种分别是有机成因说和无机成因说。

有机成因说认为，油气是由植物或低等生物残骸，在地壳长期缓慢的沉降过程中不断压实增厚或在深水中沉积，并在细菌等的作用下，经过数百万年的演化而形成的。有机成因说的主要依据有：一是世界上已发现的油田中，90%以上的石油产于沉积岩中，而大片岩浆岩、变质岩区无石油产出；二是从前寒武纪到第四纪的各时代沉积岩中都找到了石油，但在各时代地层中分布不均匀，且正比于各时代沉积岩中有机物的总量；三是没有化学成分完全相同的两种石油，也没有成分完全不同的石油，其是多种碳氢化合物组成的复杂混合物；四是光谱分析证明中、新生代石油灰分以氧化铁为主，古生代则主要含氧化钒和氧化镍；五是在近代海湖相沉积中发现了有机质向石油、天然气转化的过程。

无机成因说认为，油气是由无机物转化而来的。目前几种比较流行的无机成因论有碳化物说、宇宙说、岩浆说。碳化物说是1876年俄国著名化学家门捷列夫创立的学说。他认为在地球内部水与重金属碳化物相互作用，可以生成碳氢化合物。地球形成时温度很高，碳和铁为液态，互相作用形成碳化铁。由于它们密度较大，因此保存在地球深处。后来地表水沿地壳裂隙向下渗透，与碳化铁作用产生碳氢化合物，后者又沿着裂隙上升到地壳的冷却部分。有些碳氢化合物浸透了岩石，形成油页岩、藻煤及其他含沥青岩石；有些碳氢化合物上升到地壳的冷却部分，冷凝下来形成石油。宇宙说是俄国学者索可洛夫于1889年10月3日在莫斯科自然科学研究者协会年会上首次提出的。该学说主张在地球呈熔融状态时，碳氢化合物就包含在它的气圈中；随着地球冷凝，碳氢化合物被冷凝岩浆吸收，最后，它们凝结于地壳中而形成石油。1949年10月3日，在发表宇宙说六十周年纪念日的同一讲坛上，苏联学者库得梁采夫提出了石油起源岩浆说，并且强调要发扬几乎被遗忘了的宇宙说。他指出，岩浆中形成石油的过程不断进行着，古老的油气通过扩散早已逸散消失，所有的油藏都是年轻的油藏。并且只有依靠石油才能产生地球上的生物，石油中含有生物所需要的一切化学元素。因此，石油不是来自有机质，恰好相反，有机物质却是来源于石油。

在有机成因说和无机成油说中，最为主流的，且指导当前世界油气勘探实践的是有机成因说。因此，本书重点对有机成因说进行进一步介绍。在有机成因说中，又有早期成因说和晚期成因说之分。前者认为原始的沉积有机质在成岩作用早期就能够转换为烃类，形成油气；而后者认为沉积有机质在成岩作用早期首先形成干酪根（Kerogen），然后在一定的深度和温度下，干酪根进一步热降解，形成油气。

按照沉积有机质的生存环境及其性质划分的油气有机成因说包括海相生油说（出现于19世纪70年代）、陆相生油说（出现于20世纪20年代）和煤成烃理论（出现于20世纪40年代）（图2-1）。海相生油说是在有机成因说发展过程的早期占据主导地位的成因理论，该理论认为生油的源岩（即烃源岩）形成于海洋环境，世界上已发现油田中的绝大多数油气田都属于此类。陆相生油说主要是由我国学者提出的，认为大陆环境（如陆相湖泊）也可以形成烃源岩，该理论是我国油气勘探的基础。海相生油说和陆相生油说的本质是相同的，都认为油气是由沉积在烃源岩中的中低等生物残骸沉积而成的腐泥型有机质（高氢碳比）形成的。

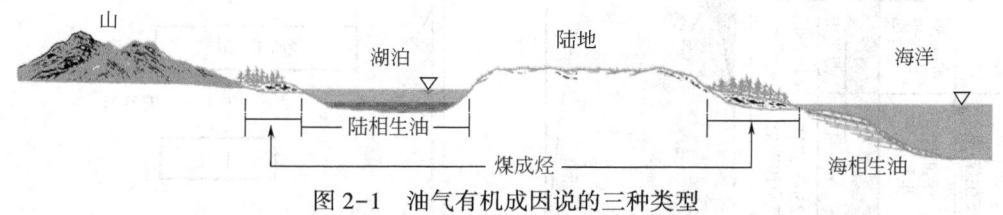

图2-1 油气有机成因说的三种类型

煤成烃理论是继陆相生油说之后，学界提出的又一理论。该理论认为，煤或煤系地层中分散或集中的陆源有机质（以高等植物残骸沉积所形成的腐殖型有机质为主，低氢碳比），在煤化作用的过程中，生成的液态（煤成油）或气态（煤成气）烃类。对于煤成油气比例的相关研究显示，煤系成烃主要以气态烃为主（即天然气）。煤系源岩中生成的天然气，如果向外运移离开源岩并在适宜的圈闭中聚集，则有可能形成工业气藏；如果没有运移到烃源岩外部，而是吸附在烃源岩内部，这部分气则被称为煤层气。

二、沉积有机质的成烃演化

沉积有机质是油气生成的初始物质，主要组分包括类脂化合物、蛋白质、碳水化合物和木质素等。其中，由富含类脂化合物和蛋白质的中低等生物残骸在缺氧的条件下分解和聚合而形成的沉积有机质称为腐泥型有机质，而由富含木质素和碳水化合物的高等植物在有氧条件下分解、聚合产生的有机质称为腐殖型有机质。

根据沉积有机质的性质变化过程，可以将有机质的成烃演化分为三个主要阶段（图2-2），即成岩作用阶段、后生作用阶段和变生作用阶段。与此对应的有机质的成熟程度分别为未成熟阶段、成熟阶段和过成熟阶段。

在成岩作用阶段，细菌等微生物的降解起主要作用，但伴随着埋深的增加，细菌的作用会逐渐减弱并最终趋向于终止，进而演化为地质聚合物，即干酪根，并保存在沉积岩中。干酪根是原始沉积有机质在成岩作用下形成的新生沉积有机质中的不溶于碱、非氧化性酸和非极性有机溶剂的分散有机质。除了产生干酪根外，成岩作用阶段也会产生烃类和挥发性气体，如甲烷、CO_2等。而到本阶段后期，随着埋深的加大，温度向60℃靠近，也会生成少量的液态石油。

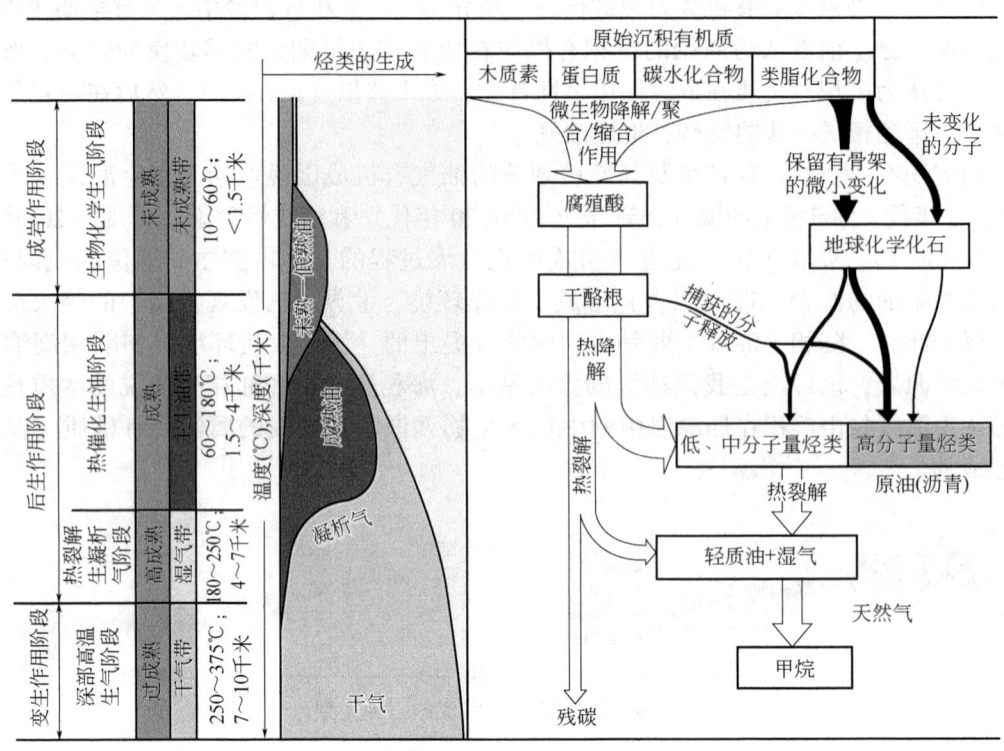

图 2-2 有机质的成烃演化

后生作用阶段可以细分为两个阶段，一个是热催化生油阶段，即在热力和催化作用下，干酪根转变为大量的石油和湿气，并产生一些挥发性物质；另一个是热裂解生凝析气阶段，即上一阶段的残留干酪根在热力的作用下，C—C 键断裂，液态烃急剧减少，生成凝析气和湿气。

变生作用阶段是有机质演化的最后一个阶段，该阶段以高温高压为典型特征。在这一阶段，已形成的液态烃和重烃气强烈裂解，形成热力学上最稳定的甲烷。上一阶段的干酪根残渣在本阶段释放出一定量的甲烷后，进一步缩聚，形成碳沥青或石墨。

三、油气的运移与聚集

具有生烃能力的岩石称为烃源岩，而由烃源岩构成的地层则称为生油层。沉积有机质在生油层中转变为分散的油气之后，还必须经过一定的运移，并在特定的环境下（圈闭）聚集下来，这样才能够形成具有潜在商业可开采性的油气藏。这里的运移一般包括初次运移（即从生油层到储集层的运移）和二次运移（进入储集层以后的运移）。特定的环境是指圈闭（Trap），即能阻止油气继续运移并能在其中聚集的场所。圈闭一般包括三部分，一是能够储存油气的储集岩；二是在储集岩之上，存在能够防止油气散失的盖岩；三是能够有效阻止油气进一步运移的遮挡物，如由于底层变形所形成的背斜或断层等。图 2-3 是典型背斜油气藏的运移与成藏。

因此，只有当油气通过生油层运移到圈闭之后，才可能形成油气藏。油气藏是地壳中最基本的油气聚集单位。当油气藏中聚集的油气数量足够大，并具有商业开采价值时，才能被称为工业油气藏。

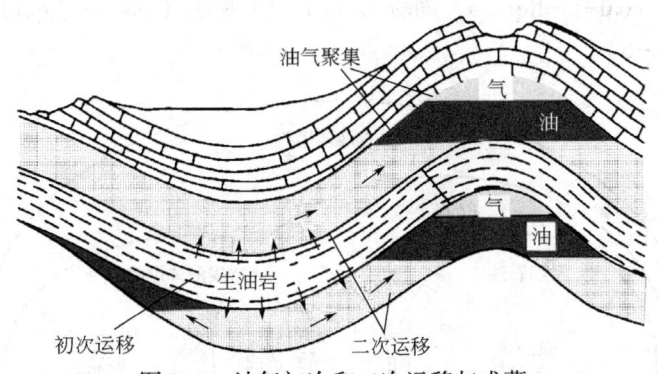

图 2-3 油气初次和二次运移与成藏

需要注意的，上述关于油气的运移与成藏认识主要是针对常规油气，对于这些常规油气而言，一个最大的特征就是其生油层和储油层是不同的。但是 2000 年以后起源于美国的页岩革命正在打破这一认知，页岩革命所对应的页岩油和页岩气，其生油层和储油层是相同的，即产生的油气并没有运移到生油层之外，而是保留在生油层之内（图 2-4）。还有两类油气，即致密油和致密气，其虽然从生油层运移出来，但是运移距离非常短，并没有像传统常规油气那样远距离运移并在特点环境聚集。

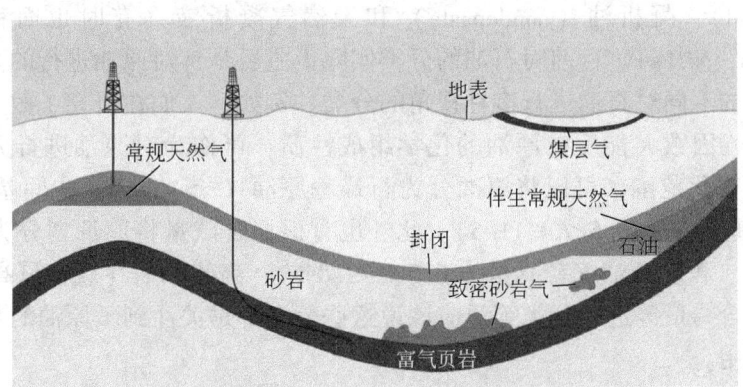

图 2-4 页岩油气、致密油气的生成和运移

油气田是指由单一地质构造（或地层）控制下的同一产油气面积范围内的一组油气藏的组合。一个油气田可能有一个或多个油气藏。在同一面积内主要为油藏的称油田，主要为气藏的称气田。油气田是油气生产系统的基本单位。

第三节　油气分类

一、石油分类

在国际能源署（IEA）、美国能源信息署（EIA）等主流机构发布的报告中，其石油产量本质上是"液体燃料"产量，在这一产量构成中，既包括了石油，也包括了非石油的液体燃料，如煤制油（coal-to-liquids，简称 CTLs）、气变油（gas-to-liquids，简称 CTLs）、各类生物制油等（图 2-5）。

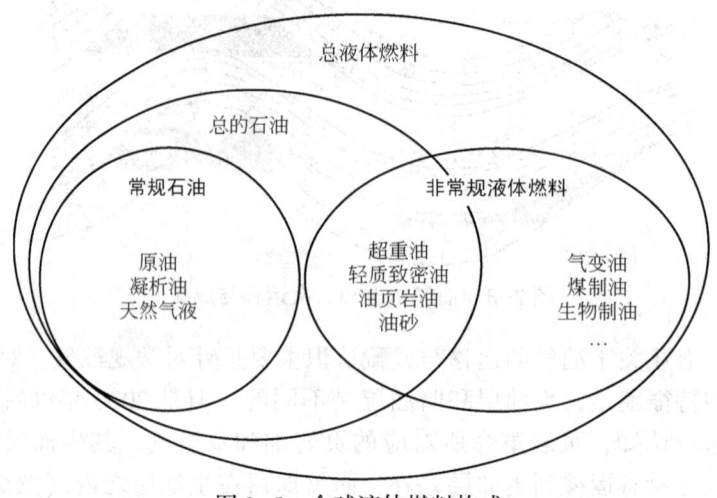

图 2-5 全球液体燃料构成

在本书中，重点分析的是石油的分类。进一步，在国际机构公布的石油产量中，又包括了原油（crude oil）、凝析油（condensate）和天然气凝析液（有时也简称为天然气液，natural gas liquids，NGLs）。目前对石油的分类实际上主要是针对原油进行的。对于原油的划分可根据关注点的不同对石油进行多种视角的分类。例如，人们在研究了数十种原油的馏分油性质，发现特性因数 K 能反映原油的化学组成性质，可作为对原油进行分类的依据。根据特性因素 K 的变化范围，可以将原油分为石蜡基原油（$K>12.1$）、中间基原油（$11.5<K\leq12.1$）、环烷基原油（$10.5<K\leq11.5$）。此外也有根据含硫量将原油划分为低硫原油（硫含量低于 0.5%）、含硫原油（硫含量为 0.5%~2.0%）、高硫原油（硫含量高于 2.0%）；或者根据含氮量或含蜡量等进行分类等。应该说这些分类都是关注到了原油的某一个侧面，多在特定领域内应用。

目前国际上对石油或原油的分类主要是从常规石油和非常规石油的角度区分的。当然，不同机构或个人对这两者进行区分的角度、标准等都存在着或多或少的差异。例如，有些学者利用经济和技术标准对其进行划分。然而，这种划分方式首先与对资源和储量的划分视角重合，容易造成混乱；另外，由于经济和技术本身是在不断发生变化的，这也使得此类划分方法下的常规和非常规资源也将随时改变。

在本书中，借用德国联邦地球科学与自然资源研究院（BGR）的分类标准，以 API 度（API gravity）对原油进行划分，如式(2-1) 所示：

$$\rho_A = \frac{141.5}{\rho_S} - 131.5 \tag{2-1}$$

式中，ρ_A 表示 API 度；ρ_S 是原油的相对密度，即在一个标准大气压，60°F（15.6℃）的原油密度与 60°F（15.6℃）水密度的比值。

一般将 API 度大于 10 的原油称为常规石油，该类别的原油种类主要有重油（API 度大约在 10~20）、中质原油、轻质原油；此外，凝析油、天然气液通常也包括在常规石油当中。对于 API 度小于 10 的统称为非常规石油，这一类主要包括超重油（extra heavy oil）、天然沥青（natural bitumen，或油砂，oil sands）和油页岩油（oil-shale oil）。这里的油页岩油是指通过工业加热页岩来生产的石油，这些加热的页岩中富含某种或某些类型的特定干酪根（kerogen），对页岩加热能够使得干酪根转化为一定量的石油，此类富含干酪根的页岩称为油页岩（oil shale）。为了将油页岩油和下一段提到的页岩油区分开来，国际能源署将又将油页岩油称为干酪根油（kerogen oil）。

美国页岩革命之后，轻质致密油（light tight oil）得到快速发展，此类原油一般指两种类型储藏的原油，一种是富集于页岩和黏土岩中的原油，另一种是富集于其他类型的岩石储层之中的原油。对于第一种岩石储层中的石油，其实际上并没有运移出其产生的烃源岩，即烃源岩既是生油层又是储层。由于这一类型的岩石储层多是页岩，因此来自这些储层的原油也被称为页岩油（shale oil）。对于第二种岩石储层中的原油，其实质上已经从它的烃源岩中运移出来，只是运移的距离非常小，且运移出来之后又聚集在其他渗透率非常低的岩石储层中，如砂岩和碳酸盐岩，来自这一类型储层的原油也被称为致密油（tight oil）。准确测定这两种不同类型的资源是非常困难的，因为在现实中它们经常交叉存在。因此，许多国际机构往往将这两种类型的资源通称为轻质致密油，用light tight oil（简称LTO）表示。

根据API的划分标准，目前已在美国实现规模开发的轻质致密油并不属于非常规石油，因为轻质致密油的API度大于10。事实上，国际能源署在2012年以前都将轻质致密油资源和产量计入常规石油当中。由于近些年兴起的美国页岩革命（并不是指来自油页岩的油页岩油，而是指轻质致密油、页岩气和致密气），使得轻质致密油被世界所关注。因此，基于以下两方面原因，包括国际能源署在内的国际机构在2012年以后也将轻质致密油作为非常规石油资源来看待，开始单独评估其资源量：一是轻质致密油虽然从API上属于常规石油，但是由于其储层特别致密，采用传统的常规石油开采方式并不能对此类资源进行有效开发，而必须借助非传统的水平井加水力压裂等开采方式进行开采；二是轻质致密油对应的天然气是页岩气和致密气，而页岩气和致密气都被划分为非常规天然气，因此从对应关系的角度来讲，也将轻质致密油看作是非常规石油。因此，本书考虑到这一新的趋势，也将轻质致密油作为一种非常规石油资源。

二、天然气分类

与石油一样，天然气也可以分为常规天然气和非常规天然气。常规天然气是目前世界天然气供应的主力，大约占到全球天然气市场份额的80%以上。一般来说，常规天然气是从那些能够清晰界定、高渗透储层开采出的资源。相对于非常规天然气，常规气天然气能够比较容易地流动到井筒并被开采出地面，一般只采用垂直井就可以对其进行有效开发，且采收率一般在80%以上。

非常规天然气是指那些利用常规储层的标准钻井和开采技术难以有效开发，而必须借助额外的技术或采取额外的过程才能有效开发利用的资源。非常规天然气资源通常储存于储层渗透率较低的储层。为了实现非常规天然气的商业化开采，必须采取必要的气井增产措施，如对页岩气开采使用的水力压裂措施等。正是由于非常规天然气开采难度非常大，因此其采收率也显著地低于常规天然气。就目前来看，全球范围内，非常规天然气的平均采收率大约在15%~30%之间。

非常规天然气的种类比较多，比较典型的且被认为在可预见的未来具有较大开发潜力的几种非常规天然气资源分别是：致密气（tight gas）、页岩气（shale gas）和煤层气（coalbed methane，CBM）。其中，致密气是指赋存在砂岩层中且有效渗透率低于0.1毫达西的天然气，其埋藏深度一般不超过4500米。页岩气是指赋存于页岩储层中的天然气，与致密气藏相似的是，页岩气藏的储层渗透率也非常低。因此，致密气和页岩气的开发都往往依赖于高压压裂储层，从而增加孔隙度和渗透率。煤层气实际上是未运移到烃源岩外部的煤成气。

除了上述几种非常规天然气之外，一些机构也区分了一些其他种类的非常规天然气，如天然气水合物（gas hydrates）、深储层气（gas in deep reservoirs）或盆地中心气（basin-centered gas，或 deep gas）和水溶性天然气（aquifer gas 或 water-dissolved gas）。其中天然气水合物是天然气与水在高压低温的环境下所形成的类冰状结晶物质，主要分布于深海沉积物中。深储层气通常是指埋藏深度超过4500米，处于高温高压下，且含硫量高、储层渗透率低，利用传统的浅层技术难以开采的天然气。由于该类型的天然气一般存在于盆地中心气系统（basin-centered gas systems，BCGS）中，因此，也被称为盆地中心气。水溶性天然气是指那些溶解或分散在地下水层中的甲烷气。通常，这种甲烷的溶解度很低，1000米以浅的水体中的气体溶解量非常低（每立方米水大约含 0.3~3 立方米的甲烷，即 $0.3 \sim 3 m^3/m^3$），不具经济开采价值。但随着深度的增加，甲烷在水体中的含量也会随之增加，往往能够达到 $10 \sim 15 m^3/m^3$。在构造压力高的地区，甚至能够达到 $90 m^3/m^3$。据估计，该类气体的资源量是当前常规天然气储量的两个数量级以上。尽管已经运用了许多新的技术，预计在非常长的时期内，此类气体中仍仅有非常小的一部分预期能够实现商业可采。

第四节 油气资源/储量分级分类体系

油气资源通常被分为两种类别：储量和资源量。然而，不同的细分体系对储量和资源量的定义、评估等都有着较大差异，这种差异的存在使得研究者在从事相关研究之前，必须首先确定其使用的分类体系及其合理性，这样才能增加其后续研究结论的可靠性。

目前，全球范围内的资源/储量分类体系总的可以分为三类：一类是由负有监管职能的证券交易机构发行的，如美国证券交易委员会（SEC）针对相关上市公司发行的储量准则，对储量评估的确定性要求非常高，且仅包含了探明储量（Proved Reserves）；不过从2009年后，SEC 也开始引入概算储量（Probable Reserves）和可能储量（Possible Reserves）。第二类主要是由政府所属机构发布的，如挪威石油管理局（Norwegian petroleum directorate，NPD），该类资源分类体系往往包括了发行政府所在国所涉及的所有资源或储量分类，且对储量等的界定也根据国家意志的差异而有所不同，不同国家间也难以比较。第三类则是由一些国际性或具有国际代表性的机构发行，如联合国的分类框架（the United Nations Framework Classification，UNFC）和由 SPE、WPC、AAPG、SEEC 联合制定的分类框架，其分类体系也是目前唯一具有全球普遍使用准则的分类体系。以下重点对国际上几种主要的资源/储量分级分类体系和中国的资源/储量分级分类体系进行介绍。

一、国际油气资源/储量分级分类体系

（一）石油资源管理系统（PRMS）

石油资源管理系统（petroleum resource management system，PRMS）是由 SPE、WPC、

AAPG、SEEC 多个机构联合制定发布的资源管理分类体系。目前，该资源管理系统是国际石油工业界运用最为广泛的资源分类体系之一，其资源分类体系可由图 2-6 表示。

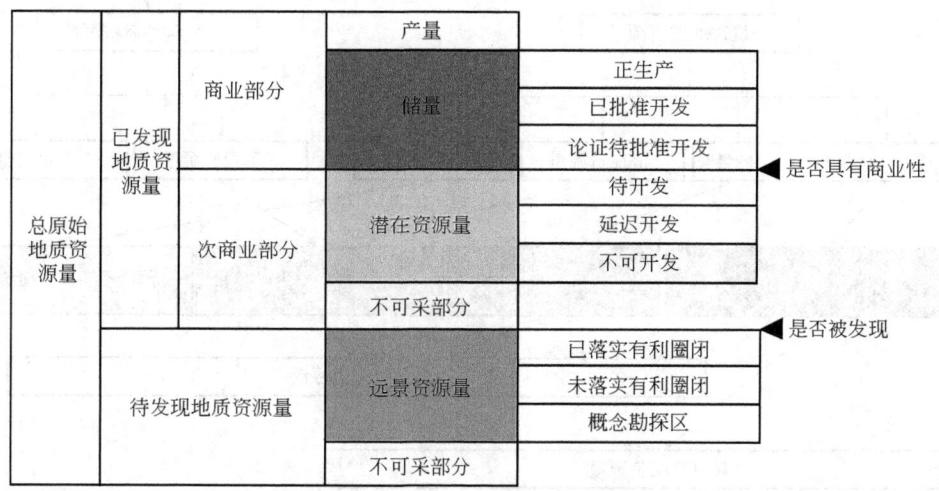

图 2-6　PMRS 资源分类框架

PRMS 将储量（Reserves）分为三个类别：探明储量（Proved Reserves，P1）、概算储量（Probable Reserves，P2）和可能储量（Possible Reserves，P3）；并将不同类别储量之和分别定义为 1P 储量（Proved Reserves）（90%的概率）、2P 储量（Proved Reserves+Probable Reserves）（50%的概率）和 3P 储量（Proved Reserves+Probable Reserves+Possible Reserves）（10%的概率）。

PRMS 将资源量（Resources）分为两大类：潜在资源量（Contingent Resources）和远景资源量（Prospective Resources）。潜在资源量是指对于已发现储层中的资源，虽然现在由于经济条件等不能够开采，但在未来（一个给定日期内）能够预期潜在开采出来的那部分资源。远景资源量是指对于那些尚未发现的储层资源，能够在未来（一个给定日期内）预期潜在开采的资源。根据不确定性，潜在资源量和远景资源量都可以同储量一样进行再划分。

通过分析可以看出，无论是储量还是资源量，都是在未来一段时期内，能够潜在开采出来的资源。总的原始地质资源量（Resources in Place）或总资源量（Total Resources）并不等于可以开采出来的数量。在很多对未来中长期供应的建模分析中，经常被用到的一个术语是"最终可采资源量"，其英文通常由 Ultimately Recoverable Resources（简称 URR）对应，但是有时也用 Estimated Ultimate Recovery（简称 EUR）对应。最终可采资源量由已经采出的资源数量（或称为累计产量）加剩余可采资源量（Remaining Recoverable Resources，RRR）构成。而剩余可采资源量则由当前就可开采的储量（Reserves）和未来条件改善后能开采的资源量（Resources）构成。最终可采资源量和 PRMS 中的各资源的对应关系如图 2-7 所示。

（二）联合国资源分类框架（UNFC）

UNFC 对煤炭和油气的分类有所不同。对于煤炭资源，其将剩余资源量（总资源量减去累计产量）分为两类：矿石储量（Mineral Reserves）和矿石资源量（Mineral Resources）。然后又利用三维代码（即从经济可行性、项目可行性、地质可行性三个维度）对不同类别进行细分。

对于油气资源，UNFC 对剩余资源量（总资源量减去累计产量）的划分与 SPE 等发行

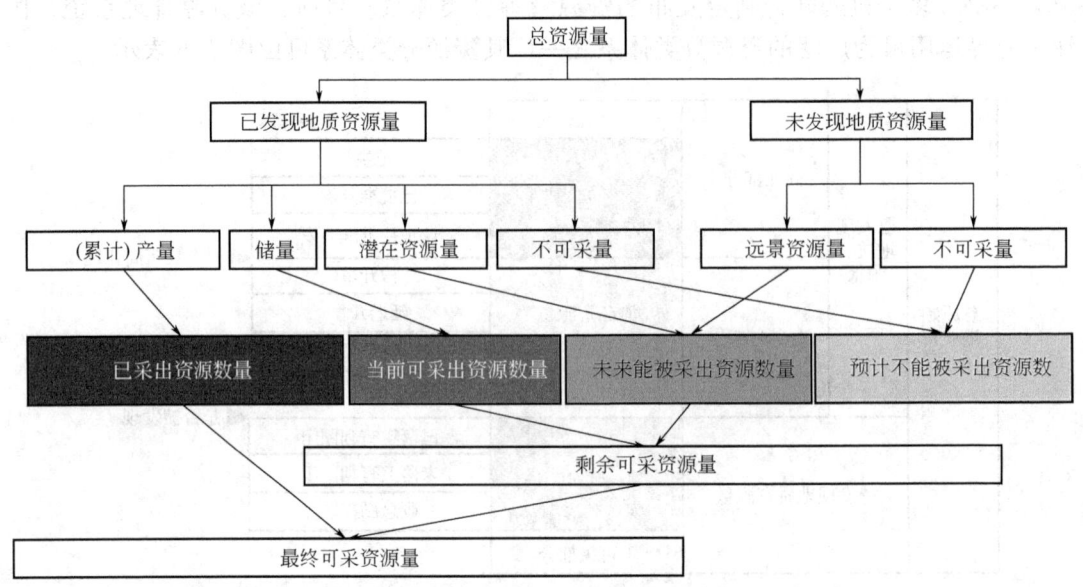

图 2-7　PRMS 资源分类体系与最终可采资源量的对应关系

的石油资源管理系统类似，包括储量（Reserves）、潜在资源量（Contingent Resources）、远景资源量（Prospective Resources）和不可采量（Unrecoverable Quantities），并用三维代码对储量、潜在资源量和远景资源量进行进一步细分。

2009 年，联合国欧洲经济委员会（UN-ECE）出版了新的统一的资源分类框架，但在这一框架体系中，基本上全部使用代码对不同阶段的资源进行分类，且不强调哪些代码类别可归为储量类，哪些可以归为资源类。

（三）德国联邦地球科学与自然资源研究院（BGR）资源/储量分类体系

BGR 是全球主要的能源资源数据统计与发布机构之一。BGR 将化石能源资源划分为两个类别：储量（Reserves）和资源量（Resources）。对油气而言，其资源量与 PRMS 相似，都是指能够在当前或未来预期潜在可采的资源（包括已发现储层和未发现储层的资源）。对于煤炭，其界定与 UNFC 相似，都是指那些除储量以外的所有剩余资源（图 2-8）。

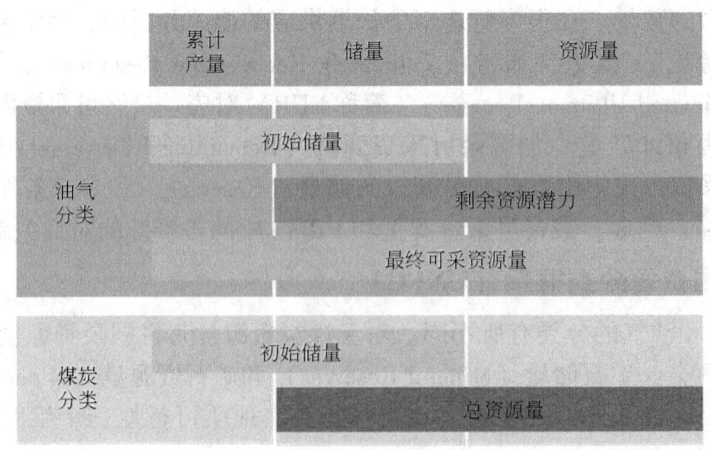

图 2-8　BGR 资源分类体系

此外，BGR 将储量与资源量之和称为剩余资源潜力（Remaining Potential Resources）（对于油气资源而言，英文上也可以与前文的 RRR 对应）或总资源量（Total Resources）（对煤炭资源而言）；将累计产量、储量和资源量称为估计的最终可采资源量（Estimated Ultimate Recovery，EUR）（对于油气资源而言，英文上也可以与前文的 URR 对应）。

（四）世界能源委员会（WEC）资源/储量分类体系

WEC 并没有单独区分储量和资源量，在其发布的资源调查报告中，包括了四个资源名词：

（1）探明地质资源量（Proved Amount in Place）：指在已知储层（Known Deposits/Reservoirs）中，经详细探测与评估，认为在当前以及未来可预期的经济条件下，利用现有技术可以开采出的剩余地质资源量。

（2）探明可采储量（Proved Recoverable Reserves）：指在探明地质资源量中，能够最终利用现有技术，在当前及未来可预期经济条件下开采出来的油气数量。

（3）估计的附加地质资源量（Estimated Additional Amount in Place）：指探明地质资源量以外，在未来可预期的经济条件下，推定（Indicated）或推测（Inferred）的地质资源量。这类地质资源量包括那些存在于已知储层但尚未被勘探的地质资源量，也包括那些尚未发现的资源，以及那些通过地质条件假设存在的资源量，但是不包括假想资源量（Speculative Resources）。

（4）估计的附加可采储量（Estimated Additional Reserves Recoverable）：指地质或工程信息显示的在估计的附加地质资源量中，那些在未来可能能够开采的资源。

此外，对于已知储层，除了报告探明地质资源量（Proved Amount in Place）和探明可采储量（Proved Recoverable Reserves）（Proved 相当于 Measured）外，WEC 还报告概算地质资源量（Probable or Indicated Amount in Place）和概算可采储量（Probable or Indicated Recoverable Reserves），以及可能地质资源量（Possible or Inferred Amount in Place）和可能可采储量（Possible or Inferred Recoverable Reserves）。

（五）"McKelvey 箱"资源/储量分类体系

除了上述国际机构提出的资源/储量分级分类体系外，学者 McKelvey 提出的分类体系也被广大学者和一些著名机构采用，如政府间气候变化委员会（IPCC）。McKelvey 认为，对于绝大多数的行业从业者而言，往往会更多地关注近中期的资源及其供应状况；然而，对于其他的一些决策者，如国家甚至国际事务谈判中的协作方，往往要关注中长期内的资源及其潜在供应状况。而要考察长期的潜在资源供应情况，对现有可用资源的研究（如储量）是不够的，还必须对那些目前尚未发现的资源（即待发现资源量）及那些虽然已经被发现，但当前不具可采性的资源加以适当考虑。为此，他于 1972 年提出了"McKelvey 箱"分类体系，来考虑那些在长期内具有潜在供应能力的资源，并尝试对其进行评估。相关学者对这一分类体系进行了改进，并将资源分为了三大类别：储量（Reserves）、资源量（Resources）和附加资源量（Additional Occurrences）（图 2-9）。

可以看出，该分类体系中的储量与其他分类体系类似，资源量的界定与 BGR 类似，主要差异表现在附加资源量上。事实上，对 McKelvey 分类体系中的三种资源类别可以理解为：

（1）储量：指在目前经济与技术条件下，在给定的时间内，从已知储层中能够有效开采出来的资源数量。

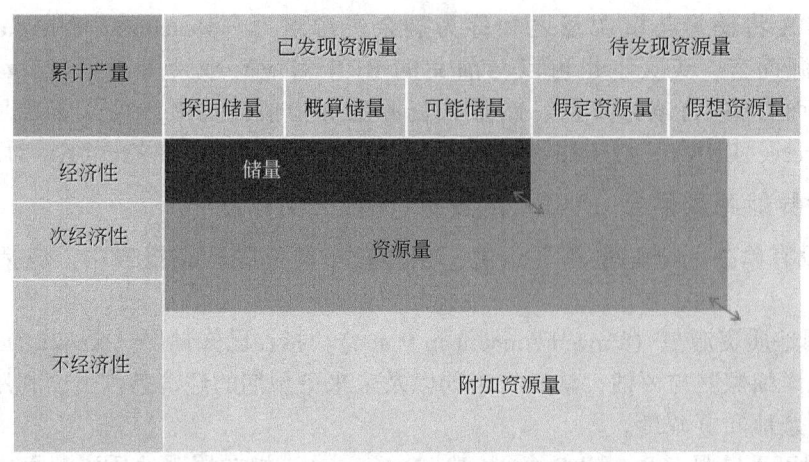

图2-9 "McKelvey箱"资源/储量分类体系

(2) 资源量：指在未来一定的时间内，在预期的技术和经济条件改善的情况下，能够实现商业开采的资源数量；既包括已发现储层中尚不能开发利用的资源，又包括目前尚未发现的资源。

(3) 附加资源量：扣除累计产量、储量、资源量之后的所有地质资源量。

二、中国油气资源/储量分类标准

（一）中国油气资源/储量分类的历史沿革

自新中国成立以来，我国的石油资源储量分类标准的历史沿革可以概括为四个阶段。第一阶段在20世纪五六十年代，我国采用苏联方案，将石油资源储量分为A、B、C级。第二阶段是20世纪70年代，把石油资源储量分类分为三级：一级地质储量称为探明储量；二级地质储量称为基本探明储量；三级地质储量称为待探明储量。第三阶段是1983年11月，我国提出了新的储量分类方案：一是探明储量，指勘探阶段结束后计算的储量；二是概算储量，指在经过物探详查的地区，预探井获得工业油气流后计算的储量；三是远景资源量，指根据地质、地球物理和地球化学资料外推或类比可能存在但尚未发现的油气。第四阶段是1984—1988年，原石油工业部制定了《石油储量规范》和《天然气储量规范》，后经国家标准局确认并发布实施，如图2-10所示。

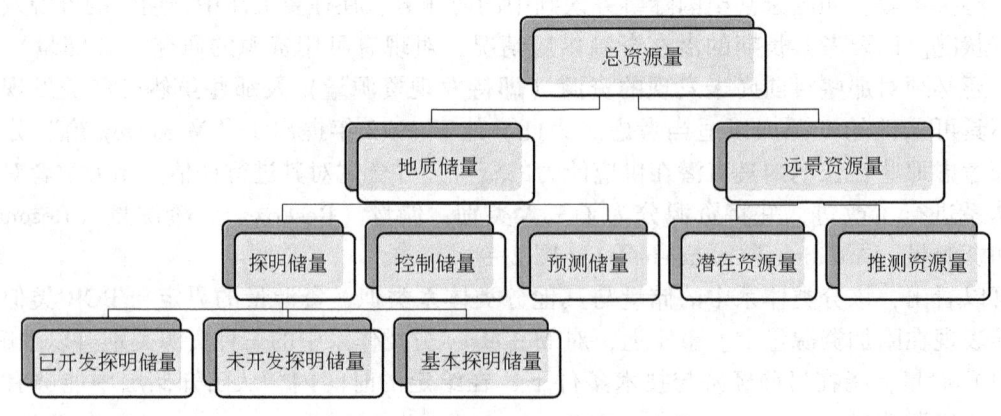

图2-10 1988年中国油气储量分类

（二）修改后的《石油天然气资源/储量分类》国家标准概述

2004年新颁布的《石油天然气资源/储量分类》国家标准（GB/T 19492—2004），于2004年10月1日起正式实施。在修改后的油气资源/储量分类标准中，储量分为三个层次，即地质储量、技术可采储量、经济与次经济可采储量，并都冠以探明、控制和预测。该标准增加了可采储量，并开始分为经济的、次经济系列，强调了探明可采储量的可行性和可操作性，取消了基本探明级别，引入了储量的概率定义，保留了地质储量的分级，并明确了相应的技术可采储量的含义，如图2-11所示。

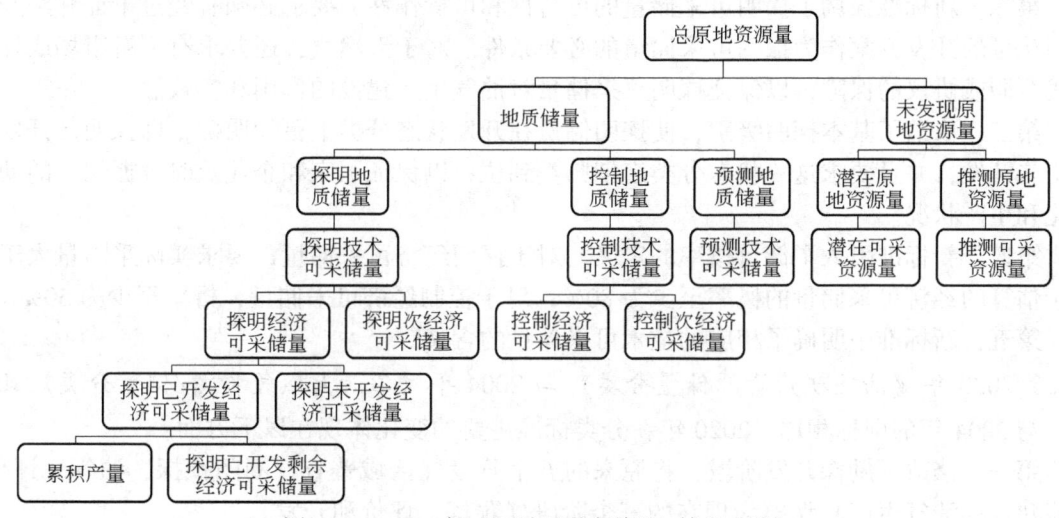

图2-11　2004年《石油天然气资源/储量分类》

（三）最新版《油气矿产资源储量分类》国家标准概述

2020年新颁布的《油气矿产资源储量分类》国家标准（GB/T 19492—2020）于2020年3月31日发布，2020年5月1日正式实施，代替GB/T 19492—2004。在该新油气矿产资源储量分类标准中，将矿产资源分为地质储量和资源量两大类。地质储量依然分为三个部分，即探明、控制和预测地质储量。探明和控制地质储量又都下分为三个层次，即技术可采储量、经济可采储量和剩余经济可采储量，取消了次经济可采储量，如图2-12所示。

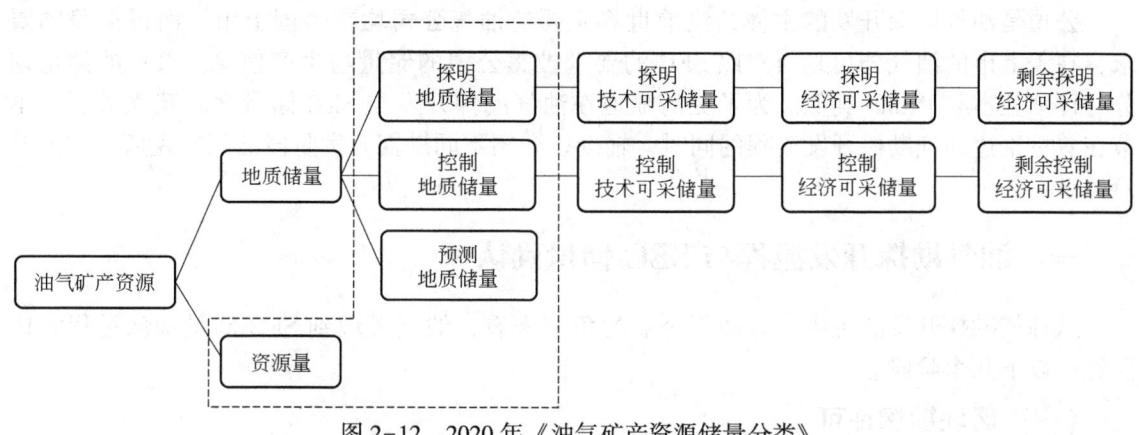

图2-12　2020年《油气矿产资源储量分类》

(四) 中国新旧油气资源储量分类标准的比较

1. 2004 年《石油天然气资源/储量分类》与 1988 年中国油气储量分类标准比较

第一，新标准增加了可采储量，并将可采储量划分为经济与次经济两个系列。原标准中以地质储量为分类对象，可采储量与地质储量一一对应，主要计算的是与各级地质储量相对应的技术可采储量。随着市场经济的发展，获取最大经济效益是石油公司追求的目标，可采储量尤其是经济可采储量得到特别重视。因此，新标准将探明技术可采储量、控制技术可采储量分为经济、次经济两个系列。

第二，新标准强调了探明可采储量的可行性和可操作性，要求必须有经过论证并经开发部门认可的开发方案作为探明可采储量的必要条件。对于天然气，还要求有下游市场或外输管线合同或协议的保障，以保证探明可采储量对油气生产建设的作用和实效性。

第三，取消了基本探明级别，使探明储量在开发状态分类上更加明确，即探明已开发和探明未开发，并且要求这一状态分类定期归类到位，以保证国家和企业及时掌握储量的动态变化和生产状况。

第四，新标准引入了储量概率的定义。对于探明经济可采储量，要求实际采出量大于或等于估算的经济可采储量的概率至少为 80%；对于控制经济可采储量，概率至少为 50%。

第五，新标准中明确了相应的技术可采储量的含义。

2. 2020 年《油气矿产资源储量分类》与 2004 年《石油天然气资源/储量分类》比较

与 2004 年的国标相比，2020 年新分类标准主要的变化体现在以下方面：

第一，修改了勘探开发阶段，将原来的五个阶段（区域普查、圈闭预探、油气藏评价、产能建设和油气生产）调整为现在的三个阶段（预探、评价和开发）。

第二，修改了资源量和储量分类。资源量不再分级；地质储量仍分为三级，即预测地质储量、控制地质储量和探明地质储量。

第三，修改了储量估算流程。

第五节 油气勘探开发与储量确认

公司是油气勘探开发的主体，当前世界主要的油气公司均在美国上市。而根据美国要求，在美上市的油气公司必须按照 SEC 的要求披露公司的储量与生产信息。SEC 的储量划分与评估基本与 PRMS 类似。为了更清晰地在油气勘探开发与 SEC 储量之间建立关联，本节在着重论述油气勘探开发流程的同时，辅助以介绍不同勘探开发阶段油气发现所对应的储量类型。

一、油气勘探开发流程与 SEC 储量确认

从油气勘探开发的主体，即油气企业的角度来看，油气发现到 SEC 储量确认过程大体要经历以下几个阶段。

(一) 区块勘探许可

获得目标区块的勘探许可是企业进行勘探作业的前提，而勘探许可的获取通常有两种方

式，一种是通过招投标形式从资源国直接获取勘探许可；另一种则是通过兼并收购已经从资源国取得勘探许可的企业来间接获取对目标区块的勘探工作权益。

（二）区域普查阶段

该阶段主要是对目标区块进行区域地质调查，并选择性地进行非地震物探和地震概查、普查，了解烃源岩和储、盖层组合等基本石油地质情况及圈定有利含油气区带。该阶段评估的资源结果通常为地质资源量（PRMS 中的 Petroleum in Place）或远景资源量（PRMS 中的 Prospective Resources，BP 公司称为 Prospect Inventory）。

（三）圈闭预探阶段

该阶段主要是对上一阶段圈定的有利含油气区带，进行勘探井（预探井）的钻探工作，基本查明构造、储层、盖层等情况，发现油气藏（田）并初步了解油气藏（田）的特征。该阶段探井一旦获得成功，则标志着获得油气发现，对应的资源评估结果为潜在资源量（PRMS 中的 Contingent Resources）。

（四）油气藏评价阶段

该阶段是为了科学有序、经济有效地投入正式开发，对油气藏进行地震详查、精查或三维地震勘探，重点是进行评价井钻探，查明构造形态、断层分布、储层分布、储层物性变化等地震特征，查明油气藏类型、储集类型、驱动类型、流体性质及分布和产能，了解开采技术条件和开发经济价值，完成开发方案设计。该阶段的一项重要活动就是要确定已获得油气发现是否具有商业价值，如果有，则需要编制详细的开发方案，并做出是否要投资的决策，即做出最终投资决策（Finial Investment Decision，简称 FID）。一旦做出 FID，则当年年末公司就可以将 FID 对应项目所蕴含的资源量转为证实储量予以披露。

SEC 准则要求所有证实储量对应的项目必须技术可行、经济可采、项目可行。

技术可行是基于现行的操作方法，要求对拟开发项目已完成开发方案的技术论证，包括管理层及其他相关方（资源国政府）已经批准开发方案的所有技术层面，以此表明利用地质和工程数据，对项目在油藏工程、钻井工程、采油工程及地面工程方面实施具有合理的确定性。主要的工作内容包括：开发概念描述（包括计划开采流程），所需工程工作的说明（需要的井数、井型、生产及相关配套设施、地面基础设施等），钻井及工程费用预算，产量预测和成本等经济因素。

经济可行是指证实储量具有经济生产能力，即生产所带来的收益超过其运营成本。SEC 证实储量的经济可行与项目的商业可行是有不同的。SEC 证实储量经济可行是对证实储量对应的资源数量进行单独经济评价，且在计算时不需要折现，即只要当年开采量带来的收益高于当年各类成本，则当年的可采量就可以计入证实储量的数量当中。因此，首先要确定的是经济极限产量出现的年份，在此年份以前所有预测年产量之和，即为证实储量。

项目可行是指项目开发、生产、销售具有合理确定性，包括项目满足公司内部投资回报，并已经做出 FID 或投资承诺（表明项目商业可行）。该部分对应的就是价值评估。PRMS 的价值评估主要是为了投资决策的做出而开展的项目储量的商业价值评估，和 SEC 要求的储量价值评估标准化测量（SMV，即 PV-10）相比，二者在计算方法上均是按现金流法，但 SMV 在具体参数选择上，考虑到投资者对公司间可比较性的需求，对价格、成本、折现率等提出了具体要求。因此，一般而言，SMV 不能代表项目储量实际的商业价值。一旦经过分析后认为具有可行性，则可以做出 FID。FID 实际上也可以理解为公司通过比较优选后对项目作出的投资承诺，公司投资承诺反过来对项目成熟度的影响很大。因此，投资承诺也是 PRMS 和 SEC 规则下证实储量确定的关键点，在上述规则下，如果没有投资承诺，一般认为就没有证实储量，而投资承诺一旦做出，则认为项目所对应的储量将进入证实储量的报告范畴。

需要注意的是，当做出 FID 时，绝大多数的证实储量将被首先划归为 Proved Undeveloped Reserves（PUD）[这里说绝大多数是因为之前的勘探井或评价井，可能有部分可以用于后续的生产，如果是这样的话，那么就直接转变为了 Proved Developed Reserves（PD）]。之后，随着钻井等开发活动的继续，PUD 资源也将逐渐进入 PD。

（五）产能建设阶段

该阶段主要是按照开发方案实施开发井网钻探，完成配套设施的建设，并补充必要的资料，进一步复查储量和核查产能，做好油气藏投产工作。

（六）油气生产阶段

该阶段在已建产能的区块或油气田维持正常的油气开采生产，并适时做好必要的生产调整、改造和完善，提高采收率，合理利用油气资源，提高经济效益。一旦油气项目进入生产阶段，即开始生产第一桶油或气（First Oil 或 Gas），则其对应的 PUD 也将转变为 PD。

根据以上描述，对油气勘探开发与 SEC 储量确认之间的关系总结如图 2-13 所示。

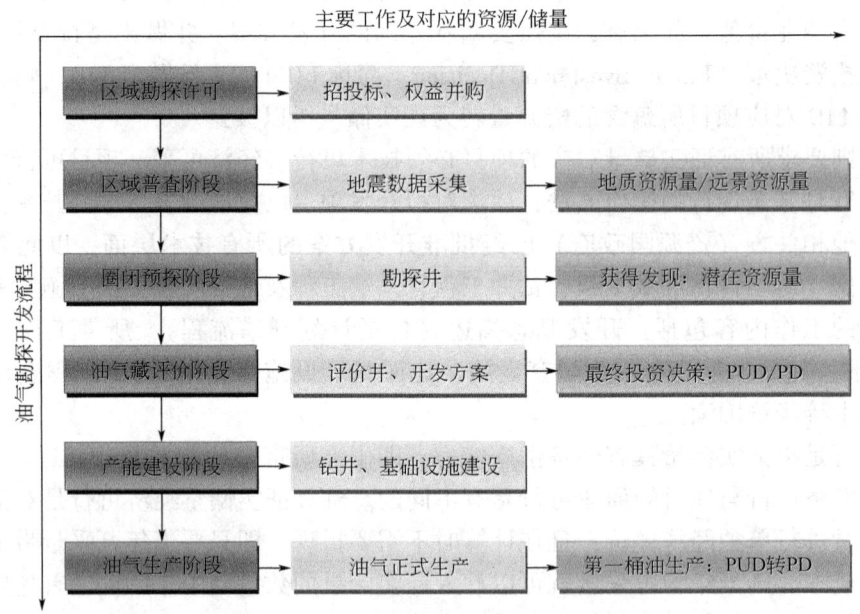

图 2-13 油气勘探开发与 SEC 储量确认

二、油气发现向 SEC 储量转变过程及时间

（一）基于实际案例的油气发现向 SEC 储量转变过程认知

本部分以意大利埃尼石油公司（简称 Eni）在安哥拉海上 Block 15/06 勘探开发项目为

例，展示公司如何通过勘探获得发现、进行建产并获得 SEC 储量。

1. 项目基本信息

Block 15/06 是 Eni 在安哥拉负责运营的两个区块之一。2006 年 11 月，Eni 与安哥拉政府签订了 Block 15/06 的产品分成合同（PSC），并占有该区块 36.84%的权益，该项目的其他两个合作伙伴是 Sonangol P&P 和 SSI Fifteen 公司。该区块是 Eni 在安哥拉自己运营的第一个区块。Block 15/06 位于 Luanda 西北部约 350 千米，Soyo 以西 130 千米处，区块水深在 200~1800 米之间。该区块是 Eni 资产组合中最具价值的资产之一，也是 Eni 在国际舞台竞争中，展现其资源发现、开采与运营的最佳案例之一。

在该区块，Eni 实现了一个成功的勘探开发活动，发现了超过 30 亿桶油的石油地质资源量（Oil in Place）和 8.5 亿桶的石油储量（Reserves）。这些资源仅仅是公司通过对两个项目：West Hub 和 East Hub 的阶段性开发取得的。West Hub 在 2014 年 11 月正式开始生产，创造了 Eni 上游勘探活动的里程碑。West Hub 的开发活动创造了从宣布获得商业发现到投产运营行业领先的时间。Eni 仅仅用了 44 个月就实现了从宣布商业发现（Declaration of Commercial Discovery）到正式投入开发运营。自从 2014 年 11 月正式生产，到 2015 年年底，West Hub 项目已经总计生产了 1800 万桶的石油（共 13 个月）。East Hub 开发项目也于 2017 年建成并开始正式生产，其投产将使得来自 Block 15/06 的总产量达到 18 万桶/天。

2. 勘探活动

该项目的勘探活动分 3 个阶段。

1）第一阶段勘探活动

第一阶段的勘探活动起始于 2008 年年初，主要是进行地震采集，在此基础上钻勘探井。根据要求，第一阶段 Eni 共进行三维地质采集（3D 工作量）3200 平方千米，钻了 8 口勘探井，有 7 口井宣布获得商业发现。具体包括：2008 年 4 月，Eni 宣布了第一个商业发现（Sangos-1 勘探井发现），该发现位于区块西北部，钻井总深度为 3343 米，水深 1349 米；2008 年 8 月，Eni 宣布了第二个商业发现（N'Goma-1 勘探井发现），该发现位于区块西北部；2009 年 9 月，Eni 宣布了第三个商业发现（Cabaça-North 1 勘探井发现）（重油发现，API 度在 22），该发现位于区块东北部，水深 500m。

上述发现均位于区块的北部，为了了解区块西部区域的资源状况，公司又进行了以下勘探活动，并获得发现：2009 年，在区块西部获得两个发现（Cinguvu-1 勘探井发现和 Nzanza-1 勘探井发现）；2010 年，公司又通过 Cabaça SE-1 和 Mpungi-1 两口井获得两个新发现；至此，Eni 已完成在 PSA 合同规定的第一阶段勘探期约定的所有工作量，比约定时间提前了 18 个月。

2）第二阶段勘探活动

在第一阶段后，Eni 紧接着进行了第二阶段的勘探。第二个阶段主要是对之前的发现进行进一步的评价，同时寻求新的发现。主要评价井有 Cabaça SE-2 井和 Mpungi-2 井（2010 年）、Mpungi-4 井（2013 年）等；主要勘探井有 Cabaça SE1-ST1 井发现（2010 年 5 月）、Vandumbu-1 井发现（2012 年）、Ochigufu-1 井发现（2014 年）。在第一和第二勘探阶段，Eni 共钻了 17 口新的野猫井和 8 口评价井，共进行 3D 工作量 5200 平方千米，共有 10 口井宣布获得商业发现。

3）第三阶段勘探活动

在 2014 年 12 月，公司获得了一个额外的为期 3 年的拓边勘探许可证。在该许可证下，公司需要钻3口勘探井，并进行3D地震采集1000平方千米。该项勘探活动作为第三阶段的勘探活动，于2016年3月开始进行。

3. 开发活动

Block 15/06 的开发活动包括两个项目的开发活动，一个是 West Hub 开发项目，另一个是 East Hub 开发项目。

1）West Hub 开发项目

（1）项目生产计划批准。

在 2010 年 12 月，Eni 制定的 West Hub 项目的开发生产计划（GDPP）被合作伙伴共同批准通过，并且提交给当地政府。West Hub 项目的初始开发对象为 Sangos、Cinguvu 和 N'Goma 油田。

（2）项目建设过程。

2011年，项目正式开始执行，第一项工作是进行浮式生产、储存和卸载生产单元（Floating Production, Storage and Offloading，简称FPSO）的安装工作；2012年，项目进入全面执行阶段，水下生产系统、提升与输送管线等都开始建设。同年，Eni 发现了 Vandumbu 油田，并且完成了 Mpungi 油田的评价工作。因此，在 2013 年，Mpungi 油田开发也纳入 West Hub 项目的开发中。2014 年，Mpungi North 和 Vandumbu 油田也被纳入 West Hub 项目的开发中。所有这些纳入的油田都是由于能够与原有开发计划实现协同开发，保持项目产量维持长期的高峰生产。

最终，项目组为整个项目制定了优化开发方案，该方案由 4 个开发区域构成，包括 Sangos、Cinguvu、Mpungi Main & Mpungi North、Vandumbu。具体开发计划是钻 26 口生产井，来自这些井的产量集成后与 N'Goma 的浮式生产、储存和卸载生产单元相连，N'Goma FPSO 停泊在距离 Sngos 区域水深 1250 米左右的地区。

2015 年，在项目附近发现的 Ochigufu 油田也被纳入 West Hub 项目的开发中。

（3）项目生产。

2014 年 11 月 30 日，Eni 从 West Hub 项目中获得了第一桶油，该石油生产来自 Sangos 油田，标志着该项目正式进入商业开采阶段。2015 年 4 月 9 日，Cinguvu 油田开始正式生产，并且与 West Hub 项目的生产设施相连；2016 年 1 月 7 日，Mpungi Mian 区域也开始生产，并且与 West Hub 项目的生产设施相连。整个 Block 15/06 的产量达到 9 万桶/天，生产的石油通过 N'Goma FPSO 加工、储存并且外输。

（4）项目荣誉。

West Hub 是 2006 年许可证颁发之后，第一个用来开发位于深海石油区块油气储量的石油开发项目，并且实现了从商业发现到从生产和市场销售最短的时间，处于行业领先地位。

2）East Hub 开发项目

（1）项目生产计划批准。

在 2013 年 12 月，East Hub 项目的开发生产计划 GDPP 被合作伙伴批准并且呈现给当地政府。

（2）项目生产建设。

该项目的开发计划包括钻 9 口升高产井，其产量收集后，与位于 Armada Olombendo 的 FPSO 相连，该 FPSO 位于水深 460 米处。生产的石油被加工完后，就会被储存并且被外运。2017 年 2 月，该项目获得第一桶油（即正式开发生产）。

4.项目总结

1）项目流程

从项目的流程来看，一般要经历以下阶段：获得许可证（a）——→区域普查［地震采集等初步勘探（b）］——→圈闭预探［基于地震数据进行预探井钻探（c）］——→油气藏评价阶段［对发现进行评价井评价（d）］——→设计并提交开发计划［确保计划的可实现性(e)］——→最终投资决策做出［即开发项目是否获得批准(f)］——→产能建设阶段［如果计划批准（g）］——→正式生产（h）。

2）SEC 储量确认

从对应的资源/储量评估来看，在 b、c、d 阶段获得的发现都是已发现地质资源量（Discovered Oil Gas in Place），有些也可以作为 Contingent Resources；但都不能作为证实储量。在勘探项目结束后，公司需要呈交勘探成果，并提交进一步开发计划（如果想开发的话）。如果开发计划最终被获得批准，并且项目开始执行，则可以将对应的资源进行评估转化为 Proved Undeveloped Reserves（PUD）。有以下证据：

证据1：在2011年的 Eni 20-F 报告中，公司声称：（1）公司拓边和新发现的证实储量增长为71百万桶，主要原因是在美国、挪威、安哥拉和尼日利亚的发现；（2）2012年总的 PUD 增加了334百万桶，主要原因是在委内瑞拉、安哥拉和刚果等地区新项目的实施及一些修正。

证据2：在2013年，当 Mpungi 油田的开发被包括在 West Hub 项目中，在2013年的 Eni 20-F 报告中，公司声称：公司证实储量增长的主要原因是在安哥拉、印度尼西亚和美国等的发现，当然这里的证实储量增长主要是 PUD。

从项目获得批准到项目正式生产这一时期，是项目的建设期，只有当项目正式生产时，开发井所控制区域内的 PUD 才能转化为 PD。有以下证据：

证据1：在2014年11月从 Sangos 获得第一桶油后，在2014年的 Eni 20-F 报告中，公司声称公司 PUD 向 PD 转化部分原因是 Sangos 油田的开发，使得一部分 Proved Undeveloped Reserves to Proved Developed Reserves。

证据2：在2015年和2016年初，Cinguvu 和 Mpungi 油田开始生产，在2015年的 Eni 20-F 报告中，公司声称正是由于 Mpungi 油田的开发，使得一部分 Proved Undeveloped Reserves to Proved Developed Reserves。

3）油气发现到 SEC 储量确认时间

从阶段 a 到阶段 e 主要取决于许可证或合同期限，不固定；在许可证期末或合同期末，确认新发现并制定详细的开发计划，这期间的时间可长可短；从开发方案提出并提交到批准时间也不定；但从获得批准到正式投产，这体现的是一个公司产能建设和将发现向 SEC 储量转化的速度。

根据 Eni 在 West Hub 项目来看，从2010年12月批准到2014年11月30日生产，共48个月；East Hub 项目从2013年12月项目批准到2017年2月生产，共39个月。

（二）对 2000 年后主要油气项目从发现向 SEC 储量转变时间统计

对油气项目从发现到正式生产时间及相应的储量随之转变时间对于认知油气资源生产的特殊性及投资的持续性都具有非常重要的意义。而前面 Eni 的项目仅展示了一个完整的项目从发现到生产的时间，可能并不能说明问题。因此，本部分统计了2000年以后全球发现的

204个完整的项目，即每一个项目都是一个作业者完成的从发现到生产全过程（表2-2）。通过对这些项目的分析，得到具有一定代表性的结果。

表2-2 分公司项目从发现到生产运营时间统计

项目运营商	项目数	发现—做出FID 年	做出FID—生产 年	发现—生产 年
阿纳达科（Anadarko）	11	1.9	2.6	4.5
英国石油（BP）	12	2.7	4.0	6.7
雪佛龙（Chevron）	10	4.9	4.1	9.0
康菲（ConocoPhillips）	10	3.8	2.6	6.4
埃尼石油（Eni）	17	2.6	3.4	6.0
埃克森美孚（Exxon Mobil）	10	4.5	3.0	7.5
巴西国油（Petroleo Brasileiro）	35	2.4	4.4	6.0
壳牌（Shell）	19	3.5	2.9	6.4
挪威国油（Equinor）	23	3.3	3.0	6.3
道达尔（Total）	17	6.1	3.5	9.6
其他	40	3.6	3.6	7.2
合计	204	39.3	37.1	76.4

本部分分析的204个项目多数来自国际大型石油公司，如英国石油（BP）、雪佛龙（Chevron）、意大利埃尼石油（Eni）、埃克森美孚（ExxonMobil）、壳牌（Shell）、挪威国油（Equinor）、道达尔（Total）。从表2-2的统计可以看出，从油气发现到做出FID（即SEC-PUD储量确认）时间最短的是阿纳达科，仅需要不到2年的时间；时间最长的是道达尔，需要6.1年。影响这一时间的主要因素有两方面：一是勘探成功率，这与区块情况、公司技术等有关系；二是公司项目投资决策机制与决策效率有关系。由于区块情况不由公司本身所控制，因此，该时间只能在一定程度上反映公司真实的勘探水平及经营管理能力。

从做出FID到正式生产（即SEC-PUD确认到SEC-PD确认）时间最短的是康菲，仅需要2.6年；时间最长的是巴西石油，需要4.4年。影响这一时间的主要因素是公司自身产能建设能力与经营管理机制，尽管项目本身也会对产能建设周期有影响，但是影响并不显著。因此，该时间更能反映公司产能建设与管理的真实水平。

从发现到生产的时间来看，最短为阿纳达科，仅需4.5年，最长为道达尔，需要9.6年。

通过对204个项目的综合分析发现，一般而言，从油气发现到做出FID需要3.4年，从做出FID到生产需要3.5年，从发现到生产总共需要6.9年。

思考题

1. 石油的成因理论包括哪些？
2. 如何理解石油资源的有限性？
3. 如何计算API度？如何根据API对石油进行分类？
4. 国外有代表性的分类标准有哪些？请对其进行对比分析。

5. 资源量与储量的区别是什么？
6. 中国油气资源/储量分类标准有哪些？
7. 请简要介绍油气勘探开发流程。

参考文献

[1] 常子恒.石油勘探开发技术［M］.北京：石油工业出版社，2001.
[2] 陈元千.油气藏工程实用方法［M］.北京：石油工业出版社，1999.
[3] 戴金星.成煤作用中形成的天然气和石油［J］.石油勘探与开发，1979（3）：10-17.
[4] 贾承造.美国 SEC 油气储量评估方法［M］.北京：石油工业出版社，2004.
[5] 李德生，罗群.石油——人类文明社会的血液［M］.北京：清华大学出版社，2002.
[6] 童晓光，何登发.油气勘探原理和方法［M］.北京：石油工业出版社，2001.
[7] 王建良，冯连勇.化石能源资源约束与气候变化［M］.北京：科学出版社，2017.
[8] 张伦友.国内外油气储量的概念对比与剖析［J］.天然气工业，2005（2）：186-189.
[9] 赵文智，王红军，钱凯.中国煤成气理论发展及其在天然气工业发展中的地位［J］.石油勘探与开发，2009，36（3）：280-289.
[10] BGR. Energy Resources 2009：Reserves, Resources, Availability ［DB/OL］. Hannover, Germany, 2009.
[11] WEC. 2010 Survey of Energy Resources ［DB/OL］. World Energy Council, 2010.

第三章

世界油气资源与供需状况

油气资源是现代社会发展的重要物质基础,在现代工业体系中扮演着不可替代的角色。近年来,世界能源体系正经历新一轮的大发展、大调整和大变革,能源政治热点此起彼伏,世界油气供需格局发生深刻变化。特别是2018年美国能源部部长里克·佩里在第37届剑桥能源周会议上提出"能源新现实主义"(new energy realism)后,国际油气供需格局的走向呈现出了多种变化,包括技术革命提高美国非常规油气资源产量、国际油气供应重心西移、国际油气消费中心东移等,新格局正在加速形成。

第一节 世界油气资源状况

一、世界油气资源储量

BP世界能源统计2020显示,1980年世界石油探明储量约为6826亿桶,1988年底增长到约10246亿桶,世界石油探明储量首次超过1万亿桶。截至2019年年底,世界石油探明储量已增至17339亿桶,1980—2019年的年均增长率为2.48%。

1980年世界天然气探明储量约为70.83万亿立方米,1989年底增长到约105.39万亿立方米,世界天然气探明储量首次超过百万亿立方米。截至2019年年底,世界天然气探明储量增至198.76万亿立方米,1980—2019年的年均增长率为2.75%。

从1980年到2019年的40年时间里,石油和天然气的探明储量总体呈增长趋势(图3-1),但增长的速度逐渐下降,且天然气探明储量的增速略高于石油探明储量的增速(图3-2)。如果不考虑未来油气勘探取得的新发现,按照2019年油气产量保持不变计算,当前石油剩余可采储量至少可持续供应全球49.9年,天然气可供应49.8年(图3-3)。

二、世界油气资源分布

(一)地区分布

世界油气资源分布不均,中东、中南美、北美是石油储量分布前三的地区,总份额约为81%;中东、独联体国家、亚太是天然气储量分布前三的地区,总份额约为79%(表3-1)。

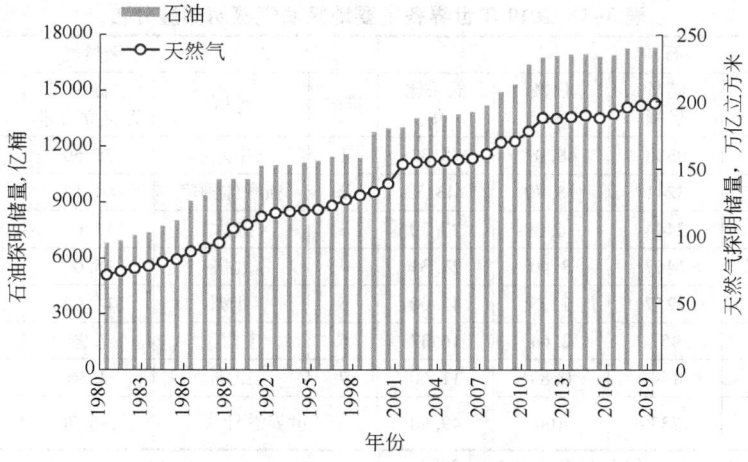

图 3-1 1980—2019 年世界油气探明储量
资料来源：bp Statistical Review of World Energy June 2020

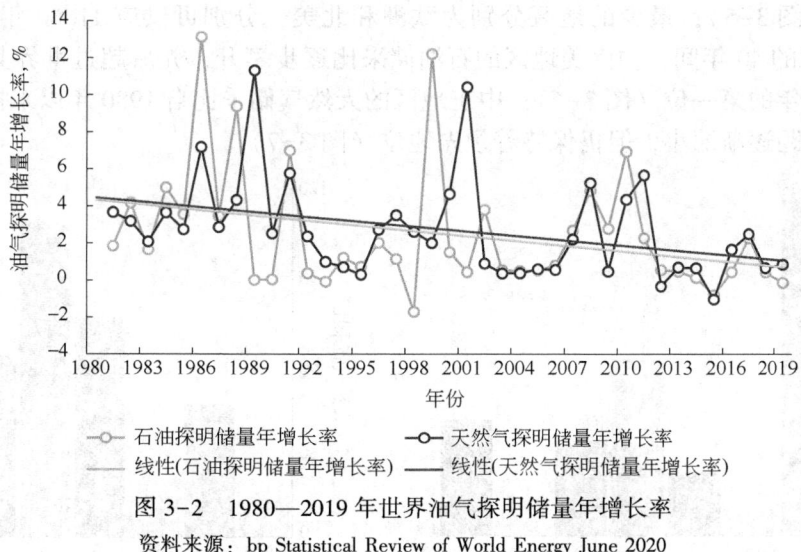

图 3-2 1980—2019 年世界油气探明储量年增长率
资料来源：bp Statistical Review of World Energy June 2020

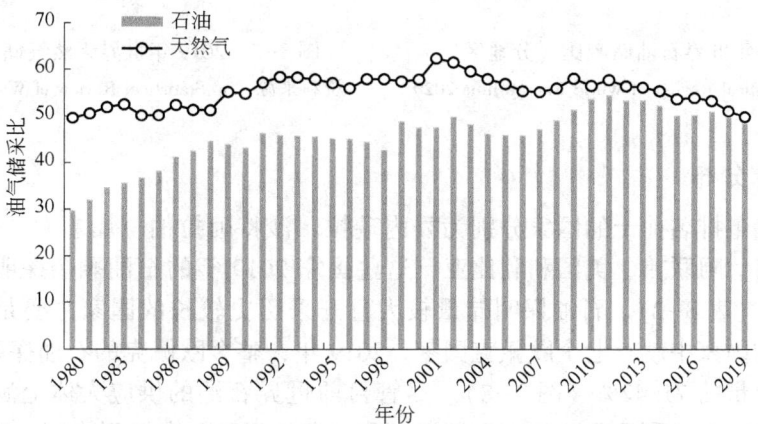

图 3-3 1980—2019 年石油和天然气储采比
资料来源：bp Statistical Review of World Energy June 2020

表 3-1　2019 年世界各主要地区油气探明储量分布

石油					天然气				
排名	地区	储量 亿桶	份额 %	储采比 年	排名	地区	储量 万亿立方米	份额 %	储采比 年
1	中东	8338	48.09	75.32	1	中东	75.60	38.04	108.73
2	中南美	3241	18.70	143.83	2	独联体国家	64.19	32.29	75.83
3	北美	2444	14.09	27.20	3	亚太	17.66	8.88	26.27
4	独联体国家	1457	8.40	27.31	4	北美	15.04	7.57	13.33
5	非洲	1257	7.25	41.00	5	非洲	14.92	7.51	62.72
6	亚太	457	2.64	16.37	6	中南美	7.99	4.02	46.02
7	欧洲	144	0.83	11.60	7	欧洲	3.36	1.69	14.24
世界总计		17339	100	49.90	世界总计		198.76	100	49.82

资料来源：bp Statistical Review of World Energy June 2020。

如果不考虑未来油气勘探取得的新发现，按照 2019 年油气产量保持不变计算，当前石油和天然气剩余可采储量最多的地区分别为中南美和中东，分别可供应 143.83 年和 108.73 年（图 3-4、图 3-5）；最少的地区分别为欧洲和北美，分别可供应 11.60 年和 13.33 年。1980—2019 年的 40 年间，中南美地区的石油储采比逐步攀升，先后超过世界其他地区，并保持了长达十年的第一位（图 3-6）；中东地区的天然气储采比自 1980 年以来持续下降，与其他地区的差距逐渐缩小，但仍保持着领先地位（图 3-7）。

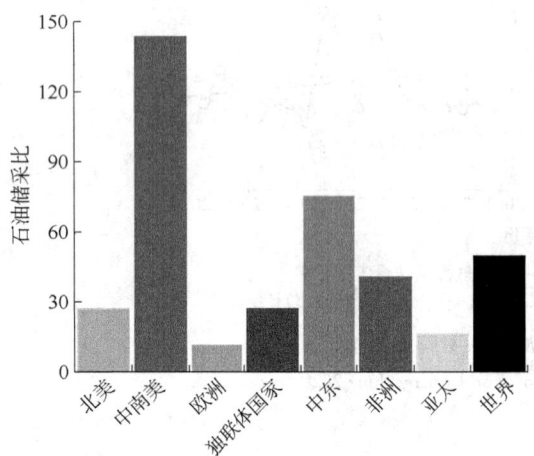

图 3-4　2019 年世界石油储产比（分地区）

资料来源：bp Statistical Review of World Energy June 2020

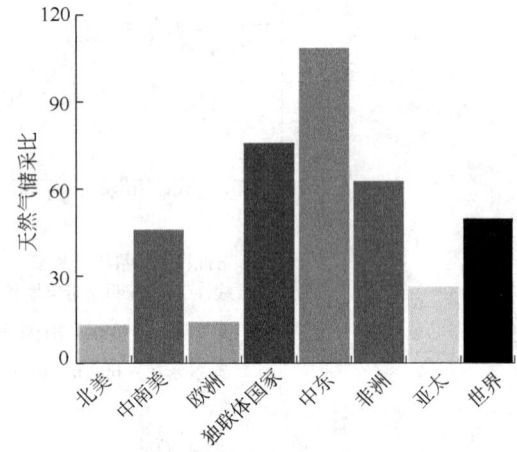

图 3-5　2019 年世界天然气储产比（分地区）

资料来源：bp Statistical Review of World Energy June 2020

（二）国家分布

石油探明储量排名前十的国家分别为委内瑞拉、沙特阿拉伯、加拿大、伊朗、伊拉克、俄罗斯、科威特、阿联酋、美国和利比亚，这些国家 2019 年的石油剩余探明可采储量占全世界的 86.25%（表 3-2）。石油探明储量较大且开采历史较长的国家主要是一些欧佩克国家，排名前十的国家中就有七个欧佩克国家。2019 年，整个欧佩克的石油探明储量为 12384 亿桶，占世界总量的 71.42%（图 3-8）。尽管目前世界石油的供应大体上满足需求，但各产油国的剩余产能已所剩无几，加上石油资源和消费地区的分布极不均衡，以及石油供应存在的不确定因素，人们越来越担心石油的供应能力。

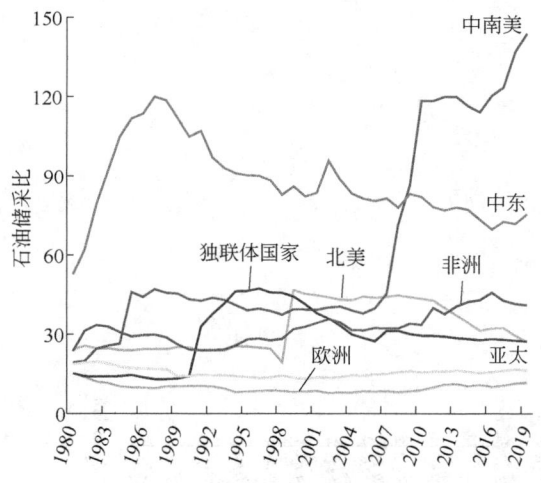

图 3-6　1980—2019 年世界石油储产比（分地区）
资料来源：bp Statistical Review of World Energy June 2020

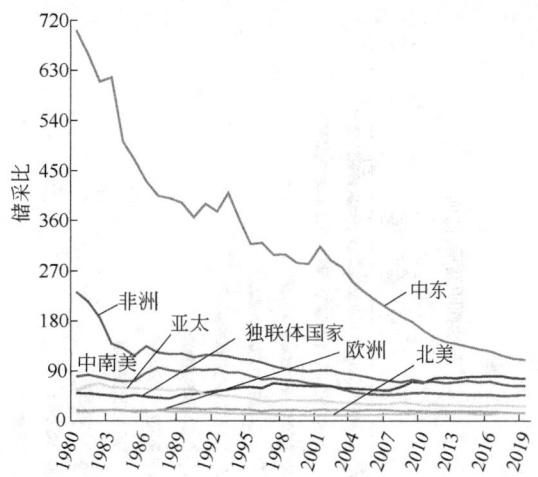

图 3-7　1980—2019 年世界石油储产比（分地区）
资料来源：bp Statistical Review of World Energy June 2020

表 3-2　2019 年世界主要油气生产国探明储量

石油				天然气			
位次	国家	储量 亿桶	占比	位次	国家	储量 万亿立方米	占比
1	委内瑞拉	3038	17.52%	1	俄罗斯	37.96	19.10%
2	沙特阿拉伯	2976	17.16%	2	伊朗	32.02	16.11%
3	加拿大	1697	9.79%	3	卡塔尔	24.68	12.42%
4	伊朗	1556	8.97%	4	土库曼斯坦	19.49	9.80%
5	伊拉克	1450	8.36%	5	美国	12.87	6.48%
6	俄罗斯	1072	6.18%	6	中国	8.40	4.23%
7	科威特	1015	5.85%	7	委内瑞拉	6.30	3.17%
8	阿联酋	978	5.64%	8	沙特阿拉伯	5.98	3.01%
9	美国	689	3.97%	9	阿联酋	5.94	2.99%
10	利比亚	484	2.79%	10	尼日利亚	5.39	2.71%
	世界总计	17339	100%		世界总计	198.76	100%

资料来源：bp Statistical Review of World Energy June 2020。

天然气探明可采储量排名前十的国家分别为俄罗斯、伊朗、卡塔尔、土库曼斯坦、美国、中国、委内瑞拉、沙特阿拉伯、阿联酋和尼日利亚，这些国家 2019 年的探明储量占世界总量的 80.01%。天然气探明储量在各国的分布较石油而言更加不均衡，仅俄罗斯就占世界天然气探明储量的 19.10%，近四分之一；其次的伊朗和卡塔尔分别占世界总量的 16.11%和 12.42%（图 3-9）。大部分国家，特别是工业较发达的国家，油气资源都相对稀缺。

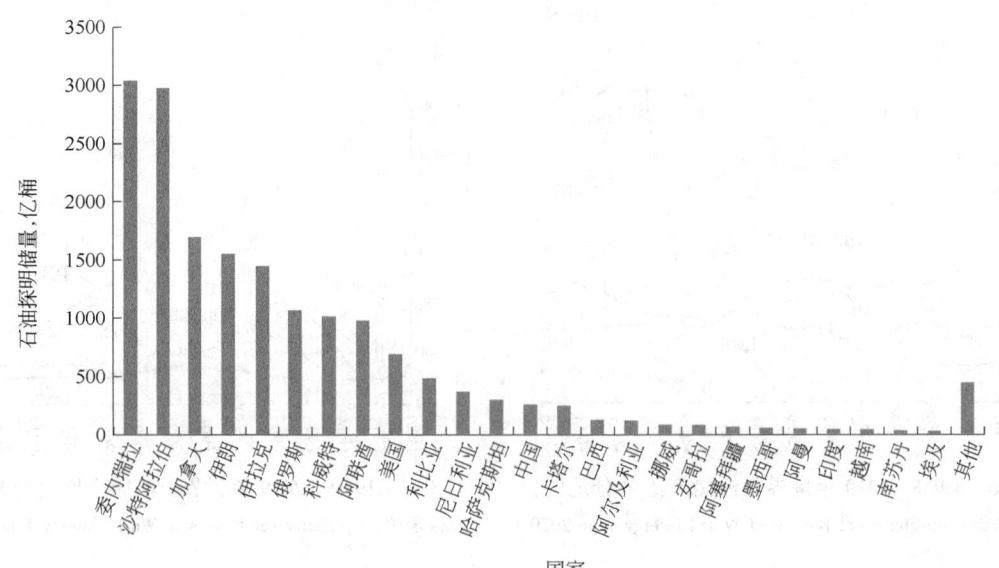

图 3-8　2019 年石油探明储量国家分布
资料来源：bp Statistical Review of World Energy June 2020

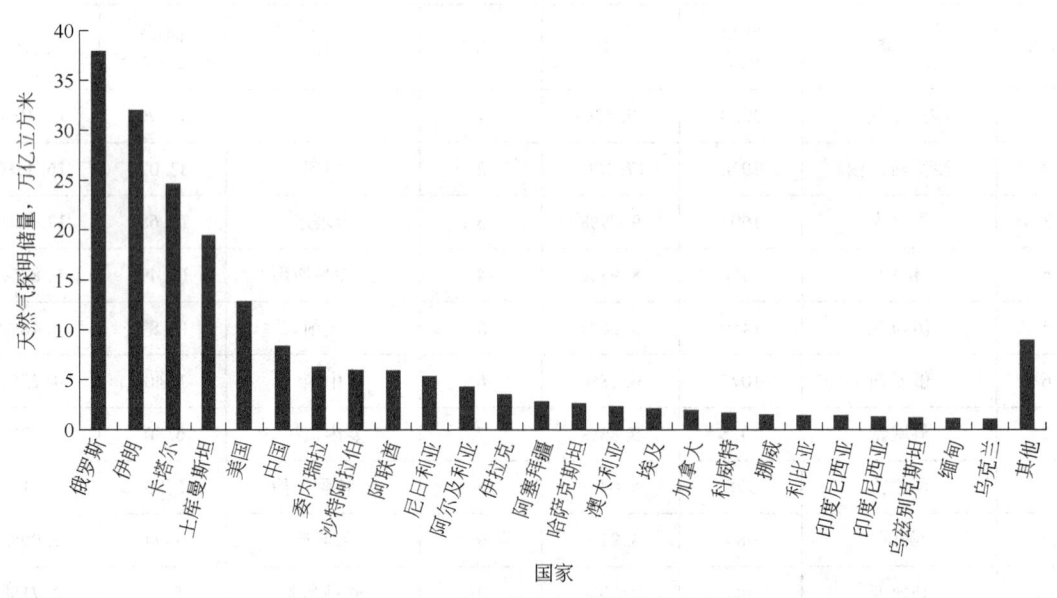

图 3-9　2019 年天然气探明储量国家分布
资料来源：bp Statistical Review of World Energy June 2020

三、世界油气勘探开发趋势

（一）勘探重点领域由陆地转向海洋，深水、超深水发现日益增多

目前世界油气仍以陆上开发为主，但多数主要油气田已进入成熟期。随着勘探的深入，陆地发现大油气田的难度也越来越大，常规油气发现有日益下降的趋势。全球海洋油气资源潜力巨大，探明率低，海域尤其是深水、超深水海域已成为目前和未来油气勘探开发的重要领域。

2019年，除美国本土以外全球共有234个常规油气勘探新发现，新增油气2P可采储量153.9亿桶，较2018年增加88.3%，增幅非常明显。其中，新增石油可采储量51.3亿桶，占33.4%；新增天然气可采储量102.6亿桶油当量，占66.6%。2019年，全球勘探新发现油气田储量大于5亿桶油当量的巨型油气田有7个，大于1亿桶油当量的大型油气田有32个，占全年总发现数量的12.8%，但油气2P可采储量占比高达85.8%，是全球勘探新发现储量的主体。2019年全球前十大常规油气发现中，仅Eram和Kaliberau Dalam两个油气田位于陆上，其他8个油气田均位于海域；其中6个位于深水超深水领域（表3-3）。全年全球海域共发现油气田99个，占总数的42%；新增2P油气可采储量100亿桶油当量，占总储量的65%；深水超深水油气发现占整个海域新发现的51%（图3-10）。

表3-3 2019年全球前十大常规油气发现

油气田	国家（地区）	盆地名称	作业者	地表条件	石油2P可采储量亿桶	天然气2P可采储量亿桶油当量
Eram	伊朗	扎格罗斯	伊朗国家石油公司	陆上	1.35	22.88
Dinkov	俄罗斯	西西伯利亚	俄罗斯天然气工业股份公司	浅水	0	24.28
Orca	毛里塔尼亚	塞内加尔盆地	BP	超深水	0.26	15.52
Glaucus	塞浦路斯	埃色托尼盆地	埃克森美孚	超深水	0.02	7.75
Afina	加纳	塔诺盆地	斯普林菲尔德	深水	5.00	1.38
Lang Lebah	马来西亚	曾母盆地	泰国国家石油公司	浅水	0.042	5.17
Brulpadda	南非	奥特尼瓜	道达尔	深水	0.65	4.34
Yellowtail	圭亚那	圭亚那滨海	埃克森美孚	超深水	3.50	0.60
Kaliberau Dalam	印度尼西亚	南苏门答腊	雷普索尔	陆上	0.08	3.62
Tilapia	圭亚那	圭亚那滨海	埃克森美孚	超深水	2.70	0.62

资料来源：中国石油经济技术研究院。

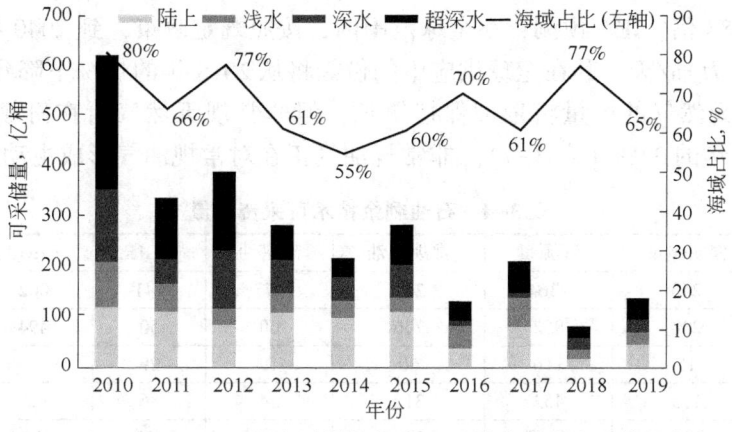

图3-10 2010—2019年全球勘探新发现地域分布及海域储量占比

（二）已发现油气区仍将是今后新增储量的主要来源，新区新领域勘探发现抢眼

由勘探发现历史来看，传统勘探领域油气新发现储量逐渐减少，新发现储量的增长主要

靠老区精细挖潜。全球开采30年以上的老油田贡献了原油总产量的70%左右，世界每年新增储量的3/4来自老油区。过去5年世界重要老油区诸如波斯湾地区、滨里海盆地盐下、欧洲北海盆地、四川盆地及墨西哥湾新近系等深部或新层系勘探均取得了重要进展。未来3年超级盆地（累积油气产量和可采量都超过$50×10^8$桶油当量）依然是油气产量的主要来源。

新区勘探仍将是最具活力的发展方向。近年来世界油气勘探热点主要集中在深海、极地、荒漠及偏远地区。2012—2019年主要油气公司在极地、巴伦支海域、马尔维纳斯群岛、英国设得兰群岛等地区取得了系列油气发现。10年来，全球新发现油气储量385亿吨油当量，新区新领域占比约为36%。石油集中在巴西和西非盐下、中大西洋两岸白垩系浊积砂体和碳酸盐岩、巴伦支海J-K裂谷、东非第三系裂谷、阿拉斯加北坡K三角洲砂体；天然气重点分布于东非海域第三系浊积砂体、东地中海生物礁、南里海第三系砂岩、巴拉姆深水浊积砂体和俄罗斯北极。2013年12月包括壳牌石油公司、英国石油公司等在内的17家公司联手在北极圈内海域开展勘探，极地新领域巨大的资源潜力对国际油公司的吸引力可见一斑。然而，也应该清醒地看到，BP公司在美国墨西哥湾的深海漏油事故无疑给人类未来的油气勘探开发蒙上了一层阴影。

（三）非常规油气资源潜力巨大，正在成为常规油气的重要接替领域

全球对化石能源的需求持续增长，但油气资源分布不均，油气供需矛盾和能源安全问题依旧存在。目前许多生产油田已经成熟（目前近40%的产量来自40年以上的油田），常规油气资源开发的压力逐渐增大。而丰富多样的非常规资源正受到广泛的关注，非常规油气资源的勘探开发技术也日趋成熟。美国页岩革命的胜利，引发了世界各国开发非常规能源的积极性，很多国家开始进行资源潜力评价，非常规油气逐渐在国际能源供需格局日趋复杂的局面中占据了一席之地。

随着技术的进步，预计未来几十年，非常规油气产量将呈现快速增长的趋势，其在能源市场中的占比将逐渐增大。据IEA统计（表3-4和表3-5），从剩余技术可采资源量来看，2018年非常规石油为3439百万桶，而常规石油（常规原油+NGLs）为2727百万桶，前者为后者的1.26倍；三大非常规天然气为377万亿立方米，常规天然气为426万亿立方米，前者为后者的0.88倍。IEA预测，在全球范围内，按照既定政策，到2040年，常规石油产量将下降至6190万桶/天，其在全球供应中的份额将从2018年的70%下降到2040年的60%（表3-6）；常规天然气的产量将依旧保持增长，但非常规天然气所在份额将从2018年的24%增长至2040年的32%（表3-7）。非常规油气正在对常规油气形成主动接替之势。

表3-4　石油剩余技术可采资源量　　　　　单位：百万桶

地区	探明储量	资源量	常规原油	致密油	NGLs	EHOB	干酪根油
北美洲	240	2364	244	177	141	802	1000
中南美洲	288	852	246	60	50	494	3
欧洲	15	116	60	19	29	3	6
非洲	125	452	310	54	86	2	—
中东地区	836	1138	913	29	152	14	30
欧亚大陆	145	956	241	85	60	552	18
亚太地区	52	287	129	72	67	3	16
世界总计	1700	6165	2142	496	585	1870	1073

资料来源：IEA-WEO 2019。

表 3-5 天然气剩余技术可采资源量 单位：万亿立方米

地区	探明储量	资源量	常规天然气	致密气	页岩气	煤层气
北美洲	15	141	50	10	74	7
中南美洲	8	84	28	15	41	—
欧洲	5	47	19	5	18	5
非洲	19	101	51	10	40	0
中东地区	81	122	102	9	11	—
欧亚大陆	76	170	133	10	10	17
亚太地区	20	138	44	21	53	21
世界总计	225	803	426	80	247	50

资料来源：IEA-WEO 2019。

表 3-6 IEA 既定政策下全球石油产量预测

	年份	2000 年	2018 年	2030 年	2040 年
产量 百万桶/天	常规原油	64.5	67.1	65.1	61.9
	致密油	—	6.3	12.0	13.4
	NGLs	9.0	17.3	20.4	21.7
	EHOB	1.0	3.8	4.0	4.9
	其他	0.6	0.8	1.3	1.6
	世界石油产量	75.1	95.4	102.8	103.5
非常规石油占比		14%	30%	37%	40%

资料来源：IEA-WEO 2019。

表 3-7 IEA 既定政策下全球天然气产量预测

	年份	2000 年	2018 年	2030 年	2040 年
产量 亿立方米	常规天然气	2318	3004	3293	3694
	致密气	148	274	267	238
	页岩气	3	568	1020	1290
	煤层气	38	88	103	129
	其他	—	3	36	54
	世界天然气产量	2507	3937	4720	5404
非常规天然气占比		8%	24%	30%	32%

资料来源：IEA-WEO 2019。

第二节 世界油气供需状况

一、世界油气生产状况

（一）世界油气供应总量趋势

尽管世界油气产量逐年波动，但总体上呈明显增长的趋势，如图 3-11 所示。

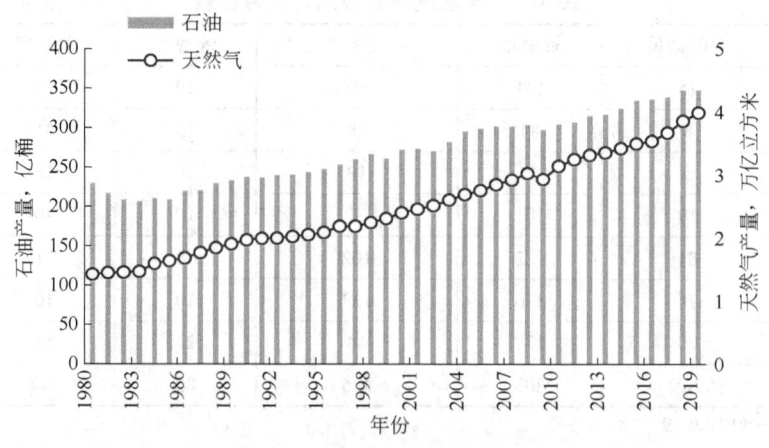

图 3-11　1980—2019 年世界油气产量趋势
资料来源：bp Statistical Review of World Energy June 2020

2019 年世界石油产量约为 347.45 亿桶，较 2018 年的 347.68 亿桶降低了 0.06%；较 2009 年的 297.76 亿桶增长了 16.69%；较 1999 年的 261.04 亿桶增长了 33.10%。从 1980 年到 2019 年的 40 年间，产量年均增长 1.09%。

2019 年世界天然气产量约为 3.99 万亿立方米，较 2018 年的 3.86 万亿立方米增长了 3.42%；较 2009 年的 2.93 万亿立方米增长了 35.93%；较 1999 年的 2.31 万亿立方米增长了 72.70%。从 1980 年到 2019 年的 40 年间，产量年均增长 2.74%。近两年，天然气产量增速高于石油产量增速（图 3-12）。

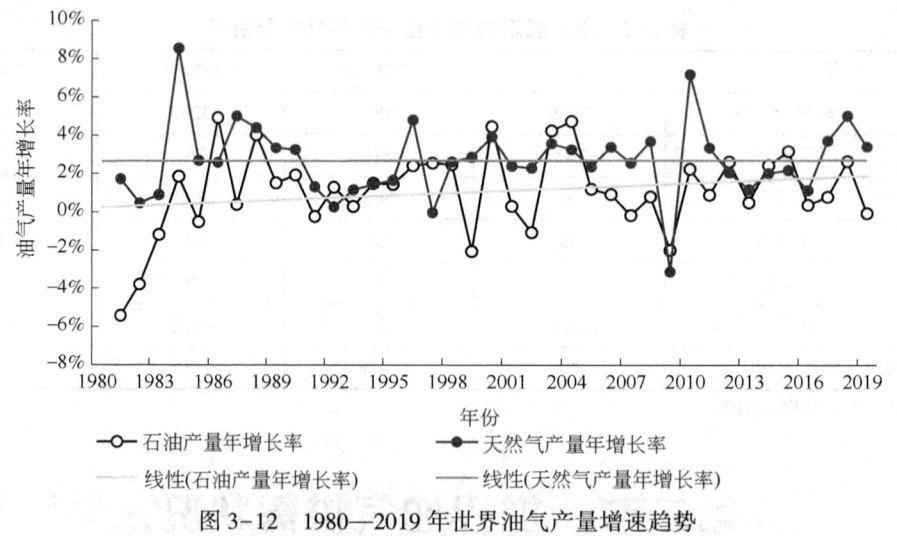

图 3-12　1980—2019 年世界油气产量增速趋势
资料来源：bp Statistical Review of World Energy June 2020

（二）世界油气供应构成

1. 世界石油供应构成

从区域分布来看，世界石油产量主要集中在中东、北美及独联体国家（图 3-13），2009—2019 年期间，这三个主要地区的产量表现出不同幅度的增长，2019 年这些地区的石油产量分别占世界总产量的31.86%、25.86%和15.34%，总和达世界总量的四分之三。亚太、非洲、欧洲、中南美四个区域的产量在近十年中都出现了不同程度的降低（表3-8）。

表3-8 世界石油产量地区分布变化情况

2019年产量排名	地区	2009年产量千桶/天	2019年产量千桶/天	十年产量变化比例	2019年占总产量比例
1	中东	24866	30329	21.97%	31.86%
2	北美	13576	24614	81.31%	25.86%
3	独联体国家	13141	14614	11.21%	15.34%
4	非洲	9923	8399	-15.36%	8.82%
5	亚太	8057	7650	-5.05%	8.04%
6	中南美	7387	6174	-16.42%	6.49%
7	欧洲	4627	3413	-26.24%	3.59%
	世界总计	81578	95192	16.69%	100.00%

资料来源：bp Statistical Review of World Energy June 2020。

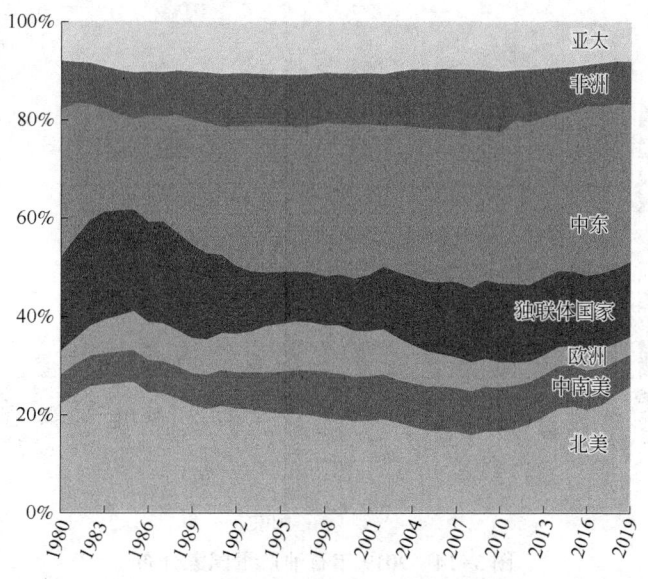

图3-13 世界各地区石油产量比例变化

资料来源：bp Statistical Review of World Energy June 2020

从国家分布来看，2019年石油产量最多的十个国家分别是美国、沙特阿拉伯、俄罗斯、加拿大、伊拉克、阿联酋、中国、伊朗、科威特和巴西（表3-9），其石油产量合计为68百万桶/天，占世界总产量的71.53%。2009—2019年，世界十大产油国及其排名发生了重组，其中委内瑞拉和墨西哥退出了十大产油国的行列，取而代之的是伊拉克和巴西两个国家。2019年，美国的产油量跃居世界第一，排名与俄罗斯发生了交换；伊朗、中国的产油量下降，排名也随之下降；与此相反，加拿大、阿联酋和科威特的产油量上升，排名也分别在2019年上升至第四位、第六位和第九位（图3-14）。

表 3-9　2009 年和 2019 年世界十大产油国　　　　　　单位：千桶/天

名次	2009 年 国家	产量，千桶/天	份额	名次	2019 年 国家	产量，千桶/天	份额
1	俄罗斯	10152	12.44%	1	美国	17045	17.91%
2	沙特阿拉伯	9709	11.90%	2	沙特阿拉伯	11832	12.43%
3	美国	7267	8.91%	3	俄罗斯	11540	12.12%
4	伊朗	4285	5.25%	4	加拿大	5651	5.94%
5	中国	3805	4.66%	5	伊拉克	4779	5.02%
6	加拿大	3331	4.08%	6	阿联酋	3998	4.20%
7	委内瑞拉	3038	3.72%	7	中国	3836	4.03%
8	墨西哥	2978	3.65%	8	伊朗	3535	3.71%
9	阿联酋	2795	3.43%	9	科威特	2996	3.15%
10	科威特	2502	3.07%	10	巴西	2877	3.02%

资料来源：bp Statistical Review of World Energy June 2020。

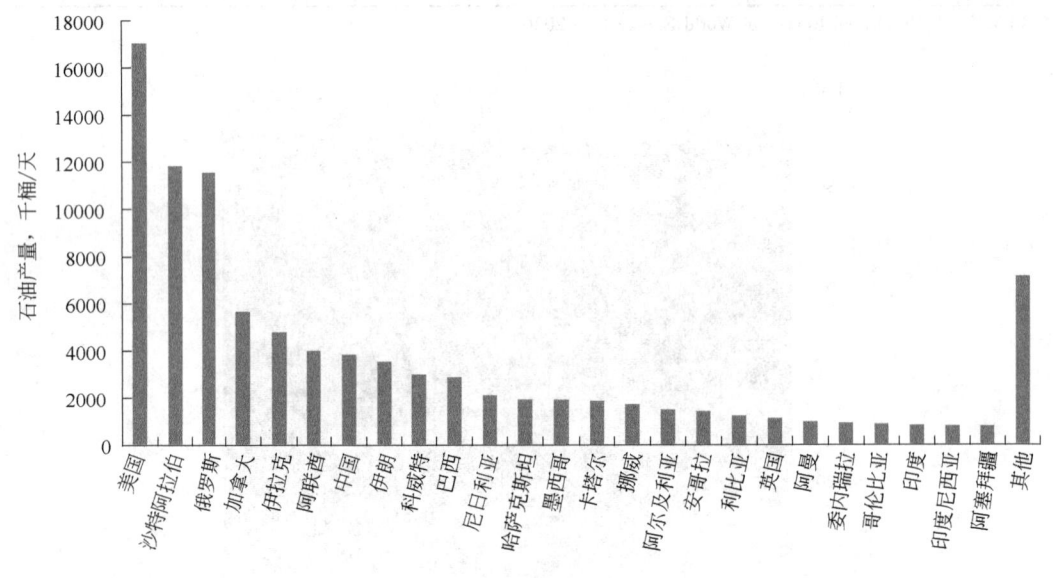

图 3-14　2019 年石油产量国家分布

资料来源：bp Statistical Review of World Energy June 2020

2. 世界天然气供应构成

从区域分布来看，世界天然气生产早年间主要集中在北美、独联体国家和欧洲地区，后来欧洲的产量逐渐减少，取而代之的是亚太和中东地区（图3-15）。现在天然气生产主要围绕北美、独联体国家、中东和亚太四个地区展开。2019 年，这四个区域的天然气产量分别占世界总产量的 28.27%、21.22%、17.43% 和 16.85%，总和高达 83.77%。2009—2019 年，除欧洲外的其余各地区天然气产量都出现了不同幅度的增长，其中增长幅度最大的是中东，增幅达 50% 以上（表 3-10）。

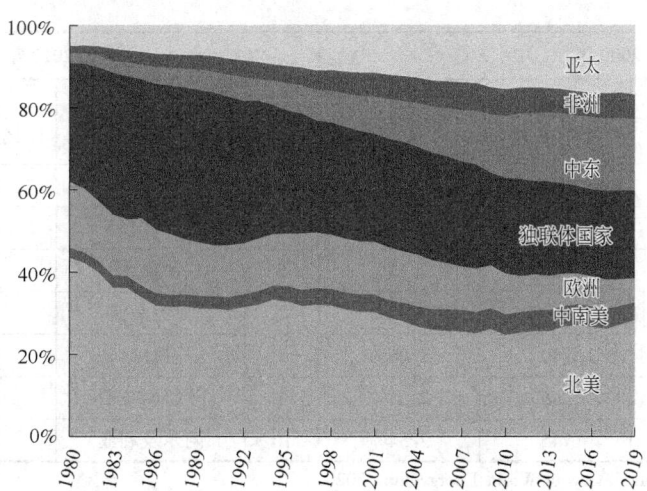

图 3-15 世界各地区天然气产量比例变化图

资料来源：bp Statistical Review of World Energy June 2020

表 3-10 世界天然气产量地区分布变化情况

2019年产量排名	地区	2009年产量 亿立方米	2019年产量 亿立方米	十年产量变化比例	2019年占总产量比例
1	北美	7652	11280	47.41%	28.27%
2	独联体国家	6632	8465	27.65%	21.22%
3	中东	4138	6953	68.04%	17.43%
4	亚太	4446	6721	51.18%	16.85%
5	非洲	1921	2379	23.84%	5.96%
6	欧洲	3037	2359	-22.33%	5.91%
7	中南美	1523	1736	13.96%	4.35%
	世界总计	29349	39893	35.93%	100.00%

资料来源：bp Statistical Review of World Energy June 2020。

从国家分布来看，2019年天然气产量最多的十个国家分别是美国、俄罗斯、伊朗、卡塔尔、中国、加拿大、澳大利亚、挪威、沙特阿拉伯和阿尔及利亚（表3-11），其天然气总产量为28406亿立方米，约占全世界总产量的71.20%。与石油资源生产的分布相比，天然气的生产相对分散，并且从2009年到2019年，世界十大产气国的变动较小——仅印度尼西亚退出了十大产气国的行列，而澳大利亚得以进入，成为2019年世界第七大产气国，各国排名只有个别国家出现小幅波动（图3-16）。

表 3-11　2009年和2019年世界十大产气国　　　　　单位：亿立方米

	2009年				2019年		
名次	国家	产量 亿立方米	份额	名次	国家	产量 亿立方米	份额
1	美国	5576	19.00%	1	美国	9209	23.08%
2	俄罗斯	5362	18.27%	2	俄罗斯	6790	17.02%
3	加拿大	1551	5.28%	3	伊朗	2442	6.12%

续表

2009 年				2019 年			
名次	国家	产量 亿立方米	份额	名次	国家	产量 亿立方米	份额
4	伊朗	1357	4.62%	4	卡塔尔	1781	4.47%
5	挪威	1036	3.53%	5	中国	1776	4.45%
6	卡塔尔	924	3.15%	6	加拿大	1731	4.34%
7	中国	859	2.93%	7	澳大利亚	1535	3.85%
8	印度尼西亚	780	2.66%	8	挪威	1144	2.87%
9	阿尔及利亚	766	2.61%	9	沙特阿拉伯	1136	2.85%
10	沙特阿拉伯	745	2.54%	10	阿尔及利亚	862	2.16%

资料来源：bp Statistical Review of World Energy June 2020。

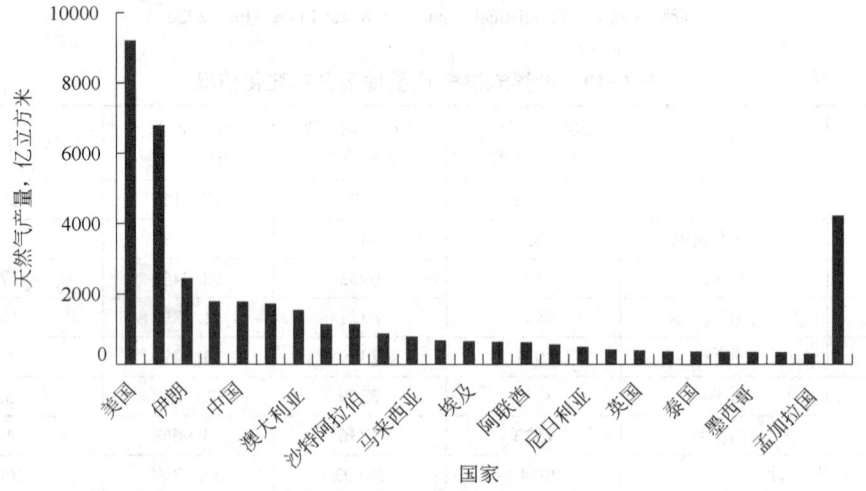

图 3-16　2019 年天然气产量国家分布

资料来源：bp Statistical Review of World Energy June 2020

二、世界油气消费情况

（一）世界油气消费总量趋势

世界油气消费总体上均表现出增长趋势，但石油消费呈缓慢增长的趋势，而天然气消费呈急剧增长的趋势，如图 3-17 所示。

2019 年世界石油消费约为 358.69 亿桶，较 2018 年的 355.32 亿桶增长了 0.95%；较 2009 年的 306.90 亿桶增长了 16.88%；较 1999 年的 276.21 亿桶增长了 29.86%。从 1980 年到 2019 年的 40 年间，消费量年均增长 1.25%。

2019 年世界天然气消费量约为 3.93 万亿立方米，较 2018 年的 3.85 万亿立方米增长了 2.01%；较 2009 年的 2.94 万亿立方米增长了 33.60%；较 1999 年的 2.31 万亿立方米增长了 70.27%。从 1980 年到 2019 年的 40 年间，消费量年均增长 2.71%。天然气消费量增速始终略高于石油消费量增速（图 3-18）。

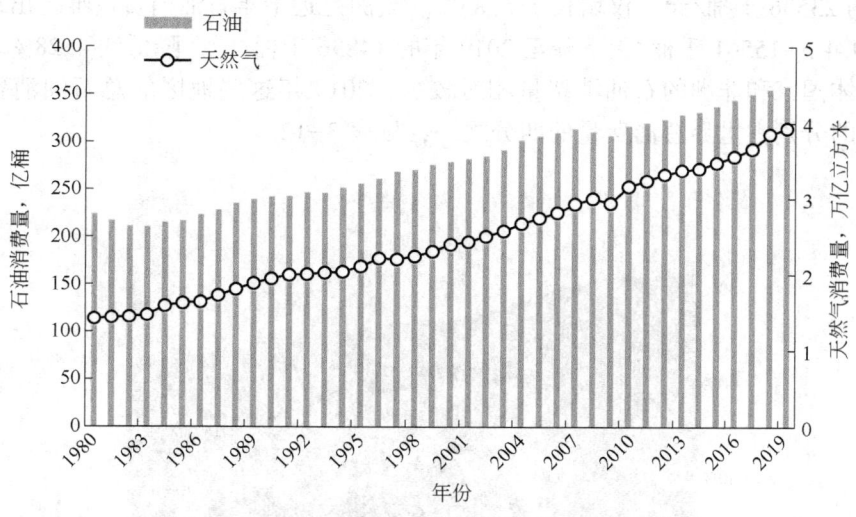

图 3-17 1980—2019 年世界油气消费量趋势变化图
资料来源：bp Statistical Review of World Energy June 2020

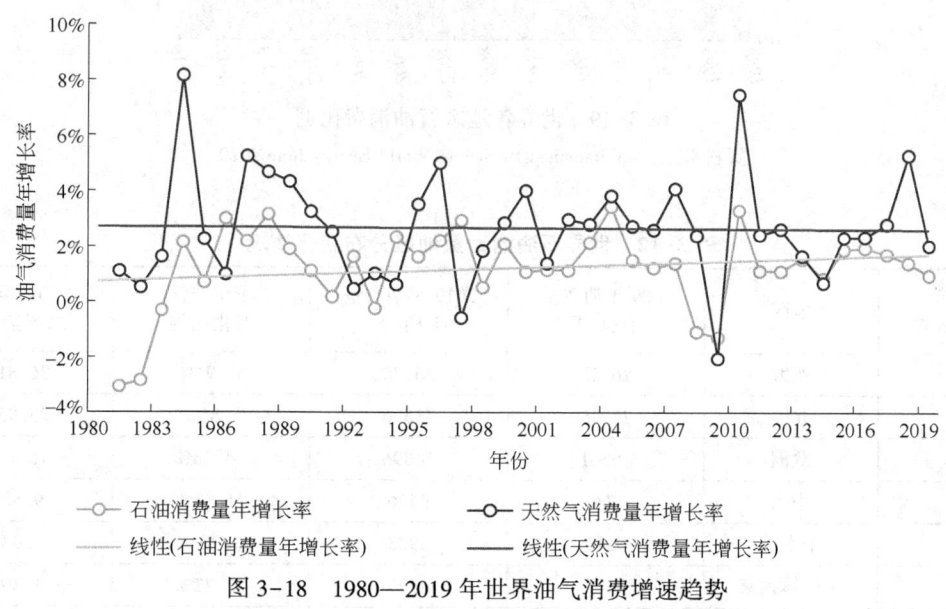

图 3-18 1980—2019 年世界油气消费增速趋势
资料来源：bp Statistical Review of World Energy June 2020

（二）世界油气消费构成

1. 石油消费构成

从消费的地区分布来看，亚太、北美和欧洲是世界主要三大石油消费区。其中，亚太地区是石油消费增长最快的地区，其消费的快速增长对整个世界石油消费的增长趋势具有重大影响（图 3-19）。该地区的石油消费量由 2009 年的 26228 千桶/天增加到 2019 年的 36178 千桶/天，增长了 37.94%。2006 年，亚太地区的石油消费量占世界总消费量的 29.66%，一举超越北美成为世界第一大石油消费区。2019 年北美地区的石油消费量约占世界总消费量的 23.95%，但近十年来，北美地区的石油消费量增长幅度不大，由 2009 年的 22235 千桶/天增长到 2019 年的 23536 千桶/天，仅增长了 5.85%。欧洲是近十年石油消费量唯一出现下降的地区，由 2009 年的 15561 千桶/天下降至 2019 年的 14896 千桶/天，降低约 4.28%。中东、中南美、独联体国家和非洲的石油消费量相对较少，2019 年这些地区的总石油消费量约占世界总消费量的分别占世界总消费量的四分之一，见表 3-12。

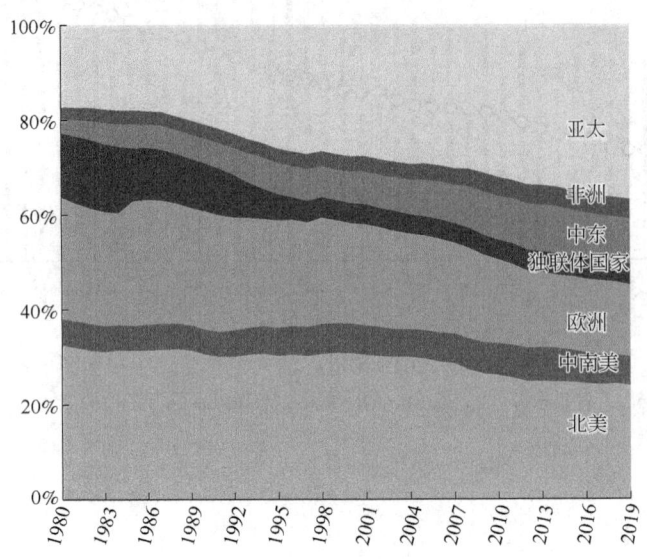

图 3-19　世界各地区石油消费比例

资料来源：bp Statistical Review of World Energy June 2020

表 3-12　世界石油消费量地区分布变化情况

2019 年消费量排名	地区	2009 年消费量千桶/天	2019 年消费量千桶/天	十年产量变化比例	2019 年占总产量比例
1	亚太	26228	36178	37.94%	36.81%
2	北美	22235	23536	5.85%	23.95%
3	欧洲	15561	14896	-4.28%	15.16%
4	中东	7730	9416	21.80%	9.58%
5	中南美	5519	5923	7.32%	6.03%
6	独联体国家	3487	4227	21.22%	4.30%
7	非洲	3322	4096	23.33%	4.17%
世界总计		84083	98272	16.69%	100%

资料来源：bp Statistical Review of World Energy June 2020。

从国家消费来看，2019 年石油消费量排名前十的国家分别是美国、中国、印度、日本、沙特阿拉伯、俄罗斯、韩国、加拿大、巴西和德国，其石油消费量总和约为 59484 千桶/天，占全世界消费量 60% 以上。其中，美国是世界第一大石油消费国，2019 年的石油消费量约为 19400 千桶/天，约占世界总消费量的五分之一；石油消费增长最快的是中国，由 2009 年的 8240 千桶/天增长到 2019 年的 14056 千桶/天，增长了 70.57%，年均增长 6.11%；石油消费下降最多的是日本，由 2009 年的 4389 千桶/天下降到 2019 年的 3812 千桶/天，下降了 13.15%，年均下降 1.55%，见表 3-13。近十年以来，世界十大石油消费国家几乎没有变化。尤其是美国和中国,稳居世界前两位,且其石油消费量远高于其他国家(图3-20)。从人均石油消费量来看,美国、沙特阿拉伯和澳大利亚的石油消费水平相对更高(图3-21)。

表3-13　2009年和2019年世界十大石油消费国

2009年				2019年			
名次	国家	消费量 千桶/天	份额	名次	国家	消费量 千桶/天	份额
1	美国	18030	21.44%	1	美国	19400	19.74%
2	中国	8240	9.80%	2	中国	14056	14.30%
3	日本	4389	5.22%	3	印度	5271	5.36%
4	印度	3298	3.92%	4	日本	3812	3.88%
5	沙特阿拉伯	2914	3.47%	5	沙特阿拉伯	3788	3.85%
6	俄罗斯	2775	3.30%	6	俄罗斯	3317	3.38%
7	韩国	2339	2.78%	7	韩国	2760	2.81%
8	德国	2339	2.78%	8	加拿大	2403	2.44%
9	加拿大	2183	2.60%	9	巴西	2398	2.44%
10	巴西	2078	2.47%	10	德国	2281	2.32%

资料来源:bp Statistical Review of World Energy June 2020。

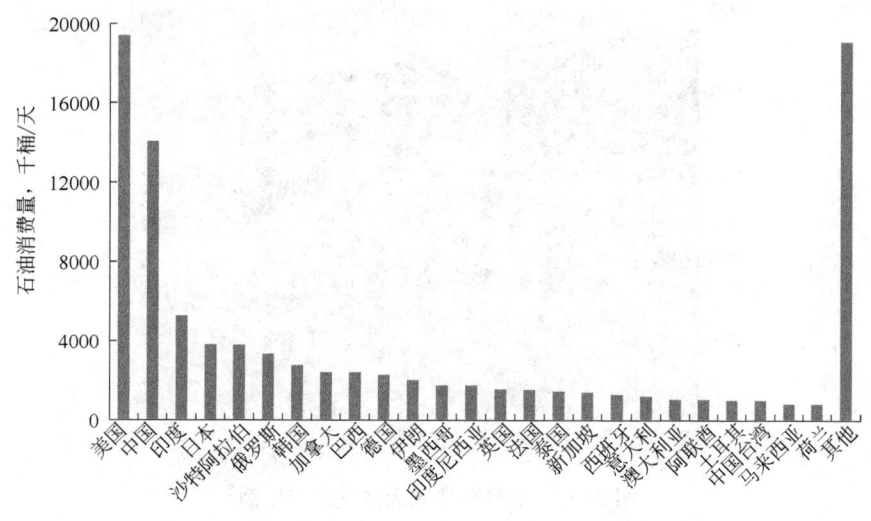

图3-20　2019年石油消费量国家分布

资料来源:bp Statistical Review of World Energy June 2020

2. 天然气消费构成

从消费的地区分布来看,北美和亚太是世界主要的天然气消费区。北美和亚太地区的天然气消费对整个世界的天然气消费具有重大影响。其中,北美是世界上天然气消费量最大的地区,从1980年至今,其天然气消费量占比始终位居世界第一;而亚太地区是天然气消费

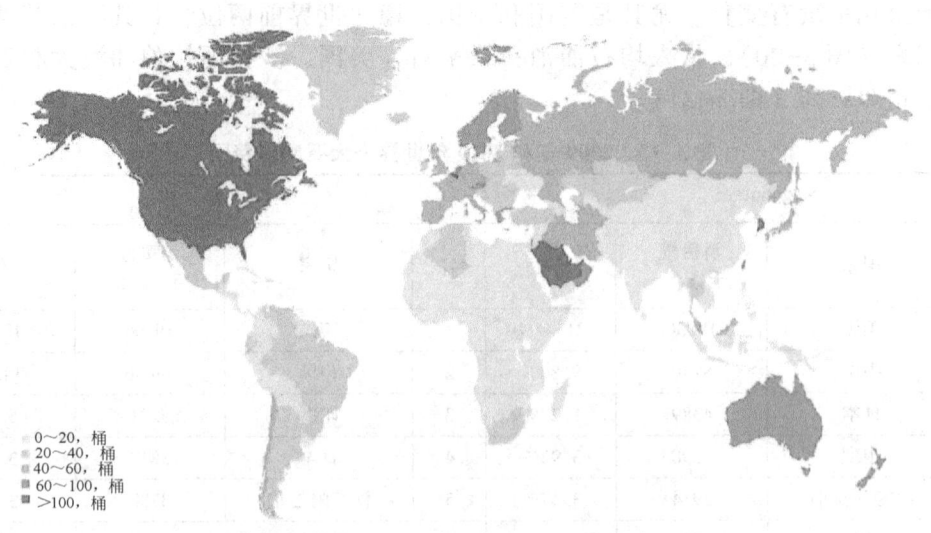

图 3-21 2019年人均石油消费分布

资料来源：bp Statistical Review of World Energy June 2020

增长最快的地区（图 3-22）。2019 年这两个地区的天然气消费量约占世界总消费量的一半。2009—2019 年，除欧洲外，各地区的天然气消费均呈现增长趋势。其中，亚太、中东和非洲地区增长迅速，年均增速达到 5%；而北美、独联体国家和中南美的天然气消费增长较慢（表 3-14）。

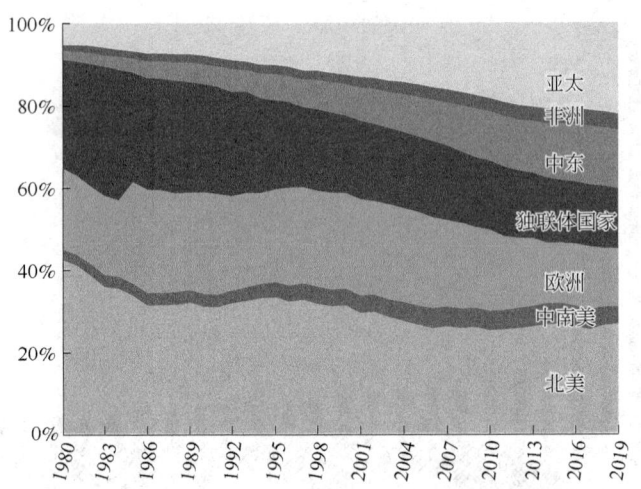

图 3-22 世界各地区天然气消费比例

资料来源：bp Statistical Review of World Energy June 2020

表 3-14 世界天然气消费量地区分布变化情况

2019年消费量排名	地区	2009年消费量 亿立方米	2019年消费量 亿立方米	十年产量变化比例	2019年占总产量比例
1	北美	7694	10576	37.47%	26.92%
2	亚太	5156	8699	68.70%	22.14%
3	独联体国家	4999	5737	14.76%	14.60%

续表

2019年消费量排名	地区	2009年消费量 亿立方米	2019年消费量 亿立方米	十年产量变化比例	2019年占总产量比例
4	中东	3473	5584	60.78%	14.21%
5	欧洲	5774	5541	-4.04%	14.10%
6	中南美	1358	1654	21.72%	4.21%
7	非洲	956	1501	57.08%	3.82%
	世界总计	29411	39292	33.60%	100%

资料来源：bp Statistical Review of World Energy June 2020。

从国家消费来看，2019年天然气消费量排名前十的国家依次为美国、俄罗斯、中国、伊朗、加拿大、沙特阿拉伯、日本、墨西哥、德国和英国，其天然气消费量总和约为24222亿立方米，占全世界天然气消费量的61.64%。美国不仅是第一大石油消费国，还是世界第一大天然气消费国，2019年其天然气消费量为8466亿立方米，占比达世界总量的五分之一以上；天然气消费增长最快的是中国，由2009年的902亿立方米增至2019年的3073亿立方米，增幅高达240.63%，年均增长14.59%；天然气消费下降最多的英国，由2009年的912亿立方米下降至2019年的788亿立方米，下降了13.57%（表3-15）。近十年，世界十大天然气消费国家变化较小，仅有意大利退出了十大消费国行列，而德国成为第九大天然气消费国（图3-23）。从人均天然气消费量来看，美国、俄罗斯、沙特阿拉伯、伊朗和澳大利亚的天然气消费能力相对更高（图3-24）。

表3-15 2009年和2019年世界十大天然气消费国

	2009年				2019年		
名次	国家	消费量 亿立方米	份额	名次	国家	消费量 亿立方米	份额
1	美国	6176	21.00%	1	美国	8466	21.55%
2	俄罗斯	3978	13.53%	2	俄罗斯	4443	11.31%
3	伊朗	1348	4.58%	3	中国	3073	7.82%
4	日本	925	3.14%	4	伊朗	2236	5.69%
5	英国	912	3.10%	5	加拿大	1203	3.06%
6	中国	902	3.07%	6	沙特阿拉伯	1136	2.89%
7	加拿大	866	2.94%	7	日本	1081	2.75%
8	德国	844	2.87%	8	墨西哥	907	2.31%
9	沙特阿拉伯	745	2.53%	9	德国	887	2.26%
10	意大利	743	2.53%	10	英国	788	2.01%

资料来源：bp Statistical Review of World Energy June 2020。

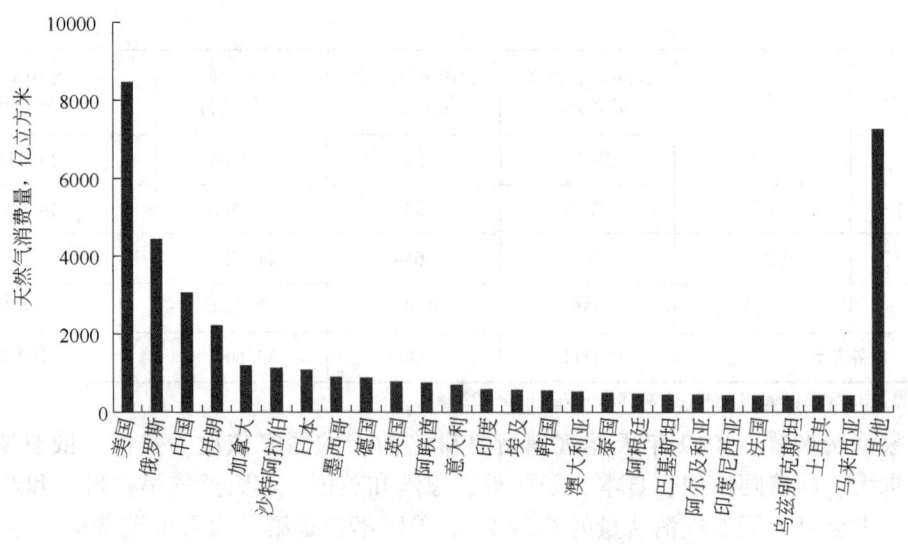

图 3-23 2019年天然气消费量国家分布

资料来源：bp Statistical Review of World Energy June 2020

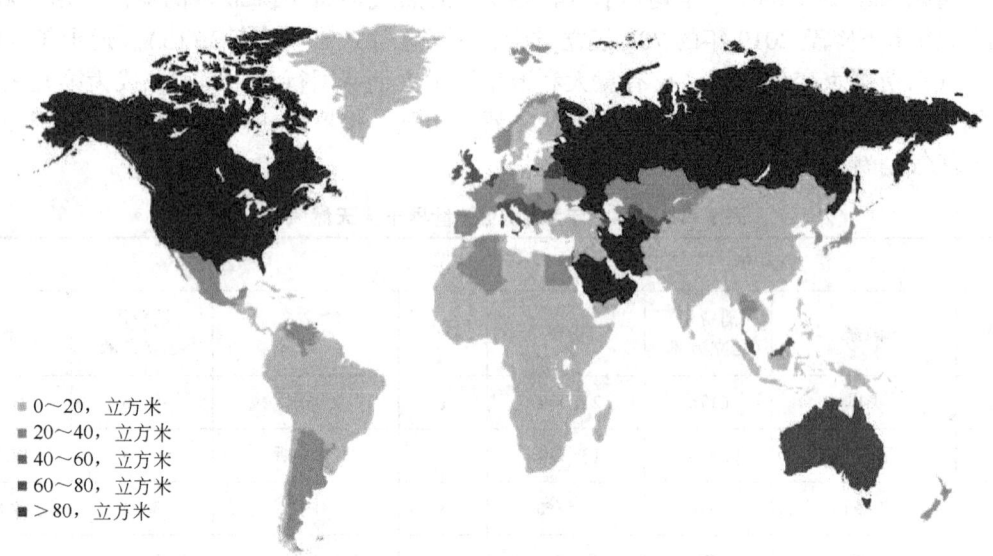

图 3-24 2019年人均天然气消费

资料来源：bp Statistical Review of World Energy June 2020

第三节 世界油气供需趋势

一、世界油气供给趋势

（一）地区和国别视角

全球石油供应总量仍将增长，但增长速度放缓。IEA的基准情景估计，石油供应量将从

2019年的95.2百万桶/天增长到2040年的103.5百万桶/天，年均增长率仅有0.42%。2025年以前，非欧佩克地区是供应石油增长的主要来源（以美国页岩油为主），到2025年，非欧佩克的产量将以近7百万桶/天的速度增长，其中以美国的增长为首。但在2025年之后，未来全球石油增长将主要依靠低成本的欧佩克国家和美国及俄罗斯，而绝大多数非欧佩克国家的产量将出现下滑（图3-25、图3-26）。

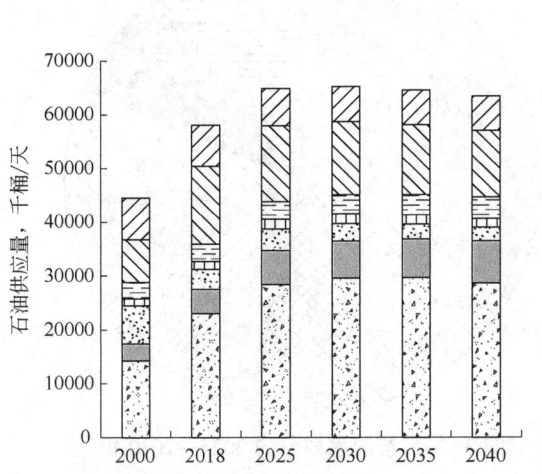

图3-25 非欧佩克地区石油供给趋势

资料来源：IEA World Energy Outlook 2019

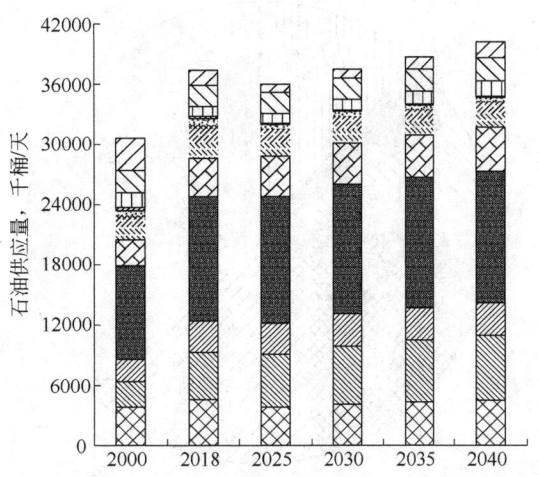

图3-26 欧佩克国家石油供给趋势

资料来源：IEA World Energy Outlook 2019

如今，欧佩克为全球提供了近40%的石油产量，并采取了减产以支持价格的持续战略。随着俄罗斯加入欧佩克的市场管理工作，俄罗斯和欧佩克国家的市场份额一起下降，2020年初，欧佩克的市场份额降至35%的低点，而到2025年，俄罗斯的市场份额将降至47%的低点。尽管欧佩克和俄罗斯的市场份额有机会在未来有所上升，但随着美国致密油产量达到顶峰，到2040年，这一比例将保持在50%以下。

全球天然气增长强劲，预计未来20年将保持持续增长。天然气供应总量将从2018年的3.94万亿立方米增长到2040年的5.41万亿立方米，年均增长1.52%（图3-27）。2025年

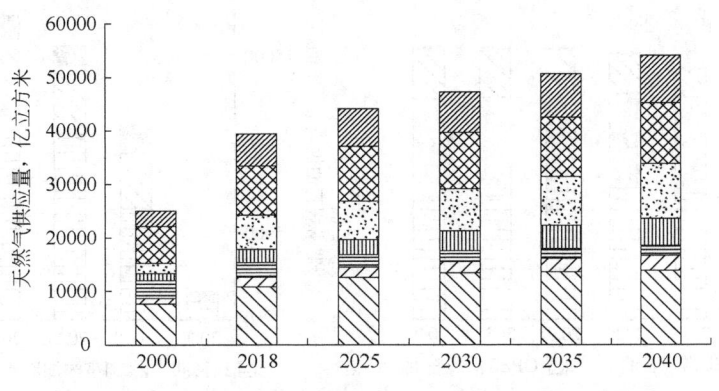

图3-27 分地区天然气供给趋势

资料来源：IEA World Energy Outlook 2019

前,天然气产量增长主要集中在美国、俄罗斯、中国、澳大利亚,这四个国家贡献的天然气增长量占全球天然气增长的四分之三以上(图3-28);但在2025年以后,天然气产量的增长将变得更加均衡,主要产区也将发生一些改变,除中国和美国外,中东地区的卡塔尔、伊拉克、伊朗和沙特阿拉伯也将为世界贡献超过四分之一的增长量(图3-29)。

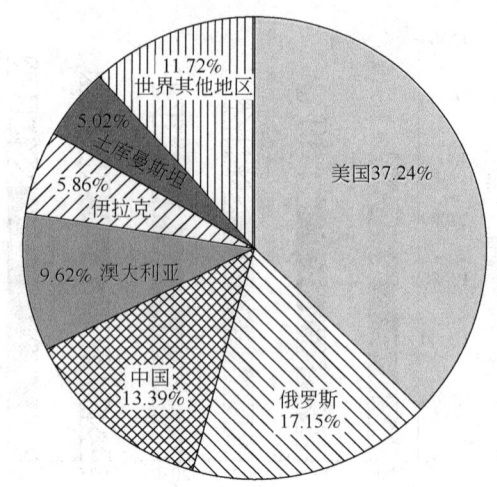

图 3-28 按国家划分的 2018—2025 年天然气产量增长

资料来源:IEA World Energy Outlook 2019

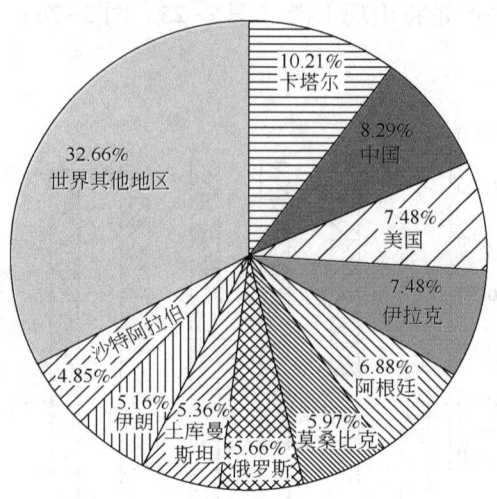

图 3-29 按国家划分的 2025—2040 年天然气产量增长

资料来源:IEA World Energy Outlook 2019

(二)常规和非常规视角

常规和非常规油气在未来的供给结构也将发生变化。2018—2040年常规石油供应减少了0.7百万桶/天,而同期非常规石油供应的增长是8.9百万桶/天(图3-30)。从非常规石油供应的总量来看,轻质致密油和加拿大油砂是主力,其次是委内瑞拉超重油。从供应增长量来看,2018—2040年增长最大的是致密油,其增长量约为6.0百万桶/天。加拿大油砂和委内瑞拉超重油的增长量分别为0.6百万桶/天和0.4百万桶/天(图3-31)。

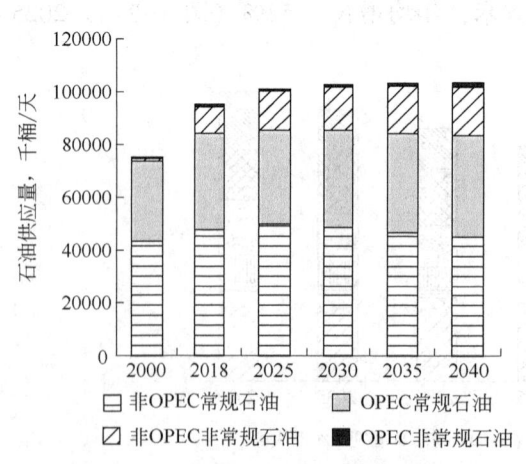

图 3-30 常规和非常规石油供应情况

资料来源:IEA World Energy Outlook 2019

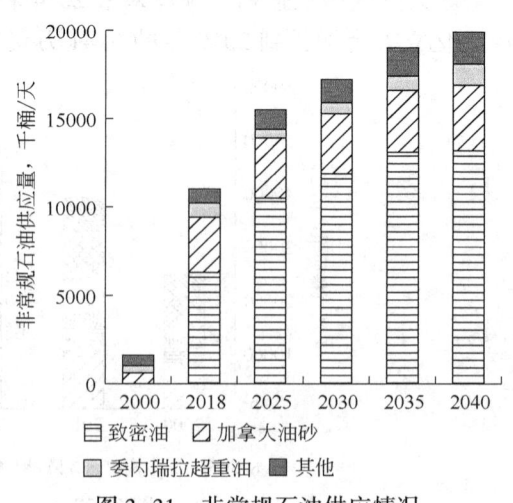

图 3-31 非常规石油供应情况

资料来源:IEA World Energy Outlook 2019

2018—2040 年，常规天然气增长 6900 亿立方米，同期非常规天然气增长 7780 亿立方米，为天然气供应增长的贡献度为 53%，在未来极具发展潜力。从非常规天然气的供应总量来看，页岩气是绝对主力，2018—2040 年其增长量为 7220 亿立方米；其次是煤层气，2018—2040 年的增长量为 410 亿立方米；致密气的产量在 2030 年以后将出现降低的情况，未来的非常规天然气供应主要还是依靠页岩气和煤层气的产量增长（图 3-32）。

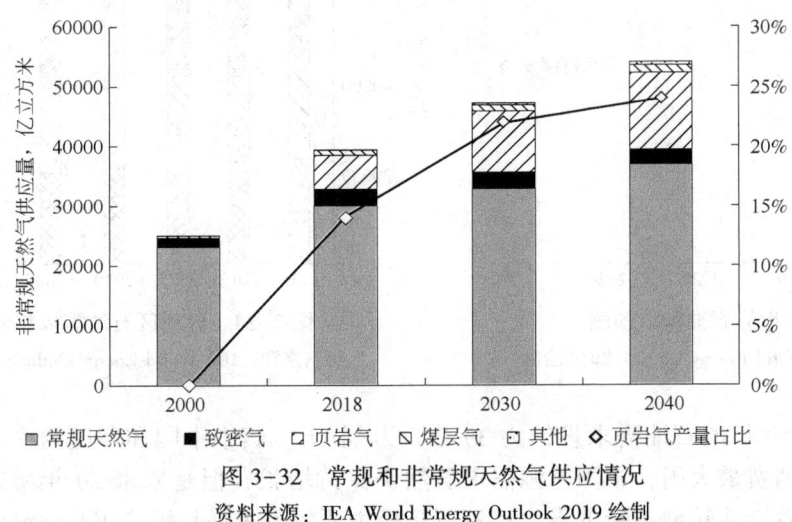

图 3-32　常规和非常规天然气供应情况
资料来源：IEA World Energy Outlook 2019 绘制

二、世界油气需求趋势

（一）世界石油需求趋势

1. 世界石油需求总量呈增长趋势，但增速放缓

从石油需求情况来看，在未来的十到二十年时间里，世界石油消费总趋势表现为稳步上升，但增速在减缓。由于发达国家已进入后工业社会，在节能技术、能源效率、产业结构和替代能源开发方面都取得了长足的进步，石油消费的增长速度将逐渐放慢。IEA 的基准情景估计，全球石油需求将从 2018 年的 96.9 百万桶/天增长到 2040 年的 106.4 百万桶/天，2018—2040 年全球石油消费预计年均增速 0.45%，而过去 22 年平均增速为 1.45%（图 3-33）。

总体来看（基于每年给出的中间情景），IEA 对世界石油需求的预期在 2011—2016 年趋于稳定，2017 年开始不断上调需求，根据近两年预测，2030 年的需求总体在 105 百万桶/天左右。

2. 世界石油需求在国别发生变化

未来石油消费将主要集中在亚太、中东、北美和欧洲地区。但从消费增长来看，北美的石油消费量将会有所下降。中东和非洲地区的消费量增长较大，而亚太地区为全球石油消费量增长作出了最大贡献（图 3-34）。由于发展中国家经济快速发展、人民生活水平不断提高，并在产业结构上接受了发达国家转移来的能源密集型产业，因此，发展中国家的石油消费量在今后 20 年里将进一步提高，石油消费重心将加速东移。

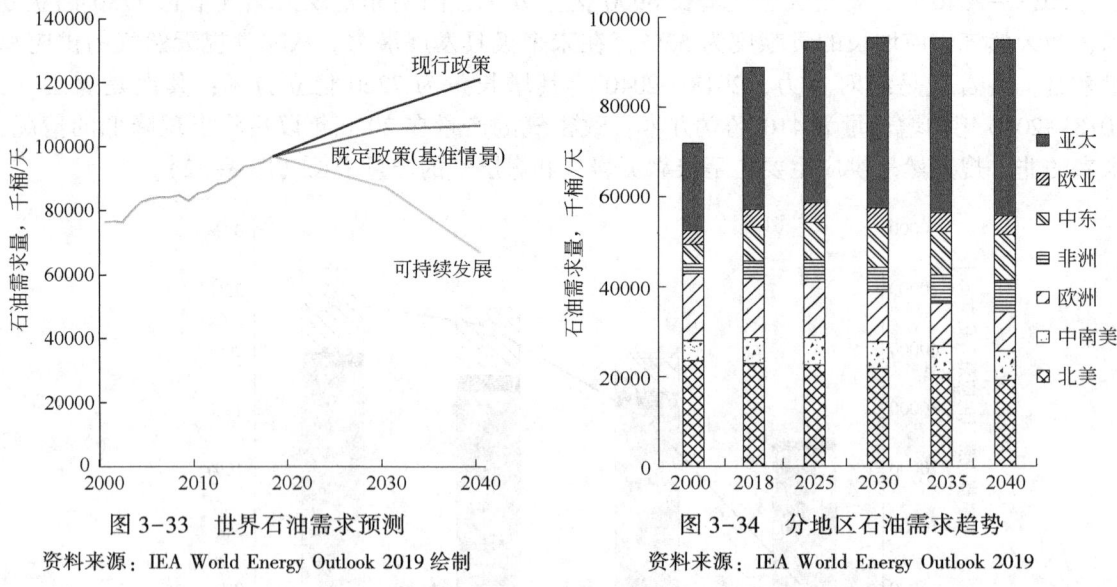

图 3-33 世界石油需求预测
资料来源：IEA World Energy Outlook 2019 绘制

图 3-34 分地区石油需求趋势
资料来源：IEA World Energy Outlook 2019

亚太地区 2040 年的石油需求量约为 39.2 百万桶/天，其中中国和印度为主要的石油消费国。作为能源消费最大国，中国能源需求虽然仍保持增长，但是未来 20 年增速将不断放缓，能源强度随着产业转型不断下降，将不再是最主要的需求增长国。IEA 预测中国的能源需求增速未来将不足 1%，这和 21 世纪以来 8% 的需求增速形成鲜明对比。成为能源增长新主力的则是其他发展中国家和地区。未来印度对全球石油需求增长的贡献最大，到 2040 年时，印度在全球能源消费中的占比将接近 15%。东南亚是石油消费的另一增长巨擘，其需求增速是中国的 1.2 倍（图 3-35）。

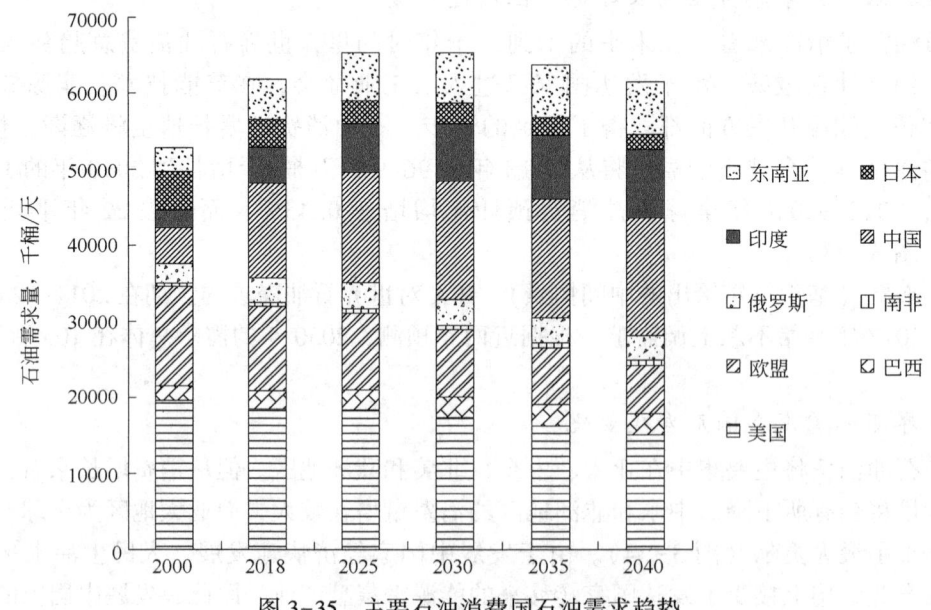

图 3-35 主要石油消费国石油需求趋势
资料来源：IEA World Energy Outlook 2019

3. 世界石油需求在部门发生变化

石油消费绝对增长的部门包括航空和船舶、工业和石化部门，这两个部门也是未来石油消费最具潜力的部门。2018—2040年，这两个部门的石油消费增量分别为4.8百万桶/天和4.6百万桶/天，年均增速分别为1.62%和1.07%。鉴于许多公司已宣布计划增加新产能，尤其是在美国、中国和中东，石油作为石化原料的使用将在2025年期间表现得尤为强劲。2018年至2040年期间，航空和船舶用油量将增加50%，占2040年石油总需求的10%。由于中国旅游业的发达，石油化工中的石油使用量在2018年至2040年期间将稳步增长，航空需求也是如此。在中东，需求增长的最大贡献者是工业和石化部门，许多国家认为工业和石化部门有潜力帮助他们从石油储备中获得更多价值。

而石油消费绝对下降的部门为建筑和电力部门，到2040年其石油消费占比仅为9%，2018—2040年，该部门的石油消费将下降3.1百万桶/天，年均下降速度为1.37%。西班牙宣布的禁止安装燃油锅炉的政策，使建筑物的石油需求有所下降。中国建筑中的石油使用量也下降，总石油需求将在2030年达到峰值，为15.7百万桶/天。如今，建筑物中约有65%的石油使用发生在发展中经济体中，液化石油气和煤油用于烹饪及照明，某些国家的重燃料油用于取暖。尽管非洲、印度和东南亚的建筑中石油使用量有所增加，但这被其他地区的损失所抵消：美国和欧洲分别下降了约70%、80%。

道路交通部门的石油消费占比将由2018年的44%下降至2040年的42%。随着世界能源向低碳、清洁化转型进程的加快，受新能源车、出行方式变革等影响，道路交通部门石油消费在下降。现在，卡车每天消耗约15百万桶/天的石油，乘用车的石油需求在2020年后期达到顶峰。欧洲的石油需求到2040年平均每年下降约0.2百万桶/天，而这种下降就主要来自乘用车的石油需求量降低。随着中国电气化的广泛普及（2040年中国将有1.5亿辆汽车实现电动化）和高效的车队，中国的汽车石油使用量将在2030年达到顶峰，然后缓慢下降。印度石油需求增长的三分之一来自卡车，另三分之一来自乘用车，其车辆总数将在2018至2040年之间增长七倍（图3-36、图3-37）。

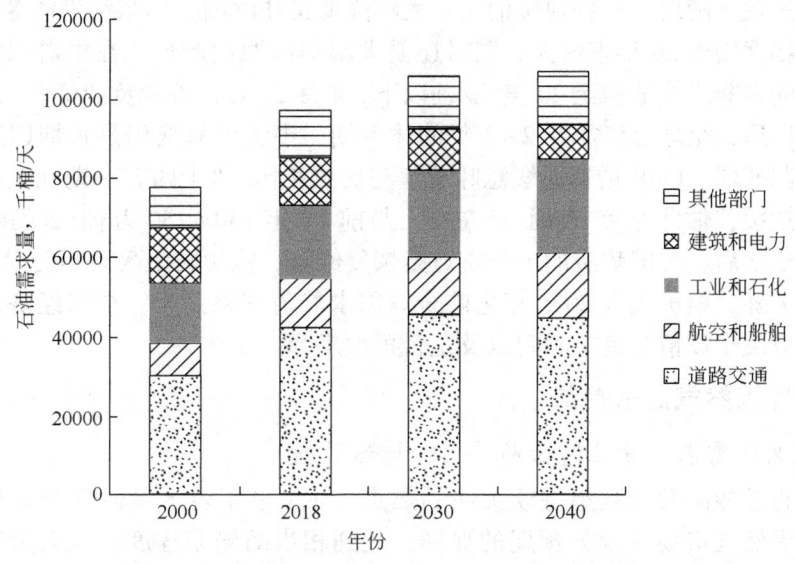

图3-36 按部门划分的全球石油需求的年平均变化

资料来源：IEA World Energy Outlook 2019

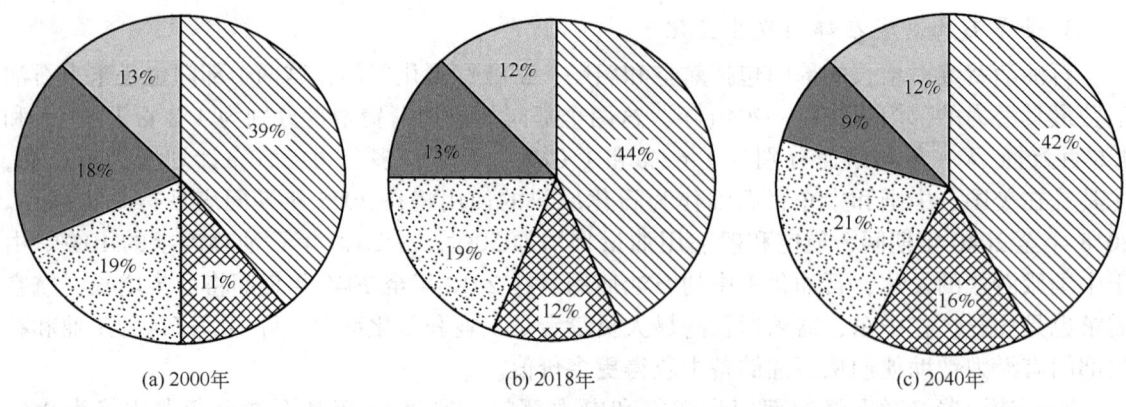

图 3-37 各部门石油需求占比对比
资料来源：IEA World Energy Outlook 2019

4. 世界石油资源的争夺将更为激烈，争夺的热点在中东、里海等地区

中东是世界石油资源最丰富的地区，2019年，其石油剩余可采储量约占全球的48%，而其石油消费仅占全球的9.6%。里海地区包括俄罗斯、哈萨克斯坦、阿塞拜疆、土库曼斯坦和伊朗等国，介于欧亚两大石油消费区之间，油气资源丰富，并且该地区本身的石油消费较少；俄罗斯远东及东西伯利亚地区的天然气资源也很丰富，且比邻中、日、韩三个石油消费大国，其资源潜力和地理位置都决定该地区将成为东亚各国瞩目的焦点之一。

鉴于世界石油供应地区不平衡性的进一步加剧，石油供应与消费将更趋集中，预计今后对世界石油资源的争夺将更为激烈，争夺的热点就在中东、里海等地区。

5. 后疫情时代世界石油市场变化趋势

2020年初爆发的新冠疫情致使全球各国经济停滞，石油需求也随之下滑，4月份全球石油消费创有史以来最大降幅，下降约2500万桶/日。同年3月6日，欧佩克与俄罗斯的3年扩大减产谈判失败。随后，沙特阿拉伯宣布大幅降低销往欧洲、远东和美国等国外市场的原油价格，折扣幅度创近20年来最大，同时还要大幅提高原油产量。在供需双重打压下，国际油价在短时间内断崖式下跌至20美元/桶以下，4月21日，首现负油价。

新冠疫情以后，全球经济需要2~3年的休养期，中美贸易战仍是长期因素，经济短暂反弹后必将回归疲弱。GDP增速放缓意味着，与历史相比，"十四五"期间全球石油需求每年的增量明显放缓，估计为95万桶/日左右，与前10年130~150万桶/日的年均增速相比大幅下降。疫情之后，各国政府的工作重点是恢复经济，能源转型政策不会太激进，个别年份石油需求会下降，但不代表2025年之前全球需求峰值即将到来。全球经济及能源需求的未来走向，将取决于疫情结束的时间以及是否再次反弹。

（二）世界天然气需求趋势

1. 世界天然气需求总量呈增长趋势，但增速放缓

天然气一直是能源发展展望持续关注的热点。IEA早年表示天然气产业将进入黄金时代，但之后的天然气市场并未如预期的那样，达到相当的繁荣程度。从天然气需求总量来看，尽管全球天然气需求总量逐年攀升，但需求增速放缓。IEA的基准情景估计，全球天然气需求将从2018年的39520亿立方米增长到2040年的54040亿立方米，2018—2040年间全

球天然气消费预计年均增速 1.50%，2014 年甚至一度低于 1%，而过去 22 年平均增速为 2.79%（图 3-38）。

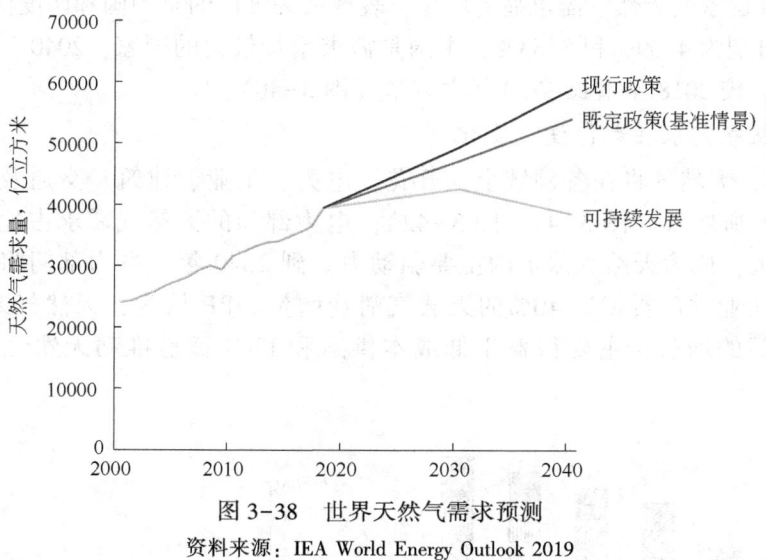

图 3-38　世界天然气需求预测

资料来源：IEA World Energy Outlook 2019

总体来看（基于每年给出的中间情景），IEA 在 2011 年后开始上调世界天然气需求的预期，2012—2018 年预期的天然气需求趋于稳定，2019 年再次上调天然气需求量。根据近两年的需求预测，2030 年全球天然气需求总体在 4.7 万亿立方米左右。

2. 世界天然气需求在国别发生变化

从地区天然气需求来看，亚太地区的天然气需求增量最大，由 2018 年的 8150 亿立方米增至 2040 年的 15220 亿立方米，增量达 7000 多亿立方米；增速最快的地区是非洲，由 2018 年的 1580 亿立方米增至 2040 年的 3170 亿立方米，年均增长 3.37%；中东地区的增量和增速次之，2018—2040 年期间的天然气需求增量约为 2700 亿立方米，年均增长 1.98%（图 3-39）。

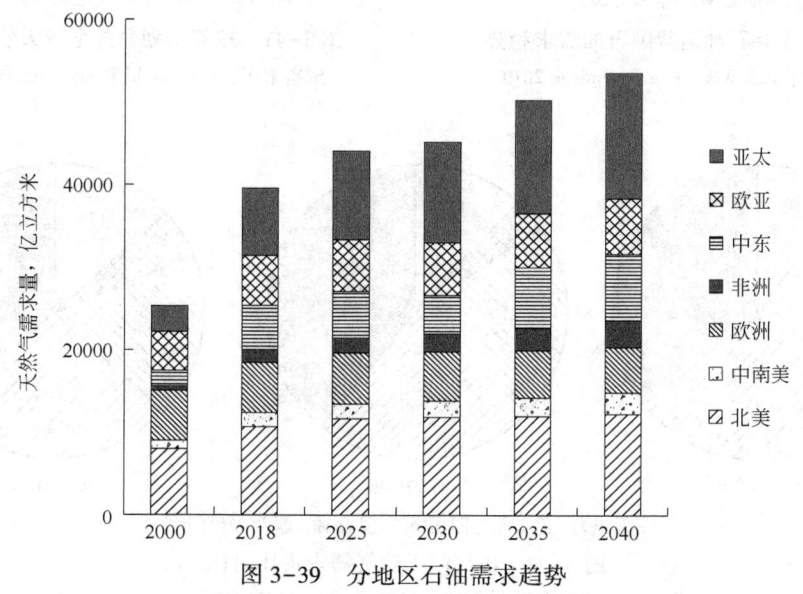

图 3-39　分地区石油需求趋势

资料来源：IEA World Energy Outlook 2019

从国家天然气需求来看，2018—2040年的整个时期内，OECD（经合组织）等发达国家需求增长缓慢，美国的需求增速仅有0.5%，欧盟和日本的天然气需求已趋于停滞并略微下降；但非OECD国家的天然气需求显著增长，表现最为突出的是中国和印度两个经济体，其年均需求增速分别为4.09%和5.63%，中国是需求增量最大的国家，2040年天然气需求为6550亿立方米，较2018年增长3730亿立方米（图3-40）。

3. 世界天然气需求在部门发生变化

未来20年，天然气将在各领域全面开花，电力、工业、建筑、交通及其他部门的天然气需求都将有所增长（图3-41、图3-42）。电力部门的天然气需求占比将减小，而工业部门占比增大，成为天然气需求的主要驱动力。到2040年，电力部门将贡献天然气增长的25%，而工业部门贡献近40%的天然气消费增量。BP认为，天然气未来快速增长，尤其是工业部门的增长，主要得益于低成本供给和LNG贸易推动天然气可获得性大大提升。

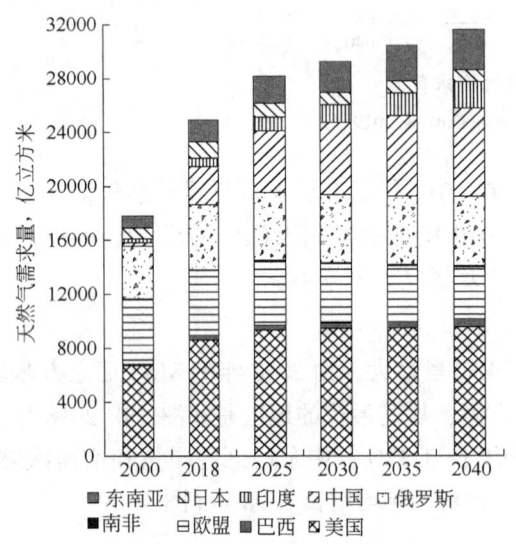

图3-40 主要石油消费国石油需求趋势

资料来源：IEA World Energy Outlook 2019

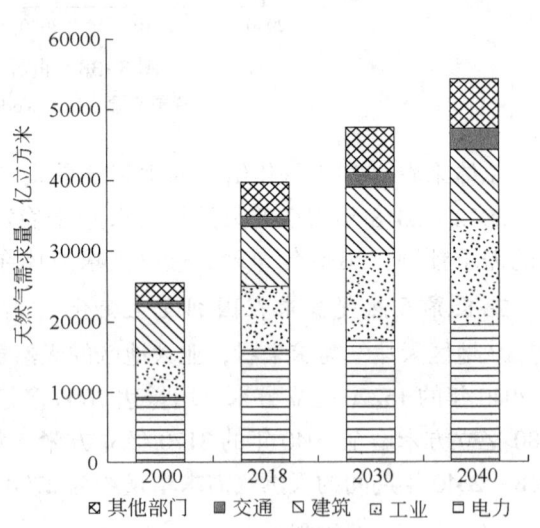

图3-41 按部门划分的全球天然气需求

资料来源：IEA World Energy Outlook 2019

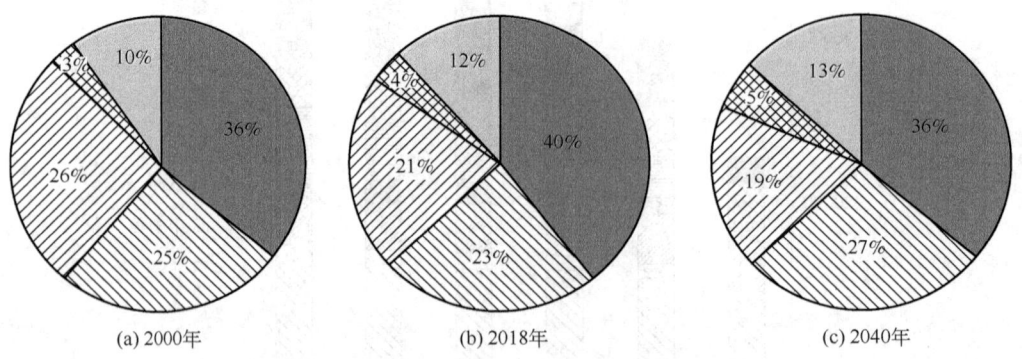

图3-42 各部门天然气需求占比对比

资料来源：IEA World Energy Outlook 2019

工业部门的需求量增长大部分发生在发展中经济体，主要是亚洲地区的工业增长，特别是中国和印度，越来越多地将天然气被用于炼钢和石化产品生产，以及如纺织品、食品加工、玻璃和陶瓷等的中小型生产中。

在电力部门，天然气需求因地区而异。如欧洲和日本等一些发达经济体的燃气用电高峰在21世纪20年代中期之前出现，此后需求趋于平缓。在欧洲，电力用气弥补了核能和煤炭产能下降造成的缺口，但随着可再生能源的强劲发展，对天然气的需求将逐渐减弱。在日本，随着核电站恢复服务及可再生能源产能的增加，天然气消耗降低。但在一些发展中经济体中，用于电力的天然气需求将更为持久，亚洲部分地区、中东、亚非地区及撒哈拉以南非洲的电力需求将持续增长。然而，在中国和印度，天然气并不是煤炭的主要竞争者，到2040年，天然气在发电中所占的比例仍远低于10%。

在交通部门，需求类型主要是压缩天然气（CNG）和液化天然气（LNG），其中CNG主要用于乘用车，而LNG则用于卡车和公共汽车等大型公路车辆。在中国和美国的使用量增加的刺激下，到2040年，需求将增长到近3000亿立方米。

在建筑部门，全球天然气需求增加量的45%用于热能将海水淡化，以缩小中东的供水缺口，到2040年，将需要900亿立方米以上的天然气来提供饮用水。剩余的需求增加大部分来自烹饪对能源的需求。除中国外，天然气在提供居民供暖方面的作用有限。发达经济体通过直接使用可再生能源来减少天然气供暖，这在欧盟体现得尤为明显，其建筑总天然气需求下降了三分之二左右。

（三）油气需求变化引起贸易格局变化

伴随着北美和西欧地区对油气贸易需求的下降，亚太地区占全球油气贸易比例将进一步增加，全球石油贸易越来越以亚洲为中心。

中国的石油需求上升和国内生产下降共同导致对石油进口的依赖上升，其依赖程度将从2018年的71%上升到2040年的79%。尽管中国的石油进口量趋于平缓，但中国将很快超过欧盟，成为世界上最大的石油进口国。印度的石油进口量在2018—2040年间将增加近1.5倍，其对石油进口的依赖程度在2040年或达到90%。尽管日韩的石油进口量将从2018年的6.1百万桶/天下降至4.2百万桶/天，但其对石油进口的依赖程度由96%上升至97%，是全球的最高值。

2020年后，美国将成为石油净出口国，到2030年，北美将成为仅次于中东的世界第二大石油出口国（超过俄罗斯）。由于俄罗斯产量前景低迷，其石油净出口将出现下降。尽管非洲和中南美洲仍然是原油净出口国，但它们越来越依赖进口来提炼成品。里海的石油出口在未来20年趋于稳定，里海的石油储量虽然丰富，但距离其超越中东成为下一个世界石油中心仍有一段较长的路要走（表3-16）。

表3-16 全球石油贸易预测

净进口国家或地区	进口量，百万桶/天				占需求量比例			
	2000年	2018年	2030年	2040年	2000年	2018年	2030年	2040年
中国	1.7	9.4	12.9	13.3	34%	71%	78%	79%
亚太其他国家	2.2	7.1	9.8	10.7	36%	70%	79%	79%
印度	1.5	3.7	6.7	8.4	64%	77%	88%	90%

续表

净进口国家或地区	进口量，百万桶/天				占需求量比例			
	2000年	2018年	2030年	2040年	2000年	2018年	2030年	2040年
欧盟	10.8	10.9	9.6	7.5	74%	83%	88%	89%
日韩	7.3	6.1	5.2	4.2	98%	96%	97%	97%
世界其他地区	-1.6	0.3	0.4	0.7	—	11%	14%	28%

净出口国家或地区	出口量，百万桶/天				占生产量比例			
	2000年	2018年	2030年	2040年	2000年	2018年	2030年	2040年
中东	18.9	23.5	24.2	24.6	80%	74%	71%	68%
北美	-9.6	-0.1	7.6	8.9	—	—	25%	90%
俄罗斯	3.9	8.1	6.9	5.8	59%	69%	64%	61%
中南美	2.2	0.5	1.5	2.8	31%	7%	18%	28%
里海	0.8	2.3	2.1	2.0	59%	75%	69%	66%
非洲	5.4	4.2	2.2	0.8	68%	50%	28%	10%

资料来源：bp Statistical Review of World Energy June 2020。

未来20年，亚洲国家将占据全球天然气贸易增长的绝大部分。中国和印度的天然气进口量在未来20年时间里高速上涨。到2040年，中国的天然气进口量预计将达到整个欧盟的水平，而印度的天然气进口量增长至接近2018年的4倍。日韩的天然气进口量在2030年较2018年有所下降，但2040年又出现增长，并且其天然气进口的依赖程度一直保持在99%的水平。欧盟的情况与日本相反，其天然气进口量在2018—2030年表现出上涨的趋势，但在随后十年时间里进口量降低，到2040年，欧盟对进口天然气的依赖将增长到90%。

俄罗斯和中东仍然是最大的天然气出口地区，但新兴出口商增加了其市场份额。北美的天然气出口量将出现明显涨幅，在2030—2040年期间趋于平稳，到2030年，美国将成为仅次于俄罗斯的第二大天然气出口国。2018年，澳大利亚天然气出口量排名全球第五，并且都是LNG运输，2030年澳大利亚将短暂取代卡塔尔，成为世界上最大的LNG出口国。非洲、里海和中南美地区的天然气出口量将在未来二十年逐渐增长，其中大部分为LNG出口的增长（表3-17）。

表3-17 全球天然气贸易预测

净进口国家或地区	进口量，亿立方米				占需求量比例			
	2000年	2018年	2030年	2040年	2000年	2018年	2030年	2040年
欧盟	2210	3600	4000	3560	46%	75%	89%	90%
中国	10	1220	2860	3530	5%	43%	53%	54%
其他亚洲国家	-650	-270	880	1810			24%	38%
日韩	970	1700	1450	1530	97%	98%	99%	99%
印度	—	300	780	1150		48%	59%	58%
欧洲其他国家	460	-290	-80	240	39%	—	—	14%

净出口国家或地区	出口量，亿立方米				占生产量比例			
	2000年	2018年	2030年	2040年	2000年	2018年	2030年	2040年
俄罗斯	1850	2300	2900	3360	32%	32%	36%	39%
中东	120	1090	1380	2030	6%	17%	18%	20%
北美	-370	160	1500	1490	—	1%	11%	11%

续表

净出口国家或地区	出口量，亿立方米				占生产量比例			
	2000年	2018年	2030年	2040年	2000年	2018年	2030年	2040年
澳大利亚	100	780	1260	1480	31%	67%	73%	74%
撒哈拉以南非洲	50	360	970	1330	33%	50%	62%	55%
里海	36	91	123	130	30%	45%	48%	45%
北非	61	45	53	57	57%	27%	25%	22%
中南美	5	5	10	26	5%	3%	5%	9%

资料来源：bp Statistical Review of World Energy June 2020。

（四）LNG的快速增长支撑了天然气消费的增长

尽管全球天然气需求增速放缓，但LNG供应持续增加，贸易规模快速扩张，其贸易量增速接近管道气增速的两倍，在全球天然气贸易中的占比不断提高。2020年代末，LNG供应量将超过管道气，到2040年，LNG供应量将占总需求的15%以上（图3-43），占天然气贸易的比例将达到60%，LNG的快速发展有力支撑了全球天然气业务全方位增长。LNG快速发展推动了天然气从区域流动向全球范围流动转换，2000年以来LNG出口国家由12个增长至20个，进口国家由11个增长至43个。此外，LNG的发展也催生全球性天然气市场的快速形成，天然气交易方式、合同模式都将发生革命性变化，价格协同趋势将逐渐明显。

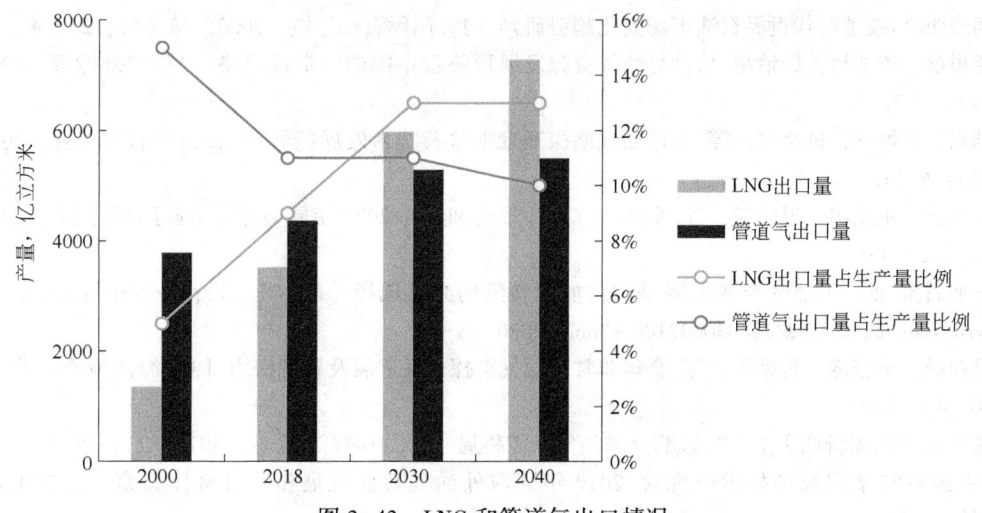

图3-43 LNG和管道气出口情况

资料来源：IEA World Energy Outlook 2019

全球液化天然气交易量大涨，促使市场更加一体化和市场化。北美引领LNG出口的增长，中东、非洲和俄罗斯紧随其后。美国目前是全球第三大LNG出口国，仅次于卡塔尔和澳大利亚，俄罗斯位居第四。随着市场的逐渐成熟，美国和卡塔尔将成为两大全球LNG出口中心，到2040年两国合计占全球LNG出口的40%。亚太地区和亚洲仍将是LNG的主要需求中心，2018年这些地区占全球LNG进口的近70%。作为世界天然气消费增长主力的中国和印度，其未来需求的相当部分将由进口满足，而LNG将弥补管道气进口贸易的不足。

思考题

1. 简述世界油气资源总量的基本情况。
2. 请简要描述全球油气资源分布特点。
3. 世界油气储量变化趋势如何？
4. 未来油气增长趋势如何？有什么特点？
5. 石油生产和消费分布有什么特点？
6. 世界石油供需发展有哪些趋势？
7. 天然气生产和消费分布有什么特点？
8. 世界天然气供需发展有哪些趋势？
9. 根据中国油气资源的基本状况，你认为未来中国石油供需发展趋势有哪些特点？

参考文献

[1] 单卫国，张姗，程熙琼，等.后疫情时代国际能源格局变化前瞻 [J].国际石油经济，2020，28（6）：1-4.

[2] 计智锋，穆龙新，万仑坤，等.近10年全球油气勘探特点与未来发展趋势 [J].国际石油经济，2019，27（3）：16-22.

[3] 柯晓明.后疫情时代世界石油市场变化趋势研判 [J].国际石油经济，2020，28（5）：27-34.

[4] 雷琳琳，李亚男，彭治超.从世界油气资源发展形势看中国油气资源战略 [J].中外能源，2019，24（4）：1-7.

[5] 刘嘉，张焕芝，杨金华，等.全球油气勘探开发形势及技术发展趋势 [J].世界石油工业，2019，26（6）：6-11.

[6] 史卜庆，王兆明，温志新，等.全球油气勘探形势回顾与2020年展望 [J].国际石油经济，2020，28（3）：29-35.

[7] 石油商报.推进天然气产业发展是实现能源转型的必然选择 [EB/OL].http：//center.cnpc.com.cn/sysb/system/2020/08/13/030007100.shtml，2020-08-17.

[8] 吴西顺，孙张涛，杨添天，等.全球非常规油气勘探开发进展及资源潜力 [J].海洋地质前沿，2020，36（4）：1-17.

[9] 张宇炎."能源新现实主义"影响全球油气供需格局 [J].中国石油企业，2019（7）：15-17.

[10] 中国石油集团经济技术研究院.2019年国内外油气行业发展报告 [M].北京：石油工业出版社，2020.

[11] 中国石油新闻中心.2019年全球LNG贸易增长13%达3.547亿吨 [EB/OL].http：//news.cnpc.com.cn/system/2020/04/29/001773544.shtml，2020-04-29.

[12] BP. BP Statistical Review of World Energy 2020 [R]. 2020.

[13] IEA. World Energy Outlook 2019 [R]. Paris：International Energy Agency，2019.

[14] IHS Markit. EDIN Datebase [D/OL]. https：//my.ihs.com/Energy/Products.

[15] Wood Mackenzie. UDT（Upstream Date Tools）[D/OL]. https：//my.woodmac.com/web/woodmac/data-tools.

第四章

石油供应预测理论与方法

第一节 石油供应预测理论

石油作为迄今为止人类社会最为重要的能源资源,自其诞生之日起,人们就开始关注其供应问题,并努力尝试通过构建响应的理论方法来分析该问题。早在1909年,就有学者通过分析储采比(即当年的剩余可采储量与当年产量之比)的变化来估计石油可供开采的时间。1973年爆发的石油危机使得人们越来越多地投入对石油供应问题的理论研究与实证分析当中,也出现了若干对石油供应预测的相关理论。在这些理论中,最为著名的、影响力最大的理论有两个:一是从经济学角度出发而建立的可耗竭资源理论;二是从地质资源角度出发构建的石油峰值理论。本节重点对这两个理论进行介绍。

一、可耗竭资源理论

石油资源属于典型的可耗竭资源,经济学对可耗竭资源的研究最早可以追溯到19世纪中叶英国学者Jovens对煤炭资源短缺问题的探讨上。正是由于石油等关键矿产资源这种可耗竭特征,使得人们更加关注对此类可耗竭资源最优开采问题的探讨,即通过合理的开发生产,让有限的资源发挥最大的作用。20世纪初,学者Gray就已经能够比较精细地针对可耗竭资源的最优开采展开研究,他认为可耗竭资源的价格应该等于边际生产者成本加上边际使用者成本,且所有时期的边际使用者成本的现值必须相同。1931年,美国学者Hotelling首次用数学模型的方法对可耗竭资源的最优开采与利用进行了量化刻画,并将该研究结果以"可耗竭资源经济学"为名发表在经济学顶级期刊——《政治经济学》杂志上,标志着可耗竭资源理论的诞生,Hotelling的研究,也成为该领域的理论源头。

Hotelling最先利用经典变分法研究了可耗竭资源的跨期配置问题,在不考虑开采成本的前提下,研究发现在完全竞争市场条件下可耗竭资源价格是指数增长的,当资源产品净价格(单位租金)的增长率等于社会贴现率时,可耗竭资源的开采可以达到社会价值现值最大化(最优),此时的可耗竭资源开采路径即为最优路径,这是可耗竭资源经济学的基本定理,通常也被称为"Hotelling准则"。需要注意的是,上述结论是在假定资源存量保持不变的假设下得出的。与此同时,Hotelling还认为,石油这种自然资源具有公共财产的性质,政府应当通过税收等手段对其开采进行干预。同时,Hotelling还第一个分析了垄断对可耗竭资源最优开采利用的影响,并指出垄断的存在可以推迟不可再生资源耗竭时期,引起了广泛的争论。

在 Hotelling 理论提出之后，由于当时的经济学家难以理解其所采用的研究方法，且当时世界石油等资源供应相对非常充裕，致使该理论并未得到充分重视。直到 20 世纪两次石油危机的爆发，才使得人们开始大规模地关注石油等资源的耗竭性问题，越来越多的学者也开始研究、继承并拓展 Hotelling 的可耗竭资源理论。对可耗竭资源理论进行拓展的主要原因是原基础理论是建立在严格的假设上，而诸如边际开采成本为零、完全竞争市场、储量保持不变等在现实中是不存在的。为此，学者们主要从开采成本、市场结构、税收政策、不确定性（包括储量不确定性、替代不确定性、外部环境不确定性）等多个方面对可耗竭资源基础理论进行拓展，从而使得模型更加贴近实际。在对 Hotelling 原有基础理论模型进行拓展的同时，一些学者也开始对该理论在现实中是否真的存在进行实证验证。学者们的验证主要是从资源价格、矿产价值、Hotelling 准则、资本套利四个方面展开的，其中对 Hotelling 准则的实证最为常见。但是多数实证结果表明，可耗竭资源理论并不能很好的解释现实，由于该理论的逻辑推演是非常严密的，那么不能解释现实的主要原因就是其所依赖的假设过于严格，这也是不断有学者尝试去拓展原模型假设的驱动力。尽管如此，Hotelling 所开启的可耗竭资源理论仍然对于石油等资源的开发利用有着非常重要的指导。

二、石油峰值理论

石油峰值（Peak Oil）指的是某一油区或者国家石油产量的最大值和最大值来临的时间。从狭义的角度来看，它表示一个产量峰值点；从广义的角度来看，它也可以表示石油产量的高峰平台。其本质是研究石油耗竭（Oil Depletion）这一客观现象与规律及对石油资源长期预测的理论。石油峰值并不意味着全世界已经把石油用光了，而是石油供应不再增加，不能满足日益增长的需求。

人们对石油供应峰值思考的思想来源于生物界的物种增长。生物的生长，开始时由于细胞的分裂呈指数增长，但是由于某些限制，增长率下降，导致数量达到一个最大值。随后，生物开始衰老，最终走向死亡。经典的峰值理论模型是由德国数学—生物学家 Verhust 于 1837 年在研究人口时发现的，即 Logistic 曲线。Logistic 曲线被用来预测人口增长率从零增加到一个最大值，然后再减少到零，即构成所谓的 S 曲线。在这种情况下，没有人口的负增长，最终总人口数趋向一条渐近线，是一个常量。20 世纪 20 年代，美国生物学家、人口统计学家皮尔利用该理论对生物的繁殖和生长过程进行了大量研究，故又称皮尔曲线。

石油作为一种有限的、不可再生的矿产资源。在过去一百多年内的大部分时间里，石油产量一直处于增长状态。然而，一旦石油的开发和消耗量超过全部石油储量的一定比例，石油产量就可能会开始下降，石油产量的预测模型就是基于这一规律推导而来的。比如，哈伯特（Hubbert）模型假定这一比例为 50%，胡—陈—张（HCZ）模型假定该比例为 36.79%，事实上，这一比例会由于油田的地层性质及开发方式的不同而有所差异，通过对多数已过峰值的国家的统计发现，这一比例平均为 22%，这意味着大多数国家在其石油最终可采储量还未生产出一半之时就已经开始递减了。这便是人们所说的石油峰值，它反映了石油资源的消耗问题。

长期以来，国内外很多学者对石油峰值问题作了大量研究。1949 年 Hubbert 在《Science》杂志上发表了题为 "Energy from Fossil Fuels" 的文章，提出了矿产资源的"钟形曲线"问题，随后他又发现了矿产资源的枯竭规律，即任何有限的资源都将经历"开始—鼎盛—衰退"这样一个生命周期。Hubbert 认为地质学家对油田内石油分布的了解需要一个过程，生产者总是先生产容易开采的石油，因此在油田生命周期的青年期，产量会迅速上升。但一段时期后，随着油田开采程度的不断加深，容易开采的石油越来越少，剩余石油储量的开采难度也越来越大，油田产量就开始下降。当出现需要相等或更高的能量来开采石油本身能够提供的能量时，人们便会因为其失去开采价值而放弃对石油的开发。Hubbert 还将上述个别油田的生命周期现象推广至整个地区，指出整个地区也会出现石油峰值。他认为一个地区每年新发现石油储量的变化规律也呈钟形曲线，因为在地区勘探早期，由于大部分石油还未被发现，新发现的油田可以持续增长，但是地区石油总储量无论如何庞大也必然有限，当容易寻找的油田都被发现以后，发现新油田便越来越难，因此新发现储量便不断减少。

在国内，著名地球物理学家、中国科学院院士翁文波先生开创了这方面研究的先河。其在 1984 年出版的专著《预测论基础》中论述，任何事件都有"兴起—成长—成熟—衰退"的自然过程，油气年产量的盛衰变化可以形象地表示为有限体系中的一个生命旋回，它一方面随着勘探程度的加深与时间变量 t 呈幂函数增长，另一方面又随着剩余资源量的减少与时间变量 t 呈负指数衰减。基于这种思想他提出了泊松旋回模型，又被称为翁氏模型。

第二节 石油供应预测的主要方法

目前，石油供给预测的方法有很多。学术界对石油供应预测的研究方法主要有三类：第一类是资源视角下的供应预测方法，第二类是经济视角下的供应预测方法，第三类是考虑石油勘探发现到生产之间各类因素因果关联的系统仿真预测方法。除了上述三类方法之外，还有一些其他方法也广泛地应用于石油城供应的预测当中，如各种类型的趋势外推法、无约束的技术拟合法，如灰色系统方法，以及近年来快速兴起数据挖掘方法。本节重点对前三类预测方法进行介绍。

一、资源视角下的供应预测方法

资源视角下的供应预测方法同石油峰值理论一样，关注石油这种特殊资源的长期的资源可用性问题。此类方法以石油资源的可耗竭特点为出发点，将可用资源数量作为模型的重要输入参数，同时根据历史产量曲线所表现出的特征，假定其服从一定的统计分布，然后用该种分布的数学函数和输入的可用资源数量来拟合历史产量，从而得到对未来产量的估计结果。该方法与趋势外推及纯依靠产量数据的数据驱动方法的最大区别在于：该方法不仅考虑了历史数据所呈现出来的数据规律，而且还考虑了石油资源长期供应的资源约束。而趋势外推、数据驱动方法仅仅从历史数据所蕴含的数据规律本身出发进行预测。在本书中，为了与传统的仅考虑历史数据的方法相区分，将此类方法称为可耗竭资源曲线拟合预测法。

可耗竭资源曲线拟合预测法的思想可以追溯到 1916 年，而数量化的曲线拟合方法直到 20 世纪 50 年代初才出现。这类方法主要包括 Hubbert 模型、高斯模型、指数模型、多循环或多方程模型、非对称的平滑曲线拟合模型。对此类方法的详细介绍见本章第三节。该方法自 Hubbert 使用之后，便快速在学术界拓展开来，目前已广泛应用于对石油、天然气、煤炭及金属矿产资源等的长期供应趋势分析。但是需要注意的是，运用此类方法得到的结果往往是有很大差异的，以石油为例，不同机构和学者对未来石油供应的预测差异非常大，产量高峰达到时间从已经过去的 2000 年前到尚无法确定的未来，但绝大多数的研究显示产量高峰将在 2020 年前到来（Sorrell et al.，2010）。造成这种现象的原因很多，包括选用数据的质量和数据种类、预测对象的差异性（即是哪一种资源类别，原油、常规石油、所有石油、所有液体燃料）、具体预测函数或模型的差异性、预测机构的背景等。在众多的影响未来产量的因素中，采用函数的差异和对可用资源量（在本书中，可用资源量用最终可采资源量，即 Ultimately Recoverable Resources，URR 来代表）的不同假设是导致结果差异的两个最重要的原因。进一步，导致其选用函数模型和对 URR 不同假设的深层次原因在于其所处地位及背景。对石油产量的乐观估计（即认为峰值将出现在 2030 年之后）基本来自以国际能源署（IEA）为代表的国际主流机构和以美国能源信息署（EIA）、石油输出国组织（OPEC）为代表的国家或国家间政府组织，石油公司也在这一类预测者中。此类预测者一般假设一个非常大的 URR，且多是由经济学家从经济发展对能源需求的角度来预测产量，如 IEA 的预测主要是由其经济学家完成的。而对石油产量的悲观估计（即认为产量高峰将出现在 2020 年前）基本来自学者个人和民间非营利且独立的研究机构，最典型的机构就是世界石油峰值研究会（ASPO），该组织已经成为世界油气耗竭问题研究的领军机构。这类研究者多假设一个较低的 URR，并且从资源供应角度而非需求角度来预测未来产量。

尽管从研究结论上有差异，但是从方法论的角度来讲，对于长期的趋势性预测而言，考虑当前及未来资源潜在增长的情况下，分情景对石油供应的长期趋势进行预测，此类方法仍是可行且具有现实指导意义的。但是，由于此类方法并没有考虑其他诸多影响产量的因素，因此其并不能给出"精确"的产量预测，也不应过分关注其给出的短期预测结果。这也是该方法的优势与不足。

二、经济视角下的供应预测方法

上述从资源视角对石油供应预测的方法多是地质学家或者具有地质学交叉背景的学者所采用的，他们关注的是资源发现率的下降及其对产量的影响。而经济学家对自然资源及其耗竭性的看法与地质学家有着很大的不同，他们更加注重投资、油价、最优开采路径、不同能源资源的替代等对产量的影响。经济视角下石油供应预测方法主要是可耗竭资源最优开采模型及各类计量经济学模型。

对于可耗竭资源最优开采模型而言，其实质上就是 Hotelling 所提出的可耗竭资源理论，其认为石油等关键矿产资源具有自然上的可耗竭特征，因此需要关注其随时间的分配问题，并尝试构建优化开采路径。具体见本章第一节。

对于计量经济学模型而言，其实际上是基于大量数据的统计学模型，利用诸如价格和开采成本等经济变量来预测供应及需求。计量经济学的石油供应模型把油气的生产作为一个油价（典型的是线性或对数线性）、开采成本、探井数量或其他经济变量的函数来预测油气产量。例如，Kaufmann 和 Cleveland 在 2001 年提出了一个石油产量预测的向量误差修正模型，该模型包括了实际油价、平均生产成本、得克萨斯州铁路委员会的生产配额等因素。该模型允许油价和政治因素（如生产配额）等对石油生产产生影响。

除了上述两类之外，还有一些混合模型，此类模型认为无论是单从地质角度，还是单纯从经济角度进行石油产量预测都是不合适的，因此他们将数学地质模型和经济模型相结合，构建混合模型来预测石油产量。例如，Kaufmann 在 1991 年提出了一个两阶段的研究方法来分析地质、经济和政治变化对美国陆上 48 州石油产量的影响，他将 Hubbert 模型和经济学模型进行嵌套应用。在第一阶段，石油产量在物理资源约束背景下呈现出一个钟形曲线，而在第二阶段，实际产量和预测产量之间的差值通过构建一个考虑政治和经济因素的函数来模拟，当时的政治、经济因素主要有平均的实际油价、油价与天然气价格的比率、得克萨斯州铁路委员会的生产配额。该模型通过最小二乘 OLS 进行估计，并采用一个网络搜索方法来从两阶段的分析步骤中识别钟形曲线。Benes 等在 2015 年构建了一个简单的宏观经济模型，该模型包含一个传统的线性石油需求函数及一个非线性的石油供应函数，而该石油供应函数不仅考虑了传统地质视角下的石油钟形曲线供应，同时也考虑了传统的价格对于生产的影响。进一步，模型不仅考虑了短期油价波动对生产的影响，也考虑了油价对生产的中期影响。例如，在短期内，油价的上升将在一定程度上通过消耗剩余产能的形式来增加短期石油产量，而在中期内，更高的油价则倾向于带来更多新的石油勘探和更佳的开采技术，这些虽然不会对当期的石油产量产生影响，但是会对未来几年后的产量产生影响。最后模型通过非线性贝叶斯技术来估计。

三、考虑多因素因果关联的系统仿真预测方法

可耗竭资源曲线拟合预测法通过用一个预先定义的函数或公式对历史数据进行拟合来预测未来产量，但这个函数或公式本身不是根据地质等内在逻辑理论得出的。系统仿真模型根据石油勘探发现与生产之间的内在资源或经济推演机制，即因果关系来预测未来产量。

（一）简单的仿真模型

即使最简单的模拟石油发现及生产过程的模型也要比曲线拟合方法复杂得多。例如，Bardi 基于 Reynolds 的前期工作，建立了一个简单的仿真模型。在 Reynolds 的原始模型中，其模拟的是遭遇海难的岛民，资源被定义为被冲到海滩上或埋在海滩上的食品等物资，因此，Reynolds 的工作的核心是仿真资源的发现和开发过程。Bardi 将 Reynolds 的模型类比到资源发现和开发领域，并定义第 t 年发现单位资源的概率为：

$$p_r(t) = \frac{k(t)}{Q_\infty}[Q_\infty - Q(t)] \tag{4-1}$$

其中 $k(t)$ 是一个能力因子（ability factor）。在最简单的模型版本中，$k(t)$ 通常被设置为一个常数。当然，绝大多数情况下该值是随着时间变化的，一般而言，由于技术进步和新知识的学习，该值会随着时间增大。该值的增大意味着发现单位资源的能力增强。在模型的每个运行循环中，被模拟的对象——人类都会消耗一部分他所发现出来的资源，因为一是其生存本身需要消耗资源，二是寻找新资源的过程中还需要投入一部分的资源。在 Bardi 的模型中包括了人口增长，因为人类可以用发现的多余资源进行再生产（即实现经济增长）。当待发现资源量越来越少并且他们的资源库存下降到 0 时，人类就会停止勘探开发活动。

Bardi 模型的另一个版本中，通过给 $p_r(t)$ 乘以一个 $\exp[-P(t)/L(t)]$，进而将勘探技术简单的考虑进去了。因为 $P(t)$ 增加，$\exp[-P(t)/L(t)]$ 减小，这反应的是在一个勘探过程中或循环中，已发现储层中资源的耗竭状况。在长期内，$L(t)$ 会增加，反应的是技术的进步和其他对发现率的不利影响因素的降低。

（二）复杂的仿真模型

Davis 于 1958 年就建立了模拟油气发现和开发过程的复杂的仿真方法。当时，Davis 在

勘探努力和可获得的储量发现方面建立起了一系列的关系，并且假设每年的产量是其剩余可采储量的一部分，这样就在勘探努力、储量发现和资源生产方面建立起了一个因果关系。其模型在每年可以通过一定的步骤而循环仿真。通过假设产量占剩余探明可采储量的一定比例，Davis 采用了一个预定的耗竭方式来生产资源。但是，他并没有用一个外生的固定变量——最终可采资源量（URR）来约束模拟过程，而是用一个完全的模拟油气发现和生产的经济模型。因此，其储量将随同其受约束的生产模式那样保持不断被发现的状态，而不会出现尖锐的峰值点。Davis 根据其模型的预测结果，显示美国的石油产量将在 1964—1973 年达到峰值。因此，Davis 的研究开创了油气产量复杂仿真模型的先河，时至今日，已有大量仿真模型应用于石油产量模拟，这些模型大体可以分为两类。

一是系统动力学模型。1973 年，Naill 建立了一个模拟天然气发现和生产的系统动力学模型。该模型主要围绕两个重要的状态变量：未探明储量和探明储量。当石油被发现以后，它将从未探明储量（在模型中，其初始值被定义为一个固定的数量）转移到探明储量。而随着资源的开采，其又会转移出探明储量。一方面，随着未探明储量的减少，勘探成本增加，投资回报率将下降，勘探的激励也将下降。另一方面，随着探明储量的增加，储采比将增加，从而导致油价下降和勘探投入减少。之后，Sterman 和其他学者将其拓展为资源耗竭的系统动力学模型上，这些模型包括技术投入、进口和合成燃料等。其模型的复杂度也比 Naill 初始建立的系统动力学模型要复杂得多。例如，在 Davidsen 等建立的模型中，待发现资源量不再是一个静态的数量（在 Naill 建立的模型中，未探明储量的初始值是一个固定的数量），而是一个总资源量和发现概率的函数。而发现概率是一个内生的技术参数，其随着公司收入的增加而增加（公司收入增加，倾向于投入更多的资金进行技术研发和进行勘探，将导致发现率的提升）。在应用方面，Chowdhury 和 Sahu 将系统动力学模型应用到印度的石油勘探和生产当中。王只坤等首先将系统动力学引入到中国的石油勘探开发体系当中；Tao 和 Li 用系统动力学的手段实现了 Hubbert 模型的计算过程，并根据这一模型预测了中国的石油产量。之后，于静、唐旭等也利用系统动力学分别对中国的石油勘探开发工业和中国的石油产量进行了预测分析。

二是石油替代仿真模型。该类仿真模型主要描述一个基本的问题，即当石油开始枯竭的时候，什么可以被用来替代石油。回答这个问题不仅需要模拟石油开采，还需要模拟其他与常规石油具有潜在竞争性的替代燃料（Substitutes for Conventional Petroleum，SCPs）。Ayres 最早预测了向 SCPs 转化这一过程，当时他讨论的是向一种煤基合成燃料的转化。最早的数学化的模拟这种石油替代的模型是 Naill 建立的系统动力学。在经济学的文献中，这种替代问题被称为 "Backstop" 资源。这个名词在 Nordhaus 的经典核能在电力部门的替代和合成燃料在交通部门的替代中非常盛行。之后，Basile & Papin 和 Edmonds & Reilly 在其大的能源系统内部建立了石油生产模型。例如，在 Basile & Papin 的文章中，其将世界分为 7 个区域，并运用 MESSAGE 能源系统模型，在一定的约束条件下，对每个区域 "最大潜在产量" 进行模拟，其中包括多种 SCPs，如提高采收率、油砂、深水石油、页岩油和来自煤炭的合成燃料。而限制条件包括储量的限制、产能建设率的限制、环境约束对一些燃料生产的限制（如油页岩）等。

Greene 和其他学者也在随后开发了石油的替代模型。其模型用一个递归的需求函数来模拟液体燃料的需求，这意味着给定年份的需求依赖于其前一年的需求。成本和资源耗竭的关系则通过一个 Logistic 函数进行模拟，在这个函数中，随着资源的枯竭，生产成本将不断增加：$p_{rt}=\dfrac{\ln\left(\dfrac{1}{Q_{rt}/Q_{\infty r}}-1\right)-\alpha_r}{\beta}$。其中，$p_{rt}$ 是区域 r 在第 t 年时资源的价格；Q_{rt} 是累计产量，$Q_{\infty r}$ 是区域 r 的 URR，α_r 和 β 是拟合常数。

Brandt 和 Farrell 在 2008 年模拟了石油耗竭和向非常规石油资源转变的过程，其框架与上面提到的 Greene 模型相似。其包括油砂、油页岩和来自天然气和煤炭的合成燃料。在其模型中，在 17 个模拟区域中的每一种给定资源的产量都受一个最小的 M/P（剩余可采资源量/产量）的限制。当达到这个最小的 M/P 时，产量必须下降并保持 M/P 稳定，在结果上表现为一个指数的下降。在 2010 年，Brandt 等再一次模拟了 SCPs 过程，但是与 2008 年不同的是，在本次模拟中还考虑了这种石油替代对温室气体排放的影响。

第三节 可耗竭资源供应预测的曲线拟合法

目前对石油产量的预测方法众多，从资源视角下，针对可耗竭资源特征所构建的曲线拟合方法是众多方法中应用最为广泛，且操作最为简便的方法，因此，本节重点对此类方法进行系统介绍。

一、可耗竭资源曲线拟合法介绍

（一）曲线拟合模型构建的基本思路

Hubbert 作为化石能源供应约束定量研究的先驱，其在 1956 年的文章中就已经给出了曲线拟合的基本思路。Hubbert 指出，化石能源产量增长曲线的建立依赖两个基本假设：一是对于任何不可再生性的化石能源资源，其产量曲线假设遵循钟形增长曲线，即在 $t=0$ 时刻，产量将从 0 开始增长，然后经过一个或多个产量高峰之后，在 $t=\infty$ 时刻点，产量又降为 0；二是依据积分基本定理，具体阐述如下：

在数理统计中，对于连续型随机变量，累计分布函数（cumulative distribution function，CDF）$F(x)$，与概率密度函数（probability density function，PDF）$f(x)$ 的关系可以表示为：

$$F(x)=\int_0^x f(x)\mathrm{d}x \tag{4-2}$$

根据连续型随机变量的特点，可以预期，当 $x\to\infty$，得到：

$$F(x)_{x\to\infty}=\int_0^\infty f(x)\mathrm{d}x=1 \tag{4-3}$$

与此类似，化石能源开采中的累计产量 $Q(t)$，与年产量 $q(t)$，的关系也可以表示为：

$$Q(t)=\int_0^t q(t)\mathrm{d}t \tag{4-4}$$

当 $t\to\infty$，可以得到：

$$Q(t)_{t\to\infty}=\int_0^\infty q(t)\mathrm{d}t=N_R \tag{4-5}$$

其中，N_R 就是最终可采资源量 URR。

将 CDF 代入式(4-3) 并对其进行变形可以得到：

$$F(t)_{t\to\infty} = \frac{Q(t)_{t\to\infty}}{N_R} = \int_0^\infty \frac{q(t)}{N_R} dt = 1 \tag{4-6}$$

根据式(4-3) 和式(4-6)，得到：

$$f(x) = \frac{q(t)}{N_R} \tag{4-7}$$

如果给出随机变量的 PDFs，并用 t 代替 x，就可以得到预测年产量的不同曲线拟合模型：

$$q(t) = N_R f(t) \tag{4-8}$$

此外，也可以利用随机变量 CDFs 来分析累计产量，即：

$$Q(t) = N_R F(t) \tag{4-9}$$

(二) 曲线拟合模型的数学方程

根据第一部分的表述，曲线拟合模型的具体数学方程取决于所使用的 PDFs 或 CDFs。例如，如果假设累计产量增长模式为 logistic 分布，而 logistic 分布的 PDF 和 CDF 分别为：

$$f(x;\mu,s) = \frac{e^{-\frac{x-\mu}{s}}}{s\left(1+e^{-\frac{x-\mu}{s}}\right)^2} \tag{4-10}$$

$$F(x;\mu,s) = \frac{1}{1+e^{-\frac{x-\mu}{s}}} \tag{4-11}$$

式中　x——连续型随机变量；
　　　μ——期望值；
　　　s——标准差。

然后，让 $t=x$，$t_m=\mu$，$k=1/s$，进而可以获得用于预测年产量和累计产量的曲线拟合模型公式：

$$q(t) = N_R f(t) = N_R \frac{k e^{-k(t-t_m)}}{\left[1+e^{-k(t-t_m)}\right]^2} \tag{4-12}$$

$$Q(t) = N_R F(t) = N_R \frac{1}{1+e^{-k(t-t_m)}} \tag{4-13}$$

式中　t_m——峰值年份。

式(4-12) 就是著名的 Hubbert 模型，该模型最早由 Hubbert 提出。可以看出，Hubbert 模型的本质实际上是 Logistic 模型的一阶导数。

利用同样的过程，可以得到多个曲线拟合模型的预测函数，并根据其假设的分布类型对模型进行具体命名，如 Gaussian、Gompertz、Weibull、Rayleigh 和 Log-Normal 模型。除了这些在数理统计中已经存在的模型外，学者还总结出其他一些模型，如 HCZ 模型，广义翁氏模型和 Brody 模型等。此外，一些学者提出了更为广义的模型，可以涵盖多个具体的模型，如 Richards 模型就是一个广义的模型，Logistic 模型和 Gompertz 模型都是该模型的特殊形式。表 4-1 给出了一些曲线拟合模型的具体函数。

表 4-1　曲线拟合模型的一些具体函数

模型名称	年产量 $q(t)$ 或累计产量 $Q(t)$ 表达式	拟合参数	曲线拐点
Hubbert 模型	$q(t) = \text{URR} \dfrac{k \times \exp[-k(t-t_m)]}{\{1+\exp[-k(t-t_m)]\}^2}$	t_m, k	0.5
Gaussian 模型	$q(t) = \text{URR} \dfrac{1}{s\sqrt{2p}} \exp\left[-\dfrac{(t-t_m)^2}{2s^2}\right]$	s, t_m	0.5
Weibull 模型	$q(t) = \text{URR} \dfrac{b+1}{c} t^b \times \exp\left(-\dfrac{t^{b+1}}{c}\right)$	b, c	$e^{-1} \approx 0.37$
Rayleigh 模型	$q(t) = \text{URR} \dfrac{1}{c^2} t \times \exp\left(-\dfrac{t^2}{2c^2}\right)$	c	n.a.
HCZ 模型	$q(t) = \text{URR} \times a \times \exp\left(-\dfrac{a}{b} e^{-bt} - bt\right)$	a, b	$e^{-1} \approx 0.37$
Gen. Weng 模型	$q(t) = \text{URR} \dfrac{1}{c^{b+1} \Gamma(b+1)} t^b \exp\left(-\dfrac{t}{c}\right)$	b, c	<0.5
Gen. Verhulst 模型	$q(t) = \text{URR} \dfrac{k}{n} \dfrac{(2^n-1)\exp(k(t-t_{0.5}))}{\{1+(2^n-1)\exp[k(t-t_{0.5})]\}^{\frac{n+1}{n}}}$	$n, k, t_{0.5}$	n.a.
Exponential 模型	$q(t) = \text{URR} \times k \times \exp[k(t-t_m)]$	t_m, k	n.a.
Logistic 模型	$Q(t) = \text{URR} \times \{1+\exp[-k(t-t_m)]\}^{-1}$	t_m, k	0.5
Gompertz 模型	$Q(t) = \text{URR} \times \exp\{\exp[-k(t-t_m)]\}$	t_m, k	$e^{-1} \approx 0.37$
Richards 模型	$Q(t) = \text{URR} \times \{1+b \times \exp[-k(t-t_m)]\}^{-1/b}$	t_m, b, k	$(b+1)^{-1/b}$

注：拐点（Inflection point）是描述曲线增长率（对于累计产量曲线，增长率不断增大转为增长率不断减小）或增长方向（对于产量曲线，从正向增长转为负向增长）的重要点，该点一般与最大年产量的发生点相联系。对于对称曲线或模型而言，其转折点为50%，即URR的一半被消耗掉时出现拐点；对于非对称曲线或模型，拐点则是任意的。此外，在本表中，Richards模型和Gen. Verhulst模型均属于广义型模型。对Richards模型而言，$b=1$时相当于Logistic模型；$b \to 0$ 时为Gompertz模型。对于Gen. Verhulst模型，当 $n=1$ 时即为Hubbert模型，此时，模型中的 $t_{0.5}$ 表示的是资源消耗掉一半时的时间。

（三）曲线拟合模型应用的简要回顾及预测步骤

Hubbert 于1949年发表在Science上的文章指出，化石能源的生产将不可避免地受到物理资源的约束，这一约束决定了化石能源产量的增长不可能是无限制的。为了描述这一特征，Hubbert 手绘了一个钟形曲线，并以此来研究资源约束对化石能源生产的影响。在1956年的文章中，Hubbert 对此预测方法的构建思路进行了阐述。在1959年的文章中，Hubbert 调查了美国的石油产量，发现其累计产量可以用 Logistic 曲线进行很好的拟合，并利用其一阶导数的函数形式预测美国的石油产量将在1970年左右达到高峰（该模型即使是后来的Hubbert 模型）。该预测随后得到了证实，由于 Hubbert 成功预测了美国48州的石油产量，许多学者沿着其思路，提出了许多其他的曲线模型来研究不同区域的化石能源产量。

在研究的初始阶段，绝大多数的研究仅仅使用一个产量循环来对历史产量进行拟合并预测未来趋势（统称为单循环曲线拟合模型，或简称为单循环模型）。然而，在现实中，由于受多种因素的影响，如政治、经济、技术等因素，许多化石能源产区往往表现出多个产量循环，而单循环模型并不能有效描绘这些特征。在此背景下，许多随后的研究开始通过加入额外产量循环的方法对原始的单循环模型进行改进，以提高预测产量与历史产量的拟合程度，这些模型统称为多循环曲线拟合模型，或简称为多循环模型，如多循环 Hubbert、Logistic、广义翁氏模型等。

截至目前，学术界已提出多种曲线拟合模型，而新的曲线拟合模型也不断地被提出来，有关模型本身的探讨和改进性文章也不断涌现。然而，无论是何种类型的曲线拟合方法，无论是否被改进，其预测步骤基本一致，主要有：

（1）对于给定的数据集，选择适合的数学函数；
（2）对模型引入合适的约束条件以提高预测的准确性；
（3）利用选择的数学函数，结合若干约束条件，对给定数据集进行历史拟合并对未来趋势进行预测。

在实践中，对于模型的求解过程，往往利用最小二乘、最大似然估计或回归技术，借用计算机软件实现。在此过程中，为了衡量预测的优劣，多数的学者选用了"拟合优度（Goodness of Fit）"这一指标，用以判别预测值与历史实际值的拟合程度。在回归分析中，该指标可以是"决定系数（Coefficient of Determination）R^2"（即相关系数的平方），该系数最大为1，最小为0。如果该值越接近于1，说明预测值与历史值拟合程度越好；越接近于0，说明拟合程度越差。除了决定系数外，"均值平方根（Root-Mean-Square Error，RMSE）"也是被广为使用的。RMSE 越小，表明拟合程度越好，反之，则意味着拟合程度越差。

二、影响预测结果的关键因素识别及分析

（一）关键影响因素识别

通过对曲线拟合模型构建的基本思路、数学函数、预测步骤等的介绍，可以发现：预测步骤（1）中所选用的数学函数、在预测步骤（2）中引入的约束条件及在预测过程中为提高拟合优度所增加的产量循环的个数都会显著影响预测结果。一些学者也已经开始关注这些因素的影响，如 Sorrell 等通过分析14项有关全球未来石油供应的研究指出，URR［即步骤（2）中引入的一个重要的约束条件之一］和曲线形状［由在步骤（1）中所选用的数学函数决定］是造成预测结果差异的主要原因。Anderson 和 Conder 的研究指出，所运用的产量循环的个数对于结果有着显著的影响，进一步的研究显示，过多的产量循环可能会引发过度拟合现象的出现，而一旦出现过度拟合现象，就将使得预测结果的准确性大大降低，尽管在此情况下，拟合优度仍然是不断提高的。

尽管现有研究已经开始关注这些影响因素，但是需要指出的是，这些研究往往是不全面的，对于多因素的系统分析文献尚没有发现。除此之外，现有文献中很少涉及另一重要因素的影响，即剩余资源的最大耗竭率约束。Höök 和 Aleklett 的研究指出，剩余资源的最大耗竭率约束是非常重要的，对最大耗竭率的适当考虑将避免出现不切实际的高峰产量的出现。

本书首次关注以下四个因素：URR、曲线形状、产量循环的个数和剩余资源的最大耗竭率。通过对这些因素的介绍，理解其如何影响预测结果，并通过实证分析，来说明如何通过对这些因素的适当考量来降低预测结果的差异性，从而得到较为一致的预测结果。

(二) 因素一：最终可采资源量

最终可采资源量（URR）是影响曲线拟合模型预测结果的重要因素之一。从曲线拟合模型构建的基本思路中可以看出，URR 控制了曲线下的面积，这意味着在其他条件不变的情况下，URR 越大，峰值产量越大，峰值时间越晚。可靠的预测首先需要有可靠的 URR 估计值，然而，在现实中，这一点确实非常难做到的。一个可能的原因在于 URR 的复杂性，根据美国 USGS 的定义，最终可采资源量可以分为四个部分，如图 4-1 所示。

1. 外部 URR

绝大多数的曲线拟合模型将 URR 视为预测的一个外部输入变量，以此来约束预测过程。然而，除了美国联邦地质调查局（USGS）和国际能源署（IEA）等机构偶尔会发布最终可采资源量的相关数据外，几乎没有其他机构或国家发布此类数据。因此，直接获取 URR 就变得非常困难。在现实中，多数的机构或国家仅仅报告产量和储量数据，如德国联邦自然资源研究所（BGR）、石油输出国组织（OPEC）、世界能源理事会（WEC）、英国石油公司（BP）、IHS 等。因此，一个粗略的估计 URR 的方法就是通过对累计产量和储量求和来获得，该方法

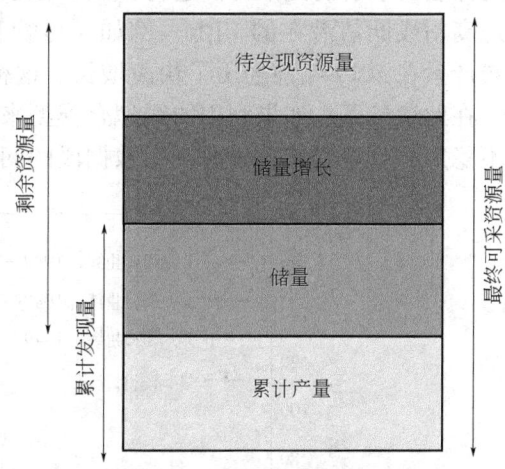

图 4-1　最终可采资源量的构成

被当前的大量文献所采用。然而，这种方法存在着很明显的问题。首先，如果假设各个机构公布的储量数据是真实的，那么运用此类方法来研究未来供应则明显低估了化石能源的供应潜力；其次，很多国家或机构公布的储量数据受到越来越多的质疑，换句话说，公布的储量数据并非是真实的。以石油储量为例，历史上观察到的常规石油储量的增长（以 OPEC 国家为主）主要由各种政治因素引起。正如 2011 年 2 月维基解密公布的那样，出于某些政治原因，沙特阿拉伯的石油储量可能被高估了 40%。Laherrère 将有这些原因导致的储量变化称为"政治储量"。

除了政治储量之外，报告储量质量降低的另一个因素是各国储量分级分类的差异及对不同储量报告系统的误解。例如，我国官方公布的油气储量多是技术可采资源量，与国外通常意义上理解的经济可采储量有较大差异。对于我国的煤炭储量和资源量而言，许多的国际机构和学者都引用了不准确的结果作为其报告或研究的基础，例如，在澳大利亚贸易委员会（Australian Trade Commission）的报告中称中国的"total reserves of approximately 5.6 trillion tons"，而实际的情况是，这一数字是中国总的煤炭资源量，相当于原始地质资源量。学者 Tu 在其研究报告中指出，"China's total coal reserves stood at 1160 Gt"，而实际上，这一数字是指中国总的查明资源量（Identified Resources）或已发现资源量（Discovered Resources）。此外，WEC 和 BGR 等机构对中国煤炭资源的分析也存在很多的问题。而所有的这些问题都与对中国煤炭储量分类的理解偏差有着密切的关系。

总之，数据报道的不完备性与报道数据质量的问题，使得在获取外部 URR 的过程中存在着很多的问题，而这些问题至今尚未得到有效解决。

2. 内部 URR

一些学者也将 URR 视为模型的内部变量，与产量一样，作为模型预测的输出变量，从而达到同时预测最终可采资源量和产量的目的。例如，我国的陈元千教授就建立了许多的此类曲线拟合模型。然而，这种方法本质上并未起到 URR 对产量的约束作用。此外，运用此类方法计算 URR 也存在很多问题或者依赖于许多苛刻的要求，例如 Rutledge 提出的 Logit-Probit Transforms（LPT）方法要求变形处理后的数据必须表现出稳定的长期趋势。如果在不满足方法要求的前提下对其进行预测，往往会导致预测结果存在着显著的不稳定性，从而显著地高估或低估潜在的 URR。例如，尽管我国试图控制国内煤炭产量，但实际的情况是，煤炭产量在 2012 年前经历了快速增长。这种快速增长打破了以前历史数据所表现出来的趋势，在此背景下，如果利用曲线拟合模型来预测产量和最终可采资源量时，则会出现预测结果不稳定，且显著依赖于所选用数据段的问题，如图 4-2 所示。

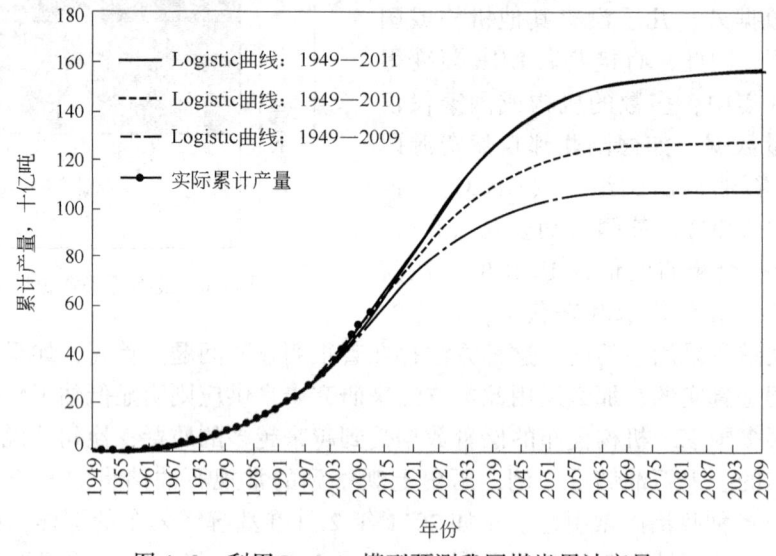

图 4-2 利用 Logistic 模型预测我国煤炭累计产量

另一个例子是 Caithamer 利用 Hubbert 模型拟合 1970 年的世界石油产量，并据此预测未来石油生产趋势和 URR。结果显示，全球石油产量峰值将在 2098 年达到，与其相应的 URR 为 2570 万亿桶，该值比 USGS 评估结果的 3 个数量级还大。导致这些结果的主要原因是，对于那些尚处于峰值前，且产量快速增长的地区，其历史产量数据并不能提供足够的信息或并不能表现出一致的趋势。从而导致曲线拟合模型中的参数估计的稳定性变差，进而影响预测结果。因此，采用此类估计 URR 方法仅适用于那些成熟产区，其产量已经达到峰值并处于明显的递减期。

（三）因素二：曲线形状

曲线形状本质上由所假设的随机变量的 PDFs 决定。一般而言，可以将曲线形状分为两大类，即对称性曲线（Symmetrical Curve）和非对称性曲线（Asymmetrical Curve）。非对称曲线可以进一步细分为左偏（或负偏）性曲线（Negatively Skewed Curve）和右偏（或正偏）性曲线（Positively Skewed Curve）（图 4-3）。上述这几种类型的曲线都可以通过其拐点加以区分。例如，对于对称性曲线，其拐点为 0.5 或 50%；对于左偏性曲线，其拐点一般大于

0.5 或 50%；对于右偏性曲线，其拐点一般小于 0.5 或 50%。进一步，对于拐点相近或相同的曲线，其预测结果也相近，如 Logistic 曲线、Gaussian 曲线。从图 4-3 可以看出，不同的曲线形状将直接决定预测的峰值产量和峰值时间。与此同时，通过对比左偏曲线和右偏曲线可以发现，左偏曲线虽然能够延缓产量峰值时间和增加峰值产量，但其代价是峰值后更快的产量递减速度。

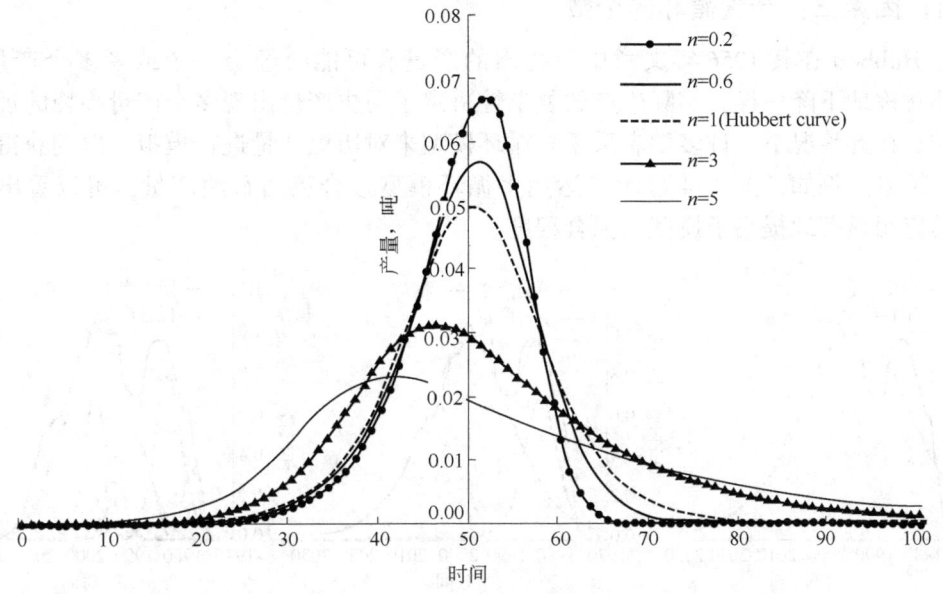

图 4-3　Gen. Verhulst 模型的不同曲线形状

令模型的其他参数固定，即 URR=1 吨，$k=0.2$；$t_{0.5}=50$，只让 n 变化。

一般而言，$n>1$ 表示右偏；$n<1$ 表示左偏。拐点由 k 值和 n 值共同决定

在化石能源的开采过程中，不同区域的生产行为往往是存在较大差异的，特别是对于那些小的资源产区。这意味着，在现实中，构建一个适用于所有产区的曲线拟合模型是不可能的。因此，最好的预测就是根据不同的资源产区所表现出的生产行为来选择合适的曲线形状，这对于成熟产区来言是可行的。然而，对于那些尚处于峰值前的未成熟产区，很难根据现有的数据来判定其符合哪种类型增长曲线形状。

作为石油峰值理论的奠基者，Hubbert 选择使用一个对称的钟形曲线来模拟美国的石油产量。事实上，Hubbert 提出的预测曲线仅仅是其通过对美国生产行为的研究之后提出的，并且尝试去避免涉及一些复杂的生产模式。而美国恰好也是目前研究当中显示的为数不多的生产行为接近于对称性曲线的几个产区之一。然而，美国的此类生产行为并不一定适用于全球其他产区。Brandt 定量分析了 67 个产区的石油生产行为，指出相对于对称曲线，非对称曲线能够更好地对其进行拟合。进一步，Brandt 总结称，峰值前产量增长率中值（median）为 7.8%，而峰值后的产量递减率中值（median）为 2.6%，这意味着多数的区域产量呈现出右偏态分布，用右偏性曲线拟合更好。一个可能的原因是，在油气生产的后期，为了获取更大的经济效益，资源产区经营者往往会采取一些措施来延缓产量递减的速度，如采用的提高采收率（Enhanced Oil Recovery，EOR）技术。

总之，现实中的生产行为受诸多因素的影响，往往表现出偏态而非正态分布，这种特点决定了实际的产量曲线往往是非对称的，而在非对称的曲线当中，右偏性曲线更为常见。此

外,从可持续发展的角度而言,让峰值早到一些、高峰产量维持长一些、峰值后递减率低一些的做法比峰值前尽可能采取加速开采方式延长产量增长期,而在峰值后产量快速下降的做法更为可取。因此,在对于尚处于峰值前的未成熟产区进行产量预测时,选用右偏性曲线进行预测可能是一个较好的选择。当然,也可以利用多个形状的曲线对其进行拟合,最后给出一个综合的分析。

(四) 因素三:产量循环的个数

正如 Hubbert 在其 1956 年文章中所指出的产量有可能会经历一个或者多个产量高峰,最后再非对称地下降一样,实际生产的复杂性决定了历史产量出现多个产量高峰的现实是完全可能的。在此情况下,许多学者采用多循环模型来对历史产量进行模拟,以期获得更为准确的预测结果。例如,图 4-4 显示了运用多循环模型拟合英国石油产量,可以看出,多循环模型的应用显著地提高了模型的拟合程度。

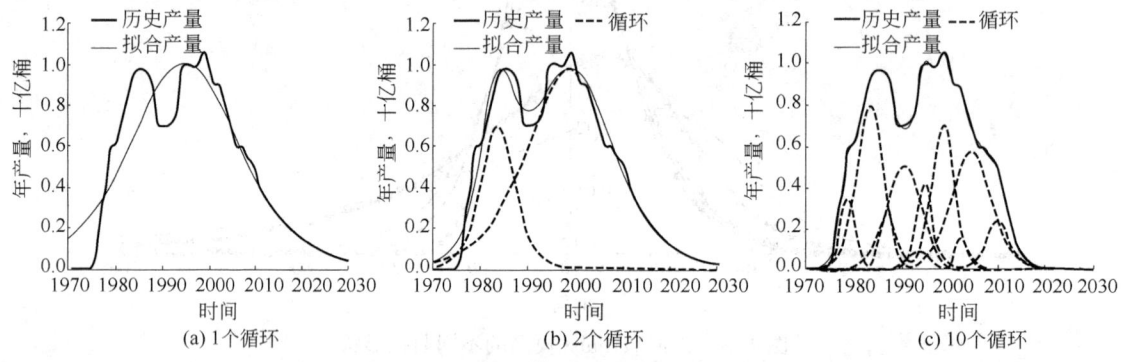

图 4-4 Hubbert 模型预测英国石油产量

一般而言,在多循环模型的使用当中,加入的额外产量循环越多,模型的拟合程度也就越好。然而,好的拟合程度并不一定意味着高的预测准确性和可靠性。为了理解这一点,提出"描述能力(Descriptive Power)"和"预测能力(Predictive Power)"两个概念。在曲线拟合模型中,描述能力被定义为模型对历史数据的重现程度,如果模型能够很好地重新历史数据(即模型模拟出的数据与历史实际数据之间的差异非常小或拟合程度非常高),则意味着其描述能力非常强。预测能力被定义为利用模型对未来产量进行预测的可靠性或准确性。由于描述能力是可观测的,而预测能力是不可观测的。因此,在实践中,很多学者通常认为,具有较好描述能力的模型也具有较高的预测能力。在一定的条件下,二者确实存在着类似的关系,但是需要指出的是,二者并不一定遵从这种关系。因此,多个产量循环的引入必然会提高模型的描述能力,但并一定提高模型的预测能力。

在实际的运用中,一些学者为了提高模型的描述能力,加入了过多的产量循环,有些产量循环的引入甚至缺乏足够的数据点支撑,这意味着这些曲线参数的确定所依赖的有效数据是非常小的。Sorrell 和 Speirs 指出,如果要获得较好的参数估计结果,所依赖的数据点至少在 10 个以上。更为严重的结果是,过多的产量循环很可能导致过度拟合现象的出现,而一旦出现过度拟合,必然降低模型的预测能力,尽管在这一条件下,模型的描述能力仍然是不断提高的。图 4-4、图 4-5 和表 4-2 描述了这种情况。从中可以看出,2 个循环就已经可以较好地描述历史产量(RMSE 从 0.1558 下降到 0.0642),且在这种情况下,模型自身预测的 URR (即内部 URR) 与外部最佳 URR 估计值也十分相近。而如果继续加入额外循环,例如

3个或4个产量循环,结果是拟合程度进一步提高(即RMSE进一步降低),但提高的幅度已经显著的低于2个循环时的情况,且对于未来的预测产量影响并不显著,这再一次说明了2个循环已经足够。如果进一步引入产量循环,例如将产量循环的个数增加到10个,此时,拟合优度也随之提高(RMSE降至0.0167),但预测结果与其他几种情况相比,显然更为悲观,其对URR的预测值也与外部最佳估计的URR出现较大差异,这很可能就是由于过度拟合现象造成的。

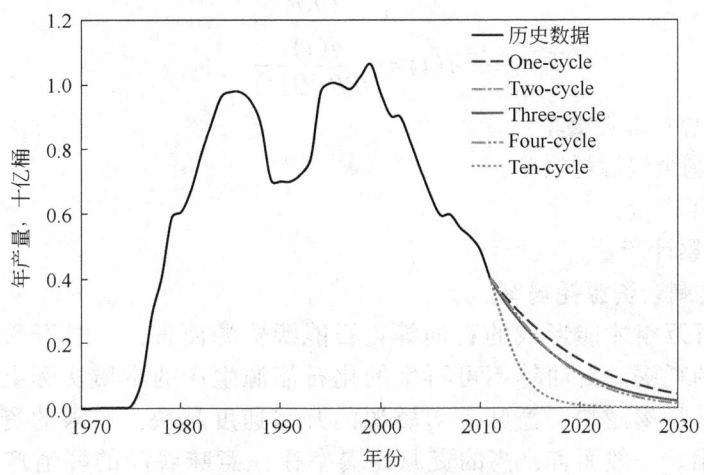

图4-5 不同预测结果的比较

表4-2 不同结果的描述与对比

预测方法	产量循环的个数	RMSE	外部URR最佳估计值,十亿桶	模型自身输出URR值,十亿桶	预测的平均递减率(2012—2030)
Hubbert模型	1	0.1558	29.71	31.73	-11.01%
	2	0.0642		30.17	-14.22%
	3	0.0509		30.20	-14.11%
	4	0.0319		29.43	-15.73%
	10	0.0167		27.75	-33.40%

① 外部URR最佳估计值=累计产量+储量;
② 产量和储量数据来源:BP世界能源统计资料2012

理论上,避免过度拟合现象出现的最好办法就是对于每一个额外增加的产量循环,都必须有充分的理由。然而,现实的情况是很多的研究仅仅利用多循环模型却很少给出具体运用了几个产量循环及为什么选择使用这几个产量循环。Anderson和Conder指出,现实中很难找到充分的理由解释每一个产量循环,但可以尝试利用其他一些统计方法来对增加的额外产量循环提供解释。为此,他们提出了通过F检验来确定产量循环的个数。尽管为每一个产量循环的增加提供足够的理由很难,且建立的统计方法也可能存在着一些问题,但对相关问题的思考或方法的改进却是必不可少的。

(五) 因素四：剩余资源的最大耗竭率

耗竭率（Depletion Rate）的定义主要有两种：一种是针对资源总量的耗竭率，称为"总资源耗竭率（Depletion Rate of Ultimate Recoverable Resources）"；另一种是针对剩余资源量的耗竭率，称为"剩余资源耗竭率（Depletion Rate of Remaining Recoverable Resources）"。两者可以用以下两个公式加以描述：

$$D(t) = \frac{q(t)}{URR} \tag{4-14}$$

$$d(t) = \frac{q(t)}{URR - Q(t)} \tag{4-15}$$

式中 $D(t)$ ——总资源耗竭率；
$d(t)$ ——剩余资源耗竭率；
$q(t)$ ——年产量；
$Q(t)$ ——累计产量。

下面采用的是剩余资源耗竭率。

对于经历数百万年才能形成的石油等化石能源资源而言，一旦开采活动开始，即意味着对有效资源的耗竭。石油等不可再生的化石能源生产的本质实际上就是对地下有限资源的耗竭过程，耗竭越快，意味着对资源的开采速度越快，有限的资源将在短期内大量的得到开发利用。一般而言，高的资源耗竭率往往意味着高的峰值产量和峰值后高的产量递减率（图4-6）。

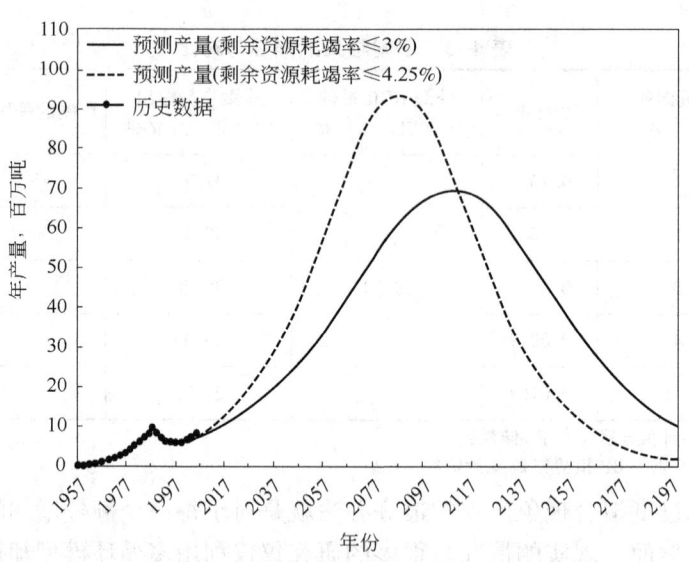

图4-6 剩余资源耗竭率对预测结果的影响
——以蒙古国煤炭产量预测为例

在现实中，受经济、技术和其他各种因素的影响，资源耗竭率不可能无限制地增长。进一步，极其高的耗竭率往往意味着对地下资源的破坏式加速开采，这对于可持续发展而言也是不利的。因此，在实际的生产中，资源产区的剩余资源耗竭率往往会存在最大值，之后开始下降，该现象在Höök调查了全球300多个巨型油田之后，已经得到了证实。

既然剩余资源的耗竭率存在最大值,那么就可以利用这一特点来对有限资源的开采行为进行约束。进一步,Sorrell 等指出,对于任何预测结果,如果其自身的资源耗竭率显著地超过历史产区的最大耗竭率,预测者就有必要对其预测结果进行仔细的检查。这意味着,最大耗竭率还可以用来检验现有预测的可靠性。例如,Aleklett 等应用耗竭率方法分析了 IEA 世界能源展望 2008 年中的世界石油产量预测,结果发现,对于新发现资源量,IEA 的平均耗竭率达到了 10%,这一数字远超过世界其他任何地区以往的资源耗竭率,而这在现实中是很难实现的。

那么接下来问题就变成了最大的耗竭率是多少。然而,这一问题是很难回答的。原因在于,由于个体的差异,不同层面资源产区的最大耗竭率是有差别的,而即使同一层面的资源产区,其最大耗竭率也可能存在差异。因此,利用最大耗竭率来约束未来产量走势,必须依赖于大量的数据和统计分析,只有这样才能从历史中总结出规律。然而,由于缺乏高质量的数据,绝大多数学者很难给出最大耗竭率具体是多少。只有少数掌握有数据的学者对此问题进行了较为系统的研究。Höök 等在对全球数百个巨型油田的综合分析显示,这些巨型油田的最大耗竭率的平均值为 8.1%/年。Sorrell 等对 37 个已过峰值国家或地区的研究显示,其最大耗竭率不超过 5%/年。Höök 等人与 Sorrell 等人研究结论的差异可以解释为,资源产区的层级越高(即资源量越大),其相应的最大耗竭率也越小,这也可以从式(4-15) 中得到。此外,Höök 和 Aleklett 也对美国煤炭的最大耗竭率进行了研究,结果发现,对于美国的煤炭而言,其最大耗竭率不超过 3%/年。

总之,剩余资源的最大耗竭率是从历史经验或规律的角度出发,对未来化石能源供应进行约束,避免出现不切实际的峰值产量及加速的产量递减率问题。

三、考虑多因素的曲线拟合模型

现有的可耗竭资源曲线拟合法在实际应用中仅考虑了上述四个关键影响因素中的某一个或某两个,很少有文献对四个因素进行综合考虑。在前文系统分析的基础上,以 Richards 模型作为基本预测模型,在 Richard 模型的基础上,综合考虑本章前面提到的四个关键因素,进而构建多因素广义曲线拟合模型。

Richards 模型的表达式如下:

$$Q(t) = \frac{URR}{\left[1 + b \times e^{-k(t-t_m)}\right]^{1/b}} \quad (4-16)$$

求解函数为:

$$q(t) = Q(t) - Q(t-1) \quad (4-17)$$

式中　$q(t)$——产量;
　　　$Q(t)$——累计产量;
　　　t_m——峰值产量对应的时间。

对模型描述能力的评估通过 RMSE 实现,其表示如下:

$$RMSE = \sqrt{\frac{\sum_{i=1}^{n}(q_{act} - q_{for})^2}{n}} \quad (4-18)$$

式中　n——实证数据的个数；
　　　q_{act}——实际历史产量数据；
　　　q_{for}——相应的预测产量数据。

模型求解目标是 RMSE 最小。

约束条件的分析如下：

(1) 对于曲线形状，考虑综合考虑三种类型的曲线形状，为此对 b 值设定三种情景：

右偏性曲线情景：$b \to 0$，曲线拐点为 37%，相当于 Gompertz 模型；

对称性曲线情景：$b = 1$，曲线拐点为 50%，相当于 Logisitc 模型；

左偏性曲线情景：$b = 2.3898$，曲线拐点为 60%。

(2) 对于最终可采资源量，采用外部 URR 对预测进行约束。

(3) 对于产量循环的个数，利用 F 检验来确定最优产量循环的个数。F 检验构建过程如下：

由式 (4-18) 可以得出，样本序列的方差为：

$$S^2 = \frac{\sum_{i=1}^{n}(q_{act} - q_{for})^2}{n-m-1} = \frac{\text{RMSE}^2 \times n}{n-m-1} \tag{4-19}$$

注意：式 (4-19) 中的 m 表示的是模型中待求参数的个数；$n-m-1$ 表示样本自由度。则对于两组预测结果（一组为额外产量循环增加前；一组为额外产量循环增加后），建立 F 统计量为：

$$F_{vdlue} = \frac{S_1^2}{S_2^2} = \frac{\dfrac{\text{RMSE}_1^2 \times n}{n-m_1-1}}{\dfrac{\text{RMSE}_2^2 \times n}{n-m_2-1}} = \frac{\text{RMSE}_1^2}{\text{RMSE}_2^2} \cdot \frac{n-m_2-1}{n-m_1-1} \tag{4-20}$$

式中，RMSE_1 和 RMSE_2 分别代表额外产量循环增加前和增加后的均值平方根，一般有 $\text{RMSE}_1 > \text{RMSE}_2$；$m_1$ 和 m_2 分别代表额外产量循环增加前和增加后模型中自由变量的个数，即带求解参数的个数，一般有 $m_1 < m_2$。

只有当满足下列条件时，才可以增加产量循环：

$$F_{value} > F_\alpha(n-m_1-1, n-m_2-1) \tag{4-21}$$

式中　α——显著性水平，取 $\alpha = 0.01$。

F 检验的意义在于：只有在能够显著改善模型拟合优度的情况下，新增产量循环才是被允许的。

(4) 剩余资源的最大耗竭率：基于文献或自有数据库的研究确定。

综上，多因素广义曲线拟合模型的表达式可表示为：

$$\text{Min} \quad \text{RMSE} = \sqrt{\frac{\sum_{i=1}^{n}(q_{act} - q_{for})^2}{n}}$$

$$\text{st.} \begin{cases} q(t) = \dfrac{\text{URR}_{En.}}{[1+b\times e^{-k(t-t_m)}]^{1/b}} - \dfrac{\text{URR}_{En.}}{[1+b\times e^{-k(t-1-t_m)}]^{1/b}} \\ b = "\to 0", \text{or}, "1", \text{or}, "2.3898" \\ \text{URR}_{En.} = \text{URR}_{Ex.} \\ F_{\text{value}} > F_\alpha(n-m_1-1, n-m_2-1) \\ d(t) = \dfrac{q(t)}{\text{URR}_{En.} - Q(t)} \leq d_{\max} \\ b>0, c>0 \end{cases} \quad (4-22)$$

式中 $\text{URR}_{En.}$——模型的内部 URR；

$\text{URR}_{Ex.}$——外部给定的 URR；

$d_{\max}$——剩余资源最大耗竭率。

运用式(4-22) 可以对不同地区的石油产量进行较为准确的预测。

思考题

1. 简述可耗竭资源理论的由来。
2. 简述石油峰值的概念、由来。
3. 石油供应预测的主要方法有哪些？
4. 简述可耗竭资源曲线拟合模型的主要步骤。
5. 影响可耗竭资源曲线拟合的因素有哪些？

参考文献

[1] 陈元千，袁自学. 预测油气田产量和可采储量的新模型 [J]. 石油学报，1997 (2)：87-91.

[2] 冯连勇，陈大恩，唐旭. 国际石油经济学 [M]. 2版. 北京：石油工业出版社，2013.

[3] 唐旭，张宝生，邓红梅，等. 基于系统动力学的中国石油产量预测分析 [J]. 系统工程理论与实践，2010，30 (2)：207-212.

[4] 王只坤，张在旭，柯越华. 石油勘探开发系统动力学模型的建立及应用 [J]. 石油大学学报（自然科学版），2001 (2)：125-128.

[5] 翁文波. 预测论基础 [M]. 北京：石油工业出版社，1984.

[6] 于静，张在旭，吴伟. 石油勘探开发系统动力学模型的建立与政策研究 [J]. 武汉理工大学学报（信息与管理工程版），2006 (5)：150-153.

[7] 赵旭东. 用 Weng 旋回模型对生命总量有限体系的预测 [J]. 科学通报，1987 (18)：1406-1409.

[8] Aleklett, K., Höök, M., Jakobsson, K., et al. The peak of the oil age-analyzing the world oil production reference scenario in world energy outlook 2008 [J]. Energy Policy, 2010, 38 (3)：1398-1414.

[9] Anderson, K. B., Conder, J. A. Discussion of multicyclic hubbert modeling as a method for forecasting future petroleum production [J]. Energy & Fuels, 2011, 25 (4)：1578-1584.

[10] Australian Trade Commission (ATC). China Coal Industry Report [DB/OL]. 2009. http：//www.austrade.gov.au/ArticleDocuments/1358/China-Coal-Industry-Report-2009.pdf.aspx.

[11] Bardi, U. The mineral economy：A model for the shape of oil production curves [J]. Energy Policy, 2005, 33 (1)：53-61.

[12] Basile, P. S., Papin, A. World oil: A long-term look [J]. Energy, 1981, 6 (6): 529-541.

[13] Benes, J., Chauvet, M., Kamenik, O., et al. The future of oil: Geology versus technology [J]. International Journal of Forecasting, 2015, 31 (1): 207-221.

[14] Brandt, A. R. Testing Hubbert [J]. Energy Policy, 2007, 35 (5): 3074-3088.

[15] Brandt, A. R., Farrell, A. E. Dynamics of the oil transition: Modeling capacity, depletion, and emissions [J]. Energy, 2010, 35 (7): 2852-2860.

[16] Caithamer, P. Regression and time series analysis of the world oil peak of production: another look [J]. Mathematical geosciences, 2008, 40 (6): 653-670.

[17] Chowdhury, S., Sahu, K. C. A system dynamics model for the Indian oil and gas exploration/exploitation industry [J]. Technological Forecasting and Social Change, 1992, 42 (1): 63-83.

[18] Davidsen, P. I., Sterman, J. D., Richardson, G. P. A petroleum life cycle model for the United States with endogenous technology, exploration, recovery, and demand [J]. System Dynamics Review, 1990, 6 (1): 66-93.

[19] Davis, W. A study of the future productive capacity and probable reserves of the U. S [J]. Oil & Gas Journal, 1958 (February 24th): 105-118.

[20] Gray, L. C. The economic possibilities of conservation [J]. Quarterly Journal of Economics, 1913, 27 (4): 497-519.

[21] Gray, L. C. Rent under the assumption of exhaustibility [J]. Quarterly Journal of Economics, 1914, 27 (8): 466-489.

[22] Greene, D. L., Hopson, J. L., Li, J., et al. Running Out of and Into Oil: Analyzing Global Oil Depletion and Transition Through 2050 [J]. Transportation Research Record, 2004 (1880): 1-9.

[23] Greene, D. L., Hopson, J. L., Li, J. Have we run out of oil yet? Oil peaking analysis from an optimist's perspective [J]. Energy Policy, 2006, 34 (5): 515-31.

[24] Höök, M., Söderbergh, B., Jakobsson, K., et al. The evolution of giant oil field production behavior [J]. Natural Resources Research, 2009, 18 (1): 39-56.

[25] Hotelling, H. The Economics of Exhaustible Resources [J]. Journal of Political Economy, 1931 (3): 137-175.

[26] Hubbert, M. K. Energy from Fossil Fuels [J]. Science, 1949, 109 (2823): 103-109.

[27] Hubbert, M. K. Nuclear energy and the fossil fuels [C]. Meeting of the Southern Dsitrict, Division of production, American Petroleum Institute, San Antonio, Texas, Shell Development Company. 1956.

[28] Hubbert, M. K. Techniques of prediction with application to the petroleum industry [C]. Published in 44th Annual Meeting of the American Association of Petroleum Geologists, Shell Development Company, Dallas, TX, 1959.

[29] Kaufmann, R. K. Oil production in the lower 48 states: reconciling curve fitting and econometric models [J]. Resources and Energy, 1991, 13: 111-127.

[30] Kaufmann, R. K., Cleveland, C. J. Oil production in the lower 48 states: economic, geological and institutional determinants [J]. Energy Journal, 2001, 22 (1): 27-49.

[31] Naill, R. F. The discovery life cycle of a finite resource: A case study in U. S. natural gas [C]. Toward global equilibrium: collected papers. D. L. Meadows and D. H. Meadows. Cambridge, MA, Wright-Allen Press inc. 1973.

[32] Reynolds, D. B. The mineral economy: how prices and costs can falsely signal decreasing scarcity [J]. Ecological Economics, 1999, 31 (1): 155-166.

[33] Rutledge, D. Estimating long-term world coal production with logit and probit transforms [J]. International Journal of Coal Geology, 2011, 85 (1): 23-33.

［34］ Sorrell, S., Miller, R., Bentley, R., et al. Oil futures: A comparison of global supply forecasts ［J］. Energy Policy, 2010, 38 (9), 4990-5003.

［35］ Sorrell, S., Speirs, J. Hubbert's legacy: a review of curve-fitting methods to estimate ultimately recoverable resources ［J］. Natural resources research, 2010, 19 (3): 209-230.

［36］ Sorrell, S., Speirs, J., Bentley, R., et al. Shaping the global oil peak: A review of the evidence on field sizes, reserve growth, decline rates and depletion rates ［J］. Energy, 2012, 37 (1): 709-724.

［37］ Tao, Z. P., Li, M. Y. System dynamics model of Hubbert Peak for China's oil ［J］. Energy Policy, 2007, 35 (4): 2281-2286.

［38］ Tu, J. J. Industrial Organization of the Chinese Coal Industry ［DB/OL］. Working Paper #103, 2011. http://carnegieendowment.org/files/China_Coal_Value_Chain_Kevin_Tu3.pdf.

第五章

石油价格波动与定价机制

第一节 国际油价历史回顾及其波动分析

一、国际油价历史回顾

如图 5-1 所示,历史上的石油价格按照其价格波动趋势及水平,大体上可以分为七个阶段。

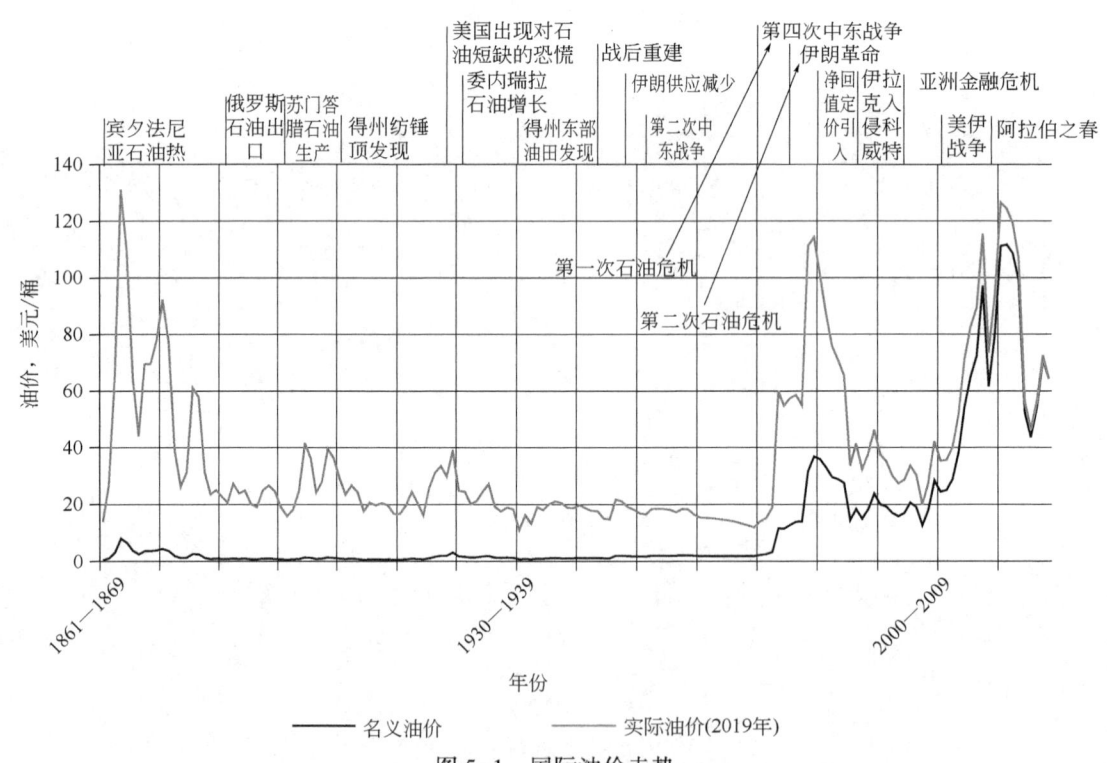

图 5-1 国际油价走势

资料来源:bp Statistical Review of World Energy June 2020

(一)第一阶段:稳定的低油价(1973 年以前)

19 世纪 40 年代以前,美国统治着国际石油市场,石油价格波动微弱。第二次世界大战结束后，随着世界各国经济快速发展，石油市场的需求量逐步增长，从而拉动着原油价格上升。1960年石油输出国组织（OPEC）的成立对石油市场价格有着重要的影响。它的建立标志着国家垄断组织与私人垄断组织在国际石油市场上对石油价格的双重控制，但在整个60年代，OPEC控制油价的能力还是微弱的。这一阶段原油价格保持在1.8～2美元/桶。1970—1973年，随着OPEC在一系列谈判中取得胜利，它同跨国石油公司分享了石油定价权，从而推动了原油价格的上升。但总体来说，1973年以前油价一直处于稳定的低水平状态。

（二）第二阶段：油价快速上升期（1974—1980年）

1974—1980年的短短6年间，国际石油价格（阿拉伯轻油价格）先后经历了连续两次增长。在OPEC共同推动下，国际石油价格从1973年的3.29美元/桶迅速增长到1974年的11.58美元/桶。阿拉伯轻油价格的迅速上升引爆了西方国家第一次能源危机，石油需求的减少进而引起经济衰退，最终促使油价的增长幅度减缓。1978年9月伊朗革命的爆发引发了第二次石油危机，伊朗国内局势的动荡使得石油产量急剧下降，此时又爆发了两伊战争，全球石油产量再次受到影响。随着产量的骤减，油价在1979年开始暴涨，从1978年的14.02美元/桶猛增至1980年的36.83美元/桶。

（三）第三阶段：油价震荡下跌期（1981—1986年）

在经过两次石油危机之后，石油价格上涨到了一个非常高的水平。一方面，高油价刺激了OPEC以外的国家石油工业的发展，各非OPEC国家的石油产量稳步增长，增加了可供选择的石油来源；另一方面，高油价迫使西方各国纷纷采取节能、提高能源利用效率和寻找替代能源等措施以减少对中东石油的过度依赖。两个因素的共同作用导致了国际石油价格的下跌，从1981年的35.93美元/桶迅速下降到1986年的14.43美元/桶。

（四）第四阶段：油价波动期（1987—1998年）

1987—1998年间由于国际重大事件频繁发生，石油价格跌宕起伏。1990年伊拉克入侵科威特，国际石油市场受到强烈冲击，石油价格迅速上升，使得1990年的石油价格猛增至23.73美元/桶。此后，油价又开始下跌，1994年时油价为每桶15.82美元/桶。1994—1996年，油价又出现短暂回升，但是随着1997年亚洲金融危机的爆发，石油价格又再次下跌，1998年石油价格仅为12.72美元/桶。

（五）第五阶段：油价大幅上升至高位震荡（1999—2013年）

1999年之后世界经济快速复苏，西欧及北美地区发达国家原油和油品库存起伏波动，OPEC产量政策变化，美国受到"9·11"事件重创，伊拉克战争爆发，产油国地区冲突不断，国家政局不稳、国际投机活动活跃，这些因素对油价均产生了深远的影响，使油价在几年间持续走高，从最低时的9.44美元/桶一度上涨到2008年7月11日的147.27美元/桶。2008年爆发的金融危机席卷全球，对世界经济造成了巨大的冲击，西方发达国家对石油的需求量下降。油价从2008年7月份开始持续下跌，到12月达到33.73美元/桶的低点。进入2009年，伴随着世界经济的复苏，石油价格也开始进入新一轮增长，至2013年国际油价上升至108.66美元/桶。

（六）第六阶段：油价雪崩式下跌（2014—2016年）

2008年国际金融危机以来，全球经济始终未摆脱下行压力，发达国家需求不振，包括新兴市场经济体在内的发展中国家的经济发展都在减速。而这一阶段,美国页岩油和页岩气的开发大大增加了美国油气供应,降低了美国天然气的价格。加之美国开始实施独立的能源政策,并开始出口石油。同时,OPEC 没有减产的意思,造成国际石油市场出现需求不足而供给不降反增的局面,导致油价出现雪崩式下跌。2014 年,布伦特原油价格从 6 月份的 115.19 美元/桶下跌到 10 月的 48.11 美元/桶,跌幅达 58%。直到 2016 年,油价已跌至 43.73 美元/桶。

(七)第七阶段:油价缓慢回升持续震荡(2017 年至今)

2017 年,OPEC 与俄罗斯等产油国组成减产联盟开始减产 180 万桶/日,减产联盟一直持续至今。这使得原油价格在 2016 年触底后又开始缓慢回升。随着减产协议的执行、原油需求的恢复及原油库存的去化,2018 年油价回到 71.31 美元/桶。2018 年,OPEC+达成减产 120 万桶/日的减产协议,一季度 OPEC+减产幅度超出市场预期,主动减产执行力度较强,加之美国对委内瑞拉与伊朗的经济制裁,原油市场供给端收缩超出市场预期。在需求端,贸易纷争阶段性缓解,中国与美国经济增速超出市场预期。中美贸易纷争持续,美国页岩油产量持续增长,造成原油价格在 2019 年 4 月回到 70 美元/桶以上后再次回落至 55~70 美元/桶区间震荡。

从上述七个阶段总结出如下规律:(1)随着时间的推移,石油价格的波动幅度有逐步加大的趋势。20 世纪 70 年代以前,油价基本保持在一个十分稳定的状态,随着第一次石油危机的爆发,油价波动幅度逐渐扩大,到最近几年油价变化幅度之剧烈更是达到了一个前所未有的程度。(2)石油价格总体呈现上升的态势。如图 5-2 所示,通过对 1861—2019 年石油价格的线性回归分析,可以看到石油价格总体呈现上升的态势。(3)油价变化对市场状态的反应十分敏感。当石油市场处于正常状态时,即市场供应比较充分、剩余产能比较大的情况下,石油的价格需求弹性较大,油价对石油需求变动的敏感性小;当石油市场处于紧张状态时,即市场供应比较吃紧、剩余产能不足的情况下,石油的价格需求弹性较小,油价对石油需求变动的敏感性较大,石油需求的微小变化就会引起油价的较大变化。

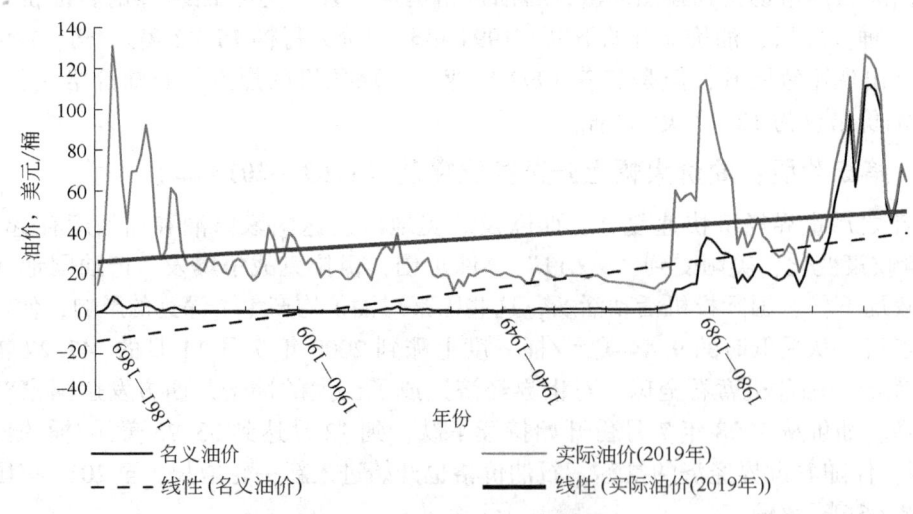

图 5-2 国际油价走势线性图

资料来源:bp Statistical Review of World Energy June 2020

二、国际油价波动分析

(一)跨国石油公司垄断世界石油价格

自 1859 年首次商业性石油开采以来,很长一段时间内石油价格都被跨国石油公司控制。1928 年 9 月至 1948 年,实施的是"单一基点价格制"。这一时期各大跨国公司为了停止油价战,协定划分了市场势力范围,限定各成员的原油产量,并且规定原油价格一律按世界最高生产成本的得克萨斯海湾石油公司的行市,即全世界每个出口中心的原油价格都要与墨西哥湾出口的同类原油价格一致。1948 年以后,为了推行"马歇尔计划",加紧掠夺中东的资源,西方政府要求七大石油公司实行"双重基点价格制",并降低中东的原油标价。之后跨国石油公司还强行压低拉丁美洲的原油标价,使得这些地区的原油标价与得克萨斯原油标价完全脱钩。

(二) OPEC 左右油价

为了抵制石油标价的下跌,1960 年成立了 OPEC,经过长期的斗争,OPEC 成员国打破了跨国石油公司对石油资源的控制,该组织可以单独决定价格和产量,而不必受跨国石油公司的影响。

第一次石油危机爆发以后,产油国完全掌握了石油定价权,此时石油价格已经变成 OPEC 的官方销售价格,OPEC 每年都要举行会议讨论并公布油价,该指标成为国际油价走势的主要依据。第二次石油危机的爆发进一步强化了 OPEC 对油价的绝对控制。到了 20 世纪 80 年代,非 OPEC 石油产量的增长及 OPEC 的"减产保价"政策使其国际市场份额不断下降,其对石油价格的影响也逐渐减弱。伴随着 OPEC "官方价"影响力的削弱,在 1986 年,OPEC 又将其官方定价改成以世界 7 种原油的平均价格来确定其成员国各自油价的定价模式。

(三) 多方博弈的格局形成

随着石油领域全球化程度的日益加深,石油生产国与石油消费国实现了相互合作、相互竞争,再也没有任何单一力量能够左右石油价格。目前国际石油市场的格局是多种力量相互制衡、相互博弈的结果。影响油价的主要几股力量分别是美国、OPEC 及俄罗斯等国家或组织。美国为了维持其霸权地位,高度重视石油安全,努力争夺石油价格控制权;OPEC 的价格控制力虽然弱化,但是长期的石油供应还是主要依赖于 OPEC,OPEC 也主动寻求新的价格机制以争取更大的油价控制权;俄罗斯作为石油市场的新生力量,由于其拥有丰富的油气资源并且产量不受配额限制,正日益成为石油市场的重要参与者。

第二节 国际石油定价机制

一、20 世纪 60 年代以前:石油卡特尔"标价"机制

20 世纪 60 年代以前是以七大石油公司为主的卡特尔定价机制——"标价"机制。标价

(Posted Price），即牌价。在这一时期，原油由为数众多的独立经营者开采，而由少数大石油公司去收购。标价就是大石油公司以市场垄断买主地位在油田当场收购其他产油公司所开采的原油的价格。这一阶段持续时间最长，且价格水平也相对比较稳定，如图5-3所示。

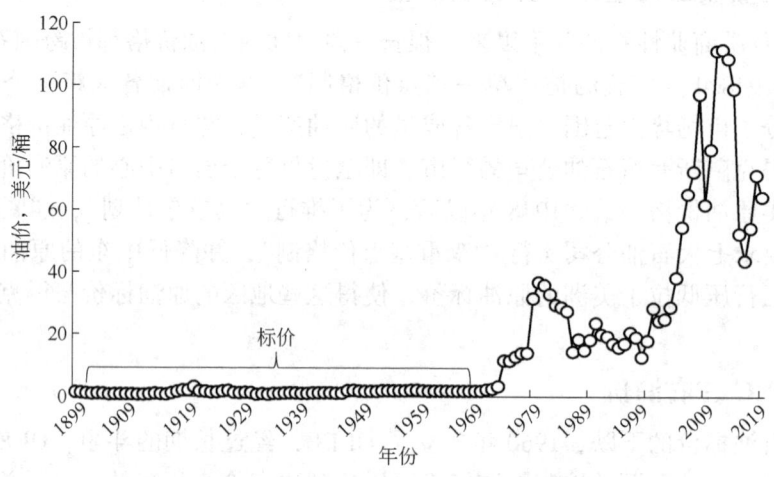

图5-3 石油卡特尔"标价"阶段

资料来源：bp Statistical Review of World Energy June 2020

从需求侧来看，自1985年现代石油工业诞生以来，特别是在第二次世界大战以后，石油对于经济发展的重要性逐渐凸显，石油逐渐替代煤炭成为主要能源，世界石油需求也逐渐稳步增长。从供给侧来看，20世纪60年代以前，以美国为主的七大石油公司依靠英国殖民主义势力和美国打着"门户开放"旗号的新殖民主义势力，通过租让地合同，以极低的租用费获得了对世界主要产油地区石油资源的所有权（90%以上的资源）、开采和勘探的权利，并且垄断了石油的生产、运输、加工、销售及石油产品的国际贸易，从而控制了世界石油价格。到1950年，石油行业的七姊妹已经占到世界石油市场份额的98.3%。这种对于资源与市场的掌控主要是通过两项途径获得的，一是通过租让制获取的对于资源的垄断；二是在这一背景下获得的对于价格的垄断。这一阶段，石油卡特尔拥有对价格的定价权，其表现形式就是所谓的"标价"制度。

虽然在整个20世纪60年代以前的阶段，石油公司都掌握着石油定价权，但不同的历史时期内，随着外部环境的变化，定价权的具体呈现方式也不完全相同，可以将其大体分为三个阶段（表5-1）。

表5-1 20世纪60年代前定价方式情况

时间	定价方式	原因
20世纪20—40年代	墨西哥湾加价制（即单一基点定价机制）	美国在国际石油市场上的统治地位
20世纪40年代后期	波斯湾港口价加上从阿拉伯湾到消费中心的运费的定价法（即双重基点定价机制）	世界石油需求量扩大，中东地区产量及出口欧洲的石油增加，而美国出口量减小
20世纪50年代	沙特阿拉伯、科威特、伊拉克等多数中东石油国家将石油的标价（规定固定价格）与矿区使用费和税收相联系在一起的定价法	提高石油主权国财政收入

（一）20世纪20—40年代

美国是原油和油品的主要生产和出口者，而美国的石油成本一般又比其他地方要高。因此，按美、英大石油公司之间达成的《阿克纳卡里协定》商定的规则，一律以成本最高的美国原油在墨西哥湾港口离岸价（FOB）作为基准，加上由这里到消费中心的运费来计算，叫作"墨西哥湾加价制"，这一定价方式也称为"单一基点定价机制（Basing Point Pricing System）"。这种定价机制既保证了美国的利益，也保证了它们在世界各地的开采获得更大利润。

（二）20世纪40年代中后期（1945年后）

第二次世界大战后世界石油需求增大，美国自身石油消费的增长使其石油出口逐渐减少；中东产油量和出口逐渐增大，逐渐成为出口中心，且由于其成本较低，在此背景下，波斯湾港口价加上到消费中心的运费来计价开始出现，从而出现了"双重基点定价机制"。

（三）20世纪50年代

中东的石油定价采取了标价的形式。20世纪50年代初中东所公布的标价最初只代表跨国石油公司购买原油或销售石油的价格，所以标价实际上只反映了当时的市场价格。1951年，中东国家将标价与矿区使用费和税收相挂钩，即以生产原油的标价来计算和征收矿区使用费及税收，以此来提高其财政收入（以前石油公司只要交付少量的租让费或矿区使用费，就可以拥有资源的开发权）。

对于矿区使用费，以前费率通常是采用一成不变的形式，而不是按原油产值的一定百分比或外国石油公司所获利润的多少而定。在第二次世界大战以后，出现了现代矿税制，在此背景下，矿区使用费可随着产量的增长或油价上涨而增加或向上浮动。

总体而言，在20世纪60年代以前，西方石油公司通过各类形式的合资运营机制使得国际石油卡特尔形成并得以维持，它们掌控了石油的定价权，而为了维护整个卡特尔的权益，国际油价在此阶段整体相对比较稳定。"标价"机制阶段的市场结构、定价类型、价格形式及油价特征见表5-2。

表5-2 "标价"机制的特征

市场结构	以七大石油公司为代表的生产者主导（供给方）
定价类型	生产者定价
价格形式	石油公司相对固定的"标价"
油价特征	保持稳定，基本维持在1.8~2美元/桶

二、20世纪60—70年代：OPEC"官价"机制

如图5-4所示，这一阶段油价波动的显著特点就是大幅上升。

在石油需求方面，与20世纪60年代以前不同的是，这一时期石油消费开始快速增长，到70年代初，世界石油市场的年消费量以5.0%~9.0%的速度递增，石油消费量从1953年的6.49亿吨，跃增到1973年的28.2亿吨，净增长3倍多。主要经济体对石油的依赖越来越高。在石油供给方面，虽然产量也快速增长，但进入70年代之后，供需处于一种脆弱平衡的状态，供应趋紧。同时，在供给结构上，OPEC供给和出口能力大增，超越美国成为世

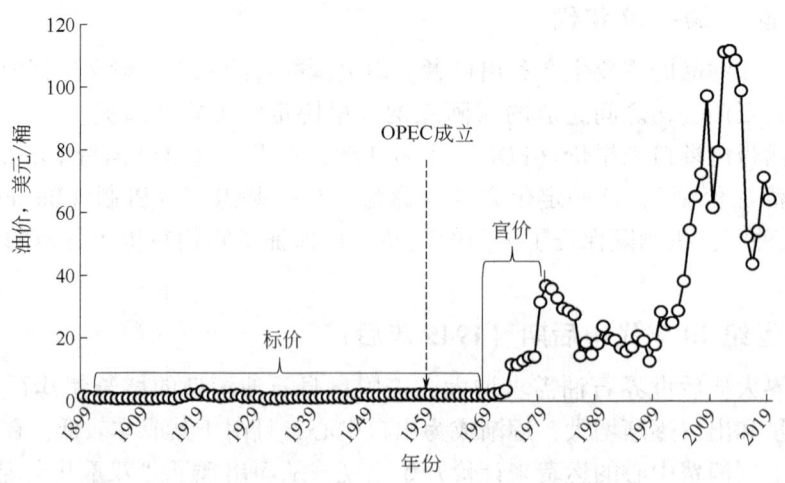

图 5-4 OPEC "官价"阶段

资料来源：bp Statistical Review of World Energy June 2020

界石油出口主要来源。从供需形势及供给结构的变化来看，这一时期的市场势力已经转向了 OPEC。在这种情况下，拥有市场势力的 OPEC 必然要寻求机会掌握石油的定价权，特别是对于他们这种经济结构非常单一的国家而言。

OPEC 成立的深层次原因是西方资本对产油国资源的剥夺，事实上，双方的斗争在 30 年代就已经开始，但那个时候还是单一的对抗。直接导火索是 1959 年 2 月和 1960 年 8 月石油七姊妹连续两次单方面大幅降低石油标价的蛮横行为，造成产油国收入大幅下降，极大损害了产油国的利益。据估计，仅 1959 年的这次压价就使石油出口国家因此减少收入 4.76 亿美元。面对惨重的经济损失，第三世界产油国开始加强团结协作对抗西方石油公司，争夺定价权。在这样的背景下，成立了一批石油生产国组织，包括石油输出国组织、阿拉伯石油输出国组织和拉丁美洲石油互助协会等。在其中，1960 年成立的 OPEC 的影响力最为巨大。OPEC 的成立，标志着产油国第一次以整体来代替个体与西方石油公司卡特尔对抗的开始，国际石油定价机制也不得不面临改变。

整个对抗过程，分为两个阶段，第一个是市场势力由西方卡特尔向 OPEC 过渡的 20 世纪 60 年代；第二个是主动进攻、确立 OPEC "官价"的 70 年代。在整个 60 年代，OPEC 与西方石油公司之间展开了多轮争夺，不断通过谈判迫使石油公司提高 "标价"。OPEC 虽然取得了不少成绩，但由于经验欠缺，总体价格水平仍然较低，市场势力仍然不及大石油公司。真正使得 OPEC 掌控市场定价权，推出其自身 "官价"来替代西方石油公司公布的"标价"，还是得益于 70 年代的两次石油危机。70 年代初，供应紧张使得 "卖方市场"开始形成，伴随着 OPEC 市场势力也不断增长，OPEC 开始由 60 年代的谈判提价转入战略进攻。进攻的主要内容包括：一是废除旧的租让制，进一步掌握石油资源；二是 1973 年石油危机期间单方面提价 70%，标志着石油卡特尔彻底丧失定价权；三是 1975 年正式推出沙特阿拉伯 34°API 轻质油价格的固定 "官价"，石油标价制彻底结束。1977 年底，所有成员国基本上全部实现了对外国石油公司的国有化，国际石油公司也丧失定价权的同时，也丧失了在产油国的采油权，至此，第二次世界大战后持续了 30 年的国际石油旧秩序崩溃。

OPEC "官价"机制的特征见表 5-3。

表 5-3　OPEC "官价" 机制的特征

市场结构	以 OPEC 为代表的生产者主导（供给方）
定价类型	生产者定价
价格形式	OPEC "官价"
油价特征	油价大幅增长，从 2 美元/桶的水平增加到 40 美元/桶的高点

三、20 世纪 80 年代：从 OPEC "官价" 到 "参考价"

如图 5-5 所示，这一阶段油价波动的主要特征就是显著下降。

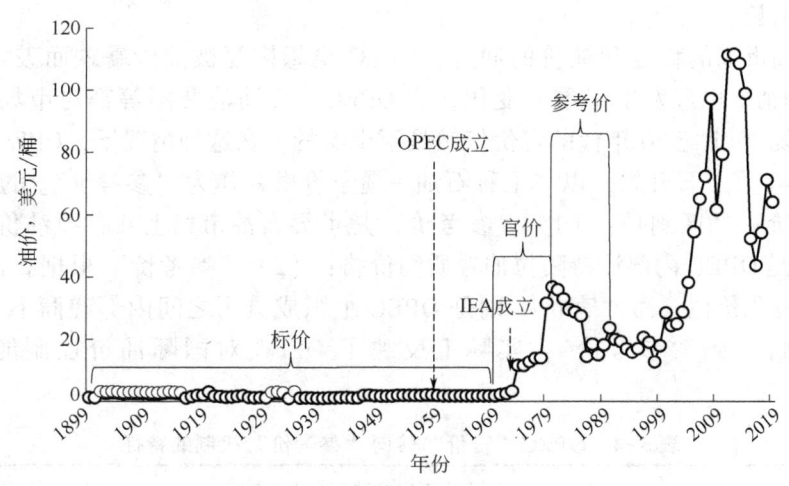

图 5-5　OPEC "参考价" 阶段

资料来源：bp Statistical Review of World Energy June 2020

在需求方面，这一时期的能源消费结构发生转变，石油需求减缓，1985 年石油占世界能源比例为 37.89%，比 1973 年下降约 10%。这一时期石油需求出现两方面调整：一方面，能源政策发生调整，把节约石油消费、发展替代能源放在首要地位，同时注重高科技低能耗产业的发展。例如，1973—1981 年，经合组织成员国因节能而减少石油消费高达 3.18 亿吨；美国在 70 年代后规定新建电厂原则上必须使用煤炭；英法德则大力发展原子能发电站（1983 年，法国 39% 电力来自核电）。另一方面，加强团结与合作，成立统一组织介入国际石油市场，干预石油业务，建立大量石油储备抵御市场风险。如 1974 年 2 月，OECD 决定成立国际能源署（IEA），协议于 1976 年正式生效（将 1974 年定为 IEA 的成立年份）。

在供给方面，石油产量快速增加，石油供给结构出现重大变化。两次石油危机导致的价格大涨，使一些过去开发无利可图的油田变为经济的油田，促使许多国家开始积极加强石油勘探和生产活动。70 年代中后期，世界石油生产出现了一个大高潮，大批新兴的、非 OPEC 石油生产国或产油区不断涌现。为摆脱对中东资源的依赖，西方国家和国际大石油公司也努力在非 OPEC 地区寻找油气资源。当时非 OPEC 最具代表性的产油区是北海、墨西哥和美国的阿拉斯加。以北海为例，到 1986 年，仅该地区的石油产量就达到 1.86 亿吨。

在这种石油需求下降、供给增加的背景下，一是导致卖方市场转向买方市场；二是价格暴跌；三是石油现货贸易开始繁荣。以前供小于求，石油贸易多采用长期合同方式，价格相对固定,在此背景下,现货贸易规模非常小,仅是各公司相互调剂石油之用,因此,也称为"剩余市场"。1983年,OPEC推出"减产保价"政策,但由于非OPEC并未减产,且部分成员国不遵守协定,导致政策失效,损失惨重,且市场份额减小。随着油价的暴跌,购买方更愿意从市场上寻求价格更低的现货石油,而非价格相对较高的长期合同下的石油,因此,现货贸易量大增,现货市场逐渐成为能够反映市场供求的"边际市场"。现货价格也成为影响OPEC"官价"的重要因素,当时的油价最低仅有6美元/桶,OPEC"官价"不复存在。石油价格的大跌使所有OPEC和非OPEC产油国均遭受巨大冲击,并使所有生产者都意识到恶性竞争的结果,这对石油市场产生重大影响,称为"逆向石油危机"。因此,OPEC和非OPEC在此阶段,第一次共同开始削减产量,石油价格才停止了继续下跌的趋势,并趋于理性,开始缓慢增长。

伴随着石油市场的稳定和油价的回升,OPEC也想恢复被油价暴跌而破坏的"固定官价"。但现实的情况已经发生了重大变化,非OPEC、石油消费国等都对市场有较大影响,因此,完全实现20世纪70年代的官价依然是不现实的。在这种情况下,OPEC于1986年决定,从1987年1月1日开始,以"七种石油一揽子价格"作为"参考价"。过去的"官价"与新的"参考价"的区别是:(1)"参考价"是世界石油市场上几种石油价格的平均价,而"官价"只是OPEC内部沙特阿拉伯轻质油价格;(2)"参考价"根据石油现货价格走势,不定期地变化价位,而"官价"则是OPEC组织成员国之间内部磋商下,形成的固定价格。从"官价"到"参考价",实际上反映了OEPC对国际油价控制能力的明显减弱(表5-4)。

表5-4 OPEC"官价"转向"参考价"机制的特征

市场结构	由供不应求转变为供大于求,非OPEC崛起
定价类型	生产者与现货市场定价(现货市场的繁荣)
价格形式	OPEC"参考价"(受现货市场价格影响)
油价特征	油价下降,从近40美元/桶水平下降到18~20美元/桶

四、20世纪90年代以后:"参考价"到"期货价"

如图5-6所示,这一阶段油价波动的典型特征就是波动性大幅增加,价格水平在波动中走高。

进入20世纪90年代以后,国际石油市场出现了新的形势。为了维护一个相对稳定与合理的石油价格,国际石油的生产者和购买者开始在竞争、对抗的基础上,积极寻求合作,形成了新的国际石油秩序。80年代世界石油市场形成的一些特征也在发生变化:北海、里海等地的海洋石油开发不断扩大;石油输出国组织面临的危机日益加深;亚洲太平洋地区的石油消费量迅猛增长;跨国石油公司的资产重组改革加快进行。市场结构更加多元化,竞争充分化,国际油价已经无法由某个定价主体所控制,只能是多方博弈的结果。

在这一时期,石油定价也从"参考价"向"期货价"转变(表5-5),其大体历程是:

(1)20世纪70年代末至80年代初,伦敦国际石油交易所和纽约商品交易所分别引入了石油期货合约。石油期货市场的成立标志着石油金融化的开端。

(2)80年代油价波动和现货贸易的发展强化了石油期货市场在价格发现和规模风险方

第五章 石油价格波动与定价机制

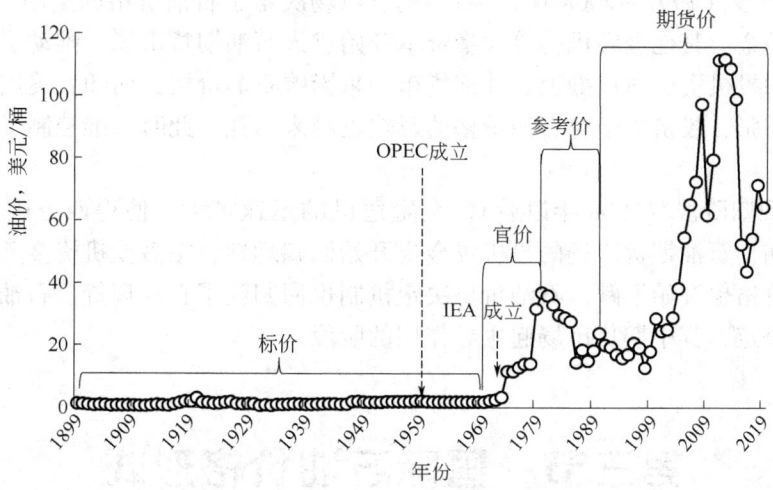

图 5-6 "参考价"到"期货价"阶段
资料来源：bp Statistical Review of World Energy June 2020

面的作用。

（3）进入 90 年代，石油期货交易量快速增长。1990 年，石油期货的交易量为每天 1.3 亿桶，到 1994 年上升至每天 2 亿桶，是世界石油消费总量的 3 倍。

（4）电子交易手段的推出、石油交易量成倍增加、价格信息的实时发布，充分反映了市场供求关系的变化，使得石油"期货价"越来越重要，并逐渐演变成为世界石油市场的"基准价"。

表 5-5 OPEC"参考价"转向市场"期货价"机制的特征

市场结构	市场更加多元化，多主体参与
定价类型	多主体博弈定价
价格形式	"期货价"
油价特征	价格波动性显著增大，价格水平是在波动中走高

石油期货建立的最初动因是由于石油危机后石油定价权转移到 OPEC 手中，且石油危机令西方国家损失惨重，西方国家迫切需要建立一种新的定价体系来打破 OPEC 对石油价格的控制。因此，1978 年，纽约商品交易所推出第一个石油期货合约——取暖油期货合约，随后又推出了多种类型的石油期货合约；同时，国际石油交易所（IPE）也推出了各种类型的石油期货合约。因此，可以说石油危机推动了石油期货市场的产生与发展。

石油期货的发展主要经历了四个阶段：

（1）萌芽阶段（1978—1986 年）。这一阶段对期货市场定价微乎其微，石油期货市场上没有大的生产商和销售商参与，发展缓慢。

（2）发展阶段（1986—1997 年）。这一阶段全球经历了产量大规模增长，经合组织国家建立石油储备，石油在一次能源消费中比例下降，石油价格波动加大。石油价格的不稳定使得大型石油公司纷纷进入石油期货市场，石油期货市场获得了快速发展，价格开始由供需等多市场主体决定。

（3）成熟阶段（1997—2008 年）。石油期货市场决定了石油价格的走向。2008 年以前，西方大的对冲基金、其他金融机构等大量资本开始进入石油期货市场，推动了新一轮的油价上涨。这些大的投机资金通过操控石油期货市场来影响石油价格，而随着美国金融衍生品市场规模的迅速扩张，投机资金对石油价格的影响也越来越强。此时，谁控制了期货市场，谁就控制了价格。

（4）理性回归阶段（2008 年以后）。金融危机的迅速扩大，使得西方国家的经济和金融体系元气大伤，石油期货市场的投机资金也开始回归理性，很多投机资金开始推出石油期货市场，原油价格也开始下跌。石油价格决定机制也回归到了石油现货、石油期货市场上的基本供求关系决定，其中期货市场起主导作用的阶段。

第三节　国际石油价格形式

一、OPEC 官方价格

从 20 世纪 60 年代后期特别是 70 年代初以来，OPEC 一直在与西方跨国公司降低标价的行为作斗争，历次部长级会议都公布标准原油价格。这种标准原油价格以沙特阿拉伯 API 度为 34 的轻油为基准，公布的价格就是当时统一的官方价格。到 20 世纪 80 年代，由于非 OPEC 产油量的增长，官价作用被大大削弱，在 1987 年底，OPEC 又改成以 7 种原油的平均价格来决定该组织成员国各自的原油价格，然后按原油的质量和运费价进行调整。

二、非 OPEC 官方价格

非 OPEC 的官方价格是非 OPEC 成员的产油国自己制定的油价体系，它一般参照 OPEC 油价体系，结合本国实际情况而上下浮动。

三、现货市场价格

原油现货交易价格是指通过要约与承诺达成协议给出的价格，是与现货市场相联系的定价，通常可以真实反映国际石油市场的现状。目前，世界上主要的现货市场有美国纽约、英国伦敦、荷兰鹿特丹和新加坡。反映现货市场价格的报价系统和价格指数有普氏报价（Platt's）、阿各斯报价（Petroleum Argus）、路透社报价（Reuters）、美联社报价（Telerate）、亚洲石油价格指数（APPI）、印尼原油价格指数（ICP）、远东石油价格指数（FEOP）、瑞木（RIM）。原油现货市场的报价大多采用离岸价（FOB）。

四、期货交易价格

期货与现货相对。期货是现在进行买卖，但是在将来进行交收或交割的标的物，这个标的物可以是某种商品（例如黄金、原油、农产品），也可以是金融工具，还可以是金融指标。交收期货的日子可以是一星期之后、一个月之后、三个月之后，甚至一年之后。买卖期货的合同或者协议叫作期货合约，买卖期货的场所叫作期货市场。

买卖双方通过在石油期货市场上的公开竞价,对未来时间的石油标准合约,在价格、数量和交货地点上,优先取得认同而成交的油价为石油期货价。

从近几年的原油价格波动情况看,期货市场已经在某种程度上发挥了价格发现功能,期货价格已成为原油价格变化的预先指标。交易所向世界各地实时公布交易行情,石油贸易商可以随时得到价格资料,这些因素都促使石油期货价格成为石油市场的基准价。

五、以货易货价格

OPEC 成员国在出口其原油时,必须遵守成员国之间共同商定的官方价格,特别在 20 世纪 80 年代末以后至 90 年代末低油价时期,有些急需资金的成员国为了购买所需物资,需要多出口石油,但又要遵守 OPEC 的产量配额。为解决这个矛盾,有些国家就采用以货易货方式交换其想要的物资。采用这种方式时,采用的原油价格虽然是按照 OPEC 官方价格计算,但由于所换物资的价格高于一般市场价,所以实际上以货易货的油价往往低于官方价格,因而这是在市场疲软情况下一种更加隐蔽的价格折扣方法和交易手段。

以货易货最基本的形式是用石油换取专门规定的货物或服务,此外还有以油抵债、以油换油、回购交易等多种形式。回购交易是卖方将销售石油所得收入的一部分用来购买进口其石油国家的货物。这种交易较为灵活,石油出口国可以从石油进口国所提供的多种货物和服务项目中进行选择,挑选其愿意接受的货物或服务,作为销售石油的全部或部分收入。

六、净回值价格

净回值价格,又称为倒算净价格(Net Back Pricing)。一般来说,净回值是以消费市场上成品油的现货价乘以各自的收率为基数,扣除运费、炼油厂的加工费及炼油商的利润后,计算出的原油离岸价。这种定价体系的实质是把价格下降风险部分转移到原油销售一方,从而保证了炼油商的利益,因而适合于原油市场相对过剩的情况。1985 年沙特阿拉伯就是在当时原油市场供过于求的情况下,采取这种油价体系来争夺失去的市场份额的。

七、期货市场和现货市场相结合的石油定价体系——当前机制

目前,由于期货市场已经在一定程度上替代了现货市场的价格发现功能,成为原油价格变化的预先指标,形成了期货市场和现货市场结合定价的体系。目前的国际原油市场的现货原油价格都以世界各主要地区的标准油为基准作价,即选用一种或几种参照油的价格作为基准,加上升贴水。其基本公式为:原油结算价格=基准价+升贴水。

基准价格是原油结算价格的参考价格,用来衡量国际石油市场的整体价格水平。有些原油使用某个报价体系中对该种原油的报价,经公式处理后作为基准价,有些原油由于没有报价等则要挂靠其他原油的报价。根据油种的不同,目前几种主要价格的原油有:西得克萨斯轻质中间基原油(WTI)、布伦特(Brent)、阿联酋含硫原油(Dubai)、辛塔、米纳斯等,这些价格总体差异不大,且互相关联(也有例外时期)。

八、不同地区基准油价格的参照标准

基准油是石油定价参照的油种,不同贸易地区所选的基准油不同,其价格也不同。按照不同的贸易地区,分为欧洲地区、北美地区、中东地区和亚太地区。

(一) 欧洲地区

该地区市场发展较早、发育较成熟，既有现货市场，又有期货市场。英国北海轻质原油 Brent 已经成为该地区原油交易和向该地区出口原油的基准油，其中主要包括的地区有西北欧、北海、地中海、非洲及部分中东国家（如也门）。其主要交易方式为 IPE 交易所交易，价格每时每刻都在变化，成交非常活跃。

(二) 北美地区

与欧洲原油市场一样，美国和加拿大原油市场也已比较成熟。WTI 是该地区交易或向该地区出口的部分原油定价主要参照，如厄瓜多尔出口美国东部和墨西哥的原油、沙特阿拉伯向美国出口的阿拉伯轻质油、中质油、重油和贝里超轻质原油。其主要交易方式为 NYMEX 交易所交易，成交活跃。

(三) 中东地区

中东地区原油主要出口北美、西欧和远东地区。其定价中参照的基准原油一般取决于原油的出口市场，如出口北美地区的原油参照 WTI、出口欧洲的原油参照 Brent、出口远东参照阿曼和迪拜原油的价格定价（即 Dubai）。其主要交易方式是场外交易或与其他标准油的价差交易。还有类是出口国自己公布价格指数，石油界称为"官方销售价格指数（OSP）"，如阿曼石油矿产部公布的原油价格指数（MPM）、卡塔尔国家石油公司公布的价格指数（QGPC）、阿布扎比国家石油公司的价格指数（ADNOC），这些价格指数每月公布一次，均为追溯性价格。

(四) 亚太地区

该地区的原油长期销售合同中定价方法主要分为两类：一种以印尼某种原油的印尼原油价格指数加上或减去调整价，如越南的白虎油以印尼米纳斯原油的亚洲原油价格指数为基础、我国大庆出口原油以印尼米纳斯原油和辛塔原油的印尼原油价格指数的平均值为基础。另一种以马来西亚塔皮斯原油的亚洲石油价格指数为基础，加上或减去调整价，如澳大利亚和巴布亚新几内亚出口原油以马来西亚塔皮斯原油的亚洲石油价格指数为基础、中国海洋石油集团有限公司的出口原油既参考亚洲石油价格指数，也参考 OSP 价格指数。

不同地区的基准油价格参照标准见表 5-6。

表 5-6 不同地区的基准油价格参照标准

区域			参照标准
欧洲	本地原油交易	西北欧、北海、地中海	Brent
	向该地区出口	非洲、部分中东国家（如也门）出口	Brent
北美	本地原油交易	美国、加拿大	WTI
	向该地区出口	如厄瓜多尔、沙特阿拉伯出口	WTI
中东	主要为出口	出口北美地区	WTI
		出口欧洲地区	Brent
		出口远东地区	Dubai
		阿曼、卡塔尔、阿布扎比出口参照	分别参照本国公布的价格指数：MPM、QGPC、ADNOC

续表

区域			参照标准
亚太	主要为交易	如越南的白虎油、我国大庆的出口原油	以印尼某种原油的印尼原油价格指数加减调整价
		如澳大利亚和巴布亚新几内亚出口原油、中国海洋石油集团有限公司的出口原油	以马来西亚塔皮斯原油的亚洲石油价格指数为基础加减调整价

第四节 中国石油定价机制

改革开放以来，我国石油产品的价格改革基本上是沿着计划制—双轨制—市场制的方向进行，价格所反映的内容也基本实现了由不完全的成本向完全成本方向的转变。

一、完全计划价格体制阶段

20世纪80年代以前，是完全计划价格体制阶段。这一阶段，中国一直实行计划经济，国内油价基本为计划经济条件下的完全国家管制，油价由政府制定、调整，并严格执行。1973年以前，国内油价与物价相比始终处于低价位状态，但与当时的国际油价相比却处于绝对的高价位水平。在1960—1970年，国内原油价格为130元/吨，折算后的价格高于同期国际油价。尽管在1971年我国国内油价进行了适当的调低操作，但1973年的国内油价依然高于国际油价。1973年爆发第一次石油危机后，国际油价开始大幅上涨，而我国国内油价变化不大。此后，一直到1980年前后，我国国内油价一直低于国际油价。

二、双轨制价格管理阶段

进入80年代后，油价以国家定价为主、计划内外多种价格并存，计划外实行最高限价的管理体制。这一时期基本上石油价格仍由国家统一定价、定向销售，石油价格仍是长期偏低，当时国际油价是国内油价的4~5倍。进入90年代后，我国开始引入市场价格，国家逐步放开对油价的控制。这一时期国家调整部分计划内原油价格，完全放开计划外油价，取消石油最高限价。在1993年给予了原油5%、成品油9%的自销权。在这种相对开放的价格体制和流通体制下，1993—1995年我国在上海进行了石油期货的尝试。

三、国内油价与国际油价接轨阶段

1998年3月，国务院组建了中国石油天然气集团公司与中国石油化工集团公司。与此同时，国内油价的价格形式由国家定价转变为国家指导价。国内油价开始逐步与国际油价接轨，这一阶段共经历了五个主要时期：

（1）1998年6月1日起，原油价格与国际油价接轨，成品油价格实行政府指导价，企业在国家指导价的基础上上下浮动5%。并对中石油、中石化等石油供应加工企业进行了改革重组。至此，国内原油价格真正实现与国际油价接轨，成品油定价机制由原来的政府直接定价转向政府反映式与预期式引导的定价机制。从 2000 年 6 月起，国内成品油价开始参考国际市场价格变化相应调整，当时参考的只有新加坡市场的油价。如图 5-7 所示，国内外原油价格基本上保持一致——实现了完全接轨。

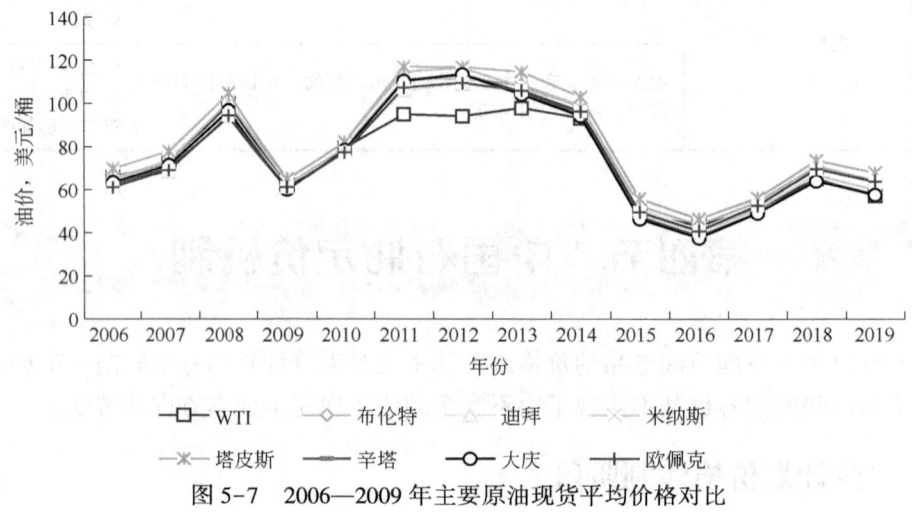

图 5-7　2006—2009 年主要原油现货平均价格对比

（2）2001 年 11 月，我国对油价形成机制再次进行了调整。将国内单一与亚洲市场挂钩的成品油价格改为与亚洲、欧洲和北美三地市场价格挂钩，成品油从紧跟新加坡市场每月调整的定价方式，改为根据纽约、鹿特丹、新加坡三地成品油价格变化情况加权计算定价，改革后的国内成品油价格与国际油价相差一个月，成品油价格由中石油、中石化在 8% 上下浮动的幅度内制定具体零售价。

（3）2006 年 3 月，国家发改委在宣布成品油价上调的同时，向地方传达了石油综合配套改革方案。方案包括两大内容：一是成品油价由原来的与国际成品油价直接接轨，改为以国际市场原油价格为基础，加上国内合理加工成本和适当利润确定。二是推出"四个配套机制"，包括建立石油企业内部上下游利益调节机制，建立相关行业价格联动机制，建立对种粮农民等部分弱势群体和部分公益性行业给予补贴的机制，建立原油涨价收入的财政调节机制。

（4）2008 年底进行的成品油价格和燃油税费改革，目的在于理顺成品油和原油的价格关系，形成国内成品油价格与国际市场原油价格有控制地间接接轨的定价机制。根据新的价格形成办法，国际油价在 22 个工作日内平均变化 4%，就应考虑对国内成品油价格进行调整，以使成品油价格能够更真实、更灵敏地反映市场供求关系，促进资源合理利用与公平竞争（国际市场原油移动平均价格变化参考布伦特、迪拜、辛塔三地原油加权均价变化率）。

将成品油零售基准价格允许上下浮动的定价机制，改为实行最高零售价格，并适当缩小流通环节差价。在此机制下，成品油经营企业可根据市场情况在不超过最高零售价格、最高批发价格或最高供应价格的前提下，自主确定或由供销双方协商确定具体价格。对于一些加油站进行的降价促销，国家对成品油实行的是最高限价，企业可以在最高限价之下自行定价，国家支持合法的市场竞争。

虽然同原来的定价机制相比，现行的成品油定价大大缩短了价格调整周期，价格调整频率明显加快，但以 22 个工作日国际原油价格变化情况决定国内成品油价格调整与否实际上仍然是一种跟随国际油价变化情况进行滞后调整的机制。该定价机制简言之就是考虑国内石油公司的炼油成本，实现国内油价与国际油价有控制的接轨。

几年来，现行定价机制暴露出一系列问题。其中两个问题最为严重，一是放大市场调价预期，加重投机囤积套利，"涨多跌少"也逐渐显现；二是调价具有滞后性，无法对市场供需关系做出准确反应，导致涨易跌难。正是因为我国成品油定价机制的种种不合理性，导致了这种囤积套利行为的出现。

2013年3月26日，《关于进一步完善成品油价格形成机制的通知》（发改价格〔2013〕624号）发布：一是缩短调价周期，将成品油计价和调价周期由现行22个工作日缩短至10个工作日，并取消上下4%的幅度限制。二是调整国内成品油价格挂靠油种，根据进口原油结构及国际市场原油贸易变化，相应调整了国内成品油价格挂靠油种。

（5）2016年1月13日，国家发改委发布通知，决定进一步完善成品油价格机制，设置调控上下限。调控上限为每桶130美元，下限为每桶40美元，即当国际市场油价高于每桶130美元时，汽、柴油最高零售价格不提或少提；低于40美元时，汽、柴油最高零售价格不降低；在40～130美元之间运行时，国内成品油价格机制正常调整，该涨就涨，该降就降。

事实上，在2008年的定价机制中，130美元的上限就已经存在，当时的论述为"当国际市场原油价格低于每桶80美元时，按正常加工利润率计算成品油价格。高于每桶80美元时，开始扣减加工利润率，直至按加工零利润计算成品油价格。高于每桶130美元时，按照兼顾生产者、消费者利益，保持国民经济平稳运行的原则，采取适当财税政策保证成品油生产和供应，汽、柴油价格原则上不提或少提"。

2016年价格机制完善的核心是加入了下限，即"低于40美元时，汽柴油最高零售价格不降低"，官方原因是过低的油价不利于其他可再生能源的发展和环境保护问题，由于此次价格机制完善是在国际油价持续走低的情况下提出的，其核心是为了防止油价下跌引起国内成品油价格持续走低，因此，也被称为"地板价"机制。事实上，该下限机制在2008年的定价机制改革中就有涉及，但是当时各方均认为石油价格不可能如此之低，所以就取消了。

图5-8为我国石油价格定价机制改革发展史。

四、国内油价的市场化形成阶段

（一）原油价格

目前国际石油的定价仍由世界两大主要集团决定：一是美欧集团，通过WTI和Brent原油期货合约形成市场定价基准；二是欧佩克，通过石油供给的调节影响国际油价。虽然中国的原油价格在20世纪末就已经实现与国际原油价格接轨，但原油的基准价格参照标准中尚没有以中国原油价格作为基准价的。而对于亚太地区来说，尽管日本、新加坡、印度等国已经建立了原油期货市场，但对国际油价的影响都不明显，也没有形成原油贸易的基准价格。世界原油基准价仍是以Brent、WTI、Dubai等为主。这些主流的原油基准价不仅没有准确反应亚太地区，特别是中国自身的原油市场供应，还造成亚太国家在国际原油市场上议价能力不足的状态。

作为全球第一大石油进口国，中国更多采用的是双边议价模式，原油进口价格始终处于被动接受的状态。为改变这种情况，在1993—1995年，中国在上海推出原油期货，但尝试失败。2018年，中国再次重启原油期货交易的尝试。2018年3月，上海期货交易所原油人

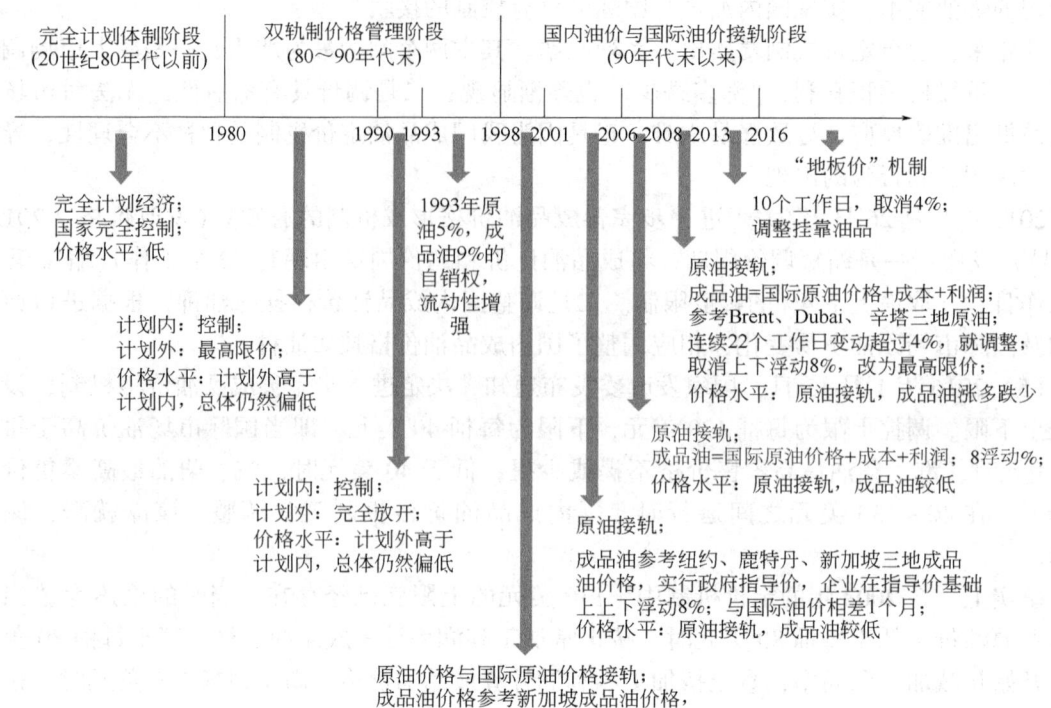

图 5-8 我国石油价格定价机制改革

民币期货诞生,中国自己的原油期货大船正式扬帆起航。历经五个月的时间,实现超过 10 万亿元的成交额,一跃成为仅次于美国 WTI 原油市场和英国 Brent 原油市场的世界第三大原油期货交易市场。目前,俄罗斯、委内瑞拉、尼日利亚、安哥拉、卡塔尔、阿联酋、伊拉克、沙特阿拉伯等国纷纷向原油人民币靠拢。上海原油期货交易市场的推出将改变国际贸易主要以美元结算的格局,并有望构建反映中国原油市场供求的亚洲原油定价基准,进一步促进国际原油体系的完整,填补亚太地区原油定价的空白。

(二)成品油价格

随着国内炼油能力的扩张、竞争主体的多元发展,资源供应过剩压力凸显,供过于求的状况或将在未来长期持续存在。我国现行的成品油调价机制主要还是参照国际原油价格,采用 Brent、Dubai、米纳斯的原油现货价格的加权平均值。成品油调价机制虽然已经历经了数次改革,但因定价机制仍采用成本挂靠法,成品油调价依据为国际原油变化率,导致成品油的定价、调价体系不能真实、完全地反映我国市场供需情况。尽管多数情况下我国成品油价格与国际价格保持较强的同步性,但我国成品油价格受市场供需的影响更大,而国际油价更多地受国际政治、经济、金融等形势的影响。发展中国自己的价格,能更加准确地体现中国市场情况。

根据国家油气行业体制改革的要求,进一步深化国家石油天然气价格改革,在油气行业下游逐渐形成市场化定价方式,形成具有国际影响力的价格基准,国家积极推动石油天然气交易中心的建设。目前北京、上海、重庆都在其石油和天然气交易中心中陆续推出各类成品油现货交易平台,鼓励成品油交易。近几年是国内经济转型的重要时期,油品资源需求增长放缓，成品油定价机制改革的黄金期或许已经到来。这些国家级成品油交易平台，正在推动成品油"中国价格"的形成。

思考题

1. 国际油价的根本决定因素是什么？
2. 市场结构对于国际油价的影响是什么？
3. 国际石油定价机制主要经历了哪几个阶段的演变？不同阶段石油定价机制是什么？
4. 石油定价机制演变的内在驱动是什么？
5. 现行石油定价体系是什么？

参考文献

[1] 汪莉丽，王安建. 世界石油价格历史演变过程及影响因素分析 [J]. 资源与产业，2009，11 (5)：35-42.

[2] 管清友. 国际油价波动的周期模型及其政策含义 [J]. 国际石油经济，2008 (1)：25-31.

[3] 陈悠久. 石油输出国组织与世界经济 [M]. 北京：石油工业出版社，1998.

[4] 杨景民，等. 现代石油市场 [M]. 北京：石油工业出版社，2003.

[5] 汪寿阳，等. 国际油价波动分析与预测 [M]. 长沙：湖南大学出版社，2008.

[6] 史丹. 国际油价的形成机制及对我国经济发展的影响 [J]. 经济研究，2000 (12)：48-53.

[7] 贾亚会，干飞，袁怀雨. 天然气开采的耗竭性定价模型及市场定价的参数估计 [J]. 天然气工业，2007 (5)：136-138.

[8] 孙军，侯超. 国际石油价格形成机制研究：兼论金融危机对其波动影响 [J]. 中国集体经济，2009 (13)：20-21.

[9] 闫文娜，刘慧芳，汪安佑. 国际石油价格形成机制对我国的启示 [J]. 资源与产业，2011，13 (5)：23-30.

[10] 张敏. 中国成为第三大原油期货交易市场 [EB/OL]. http：//www.comnews.cn/article/ibdnews/201907/20190700009403.shtml，2019-07-01.

[11] 周炳旭. 20世纪末期国际石油定价机制的演变 [D]. 郑州：河南大学，2013.

[12] Kohl, W. L. OPEC behavior, 1998-2001 [J]. The Quarterly Review of Economics and Finance, 2002, 42 (2)：209-233.

[13] Al-Faris, A.-R. F. OPEC and the Market：A Study of Oil Price Rigidity, Determination and Differentials [J]. Energy Journal, 1994 (3)：192-194.

第六章 石油价格影响因素与价格预测

第一节 石油价格影响因素分析

一、世界石油资源量对油价的影响

石油储量的变动是影响油价波动的最主要的长期因素之一,储采比(ratio of reserves to production)则是反映石油工业可持续发展程度的重要指标之一。

纵观历史,石油储采比与油价之间存在着某种耐人寻味的关系(图6-1)。2000年以前,石油储采比与石油价格呈现出较强的逆向关系。储采比上升(或高位运行),油价下降(或低位运行)。例如,刚进入20世纪80年代时,石油储采比逐年上升,而石油价格相应的保持着低迷的状态。储采比下降(或低位运行),油价上升(或高位运行)。例如,1988—1990年,世界石油储采比从44.67下降到了43.20,而此时的油价开始上升,从1988年的14.92美元/桶上涨到1990年的23.73美元/桶。

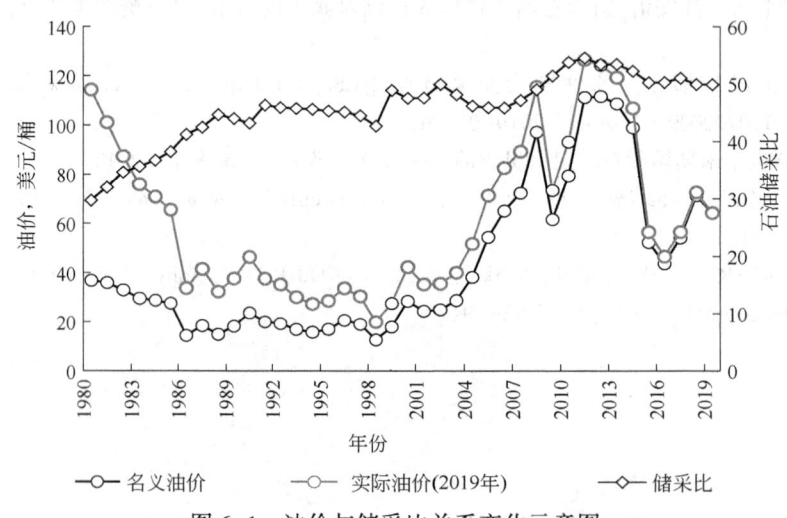

图6-1 油价与储采比关系变化示意图
资料来源:bp Statistical Review of World Energy June 2020

2000年以后,储采比与石油价格的关系模糊,出现分离。主要原因是储采比对油价的贡献度越来越小,其他因素成为影响油价的主要因素,这也是造成二者关系模糊的主要原因；另一次要原因是储采比数据质量问题。

不难发现，储采比本质上反映的是石油开采速度与储量增加速度的相互关系。当石油储采比下降的时候，意味着供给能力下降，石油价格就会升高，而上升的价格一方面会抑制石油需求从而使得开采量减少，另一方面使石油的勘探开发成为有利可图的商业活动，未来石油储量上升的可能大大增加。这样，储采比再次回归同步。相反，当石油储采比上升时，意味着供给能力的提升，石油价格开始下降并在低位徘徊。油价下降一方面将刺激需求，而另一方面会减少勘探投资，这样价格又会回升。进入 21 世纪之后，由于其他因素对油价的拉升作用已经超过了石油储量对油价的压低作用，所以造成了世界石油储量始终保持在高位，但石油价格却大幅攀升的状况。

二、世界石油剩余产能对油价的影响

一般而言，剩余产能越大，意味着对市场需求的满足程度越大，价格倾向于走低；相反，剩余产能减小，意味着市场供应的潜力减小，抵御市场波动性的能力减弱，此时石油价格容易波动，且价格走高。

OPEC 的原油产量是影响油价的重要因素之一，因此 OPEC 剩余产能提供了一个指标，表明世界石油市场能够应对可能减少石油供应的潜在危机。当 OPEC 剩余产能达到低水平时，石油价格倾向于持续走高。例如，2003—2008 年期间，OPEC 剩余产能小于 250 万桶/天，市场供应潜力减小，这对需求快速增长的供应波动提供了很小的缓冲，此时的油价波动明显，并伴随持续走高的趋势（图 6-2）。

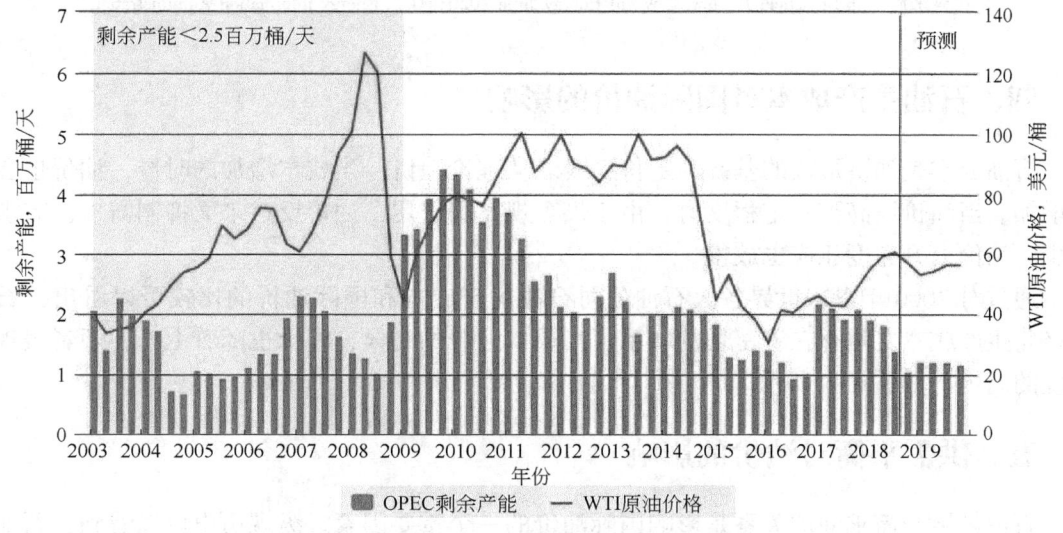

图 6-2　油价与 OPEC 剩余产能关系变化示意图
资料来源：U. S. Energy Information Administration 网站资料

三、世界石油库存对油价的影响

石油库存主要由商业库存和国家战略储备构成。商业库存的主要目的是保证企业在石油需求出现季节性波动的情况下能够高效运作，同时防止潜在的原油供给不足。国家战略储备的主要目的是应对石油危机。因此，对于短期油价而言，商业库存的影响更大。石油库存在一定程度上能够反映石油供需状况，库存降低，说明石油需求旺盛、供给紧张，反之亦然。所以说，石油库存是调节供需关系稳定油价的调节器。

石油消费国建立大规模库存的目的是为了减轻油价过度波动时的冲击，保证在石油需求出现季节性波动的情况下依然能高效运作，同时防止潜在的石油供给不足。如图6-3所示，2006年以来至今，石油库存波动与油价基本相反，这说明库存量的增加对油价的波动起到了稳定作用。

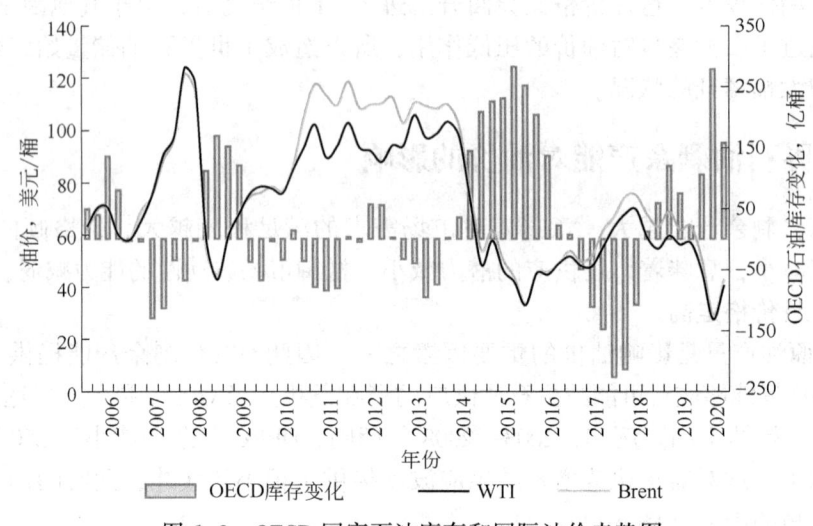

图6-3 OECD国家石油库存和国际油价走势图

资料来源：bp Statistical Review of World Energy June 2020；U. S. Energy Information Administration

四、石油生产成本对国际油价的影响

石油成本是油价形成的基础和定价底线。从理论上讲，当成本增加的时候，油价也会相应增加。当油价增高到一定程度时，由于供需规律的作用，油价反过来又抑制需求，需求量减少，油价上升速度相应也放慢。

通过对2000年以来世界各大石油公司石油生产成本和国际油价的比较可以看出，石油价格与生产成本之间存在着密切的联系。当成本上升的时候，油价也随着上升，两者表现出高度的同步，如图6-4所示。

五、供需平衡对油价的影响

石油供给与需求间的关系是影响国际油价的一个重要因素。纵观历史可以看到，石油供需之间关系的变化与油价波动有着一定的联系（图6-5）。例如，20世纪80年代初至90年代，石油产量与需求之间的差额迅速下降，供给逐渐呈现出紧张的趋势，石油价格下降到一定程度后快速上涨。进入90年代，供需之间的差额基本保持在稳定状态，而油价也相应地保持着波动状态。进入2000年之后，随着供给的日趋紧张，石油价格再次开始大幅度攀升。2014年以后，石油市场出现严重的供大于求的局面，此时的油价也表现出了大幅的跌落。

当石油供给大于需求或两者之间的差额呈增加态势的时候，石油价格较低或呈下降趋势；当石油供给小于需求或两者之间的差额呈递减态势的时候，石油价格较高或呈现

第六章 石油价格影响因素与价格预测

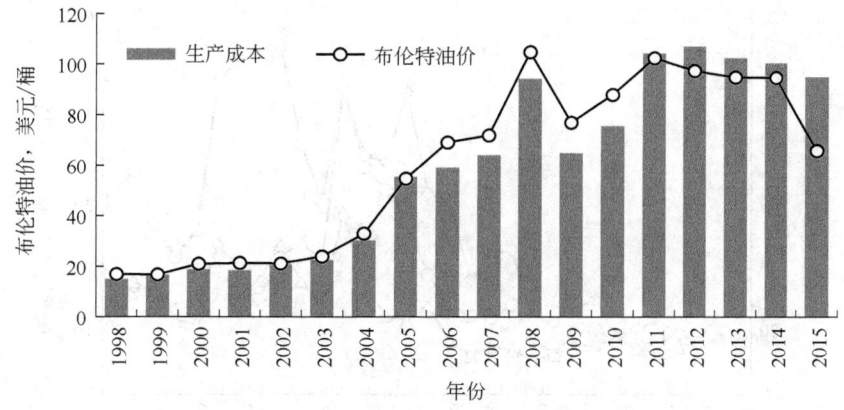

图 6-4 生产成本与国际油价走势图
资料来源：FTI Consulting

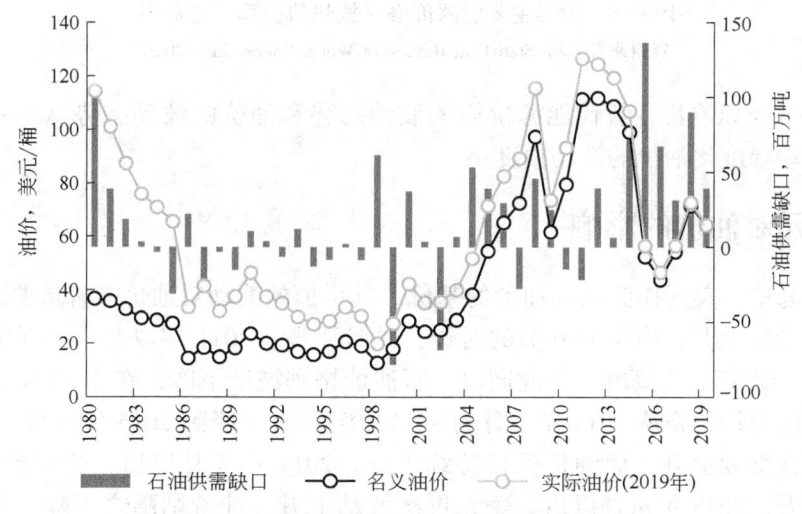

图 6-5 石油供需缺口与油价的关系示意图
（石油供需缺口为正值时供大于求，石油供需缺口为负值时供小于求）
资料来源：bp Statistical Review of World Energy June 2020

出上涨的态势。但需要指出的是，石油供需缺口与油价的相关程度并不高，这主要是石油的供给和需求的短期价格弹性均较低导致的，而且国际石油市场本身就是一个不稳定的市场，它受到许多非供求因素的影响，偶然事件的发生往往会导致油价与供需关系相背离的情况的发生。

六、替代能源的发展对油价的影响

作为能源，石油面临着煤、天然气、水能、风能等其他能源替代的可能，其替代能源的价格波动无疑会对石油价格的波动产生影响。由于世界能源的消费主要是石油、天然气和煤（1970—1998 年占世界能源消费总额的 85%），所以有时把天然气和煤的价格与油价进行比较。由于三者之间的价格不具有直接可比性，因此将天然气和煤的价格按照燃烧等值的原则先折算为油当量的价格，如图 6-6 所示。

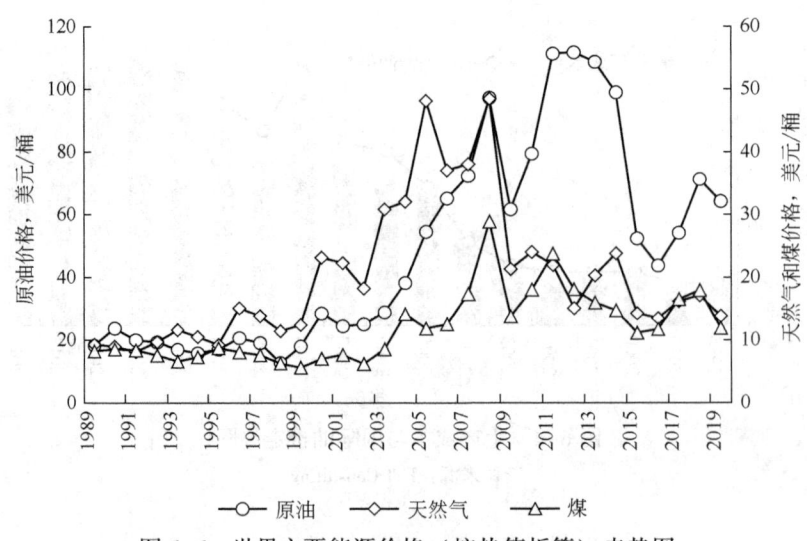

图 6-6 世界主要能源价格（按热值折算）走势图

资料来源：bp Statistical Review of World Energy June 2020

通过图 6-6 可以看出，替代能源价格的波动态势和油价的波动态势基本一致，但替代能源的价格波动幅度比油价的波动幅度小。

七、美元对油价的影响

在国际贸易中，美元作为国际油价的基价，其币值的波动对油价有着重要影响。当美元贬值的时候，油价上升；当美元升值的时候，油价下跌。2011 年以来，美元波动上升，到 2015 年 4 月时出现第一个高峰，与此同时，石油价格则波动下降，在 2015 年 3 月时降到第一个低点，WTI 原油价格从 2011 年 1 月的 92.19 美元/桶下降到 2015 年 3 月的 47.60 美元/桶。随后，美元继续上升，而油价保持持续下跌。2017 年 8 月以后，美元价格开始下降，而油价开始回升。2018 年 4 月以后，美元再次波动上升，油价则随之下降。根据美国联邦储备委员会编制的美元与主要货币的名义汇率指数和 WTI 原油现货价格制作的关系图（图 6-7）可以看到，两者呈现完全相反的走势。

八、期货投机对油价的影响

自 2002 年来，由于美元持续走软、股市低迷不振，美元投机资金在股市、债市上的投资收益令人失望，再加上国际油价持续上涨，人们普遍形成高油价的心理预期，投机基金借机通过各种手段对国际市场的石油价格进行炒作。大量投机资金从股市、汇市等市场撤出，涌入期货市场，大肆炒作能源和原材料期货，就连以前很少涉足国际原油期货市场的大型对冲基金也蜂拥而至。仅 2005 年上半年，大约有 8 万亿美元游资进入原油市场。

大量投机资金进入原油期货市场对原油价格持续上扬起到了推波助澜的作用。因此，石油投机行为已成为当前石油市场不稳定的重要因素，破坏了石油价格机制的正常秩序，加剧了国际石油市场的动荡。从近期石油投机炒作来看，投机资金在石油期货市场进行的炒作不仅仅是短期行为，而且在中长期影响油价的走势，因而造成石油价格在高位徘徊。

图6-7 油价与美元名义汇率指数示意图
资料来源：美国联邦储备委员会

九、政治、经济事件对油价的影响

历史上的每一次石油价格大幅波动的背后都能看到政治经济因素的影子。1973年前后的中东战争及其后的石油禁运促成了第一次石油危机，1979年伊朗伊斯兰革命造成伊朗石油大幅减产，1990年伊拉克入侵科威特导致油价上涨，1997年亚洲金融危机的爆发使得油价大幅下跌，"9·11"之后美国发起反恐战争，带来中东地区的动荡和石油供给波动，2008年全球金融危机的爆发造成油价的剧烈波动，2010年美国墨西哥湾的漏油事件、2011年的北非中东的持续动荡及日本的核危机等都对油价造成了一定程度的影响。从20世纪70年代至今，国际石油市场呈现出OPEC和非OPEC石油生产国、石油消费国及石油公司相互制约的格局，这使得政治经济因素在石油价格波动中扮演了重要角色。

通过对石油市场影响油价波动的各个因素的分析，可以得出如下结论和启示：

（1）任何一种因素对油价的解释能力都是有限的；

（2）油价是多种因素的共同作用，而不同时期内，其主导因素不同；

（3）在21世纪以后，尽管供需可能也在影响油价的走高与走低，但是其变动幅度正在被改变的供给需求曲线（弹性变小）及美元、期货等因素放大。

第二节 短期油价预测方法

油价预测最早可以追溯到Hotelling（1930）提出的可耗竭资源模型，该模型首次用数学方法刻画了可耗竭资源的最优利用，并且得出资源产品的净价格等于社会贴现率的结论；许多文献通过设定石油市场主体的不同行为和石油开采中的不同技术条件，引进各类相关参数，建立各种理论模型来分析油价波动的原因和未来趋势；20世纪90年代兴起的VAR方法、分形方法、混沌方法及最近新发展起来的人工神经网络和基于支持向量机模型也越来越多地应用于原油价格预测；目前，使用经济时间序列方法较多，包括Engle（1982）提出的自回归模型（ARCH）、Engle 和 Granger（1987）提出的协整理论及 Johansen（1988）提出的极大似然估计法（MLE）等。

表 6-1 列举了一些油价预测方法。

表 6-1　油价预测方法列举

油价预测方法	定量模型	计量经济学模型（标准模型）	时间序列模型	指数平滑模型
				自回归模型（ARMA、ARCH、GARCH 等）
			结构模型	把 OPEC 行为、库存、石油供应与消费及其他（如 GDP、利率、汇率或其他商品价格等）对油价有影响的变量加以考虑的计量模型
		非标准模型		人工神经网络 ANN
				支持向量机 SVM
				系统动力学 SD
	定性模型			德尔菲法
				模糊逻辑与专家判断
				Web 文本挖掘方法

经典的石油价格短期预测方法主要有（差分）自回归移动平均模型、广义自回归条件异方差模型、向量自回归模型、向量误差修正模型及非线性自回归神经网络。

一、自回归移动平均模型

自回归移动平均（Auto-regressive Moving-average，ARMA）模型是标准计量学模型，主要适用于平稳时间序列的建模和预测，由美国统计学家 George Box 和英国统计学家 Gwilym Jenkins 提出。平稳时间序列指序列的均值、方差和自协方差都不随时间而发生变化。ARMA 模型是一种比较实用且预测精度较高的预测方法，该模型假定事物的变迁符合渐进特征，影响事物的因素在过去、当前和将来基本不变或变化较小，即事物的变迁遵循稳定与类推的法则，因此可根据序列的现有信息和确定趋势以预测未来信息。根据石油价格过去的变化规律来建立模型，然后利用这个模型来预测油价未来的变化趋势。ARMA 模型将预测对象随时间推移而形成的数据序列视为一个随机序列并加以描述，短期预测结果模拟值与实际值十分接近，预测效果好。

二、广义自回归条件异方差模型

自回归条件异方差（Auto-regressive Conditional Heteroskedasticity，ARCH）模型与 ARMA 模型一样，也是一种经典的计量经济学模型，由 Engle 于 1982 年提出。该模型通过自回归形式来刻画条件方差的时变性，被广泛应用于金融时间序列波动性分析，且导致了大量波动性分析模型的发展。Bollerslev（1986）在 ARCH 模型的基础上进行了推广，提出了广义自回归条件异方差（GARCH）模型，在条件方差方程中加入了滞后条件方差项。尽管 GARCH 模型需要估计的参数很少，但它无法描述石油价格波动的不对称性。

三、向量自回归（Vector Auto-regressive，VAR）模型

VAR 模型最早由 Sims 于 1980 年提出，主要用于研究和预测多维平稳的时间序列。VAR 模型的数学表达形式公式(6-1) 所示：

$$Y(t)=\Gamma Y(t-1)+\cdots+\Gamma_d Y(t-d)+\Psi X(t)+\varepsilon(t) \tag{6-1}$$

式中　$Y(t)$——t 时刻 $p\times 1$ 维的内生变量；

$X(t)$——t 时刻 $q\times 1$ 维的外生变量；

d——VAR 模型的滞后阶数；

$\varepsilon(t)$——扰动项；

$\Gamma_1,\cdots,\Gamma_d$——待回归估计的 $p\times p$ 维系数矩阵；

Ψ——待回归估计的 $q\times q$ 维系数矩阵。

VAR 的建立和模拟步骤如下：(1) 选取合适的影响油价的变量，如汇率、储量、世界其他地区油价等；(2) 数据平稳性检验；(3) 协整检验；(4) 格兰杰因果检验；(5) 构建动态预测模型；(6) 冲击反应分析与方差分解，冲击响应函数刻画的是在扰动项上加一个标准差大小的冲击，对于内生变量当前值和未来值所带来的影响。方差分解可以衡量各解释变量对被解释变量变化的贡献率。

四、向量误差修正（Vector Error Correction，VEC）模型

误差修正最早由 Sargen 于 1964 年提出，Davidson、Hendry、Srba 和 Yeo（1978）在此基础上提出了误差修正模型。Engle & Granger（1987）将协整与误差修正模型相结合，提出了 VEC 模型，该模型主要用于研究与预测存在协整关系的非平稳时间序列。

李大伟等（2008）根据供需理论，在 VEC 模型基础上，建立了石油季度价格预测模型：

$$D_t=f(D_{t-1},\cdots,D_{t-k},S_{t-1},\cdots,S_{t-k},P_{t-1},\cdots,P_{t-k}) \tag{6-2}$$

$$S_t=f(D_{t-1},\cdots,D_{t-k},S_{t-1},\cdots,S_{t-k},P_{t-1},\cdots,P_{t-k}) \tag{6-3}$$

$$P_t=f(D_t,S_t,P_{t-1},\cdots,P_{t-k}) \tag{6-4}$$

该模型的含义是指第 t 期的需求和供给受 $t-k$ 到 $t-1$ 期的需求、供给和价格的影响，而第 t 期的价格除受 t 期的供给和需求影响外，还受 $t-k$ 到 $t-1$ 期的价格影响。在做长期预测时，该模型还需要加入外生变量。

五、非线性自回归神经网络

神经网络在识别非线性复杂数据方面十分出色，再结合时间序列的特点，提出了非线性自回归神经网络（Nonlinear Auto-regressive neural network，NAR）和带外生输入的非线性自回归（Nonlinear Auto-regressive with exogenous input，NARX）模型。该方法是一种递归的神经网络，集成了线性自回归模型和经典神经网络。该方法已经被证实非常适用于预测复杂、非平稳和非线性的时间序列，如石油价格时间序列。

第三节 中长期油价预测方法与应用

准确地进行中长期油价预测是非常困难的，但抓住油价的规律，尤其是运用石油峰值的思想、后石油时代的理论就能突破这一困境。这里以两个模型为例，解释如何预测中长期的油价。由于预测油价还是一门艺术，需要与预测者的经验相结合，还应辩证地判断预测结果。

一、基于供需分析的油价中长期预测模型

（一）供需结构模型理论基础

根据经济学原理，当供给量大于需求量时，商品的价格下降；反之，当需求量大于供给量时，价格上涨；当供给量与需求严重失衡时，价格暴涨暴跌。石油作为商品，油价变化的影响因素来自供给和需求两方面。

1. 供给因素

供给因素包括资源量、储量、产量和石油库存等及相互间的关系。资源量和储量决定了长期的供给总量，属于长期影响因素，当石油开采量的增加速度同储量增长速度不能同步时，就可能导致石油价格的波动。如前文所述，储采比与油价呈现同步变化态势。产量波动属于中期影响因素，产出量的变化将直接影响供应量，当供求不平衡时，引起油价波动。石油库存属于短期影响因素，交易商关注的目的在于利用不同时期的油价差来牟利，同时，库存面对价格波动将适时调整，而且这种调整所用时间更短，所以成为影响短期供应的重要因素。

2. 需求因素

石油价格与需求之间是相互影响的一种关系，表现在两个方面：一是对石油消费总量的影响，价格的上升会在一定程度上抑制石油消费，但随着经济的增长，石油消费又有一个刚性的增长趋势，这有可能减轻石油消费对油价变动的敏感性；二是对单位产出耗油量的影响，价格的上升导致众多耗油产业的成本大幅度上升，这将促进节油设备研发应用，从而进一步降低单位产出的耗油量。

分析油价的影响因素发现，供需是决定油价的中长期因素。供需决定价格，价格是价值的体现。如在2004年后，石油的金融属性开始凸显，对油价的短期作用开始加大，极大地放大了油价波动幅度，但就长期来看，油价还将由供需双方决定，特别是2008年7月后油价受金融危机影响而大跌之后，经过一段时期的过渡调整，油价开始回归正常。在未来一段时间内，供需仍将是决定油价走势的决定因素。

（二）基于供需分析的油价中长期预测模型

1. 建模

通过对需求进行处理，得到供需结构油价预测模型：

$$P_t = C + \alpha demand_t + \beta demandsq_t + p_{t-1} + u_t \tag{6-5}$$

式中 p_{t-1}——$t-1$期的国际油价，美元/桶；

$demand_t$——t期的世界石油消费量，亿吨；

第六章 石油价格影响因素与价格预测

$demandsq_t$——t 期的世界石油消费量的平方，亿吨；

α、β——回归系数；

u_t——随机干扰项。

油价在不同阶段影响因素不同，此处假定需求对油价的影响作用大于其他因素影响。

2. 模型估计

对历史油价数据进行回归分析，得到回归结果。但这里并没有结束，还需要检验所估计模型与实际原油价格的拟合程度。

3. 模型的检验——后验差检验拟合方程

检验原理是计算原始序列标准差：

$$S_1 = \sqrt{\frac{\sum [X^{(0)}(i) - \overline{X^{(0)}}]^2}{n-1}} \tag{6-6}$$

式中，$X^{(0)}(i)$ 是原始序列，$\overline{X}^{(0)}$ 是原始序列的平均值。

计算绝对误差序列的标准差：

$$S_2 = \sqrt{\frac{\sum [\Delta^{(0)}(i) - \overline{\Delta^{(0)}}]^2}{n-1}} \tag{6-7}$$

式中，$\Delta^{(0)}(i)$ 是绝对误差序列，$\overline{\Delta}^{(0)}$ 是绝对误差序列的平均值；计算方差比 $C=S_2/S_1$，计算小误差概率 $P=P\{|\Delta^{(0)}(i)-\overline{\Delta}^{(0)}|<0.6745S_1\}$，应用 P 值和 C 值检验模型的合格性。

二、经验模态分解法

（一）简介

经验模态分解（Empirical Mode Decomposition，EMD）是 N. E. Huang（1998）提出的一种将原始数据序列分解为一系列具有物理意义的固有模态函数（Intrinsic Mode Function，IMF）和一个残差项的数据分解方法。EMD 是一种适用于非线性非平稳数据的数据分析方法，可以从一个新的角度分析油价。

IMF 的具体定义是：（1）整个数据序列中，极值点的数量与过零点的数量相等或至多相差 1；（2）数据序列关于时间轴局部对称，序列中任意一点，由局部最大值点确定的包络线和由局部极小值点确定的包络线的均值为 0。

（二）分解步骤

EMD 假设任何复杂信号都是由一些相互不同的、简单的、并非正弦函数的 IMF 分量组成，每个 IMF 分量可以是线性的或者非线性的，如果模态之间相互重叠，便形成复合信号。EMD 通过一系列筛选过程从原始时间序列中逐个得到 IMF，具体步骤：

(1) 对原始序列，识别出所有极值点；

(2) 对所有极大值（极小值）进行三次插值，拟合出 $x(t)$ 的上（下）包络线 $e_{max}(t)$；

(3) 计算上下包络线的均值 $m(t)$：$m(t) = [e_{min}(t) + e_{max}(t)]/2$；

(4) 用原始信号 $x(t)$ 减去 $m(t)$，即得到原始信号与均值的差值：$d(t) = x(t) - m(t)$；

(5) 判断的性质：如果 $d(t)$ 满足 IMF 的定义，记 $d(t)$ 为第 i 个 IMF，即 $c_i(t)$，记残差 $r(t) = x(t) - d(t)$ 为新的 $x(t)$；如果 $d(t)$ 不满足 IMF 的定义，记 $d(t)$ 为新的 $x(t)$。

(6) 重复以上步骤，直到无法再从 $x(t)$ 中筛选出新的 IMF，这时 $x(t)$ 通常是常数项、单调函数，或者只含有一个极值：

$$x(t)=\sum_{N=1}^{N} IMF+r(t) \tag{6-8}$$

依据上面的步骤，原始信号 $x(t)$ 可以表示为所有分解的 IMF 和残差之和。其中 N 是 IMF 的个数，而 $r(t)$ 是最后的残差项。

(三) 模型的检验

该模型的检验采用指数曲线的最小二乘法拟合，其拟合原理为：设有一个原始时间数据序列 $\{x(t),t=1,2,\cdots,n\}$，其中 x 与 t 的关系通过分析可用模型 $x=ae^{-bt}$ 的形式近似表达。如何确定模型中的白化参数 a、b 就成为灰色体系中要解决的问题。利用指数最小二乘的曲线拟合可得 a 和 b 的值。过程如下：首先对 $x=ae^{-bt}$ 的两边取对数，得 $\ln x=\ln a-bt$。令 $u=\ln x$，$b_0=\ln a$，$b_1=-b$，则有新函数关系：$u=u(t)=b_0+b_1t$，为直线方程，由此得到方程：

$$\begin{bmatrix}\sum_{j=1}^{m}1 & \sum_{j=1}^{m}t \\ \sum_{j=1}^{m}t & \sum_{j=1}^{m}t^2\end{bmatrix}\begin{bmatrix}A\\B\end{bmatrix}=\begin{bmatrix}\sum_{j=1}^{m}u\\ \sum_{j=1}^{m}tu\end{bmatrix} \text{或} \begin{cases}\left(\sum_{j=1}^{m}1\right)A+\left(\sum_{j=1}^{m}t\right)B=\sum_{j=1}^{m}u\\ \left(\sum_{j=1}^{m}t\right)A+\left(\sum_{j=1}^{m}t^2\right)B=\sum_{j=1}^{m}tu\end{cases}$$

通过方程解出 A 和 B 的值。这里，m 为 t 的取值个数。将 A、B 值还原为 a、b 值，由此 x 与 t 关系的指数模型可以确定。

思考题

1. 国际油价的影响因素有哪些？
2. 国际油价影响因素中哪些与油价变化趋势一致？哪些与油价变化趋势相反？
3. 你认为对中长期国际油价影响最大的因素有哪些？请阐述理由。
4. 短期油价预测方法有哪些？
5. 中长期油价预测方法有哪些？
6. 基于供需分析的油价中长期预测模型的前提条件有哪些？

参考文献

[1] 陈悠久. 石油输出国组织与世界经济 [M]. 北京：石油工业出版社，1998.
[2] 马登科，等. 国际石油价格动荡之谜 [M]. 北京：经济科学出版社，2010.
[3] 胡怀国. 石油价格波动及其宏观经济影响 [M]. 北京：经济科学出版社，2010.
[4] 冯保国. 油价预测的魅力就在于"预测不准"[J]. 中国石油石化，2019 (6)：31.
[5] 高建，董秀成. 原油价格预测的精度分析 [J]. 统计与决策，2007 (15)：61-63.
[6] 高新伟. 当前国际油价下跌趋势预测与应对策略 [J]. 价格理论与实践，2018 (11)：62-86.
[7] 李子奈，等. 计量经济学 [M]. 北京：高等教育出版社，2005.
[8] Board of Governors of the Federal Reserve System. Foreign Exchange Rates. https://www.federalreserve.gov/releases/h10/.
[9] Bollerslev, T. Generalized autoregressive conditional heteroskedasticity [J]. Journal of Econometrics, 1986,

5（1）：1-50.

[10] BP. BP Statistical Review of World Energy 2020 [R]. 2020.

[11] Davidson, J. E., Hendry, D. F., Srba, F., et al. Econometric modelling of the aggregate time-series relationship between consumers' expenditure and income in the United Kingdom [J]. The Economic Journal, 1978, 88 (352): 661-692.

[12] Engle, R. F. Autoregressive Conditional Heteroscedasticity with Estimates of the Variance of United Kingdom Inflation [J]. Econometrica, 1982, 50 (4): 987-1007.

[13] Engle, R. F., Granger, C. W. Co-integration and error correction: representation, estimation, and testing [J]. Econometrica, 1987, 55 (2): 251-276.

[14] FTI Consulting. Oil Price Drivers: Bottom of the Barrel? June 2016. https://www.fticonsulting.com/~/media/Files/emea--files/insights/reports/fti-oil-price-drivers-report.pdf.

[15] Hotelling, H. The Economics of Exhaustible Resources [J]. Journal of Political Economy, 1931, 39 (2): 137-175.

[16] IEA. World Energy Outlook 2019 [R]. Paris: International Energy Agency, 2019.

[17] Johansen, S. Statistical analysis of cointegration vectors [J]. Journal of Economic Dynamics and Control, 1988, 12 (2): 231-254.

[18] Simcs, C. A. Macroeconomics and reality [J]. Econometrica, 1980, 18 (1): 1-48.

[19] Yu, L., Wang, S., Lai, K. K. Forecasting crude oil price with an EMD-based neural network ensemble learning paradigm [J]. Energy Economics, 2008, 30 (5): 2623-2635.

第七章

石油市场与石油贸易

第一节 国际石油市场

市场按产品或服务供给方的状况（即市场上的竞争状况）可以分为完全竞争市场、完全垄断市场、垄断竞争市场和寡头垄断市场四类。完全竞争市场又称纯粹竞争市场或自由竞争市场，是指一个行业中有非常多的生产销售企业，它们都以同样的方式向市场提供同类的、标准化的产品（如粮食、棉花等农产品）的市场。完全垄断市场指在市场上只存在一个供给者和众多需求者的市场结构。垄断竞争市场是指许多厂商生产相近，但不同质量的商品，是介于完全竞争和完全垄断的两个极端市场结构的中间状态。寡头垄断市场是介于完全垄断和垄断竞争之间的一种市场模式，是指某种产品的绝大部分由少数几家大企业控制的市场。尽管国际石油市场结构的每个阶段都有其特点，但总体来看，国际石油市场的结构是以垄断或寡头垄断为主的。国际石油市场的历史演变共经历以下五个阶段。

一、垄断初期（1928年前）

（一）自由生产阶段（1859—1870年）

现代石油工业主要集中在美国，而最初的美国石油工业在德雷克井成功之后，处于破坏性开采和超量生产的状态，微小生产商众多，是一个真正自由竞争的市场。但这种状态仅持续到1870年，垄断的萌芽正在酝酿。

（二）石油市场垄断萌芽与出现（1870—1928年）

1. 北美市场

1870年，约翰·洛克菲勒在美国俄亥俄州克利夫兰城创建了标准石油公司。在当时无序的竞争中，洛克菲勒凭借着各种手段不断发展壮大公司的规模，并逐渐垄断了美国的石油市场。1882年洛克菲勒创立了世界第一家石油垄断集团形式——标准石油公司。到1897年，标准石油公司已控制住了美国90%的炼油能力和80%的油品销售市场，并控制了产油区的输油管网，掌握了对石油运输的支配权，同时开始介入石油生产领域，购买了大量的油田资产。1891年该公司原油产量占全美产量的四分之一，成为上下游一体化的石油公司。但在1911年，美国最高法院裁决解散标准石油公司，打破了标准石油公司对北美石油市场的垄断局面。标准石油公司被分成38家公司，其中最大的三家是新泽西、纽约和加利福尼亚石油公司，之后几经兼并演变形成了埃克森、美孚和雪佛龙石油公司。

2. 欧洲市场

以诺贝尔兄弟石油公司为首的几家石油公司在俄罗斯形成了寡头垄断，控制了俄罗斯主要产油区——巴库（现阿塞拜疆）80%以上的原油产量、炼油能力和石油出口量。1910年前后，俄罗斯石油公司又同美国石油公司在欧洲、亚洲市场上展开了竞争，并一直持续到1928年。

3. 中东市场

1909年，因为得到英国政府的支持和投资参与，在波斯（今伊朗）勘探开发石油的英波石油公司（BP的前身）在中东快速发展壮大起来。

这一时期国际石油市场最明显的特征就是，石油公司对石油资源的垄断从无到有，并逐渐兴盛起来。对石油市场的垄断呈现出区域性，但尚未出现跨区域的国际性垄断组织或垄断集团。他们控制住了世界上大部分的石油贸易量，但对资源控制弱。

二、寡头垄断市场形成（1928—1960年）

（一）世界石油卡特尔的形成

1928年9月，英荷壳牌集团、新泽西标准石油公司和英波石油公司（三巨头）签订了《阿克纳卡里协定》。这一协定的主要内容是：承认1928年各石油垄断组织分割除美国国内市场以外的世界市场的现状；废除并防止各垄断组织因竞争而修建的重复设施；按产地就近供应原油；防止生产过剩，维持垄断价格。其他大的跨国公司如纽约标准石油公司、加利福尼亚标准石油公司、得克萨斯公司等也先后接受了这些条款，承认了瓜分现状。1932年12月，三巨头又签订了"分配协定原则"，规定了以后缔结地区性卡特尔协定的条件，排除外来竞争者的措施。根据这个原则又成立了两个监督执行条款的委员会：一个监督供应，总部设在纽约；另一个监督销售，总部设在伦敦。1934年6月，三巨头又签订了"原则草案备忘录"，他们制定了资本主义石油市场原油定价的规则——海湾基价加运费的计价制度，形成了垄断价格制度，并设立了伦敦委员会作为执行惩罚制度的专门机构。自此，以三大石油公司为主的世界石油卡特尔正式形成。

（二）"石油七姊妹"石油卡特尔的形成

第二次世界大战结束至20世纪60年代，原先的世界石油卡特尔很快就被"石油七姊妹"组成的新卡特尔所取代。"石油七姊妹"由标准石油公司解体成的几个大公司组成，包括埃克森石油公司、雪佛龙石油公司、美孚石油公司、海湾石油公司、德士古石油公司、英荷皇家壳牌石油公司和英国石油公司。

"石油七姊妹"的垄断形式一方面是牢牢控制了石油定价权，形成垄断价格；另一方面，他们控制了除美国以外绝大部分资本主义国家的原油生产、石油租借地、炼油能力和销售系统。

图7-1为这一时期世界石油市场的发展。

这一时期的国际石油市场已经形成了明显的寡头垄断。作为寡头的各大石油公司通过契约形成国际性的垄断组织。他们对资源控制强，牢牢控制着产油国的石油资源，拥有产油权、定价权和处置权。

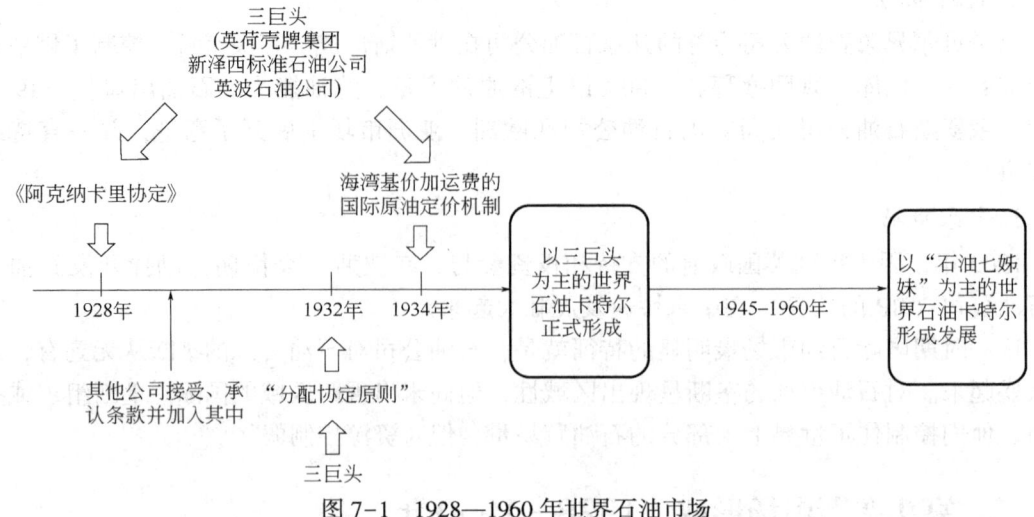

图 7-1　1928—1960 年世界石油市场

三、垄断竞争市场形成（1960—1973 年）

（一）资源国"国家石油公司"的兴起

第二次世界大战结束后，国家民族意识逐步兴起，主权意识不断加强，因此原有的石油市场结构开始有所变动。自 20 世纪 50 年代以来，"石油七姊妹"的卡特尔地位受到严峻挑战。拉美和中东的产油国逐渐意识到加强对本国石油资源控制权的重要性，因此颁布了一系列的法律法规来维护和保障对本国石油资源享有的权益。

为了抵制标价下跌，1960 年 9 月，委内瑞拉、科威特、沙特阿拉伯、伊朗和伊拉克创建了石油输出国组织（OPEC）并采取了相应的措施。20 世纪 60—70 年代，由利比亚带头，OPEC 各国先后在自己国家内成立了国家石油公司，采取增加参股和接管石油资产的办法，逐渐实现了石油工业国有化；废除石油租借地制度，取消外国公司的特权；OPEC 有权单方决定标价，打破了跨国石油公司单方面决定原油标价的局面。

（二）资本市场"独立石油公司"的兴起

越来越多的独立石油公司开始向"石油七姊妹"挑战，其中意大利的埃尼集团带头与发展中国家合作开发油气资源，开拓油品市场。

国家石油公司和独立石油公司的兴起，削弱了主要跨国石油公司控制石油市场的能力，对下游的销售市场和上游的资源市场展开了争夺。在失去了掠夺、控制发展中产油国的石油租借地的权力后，"石油七姊妹"的基础和地位发生了重大变化。

这一时期国际石油市场最明显的特征就是，由"单极"（由"石油七姊妹"主宰）过渡到"多极"（独立石油公司、国家石油公司和"石油七姊妹"共同参与），使世界石油市场进入了垄断竞争的新格局。

四、垄断竞争市场日趋激烈（1974—1986 年）

经过 70 年代的两次石油危机，原来跨国石油公司主宰世界石油市场的局面彻底被打破。

1973 年，国际大石油公司失去了定价权，"石油七姊妹"开始解体。随之崛起的是 OPEC 的新垄断，资源生产主要集中在中东、美国，其他国家的生产规模较小，OPEC 在世界石油市场上的主导力量愈加凸显出来。

在两次石油危机以后，美国石油生产达到高峰，非 OPEC 国家如墨西哥、英国北海因发现新的巨型油田，石油产量稳步增长，并在 1982 年产量首次超过 OPEC，而此时 OPEC 内部成员国相继超配额生产，这造成了 OPEC 的主导地位受到内外的挑战。

这一时期国际石油市场最明显的特征就是，世界石油市场的竞争主体已由国际大石油公司之间及与中东资源国的竞争转变为 OPEC 与非 OPEC 并存，国际石油市场垄断竞争日益激烈。

五、多元化竞争的市场结构与竞合发展态势（1987 年后）

石油生产国由 20 世纪五六十年代的二十几个，到七八十年代的三十几个，到 90 年代已超过 50 个，在 20 世纪 90 年代末，石油工业经历了前所未有的以大规模兼并和收购为主要形式的重组。这些兼并对世界石油工业乃至整个世界经济都产生了巨大影响，彻底改变了石油工业原有格局。随着石油资源国有化浪潮的兴起，OPEC 对世界石油市场控制能力下降，巴西、俄罗斯、中国、阿根廷、墨西哥等非 OPEC 国家石油公司占有越来越多的油气资源，美国康菲、意大利埃尼、美国阿纳达科石油公司、美国阿美拉达赫斯公司、纽菲尔德勘探公司这些独立石油公司也在不断发展，石油市场的控制力逐渐向非 OPEC 国家石油公司和独立石油公司转移。与此同时，老牌跨国油公司兼并重组，出现了埃克森美孚、英国石油公司、壳牌、雪佛龙德士古、道达尔这五大超级油公司。此外，在技术服务领域，80—90 年代不断地重新组合，形成了斯伦贝谢、哈里伯顿、贝克休斯、威德福这样一批综合性、一体化、实力强的石油技术服务巨头，世界石油市场进入多元化合作竞争的发展时期。

这一时期国际石油市场最明显的特征有两点，其一是市场供需参与者增加，市场结构日益多元化。其二是国际石油巨头将继续在世界石油工业领域、世界石油市场上发挥骨干作用。但老一套的经营方式已不能适应新的环境，合作正在成为主流，这不仅包括国际公司间的相互合作，更重要的是国际公司与国家石油公司的合作。在此背景下，形成了"新七姊妹"——沙特阿拉伯国家石油公司（Saudi Aramco）、俄罗斯天然气工业股份公司（Gazprom）、中国石油天然气集团有限公司（CNPC）、伊朗国家石油公司（NIOC）、委内瑞拉国家石油公司（PDVSA）、巴西国家石油公司（Petrobras）、马来西亚国家石油公司（Petronas），这七家公司分别占据了全球石油、天然气剩余探明储量的 40% 和 36%，以及原油、天然气产量的 32% 和 30%。

第二节　国际石油贸易

一、国际石油贸易方式

（一）长期供应

长期供应顾名思义就是价格长期不变的贸易，这是世界石油市场在第一次石油危机前的主要贸易方式。石油危机爆发后,由于石油市场价格大起大落,买卖双方都不愿再签订固定价格的长期合同,买方更愿意到现货市场寻求供应,长期合同贸易量大幅度下降。尽管目前长期供应合同仍然存在,但大多数情况下只是一个框架,供应的时间、供应量、价格等都要由买卖双方定期协商。

(二) 现货贸易

石油危机前,现货贸易在石油贸易中的比例不到5%,只是作为国际石油公司调剂剩余油品的市场。20世纪80年代以后(两次石油危机后),石油市场出现了供过于求、油价下跌的局面,传统固定价格的长期合同面临着巨大困境,更多的交易走向了现货市场,使得现货市场更加繁荣。那时出现的现货市场价格与长期合同挂钩的做法到现在仍是世界石油市场广泛采用的合同模式。目前全球范围主要的石油现货市场有西北欧市场、地中海市场、加勒比海市场、新加坡市场、美国市场5个。

现货贸易主要有三方面作用:一是世界石油流通的重要渠道,与长期合同贸易相互替代;二是反映市场供需关系的变化,其价格成为世界石油贸易的引导价格;三是提供了转移和减少风险的手段。

(三) 准现货贸易

在现货贸易日趋成熟的同时,形形色色的准现货贸易也得到了发展。准现货贸易主要有以下四种贸易方式:

(1) 易货贸易。易货贸易是用石油换取专门规定的货物或服务,例如沙特阿拉伯用石油购买10架波音飞机;阿联酋用石油购买18架法国的海市蜃楼喷气战斗机;伊朗用石油向新西兰交换羔羊等。

(2) 回购贸易。回购贸易即卖方必须将销售石油所得收入的一部分用来购买进口其石油国家的货物。例如伊朗同奥地利、巴西、希腊、巴基斯坦、西班牙、叙利亚、土耳其、南斯拉夫等国签订的回购交易合同,就要求伊朗必须以其石油出口收入的大部分购买这些国家的各种货物或换取各种服务。这种贸易方式与易货贸易方式相比更为灵活。石油出口国可以从石油进口国所提供的多种货物和服务项目中进行选择,挑选其愿意接受的货物或服务,作为销售石油的全部或部分收入。

(3) 以油抵债。以油抵债是由于一些石油出口国由于收入拮据,拿不出钱来,因此提出愿意用石油清偿部分债务,其中包括欠其他国家的私营公司的债务。例如伊朗用石油偿还欠法国、意大利、印度及日本几家公司的债务;利比亚用石油偿还欠原苏联和意大利的债务等。

(4) 以油换油。以油换油通常是指用原油换取本国所需的成品油等。例如印度尼西亚曾与石油贸易公司签订了以油换油的贸易合同,即由印度尼西亚每天销售原油33万桶,换取其所需的阿拉伯轻油和油品。这种做法既可推销原油,又不违背OPEC所确定的价格结构。

准现货贸易形式多种多样,在石油市场疲软不振的情况下,有延长付款期、减免运费、减免保险费等金融方面的间接折扣方式,以及采用投标方式以低价购买原油或油品等。但准现货贸易还存在着很大程度的局限性,只有在油价动荡不定,特别是油价疲软不振的情况下,产油国为了加大销售量,才会采取这种贸易方式。

(四) 期货贸易

期货贸易就是在期货交易所内买卖标准期货合约的交易。全球范围主要的石油期货市场有纽约商品交易所、伦敦国际石油交易所及东京工业品交易所。

期货贸易与现货贸易的不同体现在以下9个方面：

一是买卖的对象不同。现货买卖的是商品；而期货是期货合约。

二是交易的目的不同。现货贸易是钱—货的交易，交易的目的是取得货物或价款；期货贸易的目的不是货物的取得，而是投机获利或者是回避价格风险。

三是交易方式不同。现货是双方的协商；期货是以公开、公平竞争的方式进行交易。

四是交易场所不同。现货交易一般分散进行；期货交易则在交易所内公开、集中交易。

五是保障制度不同。现货贸易有合同法等有关法律来调整；期货交易主要以保证金制度为保障。

六是商品范围不同。现货可以是所有进入流通领域的商品；而期货商品中只有少量进入流通领域。

七是期货合约是标准化合约，包括特定的交割日期、特定的商品、标准的重量或质量、标准化的报价单位、特定的交割地点等；而现货合同则是双方协商的产物，是非标准化的。

八是期货合约的价格是公开竞争产生的；现货则是协商的。

九是期货合约是一种公众约定，不是与特定人签订的；现货合同则是双方签订的。

二、国际油气贸易状况

(一) 国际石油贸易状况

由于世界各国的石油供需分布不均衡，因此产生了各国间的石油进出口贸易（图7-2）。中东、俄罗斯和西非是三大石油净出口地区（图7-3）；而欧洲、中国和美国石油缺口大，是

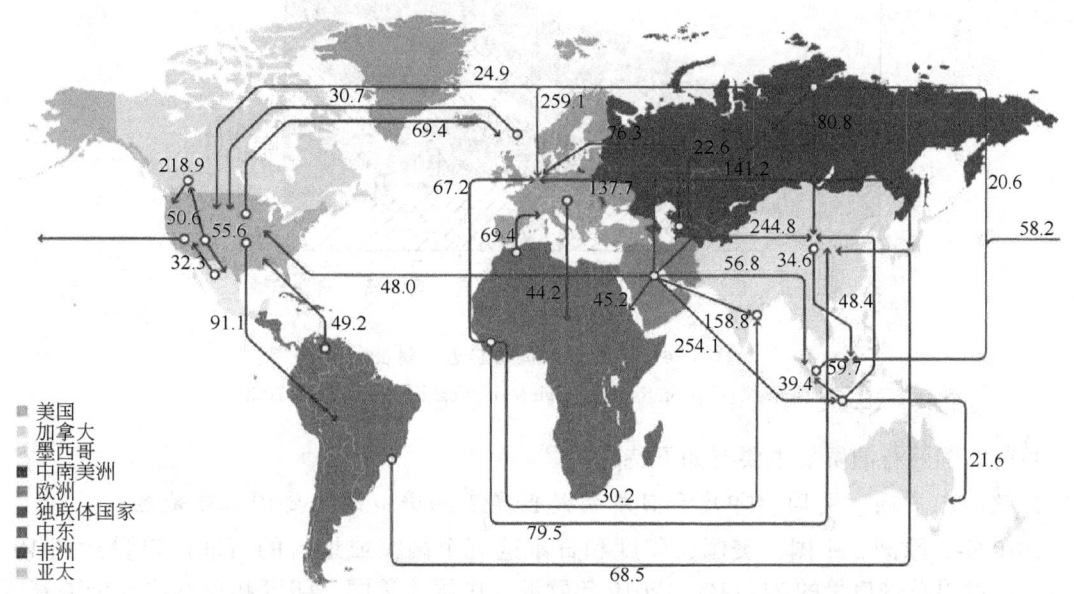

图7-2 国际石油贸易流（2019年贸易流向）（单位：百万吨）

资料来源：bp Statistical Review of World Energy June 2020

石油输入的主要地区和国家（图 7-4）。21 世纪以来，世界原油及产品贸易进出口总量快速增长，2010 年世界原油及产品贸易进出口总量为 26.3 亿吨，2019 年增长到 34.8 亿吨，增加了 8.5 亿吨，年均增长 3.58%，高于 2010 年前 10 年的增速。

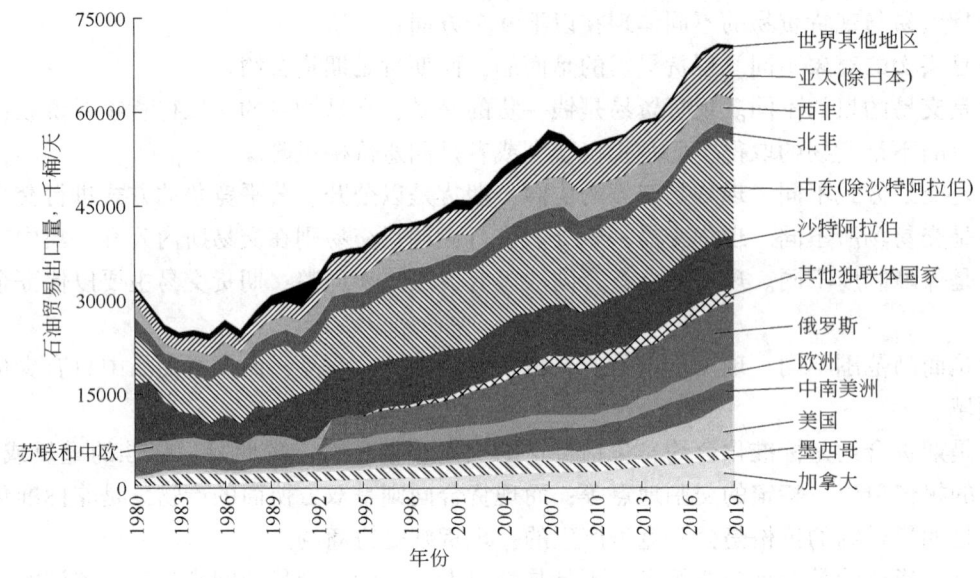

图 7-3　国际石油贸易总出口量变化

资料来源：bp Statistical Review of World Energy June 2020

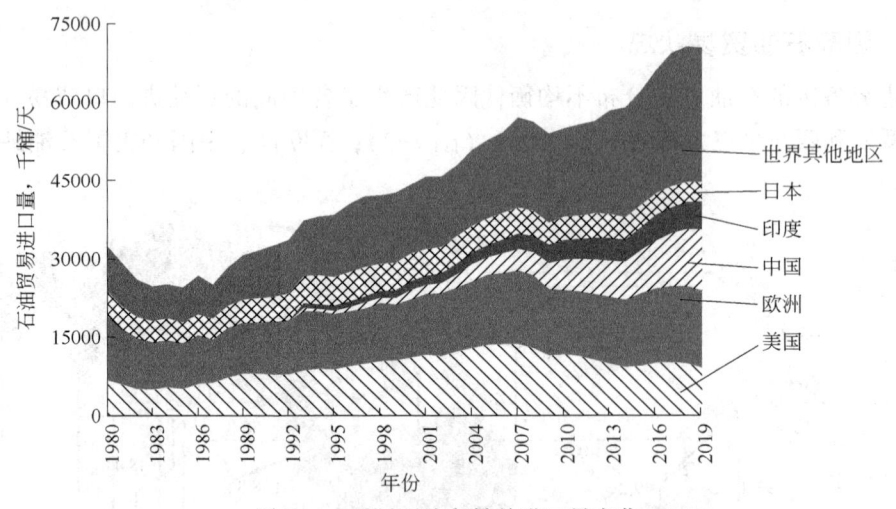

图 7-4　国际石油贸易总进口量变化

资料来源：bp Statistical Review of World Energy June 2020

目前的国际石油贸易主要有如下特点：

1. 欧洲、中国、美国、印度和日本仍是世界石油进口的主要国家或地区

2010 年，欧洲、中国、美国、印度和日本这五个国家或地区的石油进口量达到 18.73 亿吨，占世界总进口量的 71.11%。2019 年欧洲、中国、美国、印度和日本这五个国家或地区的石油进口量达到 22.18 亿吨，占世界总进口量的 63.73%，仍是世界石油进口的主要国

家或地区。2010—2019 年，美国和日本的石油进口量有所放缓，分别从 5.77 亿吨、2.26 亿吨下降到 4.48 亿吨、1.87 亿吨，进口量下降幅度分别为 22.32% 和 17.32%，但从绝对进口量来看依然是两个世界石油进口大国。同期欧洲和印度的石油进口量在稳步和大幅增加，分别从 5.97 亿吨、1.79 亿吨增长到 7.32 亿吨、2.66 亿吨，进口量增长幅度分别为 22.60% 和 49.08%。中国的石油进口量增长最为显著，从 2010 年的 2.95 亿吨增长到 2019 年的 5.86 亿吨，增长了 2.91 亿吨，涨幅高达 98.85%。2017 年，中国以 5.07 亿吨的石油进口量超过美国 5.01 亿吨的石油进口量，开始成为世界第一大石油进口国。2019 年中国原油进口量为 5.07 亿吨，与整个欧洲原油进口量相当（5.23 亿吨）。

2. 亚太地区是石油需求增速最快的地区之一

21 世纪以来，亚太地区成为世界经济增长的新引擎，相应地对石油资源的需求也越来越大，世界石油近年来的需求增速的大部分都是由亚太消费掉的。2010—2019 年，中国、日本、新加坡和其他亚太地区国家的石油净进口量由 7.84 亿吨升至 11.14 亿吨，年均增长率为 4.68%。日本、新加坡的石油消费几乎完全依赖进口。2019 年，日本原油及石油产品进口分别为 1.47 亿吨和 0.40 亿吨，新加坡原油及石油产品进口分别 0.50 亿吨和 1.12 亿吨。这期间日本和新加坡的石油进口量基本稳定，进口结构中原油及石油产品占比变化不大，日本以原油进口为主，新加坡以石油产品进口为主，且出口部分石油产品。同期随着中国、印度等国家的城市化进程、工业化进程的加快和自产原油增产速度的放慢，原油净进口量逐年提高，对原油的需求呈现飙升的增长态势。BP 世界能源统计年鉴 2020 的数据显示，2019 年中国、印度和其他亚太地区共进口原油 10.19 亿吨，石油产品 3.34 亿吨，分别占世界原油及石油产品贸易总量的 45.52% 和 27.02%，原油进口量相比 2010 年的 33.16% 增长明显。尤其是中国的增长最为显著，其原油进口量从 2010 年的 2.35 亿吨增至 2019 年的 5.07 亿吨，增长超过一倍。

3. 中东地区石油出口量占世界总出口量的三分之一

中东地区所产原油大部分用于出口，BP 世界能源统计年鉴 2020 的数据显示，2019 年伊拉克、科威特、沙特阿拉伯、阿联酋和其他中东地区石油出口量占世界总出口量的 33.21%，其中原油及石油产品出口量分别为 9.23 亿吨和 2.33 亿吨，约占世界总出口量的 41.22% 和 18.75%。随着近几年该地区国家自身对原油消费量的增加及石油峰值的影响，其原油出口量占比较 2010 年的 44.18% 略微下降，增速也表现出逐渐放缓的趋势。沙特阿拉伯和伊拉克一直是该地区最大的两个石油输出国，其中沙特阿拉伯的石油出口量占中东地区总出口量的 35% 以上。中东地区的石油在世界石油市场中占据着特殊的地位，其动荡的政局将直接影响国际石油市场的价格。

4. 原苏联和非洲地区的石油出口基本稳定

原苏联地区是仅次于中东的石油出口地区。该地区在经历了 20 世纪 90 年代的石油生产低迷之后，从 2000 年开始石油工业才逐步复苏。到 2019 年，该地区石油出口量达到 5.63 亿吨，占世界石油总出口量的 16.16%。俄罗斯和哈萨克斯坦作为该地区的主要石油出口国，近年来都加快了管道的规划和建设。俄罗斯正在规划新建或扩建通向波罗的海、欧洲、中亚和亚洲方向的管道，哈萨克斯坦正在规划从黑海出口到欧洲的管线，未来石油出口潜力很大。

非洲的石油出口主要来自西非和北非，尤其是几内亚湾。2010 年，西非（主要是尼日利亚、安哥拉）和北非（主要是利比亚、阿尔及利亚）的石油出口量分别为 2.29 亿吨、1.42亿吨，分别占世界石油出口量的8.69%和5.38%。2019年，其石油出口量小幅下降，但基本保持稳定，分别为2.27亿吨、1.20亿吨，占世界石油出口量的6.51%和3.43%。

表7-1、表7-2分别为2019年国际原油和石油产品净进口、净出口排名。

表7-1 2019年国际原油净进口、净出口排名

排名	净进口国家或地区		净出口国家或地区	
	国家或地区	净进口量，百万吨	国家或地区	净出口量，百万吨
1	中国	506.8	沙特阿拉伯	358.4
2	欧洲	495.8	俄罗斯	286.1
3	印度	221.6	西非	218.6
4	美国	200.7	伊拉克	200.8
5	日本	146.9	加拿大	164.1

资料来源：bp Statistical Review of World Energy June 2020。

表7-2 2019年石油产品净进口、净出口排名

排名	净进口国家或地区		净出口国家或地区	
	国家或地区	净进口量，百万吨	国家或地区	净出口量，百万吨
1	中南美洲	86.9	俄罗斯	155.1
2	欧洲	83.8	美国	141.2
3	墨西哥	56.1	沙特阿拉伯	46.0
4	东/南非	36.0	阿联酋	42.1
5	西非	30.8	科威特	24.6

资料来源：bp Statistical Review of World Energy June 2020。

（二）国际天然气贸易状况

国际天然气贸易分为管道气和LNG两种形式，两种天然气贸易形式中管道气占比更大，但LNG增长较快。全球天然气贸易在2010年后几乎停止增长，2015年后又开始增长。2019年全球天然气贸易量管道和LNG合计达9845亿立方米，较2018年增长4.9%（图7-5）。

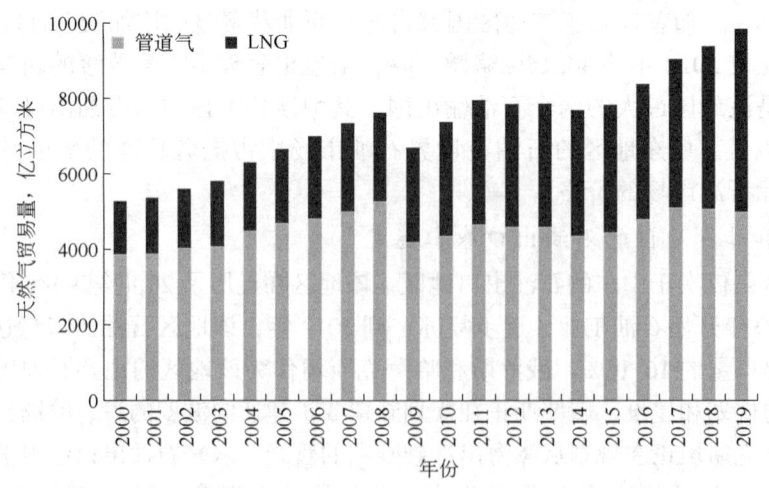

图7-5 国际天然气贸易历史变化量
资料来源：bp Statistical Review of World Energy June 2020

2019年，天然气贸易活动主要围绕美国、巴西、欧洲、俄罗斯、中东、非洲和亚洲这些国家和地区进行（图7-6）。

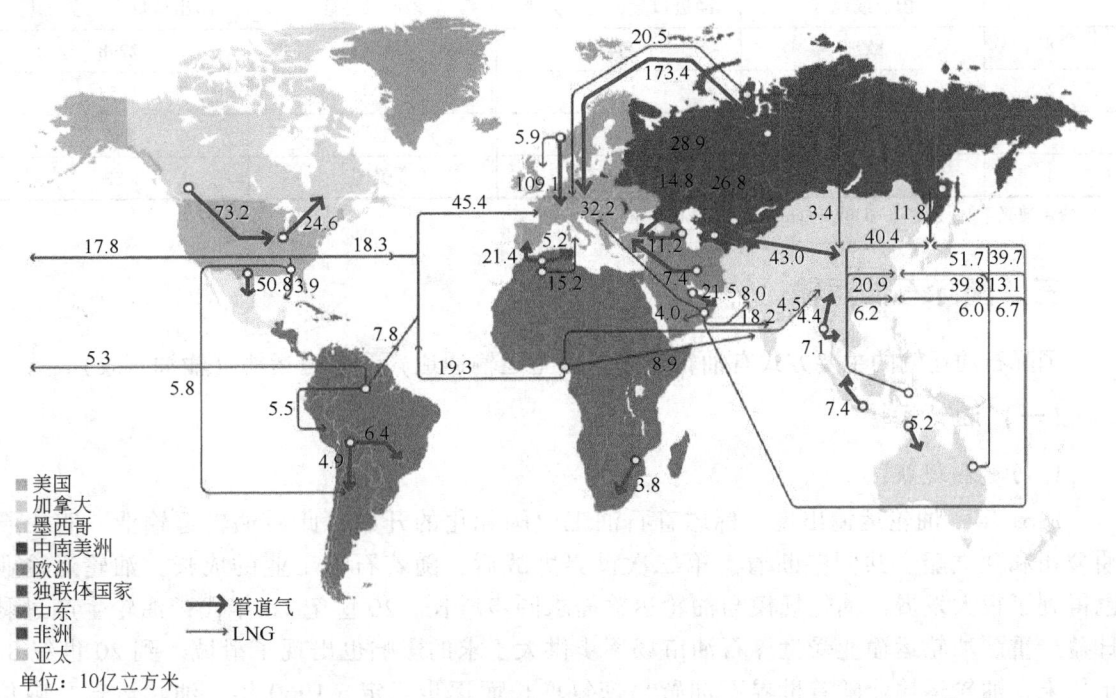

图7-6 国际天然气贸易流（2019年贸易流向）
资料来源：bp Statistical Review of World Energy June 2020

目前国际天然气贸易的主要进口地区为亚太和西欧。欧洲、中国和巴西是管道气和LNG的主要净进口国家或地区，而印度仅是LNG净进口国家。俄罗斯、非洲、中东和美国为主要的天然气出口地区，其出口既包括管道气，也包括LNG（表7-3至表7-5）。

表7-3 2019年国际管道气净进口、净出口排名

排名	净进口国家或地区		净出口国家或地区	
	国家或地区	净进口量，亿立方米	国家或地区	净出口量，亿立方米
1	欧洲	2335	俄罗斯	1904
2	中国	477	非洲	283
3	巴西	64	中东	60
4			美国	21

资料来源：bp Statistical Review of World Energy June 2020。

表7-4 2019年国际LNG净进口、净出口排名

排名	净进口国家或地区		净出口国家或地区	
	国家或地区	净进口量，亿立方米	国家或地区	净出口量，亿立方米
1	欧洲	1112	中东	1193
2	中国	847	非洲	612
3	印度	328	美国	461
4	巴西	32	俄罗斯	394

资料来源：bp Statistical Review of World Energy June 2020。

表 7-5　2019 年国际管道气和 LNG 净进口、净出口排名

排名	净进口国家或地区		净出口国家或地区	
	国家或地区	净进口量, 亿立方米	国家或地区	净出口量, 亿立方米
1	欧洲	3447	俄罗斯	2298
2	中国	1324	中东	1253
3	印度	328	非洲	895
4	巴西	97	美国	482

资料来源：bp Statistical Review of World Energy June 2020。

三、国际石油运输

国际石油运输的主要方式有油轮运输（海上运输通道）和管道运输（输油管线）。

（一）油轮运输

1. 历史和现状

1861 年，油轮运输出现，标志着石油工业国际化的开始，此后油轮运输业一直由石油公司和独立船主共同垄断着。第二次世界大战后，随着石油工业的成长，油轮运输业也得到了很大发展，油轮规模与油轮运输需求同步增长。20 世纪 70 年代，油轮生产过剩日益严重。油轮运输业受世界石油市场逐步供大于求的影响也出现了滑坡。到 20 世纪 80 年代末，油轮运输业随着世界石油贸易恢复增长而逐步稳定。1960 年，油轮运输总吨位占世界海上运输总吨位的 49%，最高曾达到 1978 年的 60%。与之相对应的国际油轮运费波动也较大。

2018 年，在世界各国寻求能源转型、全球能源消费结构改变及国际局势的影响下，油轮运输占海运贸易总量比例持续下降，油运市场呈现下行态势，运力的过剩进一步加重了市场的不景气，而燃油价格的上涨使得油轮船的负担更重，挣扎在亏损困境。OPEC 减产和伊朗制裁等地缘事件使得前三季度油价持续走高，中国等主要进口国原油进口增速放缓、委内瑞拉原油出口减少等地缘事件使得原油贸易受到抑制，运输需求疲弱，尽管老旧油轮拆解量达同期历史高位，但市场运价依旧持续在低位徘徊。2020 年 3 月，原油市场受到新冠疫情蔓延、能源消费需求萎缩、OPEC+谈判破裂等因素的叠加影响，油价直线下降，中国、美国等石油消费国抓住低价窗口期增加战略储备，推动运价急速上升，瀑布效应下，中小船型运价水涨船高。

2. 主要航线

一般把 20 万吨以上的油轮称为大型油轮（Very Large Crude Carrier, VLCC），其中 20~30 万吨级的油轮是油轮市场的主力。主要的运油航线分别为：波斯湾—好望角—西欧、北美线（L_1）；波斯湾—龙目海峡、望加锡海峡（马六甲海峡、新加坡海峡）—日本线（L_2）；波斯湾—苏伊士运河—地中海—西欧（L_3）（图 7-7）。

3. 主要的港口

油轮运油，必须以港口为依托。世界油港分布的地理格局同世界石油贸易的格局基本一致。在输出港口中，运出大量中东石油的波斯湾地区油港最多，其次是地中海沿岸的油港，它主要运出北非的石油。而世界石油输入港口则主要分布于北美、欧洲和日本，其职能有以

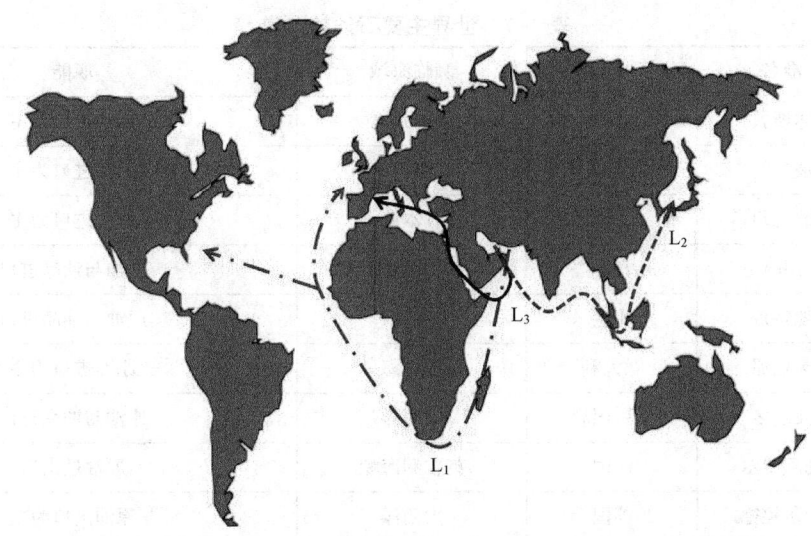

图 7-7 国际邮轮运输主要运油航线

原油为主，也有以原油和成品油为主。世界 20 个主要原油输出港和 20 个主要石油输入港，分别见表 7-6、表 7-7。

表 7-6 世界主要原油输出港口

序号	港名	所在国家	濒临海域	年输油能力 百万吨/年
1	腊斯塔努腊	沙特阿拉伯	波斯湾（阿拉伯湾）	200 以上
2	哈尔克岛	伊朗	波斯湾（阿拉伯湾）	200 以上
3	艾哈迈迪港	科威特	波斯湾（阿拉伯湾）	100 以上
4	朱阿马	沙特阿拉伯	波斯湾（阿拉伯湾）	100 以上
5	延布	沙特阿拉伯	红海	117.5
6	霍尔·厄尔·阿马亚	伊拉克	波斯湾（阿拉伯湾）	80 以上
7	马拉开波	委内瑞拉	加勒比海	80 以上
8	博尼	尼日利亚	大西洋几内亚湾	约 60
9	祖埃提纳	利比亚	地中海	50
10	厄尔·巴克尔港	伊拉克	波斯湾（阿拉伯湾）	40 以上
11	杜迈	印度尼西亚	马六甲海峡	40 以上
12	卜雷加港	利比亚	地中海	39
13	拉斯拉努夫	利比亚	地中海	30
14	新罗西斯	苏联	黑海	30 以上
15	文茨皮尔	苏联	波罗的海	30
16	斯基克	阿尔及利亚	地中海	30[①]
17	杜尔托尔	土耳其	地中海	25[②]
18	阿尔泽	阿尔及利亚	地中海	20 以上
19	贝贾亚	阿尔及利亚	地中海	约 20
20	法奥	伊拉克	波斯湾（阿拉伯湾）	约 10

注：①原输油能力为 1200 万吨/年，表列数字为扩建后的能力；
②出口伊拉克基尔库克油田的原油。

表 7-7 世界主要石油输入港

序号	港名	所在国家	濒临海域	职能
1	休斯敦	美国	墨西哥湾	原油进口为主
2	波特兰	美国	大西洋	原油进口为主
3	北九州	日本	日本海	原油进口为主
4	川崎	日本	太平洋	原油与油品进口
5	鹿特丹	荷兰	北海	原油与油品进口
6	热亚那	意大利	地中海	原油进口为主
7	波尔多	法国	大西洋	原油与油品进口
8	勒阿费尔	法国	英吉利海峡	原油进出口
9	米尔福德	英国	大西洋	原油进口为主
10	威廉港	德国	北海	原油进口为主
11	特隆赫姆	挪威	大西洋	原油进口为主
12	哥德堡	瑞典	卡特加特海峡	原油进口为主
13	诺尔切平	瑞典	波罗的海	原油和油品进口
14	泽布腊赫	比利斯	北海	原油进口为主
15	布尔加斯	保加利亚	黑海	原油进口为主
16	瓦尔钠	保加利亚	黑海	原油和油品进口
17	罗斯托克	德国	波罗的海	转口原油、进口原油、出口原油
18	新加坡	新加坡	马六甲海峡	进口原油和油品
19	加尔各答	印度	孟加拉湾	原油进口为主
20	金斯敦	牙买加	加勒比海	原油进口为主

(二) 管道运输

1. 现状

目前，全世界油气管道总长度超过 200 万千米，其中一半以上在美国和原苏联地区。美国油气管道干线总长度超过 70 万千米，2/3 为天然气管道，原油和成品油管道大体相同；管道运输货物周转量占 51%，水路占 45%，其余为铁路和公路。近几年世界每年约有 3 万千米石油天然气管道处于在建状态。

2. 特点

管道运输已成为各国陆、海油品与油港及炼油中心之间的纽带，在原油与石油产品的进出口中，是与油轮相辅相成的必要的运输方式之一。

管道运输具有如下显著优点：

(1) 管道运输输油量大。一条直径为 1020 毫米的管道，当工作压力为 56 千克/厘米^{2}时，年输油量达 5000 万吨，等于一条双轨铁路的运量。而用此铁路运输石油，需要 1400 多台机车，5.5 万辆油罐车。

(2) 管道运输受地形影响较小，可取捷径，缩短运距。

(3) 管道埋于地下，很少占用土地，可大大节省用地。

(4) 管道运输易于实现自动化操作，减少营运工作人员。

(5) 管道运输的基建投资较低，每铺1千米原油管道的费用，一般只有同等运输能力的铁路造价的一半左右。

(6) 管道运输的劳动生产率高。管径为1200毫米的原油输送管道每年人均输油劳动生产率为6200~7200万吨公里，比铁路高40倍。

(7) 管道运输运费低，一般为铁路的1/6左右。

正因如此，第二次世界大战后，特别是20世纪70年代以来，世界各地的输油管道发展十分迅速。

3. 目前最著名的国际性大型输油管道

(1) 横跨阿拉伯半岛的输油管线。连接沙特阿拉伯东部油田的阿卜凯西至西部红海海滨新建大油港延布，全长1202千米，管径1.2米，1983年建成投产，年输油能力9250万吨，1987年已扩大输油能力为1.1亿吨，远景输油能力可达1.85亿吨。它的建成使经由苏伊士运河的油轮不必绕道阿拉伯半岛，航程可缩短4800千米。

(2) 伊拉克—地中海输油管线：从伊拉克的基尔库克到土耳其的杜尔托尔港，全长1005千米，管径1.054米，其中伊拉克境内345千米，土耳其境内660千米，1977年初投入使用，年输油能力为2500~3000万吨。1985年以后提高到每年3800万吨。

(3) 苏伊士湾—地中海输油管线：从埃及的苏伊士湾的埃因苏赫和苏伊士湾至埃及亚历山大湾，为一双线输油管道，管径1.05米，输油能力为8000万吨至1.2亿吨，1976年底开始使用。

(4) 的里雅斯特—莫戈耳施塔特输油管线：从地中海的威尼斯湾经意大利、奥地利至德国的多瑙河畔莫戈耳施塔特，全长462千米，管径1.02米，最大输油能力可达5500万吨。

(5) 纵贯阿拉斯加输油管线：起自美国阿拉斯加北部的普罗德霍油田，止于南部阿拉斯加湾的不冻港瓦尔迪兹，全长1285千米，管径1.22米，设计输油能力预计可达1亿吨。1977年6月投入使用，1978年底输油能力即达6000万吨，目前仍保持在这个水平。

(6) 横越巴拿马输油管线：位于巴拿马西部与哥斯达黎加边境地区。南起自阿木韦列斯港，北至奇马基湾，全长130千米，管径0.91米，年输油能力3000~3500万吨，于1980年开建，1982年建成，1983年投入使用。该油管的使用弥补了巴拿马运河不能通过中型油轮的缺陷。

(7) 原苏联—东欧友谊输油管线：自原苏联的阿尔麦季耶夫斯克至匈牙利、捷克斯洛伐克、波兰、前民主德国，为一双线。一线长5500千米，管径1.02米，年输油能力5000万吨；另一线长4412千米，管径1.22米，年输油能力7000万吨，是原苏联向东欧出口原油的供给线。

(8) 北海斯塔特菲奥德—挪威输油管线：从挪威的北海海底油田斯塔特菲奥德到卑尔根西南的沙特拉，管径0.9米，海底管道铺设最深处330米，为北海埋管最深点的2倍，该输油管线工程已于1988年完成。

(9) 原苏联萨莫特洛尔—古比雪夫输油管线：从原苏联最大油田萨莫特洛尔到主要炼油中心古比雪夫的输油管线，全长2240千米，管径1.2米。

第三节　中国石油市场与石油贸易

一、中国石油市场状况

（一）中国原油产量已由缓慢增长转为缓慢下降，但消费量持续迅速增长

BP 世界能源统计年鉴 2020 显示，1979 年我国原油产量达到第一个高点（1.06 亿吨），随后下降，一直到 1983 年才又开始缓慢增长。2015 年，中国原油产量再次达到高峰，为 2.15 亿吨，之后开始出现下滑的趋势。2016 年、2017 年原油产量分别为 2.00 亿吨和 1.92 亿吨，到 2018 年首次跌破 1.9 亿吨（1.89 亿吨），2019 年又出现小幅上升，为 1.91 亿吨。过去的 30 年时间里，我国石油消费量增速急剧加快，远超过产量的增速。2019 年，我国石油消费量高达 6.50 亿吨，供销量的差额为 4.59 亿吨，对外依存度达到 70.6%（图 7-8）。

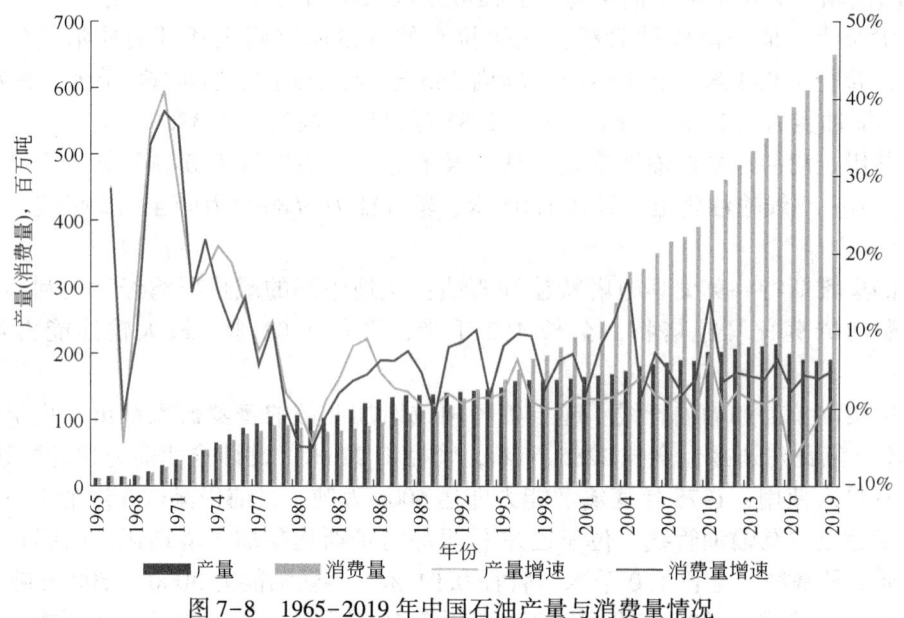

图 7-8　1965-2019 年中国石油产量与消费量情况

资料来源：bp Statistical Review of World Energy June 2020

（二）原油进口量增加，主要集中在中东、西非、俄罗斯中亚、中南美洲

BP 世界能源统计年鉴 2020 资料显示，2019 年我国进口了包括原油、成品油、液化石油气（LPG）和其他石油产品在内共 5.86 亿吨，其中原油净进口量 5.01 亿吨。中东是我国石油进口的主要地区，2019 年从中东进口原油 2.25 亿吨，占中国原油总进口量的 44.4%。在 2019 年最大的 10 个对华原油供应国中，有 4 个是中东产油国，除沙特阿拉伯外，还有伊拉克、科威特和阿联酋。为减少对中东地区石油的过度依赖，中国发展了多元化的石油贸易，增加从非洲、欧洲/苏联、中南美洲和亚太地区的石油进口量（图 7-9）。

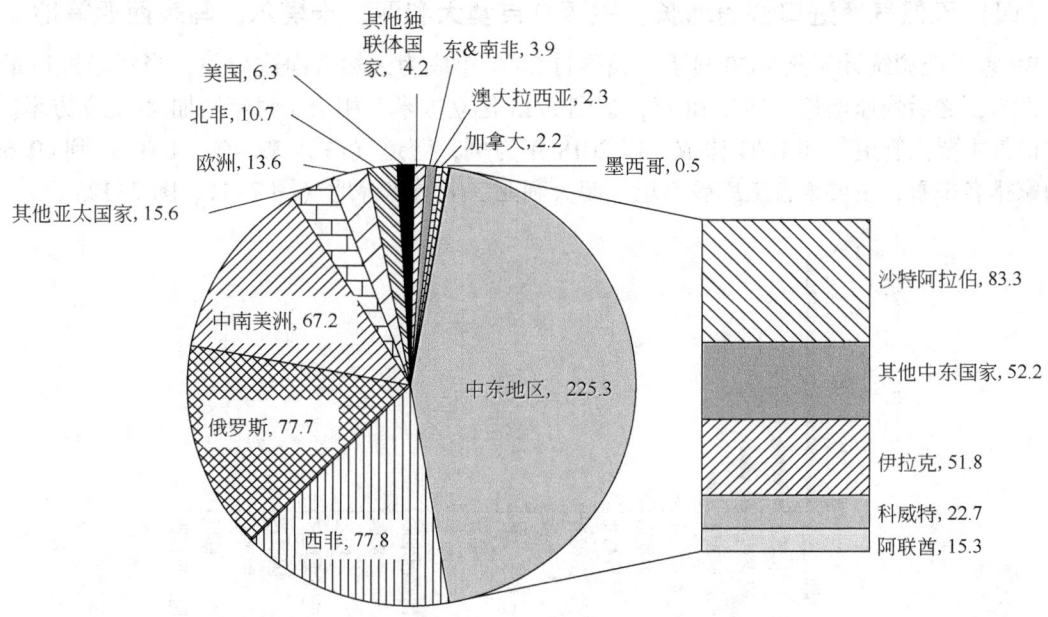

图 7-9　2019 年中国石油进口来源地（单位：百万吨）

资料来源：bp Statistical Review of World Energy June 2020

（三）天然气产量快速增长，但仍不能满足国内需求增长

BP 世界能源统计年鉴 2020 显示，1970—2019 年，我过天然气产量年均增速为 8.96%，消费量年均增速为 10.21%。2018 年，我国天然气供需缺口首次突破千亿缺口大关，天然气对外依存度也首次超过 40%。2019 年我国天然气消费量达 3073 亿立方米，产量仅有 1776 亿立方米，供需缺口达 1298 亿立方米，对外依存度 42.23%。

1994 年以前，我国天然气基本实现供需平衡；一直到 2006 年的 12 年时间里，我国天然气产出大于需求；2007 年开始，我国天然气需求开始逐渐增长，达到了供不应求的局面。尽管近几年我国正在加大对天然气的勘探开发力度，但随着环保的要求越来越严格，我国天然气的需求将会越来越大，天然气市场份额将继续扩大（图 7-10）。

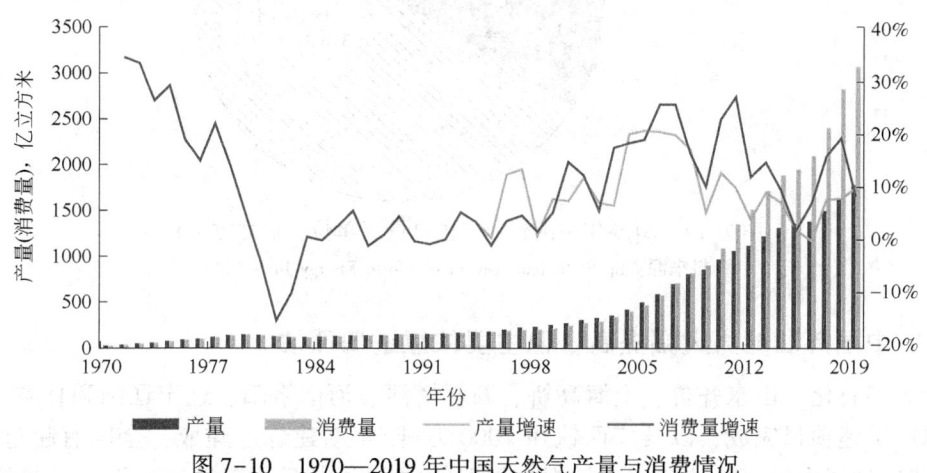

图 7-10　1970—2019 年中国天然气产量与消费情况

资料来源：bp Statistical Review of World Energy June 2020

（四）天然气净进口快速增长，主要来自澳大利亚、卡塔尔、马来西亚等地

BP 世界能源统计年鉴 2020 显示，我国自 2007 年成为天然气净进口国，当年净进口量 13 亿立方米，之后快速增长，到 2018 年，达到 1215 亿立方米，相当于每年增加 90 亿立方米。我国进口气主要由管道气和 LNG 构成，以 2018 年为例，管道气占到 39.4%，LNG 占到 60.6%。从国家排名来看，主要来自土库曼斯坦、澳大利亚、卡塔尔等地（图 7-11、图 7-12）。

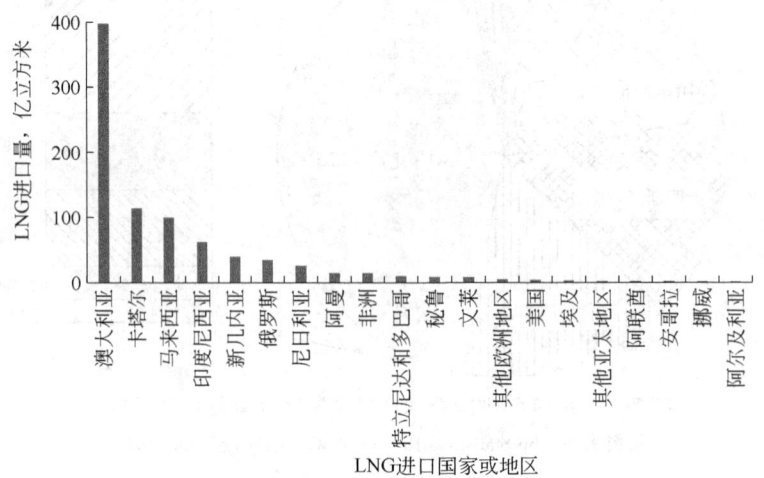

图 7-11　2019 年中国 LNG 进口量

资料来源：bp Statistical Review of World Energy June 2020

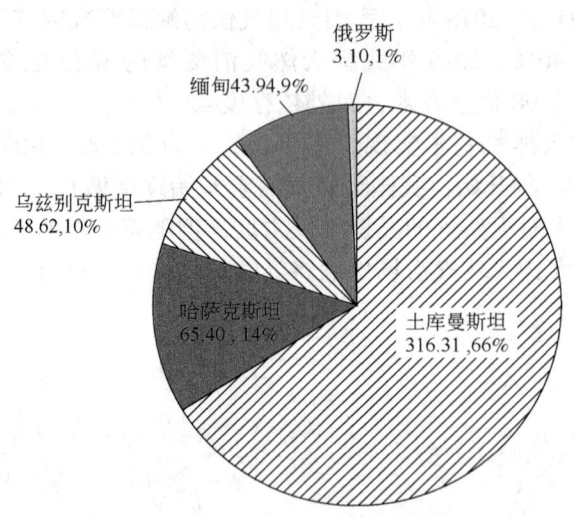

图 7-12　2019 年中国管道气进口量（单位：亿立方米）

资料来源：bp Statistical Review of World Energy June 2020

（五）中国炼油能力大幅提高，但主要依靠进口原油

随着天津石化、山东齐鲁、上海高桥、新疆塔河、河南洛阳、辽宁辽阳和甘肃兰州炼厂等一批炼厂扩建项目完成，以及广西钦州 1000 万吨/年新建炼厂建成，全国有超过 4000 万吨/年新建炼油能力投产，这使本来就捉襟见肘的中国国内石油产量远远无法满足炼厂加工

量的需求。中国 2010 年原油加工量比上一年增长了 5000 万吨，升至 4.2 亿吨，其中，增加的加工量大部分依赖进口原油，其比例已达到了 57%。

近年来，国内炼厂对进口原油的依赖程度越来越大，包括东北、华北和西北在内的北方地区原油进口量达到 7604 万吨，华东和华南地区 1.633 亿吨的进口量占全国进口总量的 68%，这些都被炼厂所消化。

（六）油气下游销售业务竞争越发激烈

截止到 2020 年，我国约有加油、加气站大约 11.9 万座，其中中石油、中石化两家全资和控股的加油站已超过 5.4 万座，约占 45%，民营加油站约占 50%，中海油及外资加油站占剩余的 5%。中海油也加紧了下游市场份额的抢夺，不仅重点发展长三角和珠三角的业务，同时还开始了在"环渤海湾"地区的成品油销售网络的布局。

我国下游市场已经基本开放，国际三大石油巨头埃克森美孚、BP、壳牌、道达尔等企业都已进入中国，经营加油站、经营成品油零售和润滑油销售。目前四大国际石油巨头通过合资建立了大约 3000 座加油站。

目前，国有加油站、民营加油站、外资加油站已呈现"三足鼎立"之势。

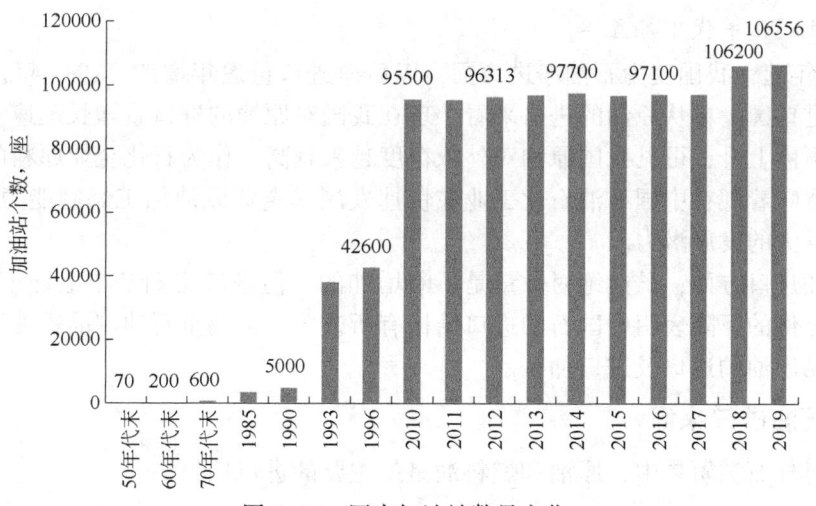

图 7-13　国内加油站数量变化

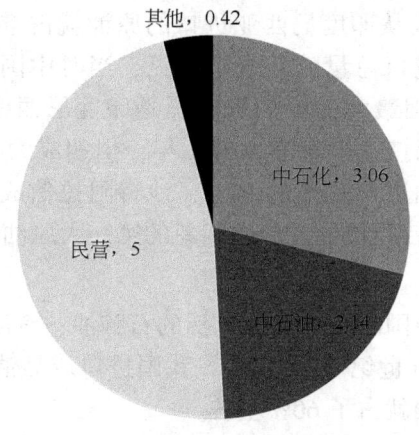

图 7-14　国内加油站分布情况（单位：万座）

二、中国石油贸易

（一）石油对外贸易产品结构

石油对外贸易的产品结构指石油进出口贸易中各种产品在构成中所占的比例和关系。随着我国原油、成品油供给水平的不断变化及经济发展，对石油及其产品的依赖性增加，我国进出口石油和成品油的结构比例也发生了一些变化。

1. 20世纪80年代—90年代中期

这段时期我国处于石油净出口阶段，因此，出口原油多，进口原油少；同时，由于我国自身炼化产业发展和建设还落后于经济发展需求，因此，进口成品油多，出口成品油少。

原油是初级产品，未经加工而直接出口，经济效益比较差，大大降低了原油应有的创汇能力，这样不利于提高石油工业的整体效益。因为原油大量出口，导致供应给国内石油化工企业的原油资源有限，使得石油化工企业的生产能力没有得到充分发挥，效率低下。在这种情况下，国家没有充分利用自身的石油炼化能力和相对比较廉价的原油生产成品油，却又从国外进口大量的成品油，这种产品结构是极为不合理的。

2. 20世纪90年代中期至今

从1993年起，我国变为石油净进口国，以后净进口量逐年增加。1997年，我国更是成为原油的净进口国。单从原油的进口来看，现在我国对原油的进口量增长迅速，而且原油进口比例也在不停上升，可见我国原油对外依存度越来越高。作为石化企业原料的原油进口比例增加，也意味着现在中国石油石化工业在快速发展，企业原油加工炼制能力在不断加强，并且存在着巨大的发展潜力。

在成品油进口方面，虽然绝对数量是不断增加的，但进口比例基本上处于下降的趋势。成品油进口比例的下降表明中国石油进口结构有所改善，由偏重石油制品等的进口逐渐转向偏向初级产品原油的进口及进口加工。

（二）石油进口来源

在我国对外石油贸易中，原油和燃料油是最主要的进口项目。

1. 原油

20世纪90年代初，中国进口原油主要来自亚太地区，占到进口总量的50%以上，其中以东南亚地区居多。1994年仅从印度尼西亚进口的原油就占进口总量的38.3%，而当年从中东进口的原油总量还不到进口总量的40%。可见，当时中国对中东丰富的石油资源利用还是很不充分的。1997年中国最大的原油进口国是印度尼西亚，但在1997年被阿曼所取代，接下来的3年中也一直保持这个地位。2001年，伊朗成为中国新的第一大原油进口国，从伊朗进口的原油占当年原油进口总量的18%，沙特阿拉伯成为仅次于伊朗的第二大原油进口国。自2002年以来，沙特阿拉伯成为中国新的第一大原油进口国。

2. 成品油

这里所指的成品油是指中国海关分类中包括的石脑油、汽油、煤油、柴油、润滑油和燃料油在内的液体石油产品。20世纪90年代初，我国进口成品油主要来自新加坡、日本和韩国，仅从新加坡进口的成品油就占了60%左右。

目前，在中国的成品油进口来源中，燃料油的进口来源仍主要是亚太地区，其中以新加坡、马来西亚和韩国为主要的进口来源国，这三个国家所占份额就达到了 47.4%。此外，委内瑞拉和俄罗斯也是我国燃料油进口来源的主要国。在汽油市场，尽管近几年汽车保有量迅速上升，但家用车及小排量车的比例上升，压缩天然气（CNG）和乙醇等替代燃料对部分汽油的替代，加上进口原油量增加和国内炼油能力的大幅提升，2008 年以后，中国基本就停止了汽油进口。

（三）石油出口去向

在我国石油出口中，最主要的项目是原油，其次是燃料油和汽柴油。

1. 原油

自 20 世纪 90 年代初，中国石油出口去向是高度集中的，主要是在亚太地区，这一趋势一直存在。以 2019 年为例，中国原油出口量为 40 万吨，出口对象均为除澳大利亚、新西兰、印度、日本、新加坡外的其他亚太地区。

2. 燃料油汽柴油

随着国内炼厂新增炼油能力的大幅提高，中国的燃料油和汽柴油的出口量在近几年也有一定的上升，其主要出口地也主要集中在亚太地区。以 2019 年为例，中国出口石油产品 6686 万吨，其中亚太地区 5409 万吨，占比 80.89%；北美 210 万吨；中南美洲 366 万吨；欧洲 246 万吨；独联体国家 11 万吨；中东 161 万吨；非洲 284 万吨。

三、中国石油运输

我国石油运输一般有三种运输方式：海运、管道运输和铁路运输。其中铁路运输原油量较少，仅能满足国内石油中短距离的运输。绝大多数的进口石油还需要油船从海上运输，但国内油船船队存在着规模小、吨位少、船型结构不合理等问题，抵御风险能力相对较弱，目前进口原油海运总量的 90% 是由国外油船承担。鉴于此种情况，近年来我国跨国石油管道发展迅速，来自中亚的油气通过管道从新疆阿拉山口接入中国已运行多年；来自俄罗斯的油气也开始通过管道从黑龙江漠河接入中国；其他方面，如中缅油气管道也在加紧修建中。相信未来的中国的原油运输会呈现出多元化的趋势。

（一）海运

1. 贸易海运现状

随着我国原油进口依存度的不断增加，我国对原油进口海运运力的需求也将越来越大，到目前为止，除了一小部分通过管道或铁路运输的方式进口，我国进口石油中 80% 以上部分是通过海运的方式来进入国内的。在这种情况下，增强我国的原油进口的海运保障能力已经成为确保我国能源安全的重大问题。

从进口的地区来分析，一直以来，中国原油的主要进口来源地为中东、非洲、欧洲、亚太等地区。中东和非洲地区已成为我国进口原油最主要地区，且随着我国进口原油量的增加，来自中东和非洲地区的进口原油量也呈逐年增加的趋势。从这两者进口的原油必须经由海路才能运送到中国，中东至我国沿海港口的平均运距约 6000 海里，非洲至我国沿海港口平均运距在 10000 海里以上，所以尽量采用大型油轮运输是降低进口石油运输成本最有效的措施之一。

2. 我国进口原油运输存在的问题

我国整体远洋运输能力弱，租船运输石油存在运力风险。大陆地区（不含招商局）油轮船队远洋运力弱，而我国对进口原油的依存度已达 70%，其中 90% 以上的进口原油由外轮运输，如此庞大的进口量，一旦遇到战争、外交或政治上的联合制裁及其他不可抗拒因素，我国将面临缺油、断油的危险，对我国经济、政治稳定有极大的威胁，并且我国目前的军事实力还不能完全保证我国油运的安全。不断扩大的石油进口和不稳定的国际形势，使我国租船石油运输面临巨大的运力风险。

3. 港口接卸能力

我国进口石油主要来自中东和非洲地区，从这两个地区进口的石油主要使用 VLCC 大型油船，这就要求具有 20 万吨级接卸能力的港口与之配套。目前，我国沿海港口具有接卸 20 万吨级以上油船的港口有青岛、宁波、舟山、茂名和大连港，总接卸能力 6519 万吨（表 7-8），在建的有舟山册子岛 25 万吨级、宁波大榭岛 20 万吨级、湛江港 30 万吨级泊位各 1 个。大型油船码头接卸能力不能满足未来中国进口石油的需要。

表 7-8 我国 20 万吨以上原油码头泊位情况

港口名称	靠泊吨级, 万吨	泊位个数, 个	接卸能力, 万吨
青岛港	20	1	1700
宁波港	25	1	1519
舟山港	25	1	800
茂名港	25	1	1000
大连港	30	1	1500
合计	—	5	6519

（二）管道运输

1959 年，中国修建第一条油漆长输管道——新疆克拉玛依油田到独山子炼油厂的原油管道，发展至今，先后出现过三次建设高潮。第一个建设高潮是在 20 世纪 70 年代，伴随大庆、辽河和胜利等东部大型油田的开发，中国建成了连接东北、华北和华东地区的东部输油管网。第二个高潮建设是在 20 世纪 80—90 年代，伴随新疆、塔里木、吐哈、四川和长庆等西部油气田的开发，中国在西部地区建成了连接油气田和加工企业的长输油气管道及川渝输气管网。第三个高潮出现在 20 世纪末到现在，为了配合我国东西部地区油气田的进一步开发和国外油气资源的引进，特别是天然气工业的快速发展，我国加大了油气管道建设步伐。西气东输、忠武线、兰州长输管线、中亚管线、中俄管线等相继建设，使中国管道工业的发展速度和技术水平跨入了世界先进行列。

自 2004 年西气东输一线管道建成运行以来，中国油气管道经历了 15 年大规模建设，目前已呈网络化运行特征，管道建设水平不断转型升级迈向高质量阶段。截至 2019 年年底，中国油气长输管道总里程达到 13.9 万千米，其中天然气管道约 8.1 万千米，原油管道约 2.9 万千米，成品油管道约 2.9 万千米。2020 年中国新建成油气管道总里程约 5081 千米。

目前，中国原油、成品油和天然气已形成跨越东西、纵贯南北、覆盖全国、连同海外的油气管网格局，初步形成了"北油南运""西油东进""西气东输""海气登陆"的油气输送格局。不远的将来，中国油气走廊带也将形成规模。

1. 原油管网

中国原油管道始建于1958年，经过多年建设之后已形成了以长江三角洲、环渤海、东北及西北地区为主的原油加工基地的布局，原油管道运输也随之迅速发展。东北、华北、华东和中南地区初步形成了东部输油管网；西部各油田内部管网相对完善，外输管道初具规模。

东北输油管网始建于20世纪70年代初的"八三"管网，这是中国建成最早、输油量最大、输送距离最长的原油输送管网，也是中国石油乃至全国输油管网的核心部分。东北输油管网全长约2805千米，起自大庆油田的林源首站，经铁岭中转站向抚顺、大连、秦皇岛地区分输，铁岭是东北输油管网的枢纽。该输油管网除了向沿线各大炼厂供油外，还可通过大连港和秦皇岛港向南方各炼厂供油及向国外出口。2011年1月1日漠大线正式与中俄原油管道连接并投入运行，这标志着每年1500万吨、期限20年的中俄原油管道输油合同开始履行。此外，为了配合俄油引进，还修建了大庆—锦西的管道。至此，东北管网形成了三线并行的格局，成为一条上连中俄管道和大庆、吉林两大油田，下接东北、华北炼厂用户的能源大动脉，为振兴东北老工业基地增添新动力，也将提高东北管网整体运行安全性。

西北地区是20世纪50年代初全国石油勘探的重点地区。1958年2月建成的克拉玛依至独山子原油管道，标志着中国长输管道建设的开始。目前，中国西部已建成出疆原油管道、中哈原油一期管道，加上已建成的从油田到附近炼油厂或铁路装车站的原油管线，西北地区原油管道总长达到5331千米。2007年，西部管道项目建成投产。该管道包括原油、成品油两条管线，是目前国内设计输送量最大、距离最长、压力等级最高的输油管道之一。西部管道全长近4000千米，其中，原油管道干线全长1562千米，成品油管道干线总长1842千米，起自新疆维吾尔自治区乌鲁木齐市，途经新疆、甘肃两省区共28个市（县），终至甘肃省兰州市。该输油管道与中哈原油管道共同组成西油东送的战略通道，把新疆和甘肃境内的输油管道与东部、西南地区的输油管道及石油石化企业连接起来，形成西部输油管网，实现西部资源与东部市场的对接。这标志着兰州将成为中国西部最大的管道中转枢纽。

1976年，随着华北油田的开发建立，形成了以华北油田为中心，分别向北京及华北地区炼厂输送原油的华北输油管网。华北输油管网向北至北京与东北管网连接，向南至临邑与华东管网衔接。该管网主要承担北京燕山炼厂加工大庆原油及华北地区炼厂加工原油的输送任务。

因为华东地区炼厂林立且港口众多，所以华东管网较为复杂，多围绕炼厂和港口形成长短不一的原油输送管道。

2019年新建成或投产的主要原油管道有董家口港—潍坊—鲁中鲁北输油管道（三期）工程干线及齐成支线、东方华龙支线、科力达支线等工程。2019年续建或开工、2020年及以后建成的主要原油管道有日照港—京博原油管道、日照—濮阳—洛阳原油管道、董家口—东营原油管道昌乐段等工程。

2. 成品油管道

成品油管道近年来得到较大的发展，成品油管输比例逐年增加，目前已在西北、西南和珠三角地区建有骨干输油管道，以后中国将逐渐形成成品油区域管道供应网络。

"十一五"期间，本着"北油南运、西油东运"的宗旨，中国成品油管道主要建设兰州—郑州—长沙、锦州—石家庄—长沙成品油干线管道及华北、长三角、东南沿海和沿江地区等区域成品油管道工程。

近年来，成品油管道的敷设多在华东、华南地区及云贵等地。其中重点项目是2007年，以输送90号、93号和97号汽油为主的珠三角成品油管道的建成投产。该输油管网以湛江为起点，以茂名为枢纽，以惠州大亚湾为终点，全长1143千米，2009年底总长498千米的二期工程也开工建设，2011年建成投产。此外，2010年初，鲁皖二期成品油管道实现全线投运。这条管道总长1280公里，贯穿山东、河南、河北三省。该管道的投产，将原有鲁皖一期、洛郑驻和石太管道连成一体，实现了互联互通。一个以燕山石化、天津石化、齐鲁石化、青岛大炼油、石家庄炼油厂、洛阳石化6家炼厂为核心，覆盖河北、河南、山东、山西、安徽5省，辐射京津二市的华北成品油管网基本形成。2010年重点建设了甬绍金衢、长娄衡郴、贵阳—遵义—桐梓、樟树—上饶、北海—南宁—百色、珠三角成品油管道二期、柳州—桂林、鲁皖二期和苏南等成品油管道工程。

2019年新建成或投产的主要成品油管道有中科炼化一体化湛江—北海成品油管道、北京大兴机场津京第二输油管道、华北石化—北京大兴机场航煤管道、荆门—襄阳成品油管道、合肥—六安成品油管道、兰州石化—中川机场航煤管道等工程。2019年续建或开工、2020年及以后建成的主要成品油管道有日照港—京博成品油管道（与原油管道同沟敷设）等工程。

3. 天然气管网

中国天然气管道经过几十年的发展，随着中亚—中国天然气管道AB双线、中哈天然气管道一二期工程和中缅油气管道的建设，以及近年来西气东输一二线、三条陕京线、冀宁线、淮武线及其支线的投产，西北、川渝、华北及长三角地区已形成了比较完善的区域性管网，中南、珠三角地区也基本形成区域管网主体框架。

环渤海地区是目前中国天然气的主供地区。随着1997年陕京线、2006年陕京二线、2007年冀宁联络管道及2009年陕京三线的建成投产和配套储气库的建设，环渤海地区天然气利用水平得到了大幅度的提高，保障了该区迅速增长的用气需求。

川渝地区是中国天然气运输业较为发达的地区，目前已建成输气管道总里程超过6400千米，约占中国天然气总里程的20%。继20世纪70年代威成线、泸威线、卧渝线、佛渝线建成后，1989年建成了从渠县至成都的半环输气干线（北干线），这些管线的建成首次在中国形成了区域性环形供气管网，实现了川渝天然气的灵活调度，增大了川渝地区供气的安全可靠性。最近几年，川渝气区不断进行老管线的改造和新供气支线的建设，供气网络日益完善。特别是随着罗家寨和普光气田的开发，川渝管网将得到更大的发展。

长三角地区是中国未来天然气的主力消费区，目前供气气源包括西气东输和东海气田，供气管道包括西气东输干线及支线、冀宁线、东海—平湖管道、东海—宁波管道、浙江省天然气管道等多条输气管道，已然构成了能相互衔接的管网系统。

珠三角地区以广东LNG管道工程干支线为主，在珠三角地区已基本形成区域性的供应系统的主体框架。随着广东LNG二期工程和珠海LNG及其站线的建设，以及供气支线的不断完善，该区域将形成比较完善的供气网络。

中南地区以西气东输和忠武线的干线和支线为基架，形成了本区域的管网供应系统。随着2007年西气东输和忠武线联络管道（淮武线）的建设，这个区域管网系统将更加完善。

西北地区的管网多是天然气的输入端，其主干线有：（1）全长4000千米的"西气东输"一线输气管道，西起新疆塔里木的轮南，东至上海延至杭州，途经11个省区，设计年输气能力120亿立方米；（2）全长5000千米的"西气东输"二线输气管道，起自新疆霍尔果斯口岸，止于广州，设计年输气能力300亿立方米；（3）全长1833千米的中亚天然气管道，西起土库曼斯坦，穿越乌兹别克斯坦和哈萨克斯坦，从中国新疆霍尔果斯口岸入境，与西气东输二线相连，设计年输气量为300亿立方米；（4）全长1475千米的中哈天然气管道，一期从中国新疆霍尔果斯口岸与西气东输二线相连，二期工程在南哈萨克斯坦州的奇姆肯特与中亚—中国天然气管道相连。这些天然气管道使我国西部主要油气区连通，有效发挥了塔里木盆地的资源优势。

2019年新建成或投产的主要天然气管道有：中俄东线天然气管道北段（黑河—长岭），中俄东线唐山—宝坻段，陕京四线密云—马坊支线和马坊—香河支线，鄂安沧天然气管道一期工程安平至保定段，达州市供气管道工程，西气东输一线定远—合肥支线复线，"气化湖南工程"汨罗—湘阴—屈原支线、汨罗—平江支线、涟源—新化支线、长沙—益阳支线，杭锦旗—银川天然气管道联络线，中缅天然气管道祥云支线、都凯支线，中缅天然气管道黔西南应急管道，冀东嘉唐管线隆达段，南川—涪陵天然气管道，相国寺储气库配套磨溪—铜梁管道，宣城—宁国段天然气管道，瓦房店—长兴岛支线管道，甬台温（宁波—台州—温州）输气管道工程苍南支线，中科炼化一体化配套输气管道主干线，川气东送嘉兴—新塍输气管道等。

2019年续建或开工、2020年及以后建成的主要天然气管道有：西气东输三线闽粤支干线广州—潮州段管道；深圳液化天然气（LNG）应急调峰站外输管道，中俄东线明水—哈尔滨支线、大庆—哈尔滨（双合）支线，青宁（青岛—南京）输气管道，江苏启通天然气管线，福州天然气联络线，杭锦旗—鄂托克旗天然气管道联络线，中俄东线天然气管道中段，萧山—义乌天然气管道工程试验段，华硕能源天然气管道，气化湖南衡阳—炎陵、永州—邵阳支线管道，长沙联通管道，崇州—大邑—邛崃输气管道，周口—漯河输气管道，濮阳—范县—台前输气管道，吕梁市石楼县煤层气输气管道，海南省环岛管网文昌站—文昌气电项目，广西天然气管道桂林支线，遵义—正安页岩气管道等工程。

（三）中国油气进口四大战略通道

随着我国油气资源对外依存度的攀升，为保障国家能源安全，中国石油加强与俄罗斯、缅甸和中亚国家的能源合作，分别在东北、西南和西北方向布局跨国陆路管道，经马六甲海峡布局海上航道，共同构成我国油气进口"四面八方"的格局，共建"一带一路"大动脉。

1. 东北能源通道——中俄管线

东北能源通道由中俄油气管道组成，分为东、西两线，年输油3000万吨、天然气380亿立方米。

中俄西线管道起始于新西伯利亚，到达我国的克拉玛依市。2014年11月9日，中石油与俄气签署《关于沿西线管道从俄罗斯向中国供应天然气的框架协议》，该协议规定了未来俄罗斯通过中俄西线天然气管道向中国供气的基本技术经济条款，供气期限为30年。

中俄东线管道由两部分组成，一部分是到达我国漠河市然后输送至大庆市的原油管道，日输原油量达30万桶并持续扩建中；另一部分是起始于东西伯利亚，到达我国黑河市的中俄边境，止于上海市，途经黑龙江、吉林、内蒙古、辽宁、河北、天津、山东、江苏、上海9个省区市。输气管网互联互通，可以保障未来部分东部沿海地区的天然气需求，向沿线地区稳定供应天然气资源。

2. 西南能源通道——中缅管线

西南能源通道即中缅管道，年输油2200万吨、天然气120亿立方米。

中缅管道分为原油管道和天然气管道，分别起始于缅甸的马德岛和兰里岛的皎漂港，途径缅甸若开邦、马奎省、曼德勒省和掸邦，从云南瑞丽进入中国。原油管道在缅甸境内全长771千米，我国境内全长1631千米；天然气管道在缅甸境内全长771千米，我国境内全长1727千米。中缅管线进入我国后经云南省的瑞丽再到保山、大理直达我国的昆明市再输向四川、重庆等地。

中缅管线建设的初衷一是将中东和非洲的油气经过印度洋和缅甸直接运输到我国，减少马六甲海峡的运输量，以防被他国扼住能源要道；二是缅甸的天然气资源丰富，能够为我国提供一个新的、稳定的油气供应源地。但由于中缅管线每年的运输量依然远远小于通过海上航线运输到我国各大港口的运输量，因此"马六甲海峡困境"问题依旧没有得到解决。

3. 西北能源通道

西北能源通道由中哈原油管道和中国—中亚管道组成，年输油2000万吨、天然气600亿立方米。

中国—中亚管道起始于土库曼斯坦和乌兹别克斯坦的边界格达依姆，途经乌兹别克斯坦中部和哈萨克斯坦南部，通过我国新疆霍尔果斯口岸入境。该管道是与我国上海、广州、南宁、香港等地的跨国长距离输气管道，境外部分管道称为中亚天然气管道，境内部分管道称为西气东输二线。2006年，根据中国政府和土库曼斯坦政府签署的一系列框架性协议，土库曼斯坦承诺自2009年起的未来30年时间内，每年向中国提供300亿天然气。2009年，中国—中亚管道正式投产并开始向中国供气，全长1830千米。中亚天然气管道自2009年12月投产以来，已稳定运行11年，截至2020年，累计输气量超3360亿立方米。

4. 海上能源通道

海上能源通道是中国从中东、北非、西非、南美、澳洲等地通过海运将进口油气送至东部沿海一带，是石油及LNG的重要能源通道。

(1) 中东航线：主要进口来源为科威特、沙特阿拉伯、伊朗、阿曼、阿联酋、伊拉克、也门、卡塔尔和埃塞俄比亚等。2018年石油运输量约占海上航线的52%；LNG运输量约占海上航线的24%。运输路线为沙特阿拉伯、伊朗、阿曼、伊拉克、科威特等港口—沿海波斯湾—霍尔木兹海峡—阿曼湾—巴基斯坦沿海—印度西海岸—马尔代夫北部海域—斯里兰卡南端海域—印度洋—马六甲海峡—马来西亚附近海域—越南附近海域—菲律宾附近海域—台湾海峡—我国目的地。

(2) 北非航线：主要进口来源为南苏丹共和国、埃及、苏丹、利比亚、阿尔及利亚。2018年石油运输量约占海上航线的3.9%。运输路线为利比亚海域—地中海—埃及附近海域—苏伊士运河—红海—伊朗、苏丹、厄立特里、也门、吉布提、亚丁湾索和马里海域—阿拉伯海—马尔代夫北部海域—斯里兰卡南端海域—印度洋—马六甲海峡—马来西亚附近海域—越南附近海域—菲律宾附近海域—台湾海峡—我国目的地。

(3) 西非航线：主要进口来源为安哥拉、尼日利亚、赤道几内亚、喀麦隆、加蓬、刚果（金）、安哥拉。2018年石油运输量约占海上航线的29%；LNG运输量约占海上航线的26%。运输路线为西非附近海域—好望角—莫桑比克附近海域—马达加斯加岛南部海域，然后与中东、北非海上通道交汇后进入马六甲海峡。

(4) 南美航线：主要进口来源为巴西、哥伦比亚、委内瑞拉、厄瓜多尔和阿根廷等国。2018年石油运输量约占海上航线的16%。运输路线起始于南美洲西岸各个港口，到达南太平洋后通过夏威夷群岛到达中国各港口，或者从南美洲到达好望角经过印度洋和马六甲到达中国各港口。

(5) 西北欧及北美航线：主要进口来源为美国、加拿大、墨西哥、英国和挪威。2018年石油运输量约占海上航线的 6.7%。运输路线其中一条是途径加勒比海的航线，另一条是地中海—苏伊士运河—亚太航线。

(6) 远东—东南亚航线：主要进口来源为印度尼西亚、马来西亚以及文莱。2018年石油运输量约占海上航线的 2.4%；LNG 运输量约占海上航线的 8%。运输路线经中国东海和南海领域及台湾和巴士海峡到达中国港口。

(7) 远东—澳新航线：主要进口来源为澳大利亚和巴布亚新几内亚，进口产品主要为LNG，2018年 LNG 运输量约占海上航线的 42%。运输路线经所罗门海、珊瑚海、南海、苏禄海、苏拉维西、班达海、阿拉弗拉海及龙目海峡等到达我国。

思考题

1. 从区域分布来看，世界石油产量主要集中哪些地区？
2. 中国石油生产与消费情况如何？
3. 简述国际石油贸易状况。
4. 国际石油贸易方式主要包括哪几种？
5. 中国石油市场运行状况如何？
6. 中国石油进口来自哪些国家？
7. 石油运输的种类有哪些？
8. 简述中国近年来石油管道建设的进展。

参考文献

[1] 冰瑶. 国际油轮运输市场：运价飙升 [J]. 中国远洋海运, 2020 (4)：19.
[2] 高鹏, 高振宇, 刘广仁. 2019 年中国油气管道建设新进展 [J]. 国际石油经济, 2020, 28 (3)：52-58.
[3] 何春蕾, 段言志, 李森圣. 国家油气管网公司成立后的天然气价格机制改革建议 [J]. 天然气技术与经济, 2020, 14 (3)：68-73.
[4] 毛家义. 中国天然气管输价格管理体制与定价机制的历史演进 [J]. 国际石油经济, 2017, 25 (12)：31-37.
[5] 蒲明, 马建国. 2010 年我国油气管道新进展 [J]. 国际石油经济, 2011, 19 (3)：26-34.
[6] 田春荣. 2017 年中国石油进出口状况分析 [J]. 国际石油经济, 2018, 26 (3)：10-20.
[7] 王丹, 李丹阳, 赵利昕, 等. 中国原油进口海运保障能力测算及发展对策研究 [J]. 中国软科学, 2020 (6)：1-9.
[8] 尹彬. 石油价格波动对我国物价水平的影响分析 [J]. 价格月刊, 2016 (8)：43-45.
[9] 余洋. 2007 年中国油气管道发展综述 [J]. 国际石油经济, 2008 (3)：45-51.
[10] 邹葵. 国际油运市场 2018 年回顾与 2019 年展望 [J]. 世界海运, 2019, 42 (3)：5-11.
[11] BP. bp Statistical Review of World Energy 2020 [R]. 2020.

第八章 国际石油工业中的公司

第一节 石油公司类型及其兼并重组

一、石油公司类型

目前,世界石油工业的经营主体主要包括国家石油公司、综合一体化石油公司、独立石油公司、石油技术服务公司及各种能源贸易公司等(图8-1)。其中能够对世界石油工业发展产生重要影响的,主要是国家石油公司、综合一体化石油公司和石油技术服务公司。

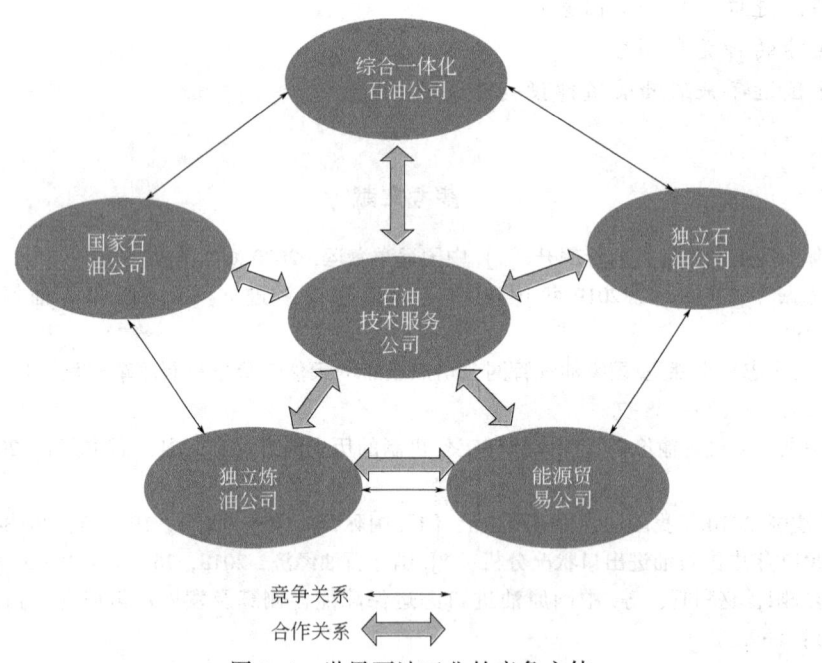

图8-1 世界石油工业的竞争主体

(一)综合一体化石油公司

1. 分类

综合一体化石油公司可分为超级跨国石油公司、大型跨国石油公司和地区性大石油公司。

(1) 超级跨国石油公司：一般指拥有 1 亿吨以上的石油年产量、2000 亿美元以上的资产和销售收入的石油公司。超级跨国石油公司拥有巨大的炼油能力和庞大的销售体系。

(2) 大型跨国石油公司：一般指拥有 7000 万吨以上的石油年产量、资产和总收入均在 1000 亿美元以上的石油公司。

(3) 地区性大石油公司：规模一般小于大型跨国石油公司，其国际化程度较低，大多数是转型中的国家石油公司。

最典型的例子是 19 世纪 80 年代就形成的标准石油公司。第二次世界大战之后，随着中东石油工业发展，大石油公司迅速发展起来。最著名的是被称为"石油七姊妹"的七大综合一体化大型石油公司——埃克森、壳牌、美孚、雪佛龙、德士古、BP、海湾石油公司，它们形成了对西方世界石油工业的寡头垄断。

2. 特点

综合一体化石油公司的主要特点包括：

(1) 大力开展国际化经营；

(2) 管理层次清晰，灵活高效；

(3) 善于抓住投资机会，风险承受能力较高；

(4) 注重科技创新，技术处于领先地位；

(5) 营销网络庞大，销售能力强。

（二）国家石油公司

国家石油公司（National Oil Companies，简称 NOC）是指本国政府拥有控制性权益的石油公司。全球有近 100 个 NOC，其各自产生的背景、目标、承担的职能、运作模式等不尽相同，但以发展中国家和产油国居多。

世界上第一家国家石油公司 1922 年诞生于阿根廷；1938 年墨西哥作为第一个实现石油工业国有化的国家，成立了自己的国家石油公司；第二次世界大战前，中南美洲出现了世界上第一批国家石油公司，当时仅局限于开发本国石油资源；第二次世界大战后至 20 世纪 50 年代，西欧的奥地利、法国、意大利等国为了摆脱美英石油公司对本国石油的控制，保障本国石油供应，先后成立了自己的国家石油公司；1951 年伊朗在中东率先实行石油国有化，建立了伊朗国家石油公司。

20 世纪 70 年代之后，欧佩克各国先后完成石油工业国有化，中东、北非资源国也成立了本国的国家石油公司。此后，随着北海石油勘探开发的大规模展开，西方有一定资源量的石油消费国，如英国、挪威等国也建立了国家石油公司。20 世纪 80 年代末至 90 年代初，东欧剧变，苏联解体，一大批独立出来的国家都纷纷建立起自己的国家石油公司。

2000—2008 年，随着国际油价的高涨和资源重要性的凸显，新一轮国有化展开，由俄罗斯蔓延到了拉美的委内瑞拉、玻利维亚和厄瓜多尔，并迅速扩展到了乍得，卡塔尔、阿尔及利亚、科威特等国也出现了国有化的苗头。如此一来，国家石油公司对资源的控制进一步强化。

图 8-2 为国家石油公司的变革与发展。

1. 国家石油公司成立的背景与目的

各国成立国家石油公司的背景和目的虽然各不相同，但大体可以归纳为以下三类：

第一，发展中的石油出口国的国家石油公司，主要任务是代表政府全面接管所有的外资

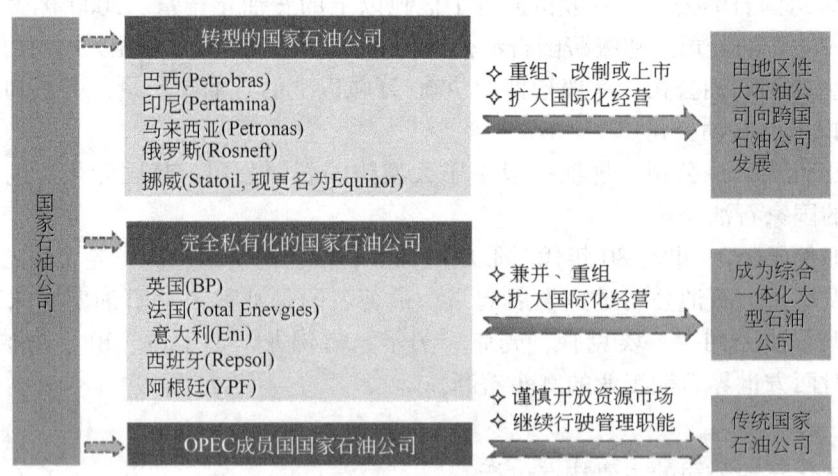

图 8-2 国家石油公司的变革与发展

石油公司资产并加以经营管理，进而发展本国的石油工业，为国民经济振兴和社会发展服务。

第二，石油依靠进口的国家成立的国家石油公司，任务是打破外国石油公司对本国石油供应的控制和对本国石油市场的垄断，从战略上保障本国的石油供应。

第三，有油气前景、期望开发本国油气资源的国家成立的国家石油公司，代表政府同外国打交道，受政府委托经营管理石油资产。

2. 国家石油公司的职能

国家石油公司所应行使的职能在其诞生之初就得以确定。国家石油公司具有代表国家形象、维护国家利益、为国家福利服务的基本特征。随着政府的调整，国家石油公司的职能范围也在发展过程中不断地变化。一般来说，国家石油公司的职能包括以下几点：

（1）控制本国的油气资源。对一个国家来说，保证对本国油气资源的控制权具有某种政治意义，也是建立国家石油公司的主要原因。尤其是对那些石油工业长期掌握在外国石油公司手中的发展中国家来说，控制石油资源已经成为国家民族独立的一个重要标志。

（2）控制原油价格。由于过去原油价格的决定权掌握在发达国家石油公司手中，这些公司把原油价格压得很低，使大量的利润转移到了下游的炼油和销售及西方消费国，严重损害了产油国的利益。因此获得定价权就成为发展中国家产油国进行斗争的重要手段。

（3）负责石油工业的经营活动。经营石油工业各个环节的业务，出口石油换取外汇，保证最大限度地增加国民收入，提供就业机会。

（4）保证石油供应，满足国民经济发展的需要。在一些能源比较紧张或需要进口石油的国家，提供足够多的原油和天然气，避免进口或保证进口石油稳定的供应就成为国家石油公司的义务。

（5）控制国内石油市场和油品价格。发展中国家的国内石油市场一般都由政府控制，并把油品价格限定在较低水平，其目的主要是降低其他行业的生产成本，增强其产品的国际竞争力，抑制通货膨胀，维护公众利益，维护社会和政局的稳定。

（6）减少对综合一体化大型石油公司的依赖性。这是成立国家石油公司的主要原因。国家石油公司进行勘探开发，可以增加石油供应及直接同 OPEC 等产油国取得联系获得安全稳定的供应，这样也能使政府更好地控制国际收支平衡和税收政策。

（7）与外国公司签订合同。在石油领域与外国公司进行合作时，由国家石油公司代表政府出面与外国公司签订合同，并负责监督外国公司履行合同的情况。

（8）获得石油工业的知识，培养本国石油经营管理人才和石油技术专家。没有自己的石油人才，不懂石油技术和石油企业的管理方法，就难以经营管理本国的石油工业，也没有办法监督在本国进行作业的外国公司的经营活动。

（9）为国家制定的石油立法和方针政策作大量的基础工作。在有些发展中国家，政企没有分开，国家石油公司往往还承担一部分政府职能，例如：起草有关石油工业的法律法规，审批、发放勘探、开采许可证，组织相应的招标、投标，规定市场油气产品价格等。

3. 国家石油公司的经营方式

国家石油公司的经营特点就是不同程度的垄断，其经营方式主要有以下两种：

（1）自营经营方式。自营经营又包括独家垄断经营、两家以上国家石油公司的垄断经营和公私合营三种方式。其中独家垄断经营是指在本国只有一家国家石油公司进行完全垄断经营；两家以上国家石油公司的垄断经营是指该国家的国家石油公司不止一家，但不允许私人涉足石油业务；公私合营是指由国家石油公司和本国的私人公司一起从事本国的石油业务。

（2）与外国公司签订石油合同。石油合同的种类主要划分为 6 种：租让制合同、产品分成合同、风险服务合同、单纯服务合同、联合经营合同（包括建立合资公司和联合作业两种形式）、非传统类型的合同。

（三）石油技术服务公司

石油技术服务公司是指为石油天然气勘探和开采服务的公司，包括从事地球物理勘探、测井、钻井、完井、增产措施（如压裂、酸化、控水、防沙）及油气田地面建设的公司。广义的石油技术服务公司涵盖了石油装备和器材的制造商、供应商。它们是石油公司的主要合作伙伴，是整个石油行业的重要组成部分。

从 1859 年石油工业诞生到 20 世纪早期，油田服务业初步形成。美国是世界石油工业的诞生地，也是油田服务业的诞生地。1880 年，索罗门·德莱塞发明了用印度橡胶制作的油井封隔器，不久他又发明了用于连输气管道的防漏泄连接器，并创办了德莱塞公司。20 世纪初期出现了第一家专业化的固井公司——珀金斯油井注水泥公司。1919 年这家公司的一名工人厄尔·哈里伯顿凭自己改进的新工艺成立新法油井固井公司，1924 年得到几家石油公司的资本注入改组为哈里伯顿油井固井公司。这个时期也出现了专门承包油田和炼油工程的建设公司。

20 世纪 20—50 年代，得益于世界性的石油技术革命，世界油田服务业迅速发展起来并形成比较完整的体系。该次革命的重点是石油勘探技术的大突破：扭秤的应用，重力勘探技术的形成；折射法和反射法地震勘探技术的产生与成熟；电阻率地面勘探技术和测井技术的实用化等。

随着世界石油工业的又一次技术革命，20 世纪 60 年代油田服务业进入了新的发展时期。20 世纪 80 年代末 90 年代初形成了世界油田服务业的五强：斯伦贝谢（Schlumberger）、哈里伯顿（Halliburton）、德莱塞（Dresser）、贝克休斯（Baker Hughes）和西方阿特拉斯（Western Atlas）。20 世纪 90 年代它们经过兼并重组形成世界三强：斯伦贝谢、哈里伯顿、贝克休斯。

二、石油公司兼并重组

1870年，洛克菲勒（J. D. Rockefeller）在美国俄亥俄州克利夫兰城创建了标准石油公司。在当时无序的竞争中，洛克菲勒凭借着各种手段不断发展壮大公司规模，逐渐垄断了美国的石油市场，并通过对海外市场的拓展，成为世界上第一家实力雄厚、跨国经营的大石油公司。1891年该公司原油产量占全美产量的四分之一，成为上下游一体化的石油公司。到1897年，标准石油公司已控制住了美国90%的炼油能力和80%的油品销售市场，并控制了产油区的输油管网，掌握了对石油运输的支配权，同时开始介入石油生产领域，购买了大量的油田资产。但在1911年，美国最高法院通过裁决解散标准石油公司，打破了标准石油公司对北美石油市场的垄断局面。标准石油公司被分成38家公司，其中最大的三家是新泽西、纽约和加利福尼亚石油公司，之后几经兼并演变形成了埃克森、美孚和雪佛龙石油公司。

20世纪80年代前期和中期，石油工业发生了以美国为中心的兼并风潮。美孚兼并了苏必利尔；德士古兼并了盖蒂石油公司；雪佛龙兼并了海湾石油公司；BP兼并了美国俄亥俄标准石油公司；壳牌买进了美国壳牌原来不属于它的股份。"石油七姊妹"剩下了"六巨头"。在大石油公司更加强大的同时，也有一批中小石油公司在兼并中发展壮大，形成了一批如阿莫科、阿科、菲力普斯等颇具竞争力的独立石油公司。

20世纪90年代末，石油工业经历了前所未有的以大规模兼并和收购为主要形式的重组。这些兼并对世界石油工业乃至整个世界经济都产生了巨大影响，彻底改变了石油工业的原有格局。1998—2019年主要石油公司之间交易金额在100亿美元以上的合并案见表8-1。

表8-1 大型石油公司合并交易金额在100亿美元以上的合并案

合并案	宣布（或完成）时间	合并金额 亿美元
BP与阿莫科公司合并	1998年8月11日宣布	620
法国道达尔公司兼并比利时菲纳公司	1998年11月30日宣布	130
埃克森与美孚公司合并	1998年12月1日宣布	852
英国石油阿莫科公司收购阿科公司	1999年4月1日宣布	268
西班牙雷普索尔公司收购阿根廷YPF公司	1999年6月24日完成	180
美国道达尔化学公司收购联合碳化物公司	1999年8月4日宣布	116
道达尔菲纳公司收购埃尔夫—阿奎坦公司	1999年9月13日宣布	542
埃尔帕索能源公司收购滨海公司	2000年1月18日宣布	160
雪佛龙公司与德士古公司合并	2000年10月1日宣布	454
菲利普斯石油公司与大陆石油公司合并	2001年11月18日宣布	152
雪佛龙公司收购尤尼科公司	2005年7月宣布	199
康菲公司合并柏灵顿资源公司	2005年12月宣布	364
海德罗和挪威国家石油公司合并	2006年12月宣布	300
埃克森美孚收购美国XTO能源公司	2009年12月宣布	410
荷兰壳牌集团收购英国BG天然气集团	2015年4月8日宣布	700
马拉松石油公司收购Andeavor公司	2018年4月30日宣布	233
西方石油公司收购阿纳达科石油公司	2019年5月9日宣布	570

随着石油资源国有化浪潮的兴起，OPEC 对世界石油市场控制能力下降，巴西、俄罗斯、中国、阿根廷、墨西哥等非 OPEC 国家的石油公司占有越来越多的油气资源，美国康菲、意大利埃尼、美国阿纳达科石油公司、美国阿美拉达赫斯公司、纽菲尔德勘探公司这些独立石油公司也在不断发展，石油市场的控制力逐渐向非 OPEC 国家的石油公司和独立石油公司转移。与此同时，老牌跨国石油公司兼并重组，出现了埃克森美孚、英国石油公司、壳牌、雪佛龙德士古、道达尔这五大超级石油公司。此外，在技术服务领域，经过 20 世纪 80~90 年代不断地重新组合，形成了斯伦贝谢、哈里伯顿、贝克休斯、威德福这样一批综合性、一体化、实力强的石油技术服务巨头，世界石油市场进入多元化合作竞争的发展时期。

石油业重组的规模之大、涉及范围及领域之广及其对石油业产生的影响都是前所未有的，主要表现在：

（1）石油公司并购事件对世界石油工业的竞争格局产生重大影响，一些石油公司采取了大规模的兼并与联合行动，得益于较高的石油价格，这些大型石油公司在石油市场上获取了很大的控制权。

（2）合并形成的西方巨型石油公司挑战主要产油国的国家石油公司。

（3）综合一体化大型石油公司间的巨型合并对其他大型石油公司既是挑战也是机遇。挑战主要表现在实施大规模兼并与联合后的综合一体化大型石油公司的竞争优势进一步增强，进一步压缩了其他大中型石油公司的生存与发展空间。其他大中型石油公司最后的结果，要么是通过兼并其他公司来扩大本公司的规模、增强本公司的竞争力，要么是被其他公司兼并。机遇则表现在以下三方面：一是大石油公司在进行巨型合并后需要剥离大量的油气资产，这为中型石油公司通过收购这些资产发展壮大提供了很好的机会；二是综合一体化大型石油公司合并为超巨型石油公司的趋势为其他大中型石油公司提供了国际拓展空间；三是规模相当的大中型石油公司相互之间合并的意愿都比较强烈，使得合并交易变得相对容易。

第二节　综合一体化大型石油公司

一、埃克森美孚（ExxonMobil）公司

（一）公司简介

埃克森公司的前身是 1882 年洛克菲勒建立的新泽西标准石油公司。美孚公司的前身，一是创立于 1882 年的纽约标准石油公司；二是在 1886 年成立、1879 年被标准石油公司兼并的以润滑油见长的真空石油公司。1999 年 11 月 30 日，世界两大石油巨头埃克森和美孚合并重组，成为埃克森美孚公司（ExxonMobil，以下简称"埃克森美孚"），公司总部设在美国得克萨斯州的欧文。

埃克森美孚公司是世界上最大的跨国经营的石油公司之一，其业务范围包括勘探、开发、生产、运输、炼油化工和销售，在煤炭及其他矿产资源的开采和发电等方面也有经营活

动。公司承担几乎全部的研究工作,制造并推销几百种化工和专门产品。目前,埃克森美孚在全球 39 个国家从事上游业务,核心区域及资产类型包括美国非常规资产、尼日利亚海上资产、卡塔尔 LNG 资产、澳大利亚 LNG 资产及马来西亚深水资产。

(二) 公司战略

埃克森美孚致力于成为世界一流的石油和石化公司,并一直以大型投资组合、稳健的财务表现著称。它积极扩大在技术、规模、一体化、运营、员工等方面的优势,推进优势投资和优势资产组合。埃克森美孚优化组织结构,通过降本增效、剥离非核心资产、使用先进技术提高生产率等措施,将上游打造为公司的主要盈利增长点。在此战略下,埃克森美孚的业务构成表现为非常规、深水、LNG、重油和常规五项。

(三) 公司勘探开发情况

近年来,埃克森美孚勘探业务成果显著。2015—2019 年,埃克森美孚的勘探支出起伏较小,五年间最高支出为 2017 年的 25.2 亿美元,2019 年的勘探支出合计 19.6 亿美元,较 2018 年减少 2.8 亿美元。埃克森美孚在 2015—2019 年的开发支出表现出先下降后增长的趋势,最低时不足 100 亿美元,2019 年的开发支出为 198.1 亿美元,较 2018 年大幅增加 53.9 亿美元(图 8-3)。

2015—2019 年,埃克森美孚的石油产量略高于其天然气产量。2019 年原油产量 1.22 亿吨,天然气产量 1046 亿立方米(图 8-4)。目前,埃克森美孚的全球油气产量仍以陆地和浅水常规资产为主,非常规、LNG、深水、油砂资产紧随其后。

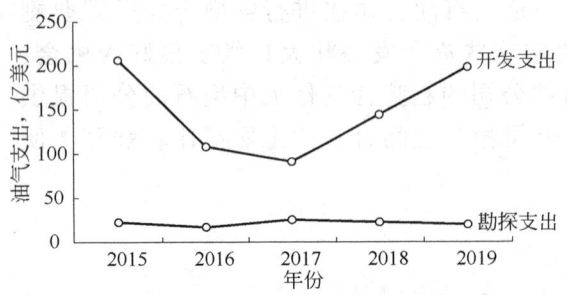

图 8-3 埃克森美孚公司 2015—2019 年油气支出
资料来源:埃克森美孚公司年报

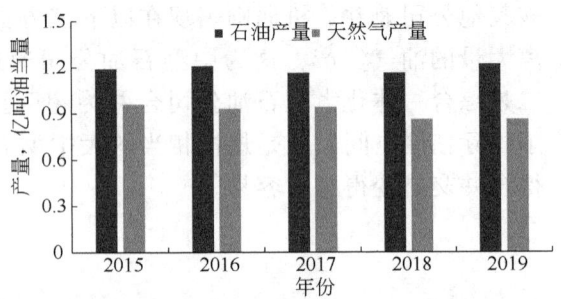

图 8-4 埃克森美孚公司 2015—2019 年油气产量
资料来源:埃克森美孚公司年报

二、荷兰皇家壳牌(Shell)公司

(一) 公司简介

荷兰皇家壳牌(以下简称"壳牌")公司是老牌的跨国石油公司,是由皇家荷兰石油公司和壳牌运输和贸易有限公司于 1907 年联合组成的一家跨国石油公司集团,总部设在荷兰海牙。壳牌公司 20 世纪 50~70 年代是"石油七姊妹"中的"老二",20 世纪 90 年代前期,按销售额它曾超过埃克森公司而成为世界第一大石油公司。

壳牌公司在世界上近 130 个国家和地区从事油气勘探与生产、石油炼制、油品销售、化工产品生产与销售及煤炭等生产经营活动,主要业务活动集中在美国。上游核心区域及资产类型包括美国墨西哥湾海上油气、加利福尼亚重油、宾夕法尼亚和得克萨斯致密油气、荷兰格罗宁根气田、Schoonebeek 油田、尼日利亚陆上和海上资产、卡塔尔珍珠天然气液化项目等。壳牌公司近年来继续致力于实现净碳足迹目标，即到 2050 年将销售的能源产品的温室气体排放强度降低 50% 左右。

（二）公司战略

壳牌公司致力于提供更多、更清洁的能源来帮助满足世界不断增加的能源需求，战略上则是通过在全球能源体系发生变化时提供石油、天然气及低碳能源，巩固企业作为领先能源公司的地位。公司战略主要包括以下三个目标：

（1）提供世界级的投资案例，增加自由现金流和回报；

（2）满足社会对更多、更清洁、更便利和更有竞争力的能源的需求，在能源转型中茁壮成长；

（3）通过利益分享来回馈社会，维持社会对公司的认可。

在战略实施中，壳牌公司旨在成为一个更加以客户为中心、更简单、更精简的组织，专注于增加回报和自由现金流，并通过投资竞争性项目、降低成本、出售非核心业务，不断重塑投资组合。在战略定位上，公司将改变原体系，发展以深水、页岩气、常规油气为核心的上游业务，以天然气一体化、石油产品和化工为转型业务，以发电为新兴业务的新体系。

（三）公司勘探开发情况

并购英国天然气集团公司后，壳牌公司的勘探业务发生了重大调整，不再偏向于高风险、长周期的前沿盆地，更多投向"核心地带"。2015—2019 年期间，壳牌的油气勘探支出在 2016 年出现明显下滑，2016 年后基本保持稳定；2019 年的勘探支出合计 37.2 亿美元，较 2018 年增加 1.5 亿美元。开发方面，壳牌公司通过领先的资本效率降低开发成本，自 2015 年以来桶油开发支出显著降低，尤其在 2017 年，其开发支出降至 116.9 亿美元；2018 年以后，开发支出开始回升，2019 年的开发支出为 149.1 亿美元，较 2018 年增加 17.8 亿美元（图 8-5）。

2015—2019 年期间，壳牌公司的石油和天然气产量较为均衡，2019 年实现原油产量 0.96 亿吨，天然气产量 1154 亿立方米（图 8-6）。

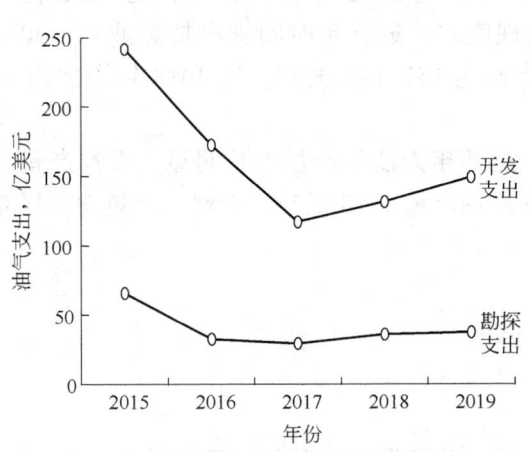

图 8-5 壳牌公司 2015—2019 年油气支出
资料来源：壳牌公司年报

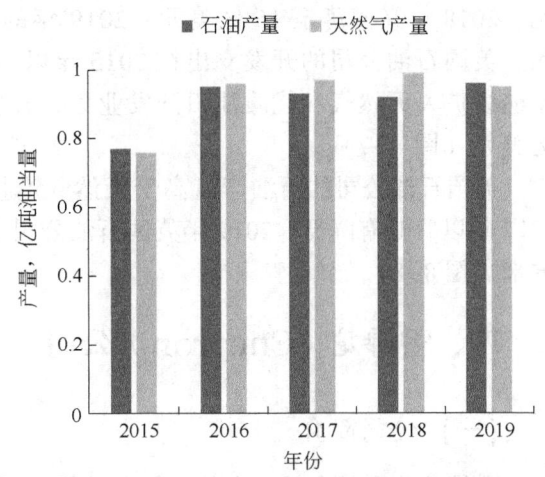

图 8-6 壳牌公司 2015—2019 年油气产量
资料来源：壳牌公司年报

三、英国石油（BP）公司

（一）公司简介

英国石油公司是英国最大的公司之一，也是世界最大的石油石化集团之一。1901年英国人William Knox D Arcy获准进入波斯进行石油勘探开发，1908年获得重大发现，1909年成立Anglo-Persian石油公司（BP公司的前身），1954年公司更名为英国石油公司（BP）。原英国石油公司（BP）成功地进行了两次并购活动，先是于1998年8月宣布与美国阿莫科公司（Amoco）合并成立BP阿莫科公司（1998年正式成立），随后于1999年4月宣布收购美国阿科公司成立BP阿莫科阿科公司——新的BP公司于2000年4月成立。

英国石油公司的核心业务包括石油、天然气勘探和开发，石油炼制、销售、供应及运输，石化产品的生产和销售等。英国石油公司在34个国家从事油气上游业务，核心区域及资产类型包括俄罗斯陆上资产、美国墨西哥湾深水资产和非常规资产、特立尼达和多巴哥LNG、安哥拉深水资产、印度尼西亚LNG、澳大利亚LNG等。近年来，英国石油公司通过发展天然气和回归新能源，积极推进低碳战略。

（二）公司战略

英国石油公司将安全视为核心价值，尤其是墨西哥湾事故以后，更加致力于构建更强大、更安全的公司。近年来，英国石油公司上游的战略可总结为三点：有质量的运营、增加天然气和有竞争优势的油、以回报为本的增长。公司新首席执行官鲁尼上任后，提出了2050年或更早实现净零碳排放的目标，包括经营净零碳排放、油气生产净零碳排放等十个子目标。为实现此目标，公司将从根本上进行组织重构，期望在新组织结构和新战略的引领下，创建一个更加灵活、创新和高效的公司。

（三）公司勘探开发情况

低油价期间，英国石油的勘探支出遭到削减，2017年略有所回升，达到19.4亿美元，2018年又回落至16亿美元，2019年的勘探支出与2018年基本持平，为16.2亿美元。英国石油公司的开发支出在2015年以后出现削减，近五年时间支出持续波动，2019年继续扩大天然气和优质油田开发业务，开发支出达152.1亿美元，较2018年增加约10亿美元（图8-7）。

英国石油公司的石油产量高于天然气产量，近两年天然气产量增长明显，石油产量在2017年以后略有降低。2019年英国石油公司实现原油产量1.13亿吨，天然气产量994亿立方米（图8-8）。

四、雪佛龙（Chevron）公司

（一）公司简介

雪佛龙公司是全球最大的一体化能源公司之一，总部设在加利福尼亚州的San Ramon，业务遍及全球180多个国家。雪佛龙（合并前）成立于1879年，德士古公司成立于1901年，两家公司于2001年合并为雪佛龙德士古公司。为了在全球市场上有更为统一的形象，公司的名字在2005年改为雪佛龙。2005年并购尤尼科（Unocal）公司加强了雪佛龙作为全球能源行业领导者的地位，也增加了其在全球主要盆地的资产。

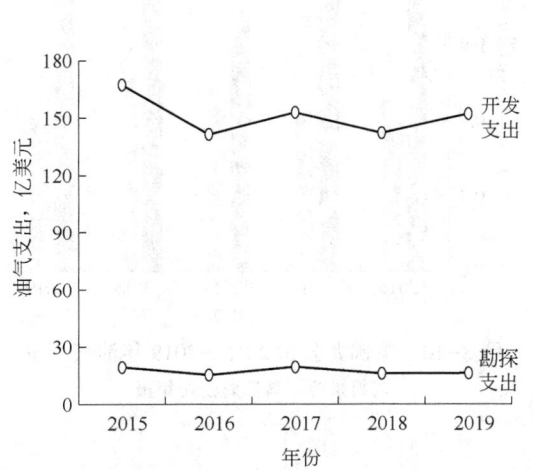

图8-7 英国石油公司2015—2019年油气支出
资料来源：英国石油公司年报

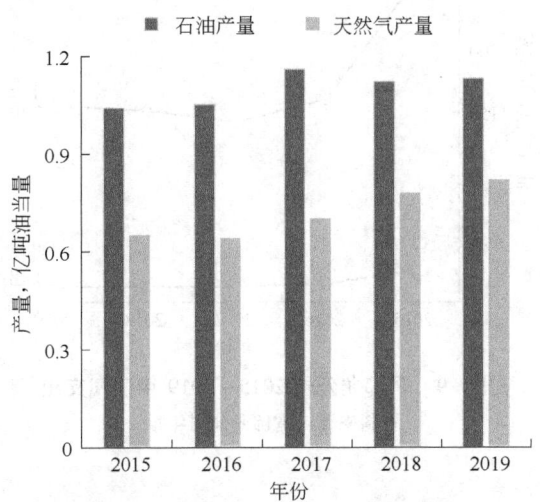

图8-8 英国石油公司2015—2019年油气产量
资料来源：英国石油公司年报

雪佛龙公司的业务范围包括勘探和生产，炼油、销售和运输，化工产品和其他业务。雪佛龙公司上游油气业务目前主要集中在22个国家，其核心区域及资产类型包括美国大量的非常规资产，澳大利亚高更和惠斯通LNG等资产，安哥拉海上资产，尼日利亚陆上及海上资产，印度尼西亚海上资产，泰国海上资产，哈萨克斯坦田吉兹、卡沙甘等油田。近年来，雪佛龙公司在全球的作业区域持续收缩，在退出其他国家的同时，不断强化以美国二叠盆地为代表的美洲非常规油气业务。此外，雪佛龙公司在其他国家非常规领域也有较大发展，在深水和LNG领域不断补充资产储备。

（二）公司战略

雪佛龙公司在企业层面的战略是要投资于人才，实现盈利的增长，利用技术和专业能力差异化业绩等。在业务层面的战略区分上中下游，其中上游战略是要实现核心业务领域的利润增长，并不断开发优质项目；中游和天然气的战略是要提供运营、商业和技术方面的专业知识，提高上下游的业绩；下游和化工产品的战略是提高各个价值链间的收益，并开展定向投资，在回报方面力争领先整个行业。

（三）公司勘探开发情况

受低油价的影响，雪佛龙公司收缩了其勘探业务。2019年雪佛龙公司的勘探支出为11.9亿美元，已连续三年保持持平。与勘探支出相比，雪佛龙公司的开发支出较高，但在2015年以后出现明显降低，2018年稍有增长，2019年的开发支出为155.7亿美元，较2018年增加3.8亿美元，已连续两年增长（图8-9）。

2015年以来，雪佛龙公司的石油产量较为稳定，天然气产量增长明显。2019年实现原油产量0.95亿吨，天然气产量740亿立方米（图8-10）。

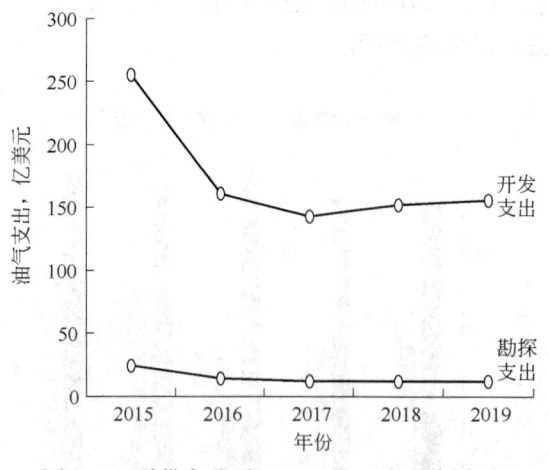

图 8-9 雪佛龙公司 2015—2019 年油气支出
资料来源：雪佛龙公司年报

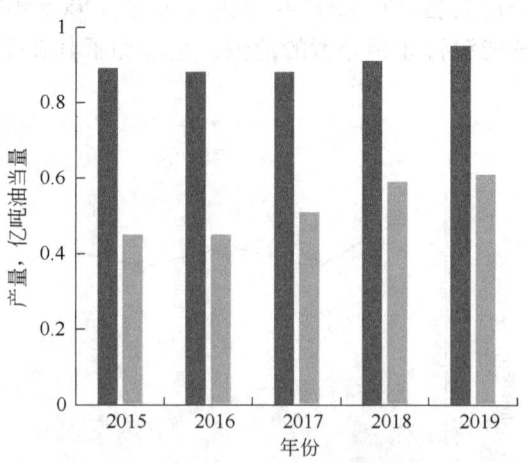

图 8-10 雪佛龙公司 2015—2019 年油气产量
资料来源：雪佛龙公司年报

五、道达尔（Total）公司

（一）公司简介

道达尔公司成立于 1924 年，公司总部设在法国巴黎，原名为法国石油公司，1985 年公司更名为道达尔法国石油公司，1991 年公司名称简化为道达尔公司。埃尔夫公司（Elf）的历史可追溯到 20 世纪 30 年代末。1998 年 11 月 30 日道达尔公司与埃尔夫公司宣布合并，称为道达尔埃尔夫。1999 年 9 月 13 日道达尔埃尔夫宣布与菲纳公司合并，从此成立新的道达尔公司，其规模实力得到了增强。

道达尔公司的业务覆盖了能源工业的各个方面，包括勘探与生产、炼油与化工和化工产品的销售。公司在全球 100 多个国家作业。其上游核心区域及资产类型包括英国北海资产、挪威大陆架海上资产、尼日利亚海上油气资产、安哥拉深水资产、卡塔尔天然气资产，以及阿联酋陆上及海上资产。2017 年，道达尔公司专门成立了天然气、可再生及发电业务部，充分挖掘天然气、可再生能源等在电力价值链中的价值。

（二）公司战略

道达尔公司的目标是期望在未来 20 年内，能继续作为有责任的能源巨头，为尽可能多的人提供更实惠、更易获得、更清洁的能源。在此目标下，公司的战略主要包括四个方面：

（1）推动勘探和生产领域盈利及持续增长，优先生产天然气，尤其是液化天然气；

（2）继续提升主要的一体化炼油和化工平台的竞争力；

（3）扩大石油产品的分销网络，尤其是在需求高增长地区，并提供更具创新的解决方案和服务；

（4）扩张天然气全价值链，进入新的市场，并发展有利可图的低碳业务，包括可再生能源和生物燃料。

（三）公司勘探开发情况

道达尔公司的勘探支出在 2015 年后有所减少，2017—2019 年间，勘探支出在 11 亿美元左右，2019 年的勘探支出较 2018 年减少了 0.8 亿美元。开发支出在 2015 年以后持续缩减，2015 年的开发支出为 194.2 亿美元，2019 年的开发支出仅有 90.4 亿美元，较 2015 年减少了约一半的水平（图 8-11）。

2015—2019 年期间，道达尔公司的石油产量增长明显，由 2015 年的 0.63 亿吨增长至 2019 年的 0.86 亿吨；天然气产量尽管有所增长，但涨幅不及石油产量，2019 年实现天然气产量 761 亿立方米（图 8-12）。

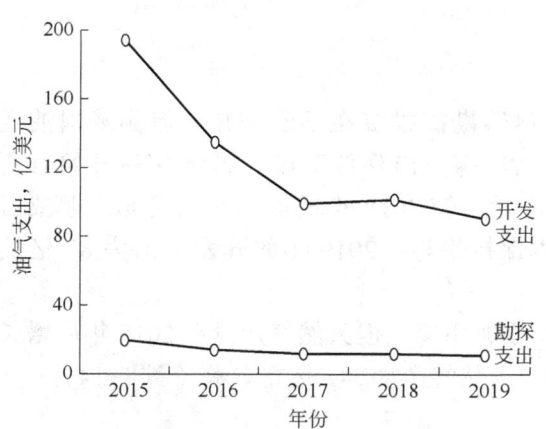

图 8-11 道达尔公司 2015—2019 年油气支出
资料来源：道达尔公司年报

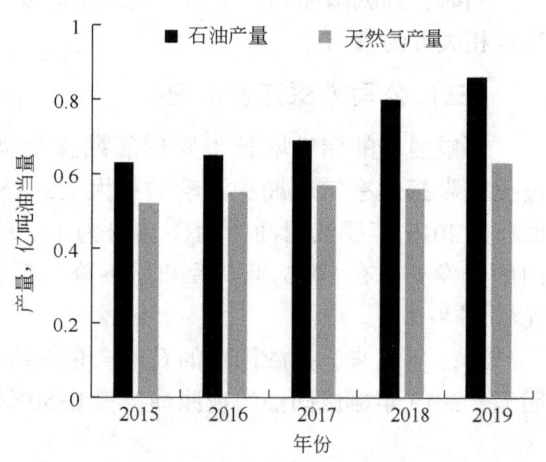

图 8-12 道达尔公司 2015—2019 年油气产量
资料来源：道达尔公司年报

六、挪威国家石油公司（Equinor）

（一）公司简介

挪威国家石油公司（以下简称"挪威国油"）是北欧最大的石油公司，也是挪威最大的公司。公司最初成立于 1972 年，总部设在挪威斯塔万格市。2007 年原挪威国家石油公司（Statoil）和挪威海德罗公司（Norsk Hydro）油气部门合并，2018 年公司名称变更为 Equinor。

挪威国油是一家综合型的石油和天然气公司，经营勘探、生产、运输、炼制和销售，另外还经营天然气的运输和销售，还是欧洲市场的主要天然气供应商，在爱尔兰、波兰、波罗的海国家和俄罗斯皆设有服务站，业务遍及全球 30 个国家和地区。挪威国油的核心资产包括挪威大陆架、巴伦支海和安哥拉深水资产。近年来，挪威国油积极展开并购活动，寻求能够发挥其深水技术和经验的投资机会，并且进入美国非常规领域。

（二）公司战略

挪威国油致力于在低碳环境下创造长期价值，近年来积极向油气外的其他能源领域拓展，努力成长为一家综合能源公司。挪威国油的战略始终是"安全、高价值、低碳"，在此战略下，挪威国油在聚焦油气业务的同时，不断发展新能源业务，并关注安全、成本和碳效率。挪威国油根据四个战略来优化其未来的资产组合：

（1）增强现金创造能力，即使在低油气价格下也能获取正现金流，维持股息和投资能力；

（2）提高资本灵活性，以灵活的资本支出策略应对低迷的市场环境；

（3）从市场周期中捕获价值，确保逆周期创造价值的能力；

（4）维持低碳优势，即油气生产碳效率的竞争优势，积极打造低碳业务，捕捉能源转型中的新机会。

同时，挪威国油确定了四个战略推动要素：安全可靠的运营、技术创新、优秀的员工及利益相关方的参与。

（三）公司勘探开发情况

挪威国油的储量增长主要依靠勘探活动，尽管勘探投资在不断缩减，但挪威国油通过提高勘探效率实现勘探活动的扩大。2015 年后勘探支出降低明显，2018 年后开始有所回升。2019 年挪威国油的勘探支出为 15.9 亿美元，较 2018 年增加 1.5 亿美元。挪威国油的开发支出在 2015 年以后开始下降，后基本保持平稳，2019 年的开发支出为 87 亿美元（图 8-13）。

2015 年以来，挪威国油的石油产量保持年均小幅下降，但天然气产量在 2015 年后增长明显。2019 年挪威国油实现原油产量 0.50 亿吨，天然气产量 542 亿立方米（图 8-14）。

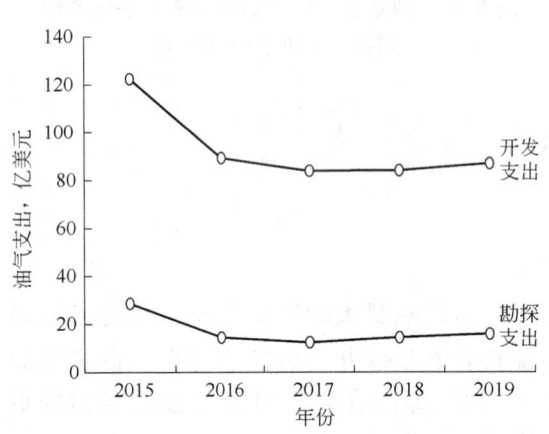

图 8-13 挪威国家石油公司 2015—2019 年油气支出
资料来源：挪威国家石油公司年报

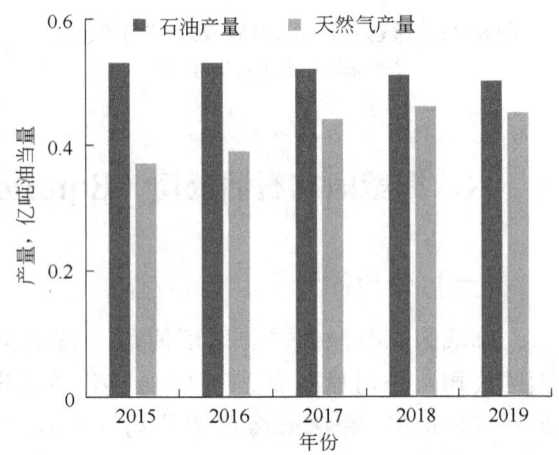

图 8-14 挪威国家石油公司 2015—2019 年油气产量
资料来源：挪威国家石油公司年报

七、埃尼国家石油公司（Eni）

（一）公司简介

埃尼国家石油公司（以下简称"埃尼石油"）成立于 1953 年，是意大利政府为保证国内石油和天然气供应而成立的国家控股公司，总部设在意大利罗马。埃尼石油是国际化程度较高的国家石油公司之一，是世界上最大的上下游一体化经营的跨国石油公司之一，在世界大炼油公司中排第 8 位。埃尼石油的前身是 1926 年成立的阿吉普公司，即意大利石油总公司。1992 年埃尼石油由国营企业改制为股份制公司并上市。

埃尼石油的经营范围包括石油勘探与生产、天然气与发电、炼化与营销、贸易等，遍及全球71个国家和地区。埃尼石油的核心资产集中在尼日利亚陆上及尼日尔三角洲海上、安哥拉常规及深水、刚果（布）常规及深水、埃及陆上及海上、利比亚陆上及海上、意大利陆上及海上。除此之外，LNG业务也是埃尼石油发展的重点。

（二）公司战略

埃尼石油在低油价的环境中积极向一体化油气公司转型，为此，公司提出了包括保持勘探开发领域的灵活性和韧性，聚焦常规资产、低盈亏平衡资产并快速开发等17个可持续发展的战略方向。埃尼石油的具体战略包括：

(1) 利用公司的油气发现及现有在产油田，增加油气产量并提高回报；
(2) 保持对勘探活动的高度重视，挖掘双勘探模式的应用机会；
(3) 通过合同复议、提高生产装置可靠性、提高原材料灵活性、加强产品和服务创新等途径，强化中下游的盈利能力；
(4) 加强业务整合追求利润和增长机会；
(5) 遵守财务纪律；
(6) 利用数字化提升运营效率；
(7) 降低公司的碳足迹。

（三）公司勘探开发情况

埃尼石油曾以其独有的"双勘探模式"连续四年被提名石油行业最佳勘探公司，近年来也取得多个重大油气发现。2015年后，埃尼石油的勘探支出保持增长的趋势，2019年的勘探支出合计11.2亿美元，是近五年的最高值。与勘探支出的稳定增长相比，埃尼石油的开发支出波动明显，2018年的开发支出为71.1亿美元，是近五年的最低水平，2019年出现大幅增长，达110.6亿美元，较2018年涨幅高达55.6%（图8-15）。

埃尼石油的石油和天然气产量较为接近，2015年以来石油产量在0.45亿吨左右，天然气产量在2015年后有所增长，2017年后基本保持稳定。2019年油气产量达到9023万吨油当量，创造了历史最高水平（图8-16）。

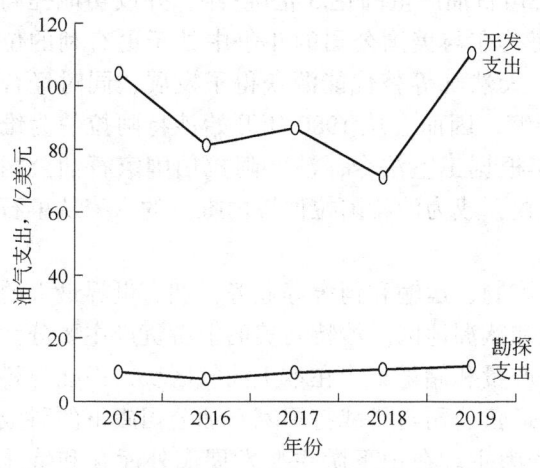

图8-15 埃尼国家石油公司2015—2019年油气支出
资料来源：埃尼国家石油公司年报

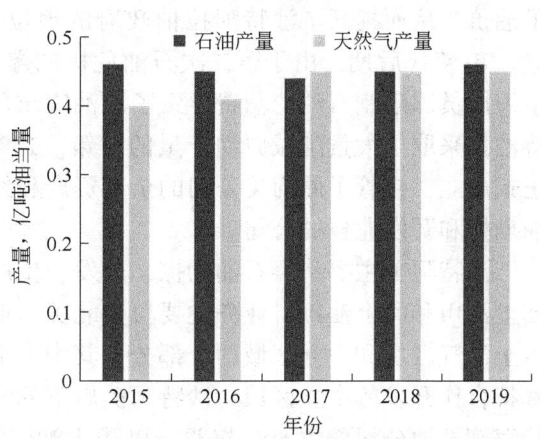

图8-16 埃尼国家石油公司2015—2019年油气产量
资料来源：埃尼国家石油公司年报

第三节　国家石油公司

随着油价的回暖，国家石油公司业绩得到明显改善，但不同国家石油公司在资源、资金、技术等方面存在差异，发展路径分化明显。寻求资源型的国家石油公司在国际市场寻求资源的步伐大幅减慢，与国际大石油公司的频繁买入形成鲜明对比，如印度石油天然气公司；寻求市场型国家石油公司，如沙特阿拉伯国家石油公司则依靠自身的资源优势，以并购、共建等方式提高下游炼化能力，做强上下游业务链，发挥一体化竞争优势；寻求资本/技术型的国家石油公司，如巴西国家石油公司、墨西哥国家石油公司等，在低油价下面临更大的发展压力，这些公司一方面积极拓展本土资源，通过国内区块招标引入大量伙伴，解决资本短缺难题，另一方面则收缩国际业务，出售相关资产。此外，国家油公司在持续提升国际化水平、拓宽夯实基础过程中，重视平衡油气资产业务，如俄罗斯国家石油公司获取天然气资产等。

一、沙特阿拉伯国家石油公司（Saudi Aramco）

（一）公司简介

沙特阿拉伯国家石油公司（以下简称"沙特阿美"）是有多年历史的综合国际石油公司，是世界最大的石油生产公司和世界第六大石油炼制商。1933年，沙特阿拉伯政府与雪佛龙公司的前身加利福尼亚州标准石油公司签订了一项特许协议，开始在本国大部分地区进行石油勘探，同年，成立了加利福尼亚阿拉伯标准石油公司。1938年，在达兰发现了第一个商业性油田——达曼油田。1940年，发现了布盖格油田（沙特阿拉伯第四大油田）。1944年，加利福尼亚阿拉伯标准石油公司更名为阿拉伯美国石油公司（Arabian American Oil Co.），简称阿美石油公司（Aramco），总部设在美国旧金山。20世纪40年代中期，阿美石油公司在拉斯坦努拉建立了本公司的炼油厂。1948年，发现了迄今为止世界上最大的陆上油田——加沃油田（Ghawar field），并于1951年开始投产，同年发现了海上萨法尼亚油田（Safaniyah field）。70年代的石油危机中，阿美公司石油产量高达3亿吨/年，并成功地提高了油价，从而提高了沙特阿拉伯政府的地位，使其在与美国公司的斗争中处于更有利的位置。70年代后期，由于第二次石油危机的爆发，天然气等替代能源获得了发展，同时经合组织成员国限制石油的消费导致了原油需求的萎缩，因而，从1980年开始沙特阿拉伯为维持油价采取了大量削减原油产量的对策。1988年根据王室法令，沙特阿拉伯国家石油公司正式成立，接管了原阿美公司的全部资产和经营权，成为沙特阿拉伯境内唯一的一家从事石油勘探和开发业务的公司。

沙特阿美主要从事石油勘探、开发、生产、炼制、运输和销售等业务，拥有世界最大的陆上油田和海上油田，业务主要覆盖北美、亚洲和欧洲地区。沙特阿美的上游资产主要分为本土油气区块和中立区域两个部分，其中大部分产量和储量集中在本土油气区块，而在与科威特合作开发的中立区域，沙特阿美旗下的海湾运营公司与科威特国家石油公司旗下的科威特海湾石油公司各占50%权益，以浅水油气资产为主。在中下游主要发展海外库存和炼化产能建设。

（二）公司战略

沙特阿美的公司战略主要包含以下四点：
（1）立足本国，实施全国勘探计划；
（2）国内炼油工业纵向集成，国外加强与其他公司投资合作；
（3）积极引进先进技术，提高工作效率及资源利用率；
（4）重视人员培训及人力资源的开发。

（三）公司勘探开发情况

沙特阿美的勘探业务主要集中在东部省份的新兴盆地，公司以增加石油和天然气储量为目标。2017年12月24日，沙特阿美开始执行新版特许经营条例，即勘探、开发和生产国家油气资源的特许权利期限被限定为40年。根据新条例，2019年沙特阿美的油气剩余可采储量调整为362.0亿吨油当量。2019年，受OPEC减产、石油设施遇袭等因素的影响，沙特阿美石油产量为5.74亿吨，同比降低0.22亿吨；天然气产量为1.01亿吨油当量，同比基本持平（图8-17）。

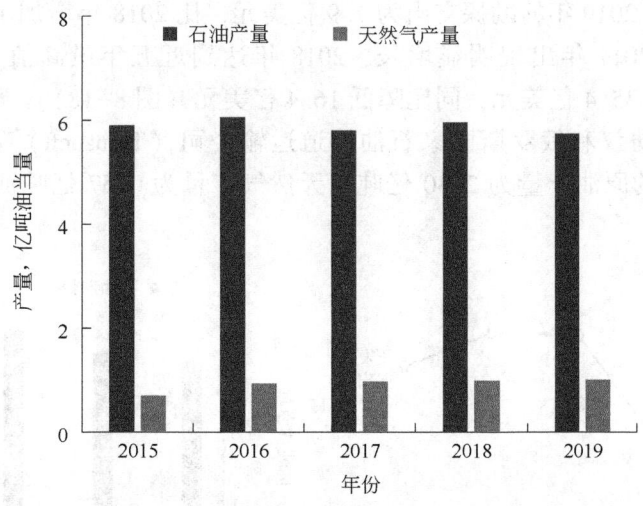

图8-17 沙特阿拉伯国家石油公司2015—2019年油气产量
资料来源：沙特阿拉伯国家石油公司年报

二、俄罗斯国家石油公司（Rosneft Oil）

（一）公司简介

俄罗斯国家石油公司（以下简称"俄罗斯国油"）是俄罗斯最大的石油公司，成立于1995年9月29日，总部设立在俄罗斯首都莫斯科。2012年10月22日，俄罗斯国有石油巨头俄罗斯石油公司（Rosneft）宣布已与英国石油公司和俄罗斯私人财团AAR达成协议，从两个大股东手中各购买其所持俄罗斯第三大油企秋明——英国石油控股公司（TNK-BP）50%的股权。收购完成后，俄罗斯国油的石油和天然气产量将超过美国埃克森美孚，成为全球最大上市企业。

俄罗斯国油是一家集油气勘探、开发、生产、炼制、运输及石油和石化产品销售业务于一体的国家控股油气公司,业务遍及全球 23 个国家和地区。俄罗斯国油的上游资产可以划分为俄罗斯本土和海外资产两部分。其中,本土资产主要包括东/西西伯利亚、远东、伏尔加—乌拉尔地区、帝曼—伯朝拉等主要作业区域的众多石油勘探开发项目及罗斯潘（Rospan）和卡拉姆波尔（Kharampur）两大气田;海外资产主要分布于南美洲、非洲、中东和亚太地区。

(二) 公司战略

俄罗斯国油的总体发展目标是:在巩固全球领先能源公司地位的同时,保持经营指标的优势地位,并在财务指标和资本化水平上位居领先能源公司前列。俄罗斯国油在其 2022 年战略规划中明确了三大核心目标——提高盈利能力、推进重点项目和推进先进技术的应用。俄罗斯国油近年来一直致力于把低碳可持续发展的理念融入公司的生产运营实践,并在节能减排方面取得了实质性的进展。

(三) 公司勘探开发情况

俄罗斯国油在保证环境安全标准的前提下,广泛使用先进技术进行油气勘探。近几年的勘探支出持续增加,2019 年的勘探支出为 7.9 亿美元,比 2018 年增加 1.5 亿美元。俄罗斯国油的开发支出在 2017 年出现明显增长,2018 年达到近五年最高值,为 151.8 亿美元,2019 年开发支出为 135.4 亿美元,同比降低 16.4 亿美元（图 8-18）。

在 OPEC+减产协议和俄罗斯国家石油管道运输公司（Transneft）管输瓶颈的限制下,2019 年俄罗斯国油的原油产量为 2.30 亿吨,天然气产量为 0.57 亿吨油当量,同比基本持平（图 8-19）。

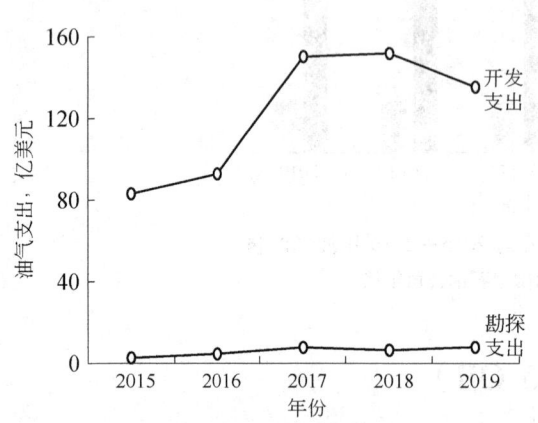

图 8-18 俄罗斯国家石油公司
2015—2019 年油气支出
资料来源:俄罗斯国家石油公司年报

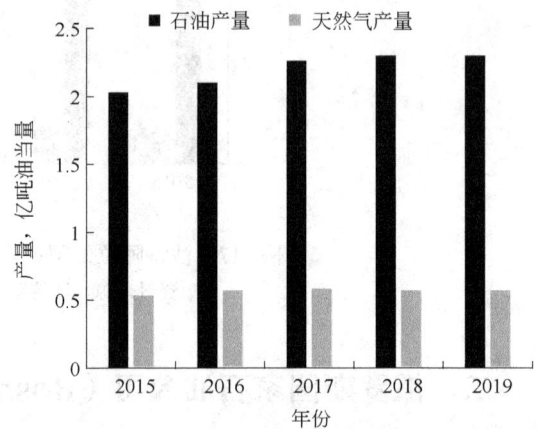

图 8-19 俄罗斯国家石油公司
2015—2019 年油气产量
资料来源:俄罗斯国家石油公司年报

三、巴西国家石油公司（Petrobras）

(一) 公司简介

巴西国家石油公司（以下简称"巴西国油"）是南美洲最大的油气生产商,于 1953 年

10月3日成立，运营着巴西境内的绝大部分核心油气资产，总部设在巴西里约热内卢。根据当时的第2004号法令，巴西国油不仅被赋予了国家垄断的权利，还是巴西政府政企合一的国营企业。

巴西国油的业务涵盖油气勘探、开发、炼化和贸易等，在深水和超深水勘探开发领域处于世界领先水平。巴西国油的上游资产以本国东南部的深水和超深水项目为主，包括桑托斯盆地的卢拉、萨因霍阿、布兹奥斯油田及坎波斯盆地的朱巴尔特和马林油田，几乎控制了巴西最为核心和最具开发潜力的油气资源。此外，近年来巴西国油立足本土市场，努力向下游延伸，通过强化国内东南部深水油田和炼厂的协同效应及参股石化产品生产企业，逐渐形成了一体化的油气产业链和产品销售网络。

（二）公司战略

根据巴西国油制定的2020—2024战略规划，公司为了缩小与顶尖国际石油巨头的差距，主要从五个方面入手：

（1）专注于公司自有资产，追求资本回报最大化；
（2）严控债务杠杆，降低资本成本；
（3）努力削减成本，增强对低油价的适应能力；
（4）打造精英团队，推行基于绩效的可变薪酬计划；
（5）以人为本，向绿色低碳的方向努力。

（三）公司勘探开发情况

巴西国油的勘探业务以本土深水和超深水区块为主。2019年的勘探支出为12.6亿美元，较2018年减少4.7亿美元。巴西国油的开发支出在2015年后持续下降，2018年降至102亿美元，2019年巴西国油以桑托斯盆地的卢拉油田和布兹奥斯油田、坎波斯盆地的马林油田为重点，开发投资增长到121亿美元（图8-20）。

巴西国油的石油产量除2018年外基本稳定在1.13亿吨，天然气产量基本稳定在0.2亿吨油当量。2019年油气当量产量合计达到1.33亿吨，同比增长5.1%（图8-21）。

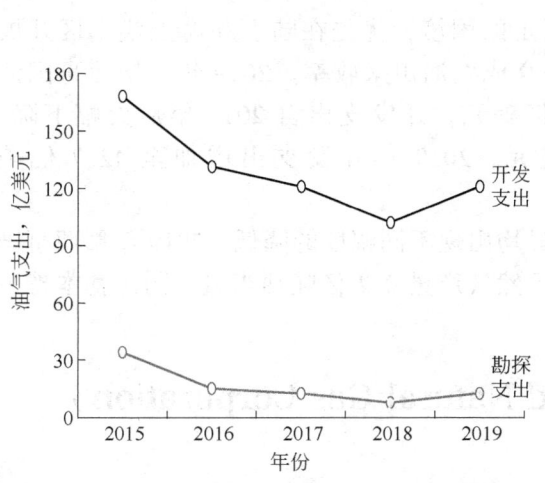

图8-20 巴西国家石油公司2015—2019年油气支出
资料来源：巴西国家石油公司年报

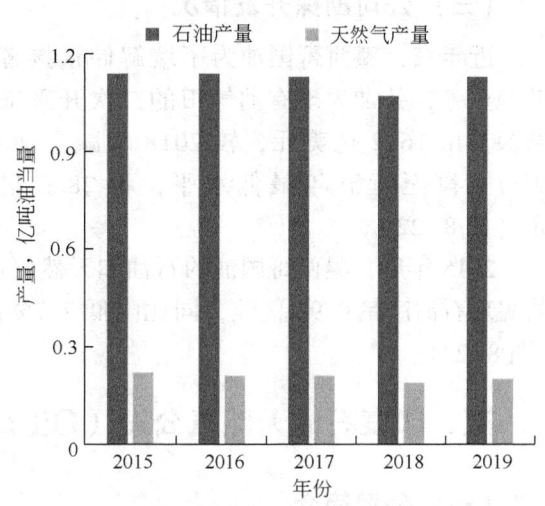

图8-21 巴西国家石油公司2015—2019年油气产量
资料来源：巴西国家石油公司年报

四、墨西哥国家石油公司（Petroleos Mexicanos）

（一）公司简介

墨西哥国家石油公司（以下简称"墨西哥国油"）成立于1938年，是墨西哥政府将控制在美、英等国的17家石油公司收归国有后，所建立的一体化国家控股公司，也是墨西哥最大的石油和化工公司，总部设立在墨西哥城。该公司由墨西哥国家政府100%控股，不仅肩负着实现国内油气资源经济价值的使命，也承担着吸纳国民就业和增加财政收入等国有企业的义务。自2014年国际油价断崖式下跌以来，墨西哥国油积累了大量的债务，加上沉重的税收负担和产量的持续下滑，公司的现金流持续处于紧张状态。

墨西哥国油的上游业务主要分布于本土陆上油气盆地和墨西哥湾海上区域。墨西哥原油产量的近50%都来自位于墨西哥湾大陆架的库马洛布—扎普油田，而天然气产量则主要来自墨西哥湾的坎塔雷尔气田、库马洛布—扎普油田和利特拉尔—德塔巴斯科气田，以及本土北部的布尔戈斯气田。2019年，墨西哥国油进行了业务优化整合，调整后的业务划分为四个单元：一是从事原油和天然气勘探、开发、生产、储运和销售相关业务的勘探与生产单元；二是从事化肥相关产品生产与销售业务的化肥单元；三是承担国内外石油化工产品储运和分销业务的储运单元；四是负责炼油及化工产品和配套热电厂生产运营工作的炼化单元。

（二）公司战略

为了尽快摆脱困境、实现内生增长，墨西哥国油的上游发展战略主要聚焦于四个方面：

(1) 通过扩边和提高采收率等途径提高石油和天然气储量，最大化长期经济价值；
(2) 加强现场管理，改善油气作业效率，提高生产运输基础设施的稳定性；
(3) 严格遵守工业安全规章和环境法规，严打原油盗采和产品走私等违法犯罪活动；
(4) 在满足国内原油和成品油需求的前提下，扩大油气出口规模，提高投资回报水平。

（三）公司勘探开发情况

近年来，墨西哥国油为了缓解储量接替不足的困境，优先在陆上和海上浅水区开展勘探业务，并加大现有油气田的二次开采来提高成熟油田采收率。2019年，墨西哥国油勘探支出16.2亿美元，较2018年减少2.6亿美元。开发支出自2015年后大幅下降，2017年降至近五年最低水平，为28.3亿美元。2019年开发支出增加至42.7亿美元（图8-22）。

2015年后，墨西哥国油的石油和天然气产量均出现不同幅度的降低。2019年墨西哥国油实现石油产量0.96亿吨，同比降低7.7%；天然气产量0.2亿吨油当量，同比基本持平（图8-23）。

五、印度石油天然气公司（Oil and Natural Gas Corporation）

（一）公司简介

印度石油天然气公司（以下简称"印度国油"）的前身为印度石油天然气委员会，成立于1956年，1993年改为现名称。印度国油是印度最大的油气生产商，2017年收购印度斯坦石油后，成为印度唯一一家完全一体化的石油公司。印度国油的业务范围涵盖勘探与生产、炼油、油田服务、油气储运、增值产品生产等。其经营区域包括本土和海外两部分，其中海外油气资产分布于全球20个国家。

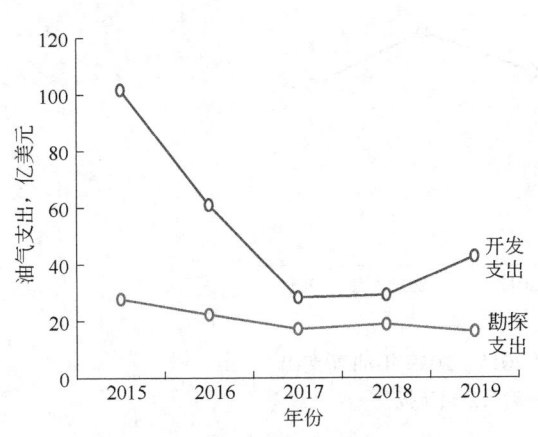

图 8-22　墨西哥国家石油公司
2015—2019 年油气支出
资料来源：墨西哥国家石油公司年报

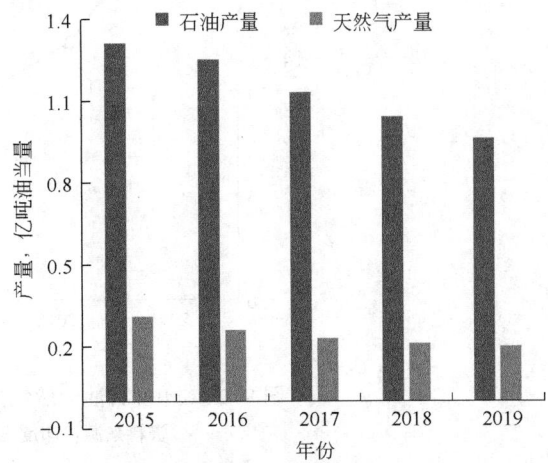

图 8-23　墨西哥国家石油公司
2015—2019 年油气产量
资料来源：墨西哥国家石油公司年报

（二）公司战略

根据印度国油最新颁布的《2040 能源战略规划》，其目标是从一家一体化的石油公司发展成为全球领先的多元化能源企业。为了实现此目标，印度国油将从以下方面入手：

（1）在公司治理方面，要提高研发投入，获得行业竞争优势；努力减少生产经营过程中的二氧化碳排放，履行社会责任；培养诚信、开放、互助的企业文化，激发员工的工作潜力；保障产品质量和服务水平，提高客户满意度。

（2）在生产经营方面，聚焦国内外优质油气资源，寻找可行的商业机会；拓宽业务领域；关注投资回报和股东价值最大化；保持在印度石油行业的主导地位，挖掘本土油气资源潜力。

（三）公司勘探开发情况

近年来，印度国油将勘探重点放在国内外优质油气区块上，2019 年勘探支出 8.6 亿美元，较 2018 年减少 2.6 亿美元。2019 年，印度国油的开发支出为 15.8 亿美元，同比增长 1.3 亿美元（图 8-24）。

印度国油的海外全资子公司 ONGC Videsh 是原油产量增长的主力，通过在独联体、东南亚、中东、非洲和拉美等地区开展生产作业，其原油产量连续三年创历史新高，2019 年的原油产量为 3400 万吨油当量。由于西部安达曼海上气田、东部 S1 和瓦西什塔深水气田及陆上特里普拉气田产量增长，天然气产量连续第四年保持上升势头，2019 年的天然气产量为 2500 万吨油当量（图 8-25）。

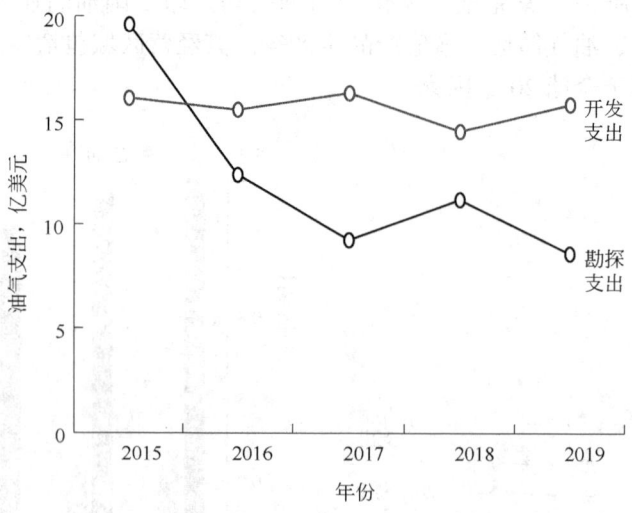

图 8-24　印度石油天然气公司 2015—2019 年油气支出
资料来源：印度石油天然气公司年报

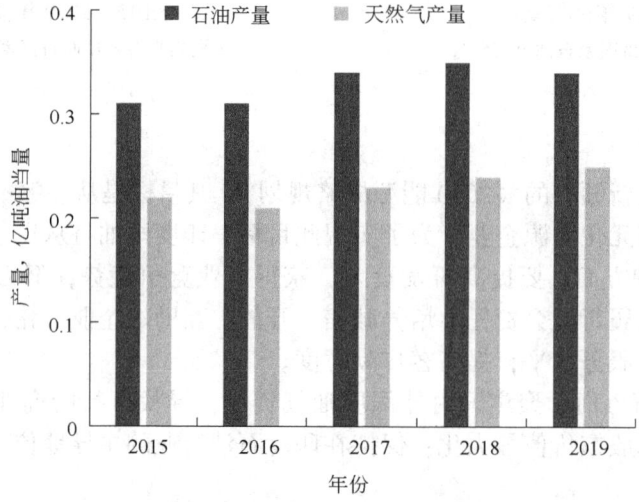

图 8-25　印度石油天然气公司 2015—2019 年油气产量
资料来源：印度石油天然气公司年报

第四节　国际石油技术服务公司

一、斯伦贝谢公司（Schlumberger）

斯伦贝谢公司成立于 1925 年，在该公司成立后的前 30 年中，主要提供测井服务。20 世纪 50 年代末开始向外发展和拓展，通过并购实现了两个方面的拓展：一是开展石油勘探和开发的综合服务（包括地震、勘探、钻井、固井、测井、试井和井下作业）；二是仪器仪表制造和电子通信技术的开发。

该公司在 20 世纪 50 年代末期从家族制转变为股份制。1962 年斯伦贝谢公司的股票开始在纽约证券交易所上市，以后又陆续在巴黎、阿姆斯特丹、法兰克福和瑞士的证券交易所上市。

目前，斯伦贝谢共在 140 多个国家拥有 64000 多名员工，在 80 多个国家经营。公司目前拥有两大业务，一个是油田技术服务业务，另一个是 WesternGeco 公司的业务。油田技术服务主要包括 Q-Land Technology、Q-Marine Technology、Q-Reservoir Technology、Q-Seabed Technology。WesternGeco 则提供地震服务和 Q 技术服务。其组织结构如图 8-26 所示。

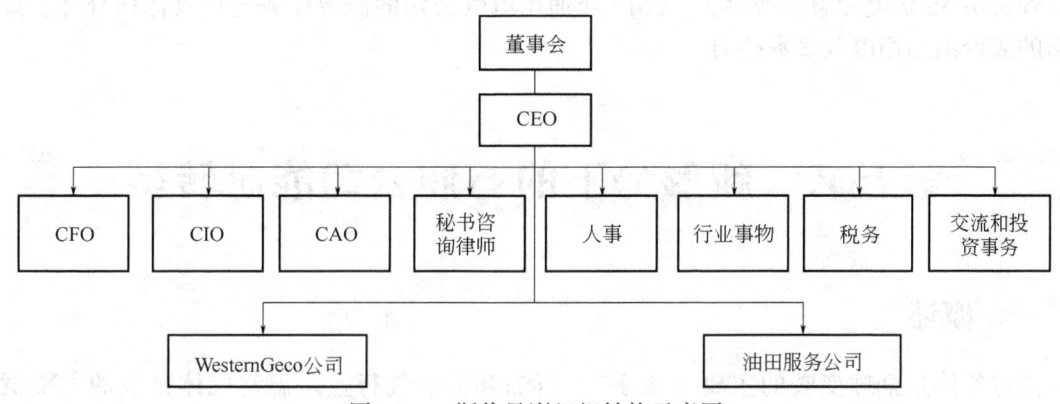

图 8-26　斯伦贝谢组织结构示意图

二、哈里伯顿公司（Halliburton）

1916 年，E·哈里伯顿在伯金斯油井水泥公司开始了他的石油职业生涯。1919 年他在得克萨斯的新兴城市 Burkburnett 创立了自己的贝特·麦思德（Better Method）油井水泥公司。

1957 年，E·哈里伯顿去世后，他的公司通过 20 世纪 50 年代和 70 年代的兼并收购活动继续成长。1973 年阿拉伯石油禁运后，全球石油勘探活动急剧增加，为哈里伯顿公司的发展带来了机遇，也给哈里伯顿公司带来了财源。进入 90 年代后，哈里伯顿公司开始向国外扩展，分别于 1991 年、1993 年进入俄罗斯和中国；1994 年，哈里伯顿公司的子公司布朗·鲁特公司成为从卡塔尔到巴基斯坦的长输油管道项目的承包商；1995 年，哈里伯顿公司在德国打出当时世界上最深的水平井（18860 英尺）；1996 年又获得了开发加拿大海上油田的大合同；1997 年哈里伯顿公司完成了一项始于 1993 年的大规模结构重组活动，10 个业务单位被组合在哈里伯顿公司旗下，1998 年出资 77 亿美元收购了德莱塞工业公司后，哈里伯顿公司的规模几乎增大了一倍。

三、贝克休斯公司（Baker Hughes）

1907 年，Reuben C. Baker 发明了套管鞋，这项革命性的发明推进了顿钻钻井技术；1909 年 Howard R. Hughes. Sr 发明了钻井历史上的第一支牙轮钻头。在此后的 80 余年，Baker International 与 Hughes Tool Company 一直处于行业领导者的地位，1987 年 Baker International 与 Hughes Tool Company 合并组成了贝克休斯。

此后，贝克休斯又收购整合了一系列的油田技术公司，包括：Brown Oil Tools，CTC，EDECO，Elder Oil Tools（完井服务）；Milchem and Newpark（钻井液）；EXLOG（钻井液录

井）；Eastman Christensen and Drilex（定向井钻井及钻头）；Teleco（随钻测井）；Tri-State and Wilson（打捞工具及服务）；Centrilift（人工举升）；Aquaness，Chemlink and Petrolite（化学药剂）；Western Atlas（地震勘探及录井）。

2014 年，贝克休斯收购了开发油田数据传输和分析软件的 Perfomix 公司，增强了贝克休斯在工具集成、数据实时监控及分析的现代化、可视化、标准化平台方面的竞争力。2014年 11 月，哈里伯顿宣布将与贝克休斯合并。2016 年 5 月 1 日，世界第二大油服公司哈里伯顿在 5 月 1 日宣布将终止收购世界第三大油服公司贝克休斯。这庄 346 亿美元的并购案以哈里伯顿付出 35 亿美元解约费终止。2017 年通用电气公司的能源业务与贝克休斯合并，贝克休斯的股份由通用电气多数持有。

第五节 新形势下的石油公司能源转型

一、概述

温室气体是全球变暖的主要"杀手"，石油和天然气行业是温室气体排放的主要贡献者。当前，全球变暖已经成为人类无法逃避的事实。巴黎气候变化大会上通过的《巴黎协定》生效后，确定了全球平均升温较工业化前水平最多不超过 2℃ 的长远目标，为全球应对气候变化行动作出安排，从此全球能源行业开启了气候治理的新篇章。

近年来，美国页岩油大幅增产，石油消费峰值逼近，油价中低位运行逐渐趋于常态化。受新冠肺炎疫情和 OPEC+谈判失败的影响，油价直抄谷底。在国际原油价格低位徘徊、全球经济复苏乏力、气候变化减排压力增加的困境下，能源系统的低碳化、清洁化发展成为当前能源行业发展最明确的方向。

作为能源行业的主要参与者之一，世界各大石油公司积极谋划能源转型策略。在新冠疫情和油价暴跌的双重夹击下，国际大石油公司的能源转型步伐持续加速，特别是 2020 年以来，国际大石油公司纷纷提出实现"零碳"的愿景，将打造绿色低碳综合性能源公司作为新的战略目标。选择净零发展之路，既是全球应对气候变化政策和社会环境倒逼下传统能源企业的被动选择，也是它们主动转型的迫切要求。

二、能源转型下的石油公司发展路径

国际大石油公司一方面为向公众展示其应对气候变化的决心，另一方面为落实具体的减排行动提供指标，加速公司的能源转型，纷纷公开设定了减排目标。其中，欧洲的石油公司选择大步踏进低碳产业，而美国的石油公司则依然坚持将油气产业作为唯一核心任务。

（一）欧洲石油公司

欧洲地区能源转型最为积极的石油公司为 BP、壳牌和道达尔公司，这三家公司均已发布了其零碳目标。转型意志最为坚决的是 BP 公司，从其制定的零碳目标来看，既有对未来某一时间点的温室气体绝对排放量进行限制的总量目标，又有限制企业每单位产出的温室气体排放量的强度目标；除此之外，还对甲烷排放、低碳投资、可再生能源目标作出规划

（表8-2）。壳牌公司开始进行低碳转型的时间早于BP公司，壳牌公司在2017年就已经宣布将降低能源产品的全生命周期碳排放量，计划到2050年，其能源产品的净碳足迹能减少一半左右。在随后的三年时间里，壳牌公司不断提高其碳排放目标。2020年4月，壳牌公司宣布了公司最新的零排放愿景，即在2050年之前成为净零排放的能源企业。道达尔公司也对零碳目标分别设立了总量目标和强度目标，期望成为集油气、低碳电力和碳中和解决方案业务为一体的综合能源公司。2020年5月，道达尔公司宣布设立气候保护新目标——在2050年实现净零排放。

欧洲三大国际石油公司的转型步伐在新冠疫情的驱动下加速，而欧洲为数不多的国家石油公司转型速度更快。挪威国油通过名称的变更宣布公司的转型意图——2018年，挪威国油宣布将原名称"Statoil"更名为"Equinor"，将原来的"oil"删除，新名称将公平、公正与挪威等元素组合在一起，凸显了公司"去油化"与转向可再生能源公司的决心。

表8-2 欧洲石油公司零碳目标

公司	零碳目标
BP	（1）到2030年，BP公司运营所产生的碳排放比2019年减少30%~35%（总量目标）； （2）到2030年，BP公司上游油气生产过程中产生的碳排放比2019年减少35%~40%（总量目标）； （3）到2030年，BP公司销售产品的总碳强度比2019年降低15%或更多（强度目标）； （4）到2023年甲烷测量装置部署完成，到2030年其强度减半的目标取得阶段性进展（甲烷排放目标）； （5）到2030年，低碳投资增加十倍，每年在低碳领域的投资从5亿美元增加到50亿美元左右，到2025年增加到30~40亿美元（低碳投资目标）； （6）到2030年，可再生能源发电装机容量从2019年的2.5GW增长到约50GW（可再生能源目标）； （7）到2030年，生物能源日产量从2.2万桶增加到至少10万桶（可再生能源目标）； （8）到2030年，氢能业务在核心市场的份额增长到10%（可再生能源目标）； （9）到2030年，电动汽车充电桩由7500个增至70000个以上（低碳业务目标）； （10）到2030年，与全球10~15座大城市及三个核心行业建立能源合作伙伴关系（合作关系目标）
壳牌公司	（1）到2035年，公司所销售的能源产品的净碳足迹减少20%左右（碳足迹目标）； （2）到2050年，公司所销售的能源产品的净碳足迹减少50%左右（碳足迹目标）
道达尔公司	（1）到2050年或更早，全球业务实现净零排放（范围1和2）（总量目标）； （2）到2050年或更早，欧洲（欧盟+英国+挪威）所有生产业务及客户所使用的所有能源产品均实现净零排放（范围1、2和3）（总量目标）； （3）到2030年，全球客户所使用能源产品的平均碳排放强度降低15%（范围1、2和3）（强度目标）； （4）到2040年，全球客户所使用能源产品的平均碳排放强度降低35%（范围1、2和3）（强度目标）； （5）到2050年，全球客户所使用能源产品的平均碳排放强度降低60%或以上（低于27.5g CO_2/MJ）（强度目标）
挪威国油	（1）到2025年，全球运营的石油和天然气生产的 CO_2 强度降低至8kg CO_2/boe以下（强度目标）； （2）到2026年，可再生能源装机容量达到4~6GW（可再生能源目标）； （3）到2035年，可再生能源装机容量达到12~16GW（可再生能源目标）； （4）到2030年，实现全球经营的碳中和（总量目标）； （5）到2030年，在挪威运营的近海设施和陆上工厂的绝对温室气体排放量减少40%（总量目标）； （6）到2040年，在挪威运营的近海设施和陆上工厂的绝对温室气体排放量减少70%（总量目标）； （7）到2050年，在挪威运营的近海设施和陆上工厂的绝对温室气体排放量减少至接近零（总量目标）； （8）到2030年，甲烷排放几乎为零（甲烷排放目标）； （9）到2050年，能源生产的净碳强度（从初始生产到最终消耗）降低至少50%（强度目标）

（二）美国石油公司

以埃克森美孚和雪佛龙为代表的美国石油巨头，仍以传统油气业务为发展重点，从未动摇过对油气产业的信心，但美国的石油公司同样坚持向低碳化发展，并制定了相关低碳目标（表8-3）。相较于欧洲石油公司积极发展可再生能源，美国石油公司则认为全球人口的能源需求仍然主要依赖化石燃料。雪佛龙公司认为，世界要实现净零排放的目标，同时还要满足不断增长的能源需求，单靠可再生能源是不够的。因此，美国石油公司在继续传统油气业务发展的同时，从减少化石燃料碳排放的角度，依靠做强做大低碳技术来稀释碳排放强度，从而实现其低碳转型。

表8-3 美国石油公司低碳目标

公司	零碳目标
埃克森美孚	（1）到2040年，经合组织能源需求减少5%（总量目标）； （2）到2040年，经合组织能源相关二氧化碳排放量减少近25%（总量目标）
雪佛龙公司	（1）到2023年，石油生产的净温室气体排放强度减少5%~10%（强度目标）； （2）到2023年，天然气生产的净温室气体排放强度减少2%~5%（强度目标）； （3）到2023年，甲烷的排放强度减少20%~25%（甲烷排放目标）； （4）到2023年，火炬燃放的排放强度减少25%~30%（火炬燃放排放目标）

碳捕捉和封存（CCS）技术是一项重要的温室气体减排技术，在油气生产中具有广泛的适用性。埃克森美孚作为CCS技术的领导者，在开发和部署CCS技术方面拥有30多年的经验。近年来，埃克森美孚也在积极扩展其CCS研发产品组合。雪佛龙公司在强化低碳技术上投入大量研发资金，在加拿大及澳大利亚的碳捕捉、利用和封存（CCUS）项目中投资超过10亿美元，其中就包括世界最大的一体化碳捕捉与封存项目之一——Gorgon。这些项目有望每年减少约500万吨的温室气体排放。

（三）中国石油公司

世界能源行业正处于百年未有之大变局中，面临日益复杂的外部环境，新形势下中国也调整了能源转型战略布局。《巴黎协定》要求各缔约方应在2020年报告和更新国家自主决定贡献目标，同时鼓励提交长期温室气体低排放发展战略。在欧盟和美国等30个经济体相继提出碳中和的目标后，中国也在2020年提出了自己的碳中和目标。2020年9月22日，习近平主席在第75届联合国大会一般性辩论上讲话时指出，应对气候变化《巴黎协定》代表了全球绿色低碳转型的大方向，是保护地球家园需要采取的最低限度行动，各国必须迈出决定性步伐，并承诺中国将提高国家自主贡献力度，采取更加有力的政策和措施，力争在2030年前二氧化碳排放达到峰值，努力争取2060年前实现碳中和。

为实现我国新的碳达峰和碳中和愿景，我国能源发展规划也将有所调整，未来将大力发展清洁低碳能源技术，大幅提高能源利用效率；加快二氧化碳CCS/CCUS的研发示范；加快建设碳市场等等。中国石油于2020年8月公布其最新计划，即到2050年实现净零温室气体排放。这不仅是国内，更是亚洲范围内首个国家公司宣布此类目标；中国石油还计划在发电、风能、太阳能、地热能和氢能项目上的投资增加五倍。中国石化作为转型相对最积极的企业，提出了"打造世界领先的洁净能源化工公司"的新愿景。为实现这一目标，中国石化在氢能、地热等与油气产业密切相关的新能源上下足功夫。中国海油在坚持稳油增气的同时积极推动新能源产业的规模化发展。2020年6月，中国海油全资子公司中海石油气电集团有限责任公司与壳牌东方贸易公司签署采购两船碳中和LNG协议，此举是中国大陆首次引进碳中和LNG资源，开创了中国天然气行业碳中和实践的先河。此外，中国海油还广泛开展海上风电开发与应用的研究和实践，推动中国油气行业的低碳发展。

尽管各国选择了不同的低碳转型路径，但用低碳、绿色的清洁能源逐步替代高碳、高污染的非清洁能源是全球石油公司的共同选择，是全球各国合理应对气候变化、有效保护生态环境和保障能源供应安全的必然选择。

思考题

1. 请阐述石油公司的类型及其历史演变过程。
2. 请选取一个石油公司，对其发展历史、业务范围、组织结构、公司战略等方面进行阐述，并对公司现有的优缺点提出自己的观点。
3. 主要综合一体化大型石油公司有哪些？请阐述综合一体化大型石油公司的发展战略新动向。
4. 请阐述国家石油公司的发展战略新动向。
5. 简述国际大石油公司的发展战略方向与国家石油公司的发展战略方向侧重点有何不同。
6. 主要国际石油技术服务公司有哪些？请简述国际石油技术服务公司的发展战略新动向。

参考文献

[1] 安丰全，高安荣.国际大石油技术服务公司发展特点剖析 [J].国际石油经济，2005 (9)：21-24.
[2] 冯连勇，邓玉辉，牛燕.世界大型油田服务公司发展趋势分析及对中国公司的建议 [J].石油大学学报（社会科学版），2005 (4)：1-5.
[3] 李宁，侯明扬.美国页岩资产并购活动冲击全球油气资源市场 [J].能源，2020 (11)：84-87.
[4] 李晓锋，陈金涛，于添，等.BP全球化发展路线及核心战略解读 [J].国际石油经济，2019，27 (1)：56-60.
[5] 罗佐县，刘红光.供需格局变迁趋势下国家石油公司油气业务发展策略 [J].当代石油石化，2020，28 (5)：1-8.
[6] 庞孟昌，卢向前.新冠肺炎疫情下的国际大变局与能源转型："2021年油气市场形势研讨会"综述 [J].国际石油经济，2020，28 (11)：31-40.
[7] 孙贤胜，许慧文.国际能源转型的趋势与挑战 [J].国际石油经济，2018，26 (1)：7-10.
[8] 田纳新，张礼貌，姜向强.世界石油工业发展历程、启示与展望 [J].当代石油石化，2020，28 (10)：5-12.
[9] 王才良.世界上国家石油公司的产生和发展 [J].国际石油经济，2000 (5)：29-33.
[10] 于航，刘强，于广欣.欧洲油气公司2050年净零碳排放战略目标浅析 [J].国际石油经济，2020，28 (10)：31-36.
[11] 张皓洁.埃克森美孚公司发展战略及经营动向研究 [J].当代石油石化，2019，27 (8)：49-52.
[12] 张皓洁.壳牌公司发展战略及经营趋势研究 [J].当代石油石化，2020，28 (3)：51-54.
[13] 中国石化石勘院天然气战略中心侯明扬.国际石油公司差异化探索能源转型 [N].中国石油报.

［14］ 中国石油勘探开发研究院（RIPED）. 全球油气勘探开发形势及油公司动态（2020 年）［M］. 北京：石油工业出版社，2020.

［15］ 朱子涵，刘强，李强，等. 国际石油公司应对气候变化策略与行动研究［J］. 国际石油经济，2019，27（12）：1-9.

［16］ BP. Annual Report［EB/OL］. https：//www.bp.com/en/global/corporate/investors/results-and-reporting/annual-report.html.

［17］ Chevron. Annual Report［EB/OL］. https：//www.chevron.com/annual-report.

［18］ ENI. Results and Reports［EB/OL］. https：//www.eni.com/en-IT/investors.html.

［19］ ExxonMobil. SEC Filings［EB/OL］. http：//ir.exxonmobil.com/phoenix.zhtml？c=115024&p=irol-sec.

［20］ Equinor. Annual Report［EB/OL］. https：//www.equinor.com/en/investors.html#annual-reports.

［21］ ONGC. Annual Reports［EB/OL］. https：//www.ongcindia.com/wps/wcm/connect/en/investors/annual-reports/.

［22］ Petrobras. Integrated Report［EB/OL］. https：//www.investidorpetrobras.com.br/en/results-and-notices/annual-reports/.

［23］ Pemex. Results［EB/OL］. http：//www.pemex.com/en/investors/financial-information/Paginas/results.aspx#tab-2017.

［24］ Rosneft. Annual Reports［EB/OL］. https：//www.rosneft.com/Investors/Reports_and_presentations/Annual_reports/.

［25］ Saudi Aramco. Reports & presentations［EB/OL］. https：//www.saudiaramco.com/en/investors/investors/reports-and-presentations.

［26］ Shell. Annual Reports and Publications［EB/OL］. https：//www.shell.com/investors/financial-reporting/annual-publications.html#iframe=L3JlcG9ydC1ob21lLzIwMTkv.

［27］ Total. Results［EB/OL］. https：//www.total.com/investors/results-investor-presentations/results.

第九章 政府与组织

第一节 政府在石油工业中的作用

石油工业的兴衰和世界石油市场的风云变幻对各国的经济发展及人们的日常生活都会产生巨大影响。这是由于石油工业在每个国家国民经济中处于非常重要的地位。因此,各资源国和消费国政府都特别重视本国石油工业的发展,在各自的石油工业中都扮演着非常重要的角色。总体而言,政府在石油工业中主要扮演两种角色,即产业管制和石油外交。

一、产业管制

石油产业一直是各国政府严格规制的产业。世界各国为了提高市场经济效率,减少规制所引起的社会成本,对原来严格管理的石油产业逐渐实施放松管制的改革措施,如对市场的进入、价格等不再维持垄断的市场结构,而是允许、鼓励竞争,以达到扩大石油供给、提高企业效率的目的。这里以美国和中国为例来说明国家是如何对石油产业实施政府规制的。

(一) 美国石油产业管制

1. 美国石油产业管制的基本框架

第二次世界大战和两次石油危机以后,美国政府不断加强和改善对本国石油产业的宏观调控。美国政府将石油工业作为能源管理的一部分进行管理,分为两个层次进行:一是联邦政府,二是各州政府。一般而言,联邦政府负责宏观战略与政策的制定;州政府在联邦政府的政策下,负责本州内具体管理实务。

联邦政府能源管理部门的主要职责包括:

(1) 建立和实施国家综合能源战略、政策;

(2) 建立和实施能源领域有关的联邦环境、安全、财务及跨州贸易的标准、限制、处罚;

(3) 对联邦政府所有的土地和矿产资源实施管理和收取收益;

(4) 推进形成开放竞争的市场。

州政府能源管理部门的主要职责包括:

(1) 在国家综合能源战略的指导下,建立和实施州内能源发展战略、政策;

(2) 在国家有关法规和标准的约束下,建立和实施州内资源管理及有关能源领域的环境、安全等标准、限制、处罚;

(3) 管理州内能源贸易。

为了合理保护和有效开发资源，石油公司油气的采出速度由州政府负责监管，但政府一般不干预市场确定的油气价格。

2. 美国石油产业管制的主要机构

下面重点介绍联邦政府相关管理机构，主要是主要行业管理部门——能源部（U.S Department of Energy，简称 DOE）；内政部、交通部、商业部、财政部、劳工部、国防部、环境保护署等多个部门也在各自职责内对石油行业进行管理。

3. 美国能源部

美国能源部成立于1977年，总部设立在首都华盛顿，是美国国家能源管理机构。第二次世界大战期间，美国为研制原子弹制定了著名的曼哈顿计划，于1947年成立了原子能委员会，协助政府对原子能的研究和开发进行监管。1974年国会通过能源重组法案后，原子能委员会改为核能管理委员会和能源研发管理局。随着能源危机的加剧，美国政府将联邦能源机构与核能管理委员会合并，并于1977年正式成立了现在的美国能源部。美国能源部的使命是依靠科学与技术来解决美国所面临的能源、环境与核挑战，从而确保美国的安全和繁荣。

图9-1为美国能源部2020年1月13日更新的组织架构图，与2018年的特朗普政府时期的组织架构相比，在科学事务办公室中增加了人工智能和技术办公室；与2016年的奥巴马政府时期的组织架构相比，奥巴马政府时期的科学和能源副部长办公室被拆分为两个独立的办公室，并重新划分和归并了科学事务及能源的下属部门。

4. 其他能源管理部门

美国其他能源管理部门及其负责内容见表9-1。

表9-1 美国其他能源管理部门及其职责

部门	职责
美国商务部（DOC）的出口管理局（BXA）	负责石油及其制品的出口管制
国家海洋和大气管理局（NOAA）和美国海岸警卫队（US-CG）	负责与海洋油气开发相关的环境保护
美国内务部（DOI）的印第安事务局（BIA）	负责美国本土的油气权益
土地管理局（BLM）、渔业和野生动物管理局（FWS）及国家公园管理局（NPS）	负责联邦土地管理
联邦地质调查局（USGS）	负责资源调查与分析
美国财政部（OSDT）	负责联邦税收政策
美国环境保护署（EPA）	负责联邦环境保护管理
美国运输部（DOT）的管道安全办公室（OPS）	负责保障美国油气管道系统在安全、可靠、保护环境的状况下运行
美国能源监管委员会（FERC，隶属能源部）	负责依法监管全美天然气工业、电力设施、水电项目和输油管道
矿产管理局（MMS）	负责管理联邦海上大陆架矿产资源，及时征收、审核、分配来自联邦和土著居民土地的矿产收益；授予资源勘探开发的权利，评价环境状况，评估矿物资源，管理和检查海上油气活动，征收、处理来自联邦和土著人土地的资源开发收益

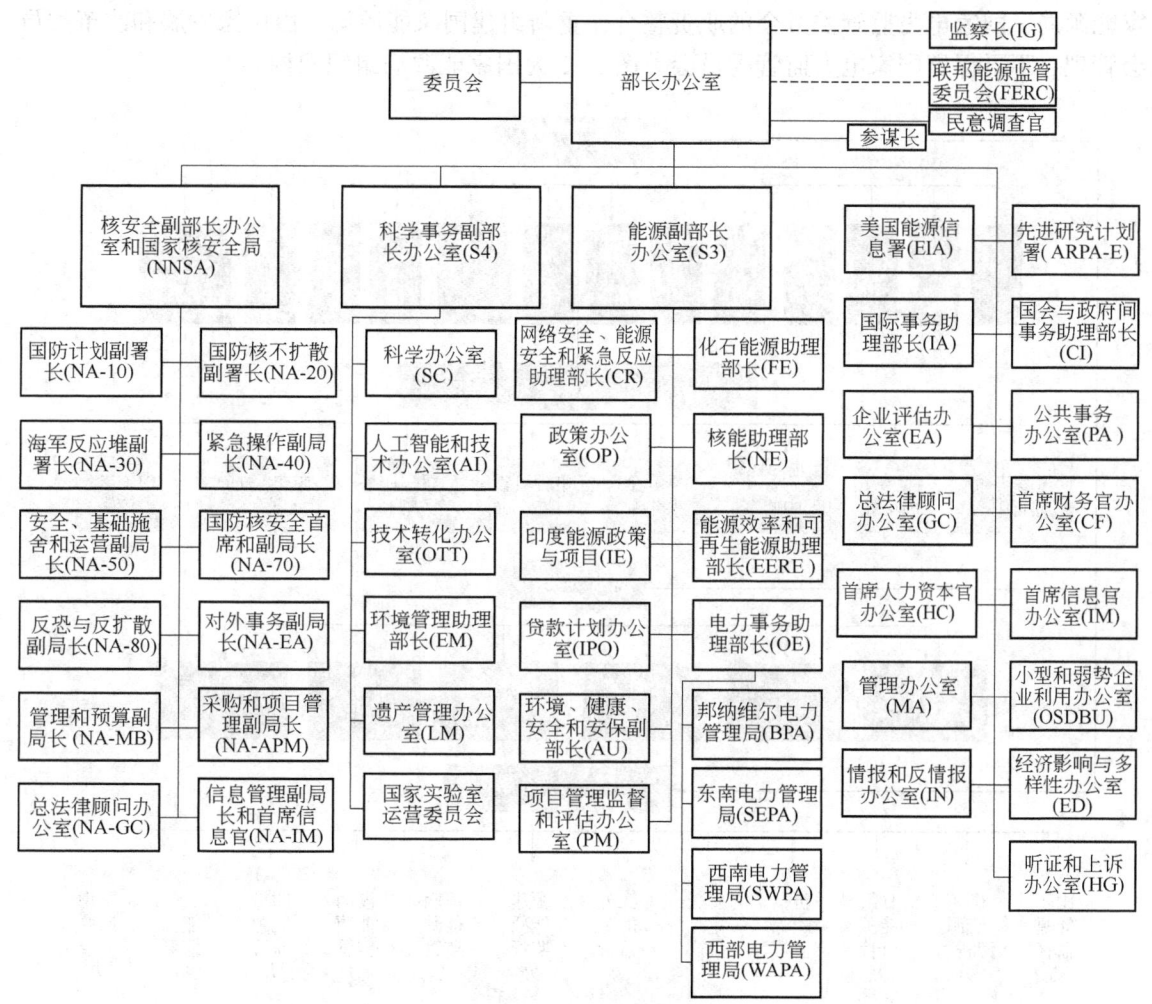

图 9-1 美国能源部组织架构图
资料来源：美国能源部官网

（二）中国石油产业管制

2003年，随着政府机构的调整，形成了由国家发展和改革委员会（下专设能源局）、国有资产监督管理委员会、商务部和国土资源部（现已改为自然资源部）为主的新的石油石化工业监督体系。现阶段我国对石油产业的管制，可概括为市场准入管制和价格管制。如今管制有所放宽，如成品油批发和零售市场的全面开放，成品油定价机制改革。目前，我国涉及石油行业的主要政府管理部门机构包括如下10个：国家能源局、国家发展和改革委员会、国土资源部（现已改为自然资源部）、商务部、国家质量监督检验检疫总局、国家环保总局（现已改为生态环境部）、国家税务总局、住建部、国家能源领导小组和国家能源委员会。

1. 国家能源局（NEA）

国家能源局由原国家能源办、发改委能源局、国防科工委主管核电的系统工程二司及发改委涉及能源管理的资源节约与环境保护司、工业司整合而成，于2008年8月8日正式在京挂牌。其主要职责是拟订并组织实施能源行业规划、产业政策和标准，发展新能源，促进能源节约等。2013年3月,《国务院关于提请审议国务院机构改革和职能转变方案》将现国家能源局、国家电力监管委员会的职责整合,重新组建国家能源局,由国家发展和改革委员会管理;不再保留国家电力监管委员会。图9-2为国家能源局组织架构。

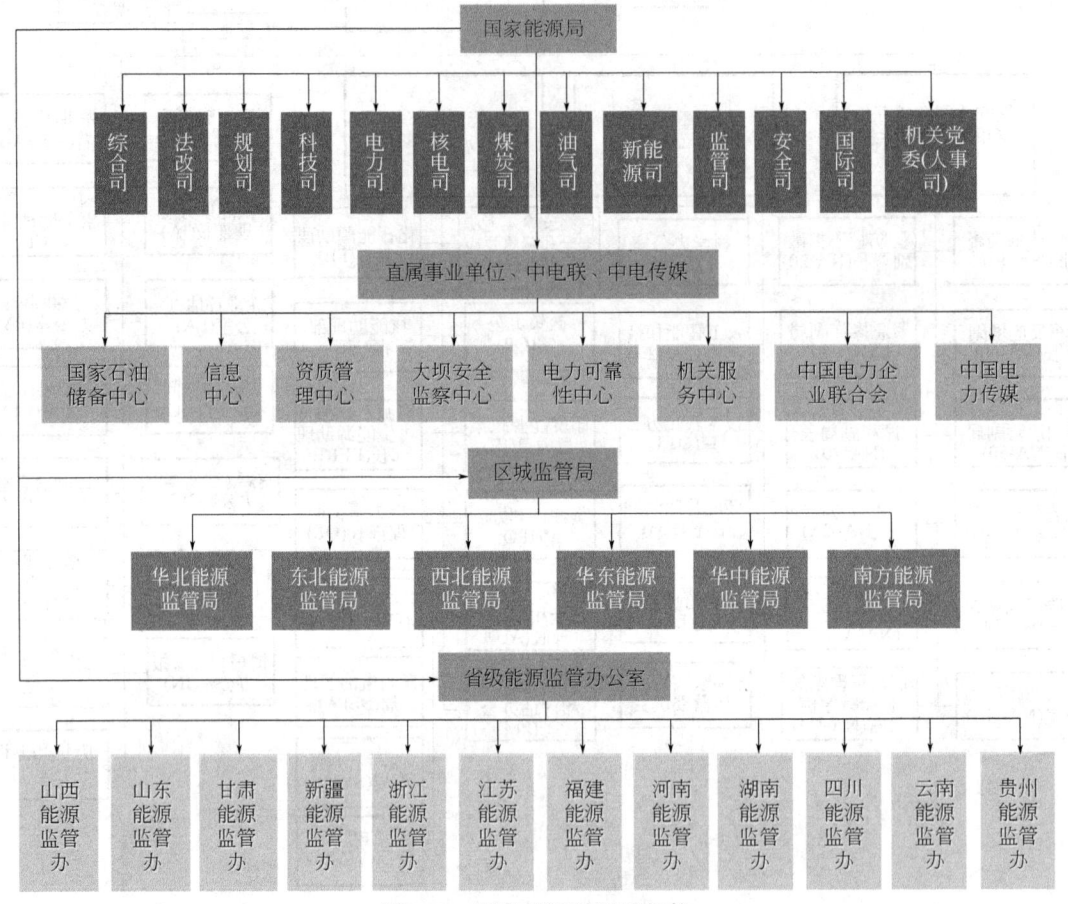

图9-2 国家能源局组织架构

2. 国家发展和改革委员会（NDRC）

国家宏观经济调控部门和国务院负责能源工业管理的职能部门,涉及石油行业的主要管理机构是经济运行局、价格司、固定资产投资司、经济贸易司、国外资金利用司等。

该委员会涉及油气职能包括:一是提出能源发展战略和重大政策;二是拟订能源发展规划,管理国家石油储备;三是确定石油、天然气及重要石油产品的总量平衡计划;四是安排和审批重大建设项目投资计划、境外油气开发项目;五是确定和颁布原油、天然气、管道输送、成品油等价格及政策,组织实施价格监督检查;六是提出能源节约和发展新能源的政策措施等。

3. 国土资源部（MLR）（现为自然资源部,MNR）

作为主管土地资源、矿产资源、海洋资源等自然资源的规划、管理、保护与合理利用的综合管理部门,其涉及石油行业管理的主要职能包括:一是拟订矿产资源的有关法律法规和技术规范;二是依法管理石油资源探矿权、采矿权的审批登记发证和转让审批登记（包括收取矿权费用）;三是承担油气储量管理工作,管理地质资料汇交。矿产资源储量司管理的油气储量业务，具体工作主要由设在石油公司的石油天然气专业委员会承担。

4. 商务部（MC）

商务部主管国内外贸易和国际经济合作。涉及石油行业的主要管理职能包括：一是原油、天然气、石油产品的进出口许可、配额管理；二是拟订石油产品市场运行、流通秩序政策，监控分析市场运行和供求状况；三是外商投资企业的审批，依法核准大型外商投资项目，监督外商投资企业执行有关法律法规、规章及合同、章程的情况等。

5. 国家质量监督检验检疫总局（GAQSIQ）

作为国务院管理标准化、计量、质量和检验检疫工作并行使执法监督职能的直属机构，其涉及石油行业管理的主要职能是：管理和组织制定国家标准，协调和指导行业标准，并监督标准的贯彻执行；管理工业产品生产许可证工作；统一管理计量工作；统一管理和监督认证认可工作；组织协调行业和专业的质量技术监督工作等。

6. 生态环境部（MEE）

作为国务院主管环境保护工作的直属机构，除环保政策法规制定和执法监督职能外，其涉及石油行业的管理职能主要是按国家规定审定开发建设活动环境影响报告书。

7. 国家税务总局（SAT）

作为国务院主管税收工作的直属机构，除一般税种外，国家税务总局还负责征管石油天然气资源的资源税、矿区使用费和对外合作开发油气资源的实物税（5%增值税）。

8. 住建部（MHURD）

作为负责建设行政管理的国务院组成部门，其涉及石油行业管理的职能主要是：建设项目可行性研究经济评价方法、经济参数、建设标准、工期定额、建设用地指标和工程造价管理；石油勘察设计、施工、建设监理和咨询业资格、资质的审定等。

9. 国家能源领导小组

国家能源领导小组于2005年5月13日成立，温家宝总理任组长，黄菊、曾培炎任副组长，有关主要部门13位成员。主要任务包括：研究国家能源发展战略和规划；研究能源开发与节约、资源安全与应急、能源对外合作等重大政策，向国务院提出建议。领导小组办公室设在发展改革委。下设综合组、战略规划组和政策组。2008年国家能源局成立之后，相关职能划转至国家能源局。

10. 国家能源委员会

根据第十一届全国人民代表大会第一次会议审议批准的国务院机构改革方案和《国务院关于议事协调机构设置的通知》（国发〔2008〕13号）精神，为加强能源战略决策和统筹协调，国务院决定成立国家能源委员会。国家能源委员会的主要职责是：负责研究拟订国家能源发展战略，审议能源安全和能源发展中的重大问题，统筹协调国内能源开发和能源国际合作的重大事项。国家能源委员会办公室主任由发展改革委主任兼任，副主任由能源局局长兼任，办公室具体工作由能源局承担。

二、石油外交

石油外交是利用外交手段来增进石油安全。当今，海外石油投资的输赢，已不是由资金、企业结构、同业竞争等经济因素能独立决定的，任何国际性的石油企业在国际市场的利益保证，都需要依靠本国政府的石油外交政策。由此可见，政府的石油外交在当前的石油工业中起着很大的作用，特别是在国内石油企业开拓海外市场的过程中。

早在第二次世界大战期间，国际上就出现了"石油外交"的提法，并得到了各界人士的公认。有专家将"石油外交"定义为一国围绕石油战略目标，为解决重大石油问题而展开的外交谋略和行为。

（一）全球石油外交高潮

第二次世界大战以来，全球石油外交有两次高潮，第一次是20世纪70年代石油危机及之后；第二次是"9·11"事件后，世界石油重要生产国与消费国为控制石油、保障石油供应而进行的石油外交活动。

与第一次相比，第二次石油外交主要有以下几个特点：

（1）随着天然气地位的不断提高，石油外交的范围扩展为油气并举。

（2）第一次石油外交争夺的焦点集中在海湾地区，而第二次石油外交波及全球，包括海湾、里海、非洲、俄罗斯和南美。

（3）20世纪70年代的第一次石油外交限于石油生产国和进口国两大阵营间的交锋，即集中在阿拉伯国家及OPEC与西方世界之间；而第二次石油外交参与的国家进一步扩展，中国、俄罗斯、日本和印度等国成为新的参与者，并且作用日增；

（4）20世纪70年代的石油外交性质上相对比较单纯，主要是为保证石油供应，反映的是禁运与反禁运、垄断与反垄断的关系；而进入21世纪，特别是2001年"9·11"恐怖袭击事件后的石油外交则带有浓郁的政治色彩，更多反映了各国的对外战略和国家安全战略思想；

（5）20世纪70年代的第一次石油外交主要是爆发石油危机，出现供应紧张而导致，而第二次石油外交很大程度上是美国力图建立21世纪世界霸权，控制全球能源而引发；同时，反恐战争及世界石油消费不断增加也成为重要推动因素。

"9·11"事件后，在国际政治领域主要有两大因素推动着国际关系的重组：一是反恐，布什以反恐划线，决定谁是美国的盟友或敌人；二是能源外交，一些能源生产国或消费国积极利用反恐战争来增进自己的国家利益，在推动国际能源格局嬗变的同时也带来了国际关系的重组。其中能源外交比较活跃的国家主要有美国、俄罗斯、沙特阿拉伯、伊朗、日本和中国等。

（二）石油外交的目标

石油外交的目标因各国国情不同而表现各异。具体而言，主要有四种：

（1）石油生产与供应国的石油外交目标。石油生产与供应国的石油外交目标主要是实现对本国石油的自主权，保证生产开发得以顺利进行，确保有一个稳定的买方市场和一个于己有利的合理价格，以促进本国经济发展。

（2）石油进口和消费国的石油外交目标。石油进口和消费国的石油外交目标主要是确保本国从外部获得安全稳定的石油供应，保证石油价格的合理与平稳，以确保本国石油安全、经济安全以及国家安全。

（3）地区或全球性大国的石油外交目标。对于大国特别是霸权国家，其石油外交的主要目标除了要确保本国的石油安全外，还包含企图控制某一地区或全球石油的生产或供应，并对其敌人或竞争对手的石油供应构成制约。比如美国企图控制海湾石油，进而实现对该地区的长久控制。

（4）特殊国家的石油外交目标。受美国制裁，被美列为"无赖国家"或"邪恶轴心"的一些产油国，如前萨达姆政权、伊朗、利比亚和苏丹等，都将石油外交作为抵制美制裁、打破围堵、摆脱外交孤立的重要手段。

（三）石油外交的实现手段与种类

（1）冲突与斗争型：包括直接动用武力占领油气资源或资源所属国，实现对生产国进行政治、军事与经济的控制，建立生产或销售的垄断性同盟以控制市场（如最早石油工业卡特尔"七姊妹"）、占有或控制战略通道（包括重要运输路线、管道）。

（2）合作与参与型：这是为当今世界各国所普遍接受的石油外交方式，包括与进（出）口国家建立良好双边关系、签署双边或多边石油合作协议、联合建立石油战略储备、共同维护交通运输安全（包括管道外交）等。

石油外交是国际经济关系的重要组成部分，同时也是国际政治关系的重要内容。石油外交在许多国家外交及国家安全战略中占有重要位置。

20世纪90年代后，随着东欧剧变和苏联解体，两霸对立失衡，世界格局发生了根本性的变化，和平与发展成为世界主流。在全球经济一体化趋势下，尽管大国的外交战略根本上没有改变，但各国在开展外交关系中都更加务实，更加重视国与国之间的经贸合作。一些国家之间的关系正在由原来的战略伙伴关系转向以发展经贸、文化交流与合作为主的务实外交关系。近几年来，通过外交手段积极推动本国在世界范围内优化油气资源配置，加速本国经济发展和保障能源安全，已成为大国（如美国、俄罗斯）和一些中小国家（如韩国、日本、马来西亚等）的通用做法。

近10年来，各国以石油为主的能源外交实施机制得到了长足的发展，在国际石油经贸合作与石油政治角逐中，石油外交策略与技巧得到了淋漓尽致的运用和发挥。"9·11"事件后，国际关系特别是大国关系发生了微妙变化。全球能源外交异常活跃，在改变世界能源格局的同时也在催生新的地缘政治生态和国际关系格局。

第二节　主要石油及能源组织

世界上大大小小的石油组织数不胜数，但其中最具影响力的组织是石油输出国组织（OPEC）和国际能源机构（IEA）。

一、石油输出国组织（OPEC）及OPEC+

（一）OPEC

1960年9月10日，伊朗、伊拉克、科威特、沙特阿拉伯和委内瑞拉五国代表在巴格达开会，决定联合起来共同对付西方石油公司，维护石油收入。14日，五国宣告成立石油输出国组织，简称OPEC（欧佩克），总部设在维也纳。1962年11月6日，OPEC在联合国秘书处备案，成为正式的国际组织。OPEC的使命是协调和统一成员国的石油政策，并确保石油市场的稳定，以此来实现一个有效的、经济的、稳定的石油供应（对于石油消费者），一个稳定的收入（对于石油生产者），以及一个相对合理的资本投资回报（对于有石油行业投资者）。目前，OPEC 共有 13 个成员国（括号内为加入 OPEC 的时间）：伊朗（1960 年）、伊拉克（1960 年）、科威特（1960 年）、沙特阿拉伯（1960 年）、委内瑞拉（1960 年）、利比亚（1962 年）、阿拉伯联合酋长国（1967 年）、阿尔及利亚（1969 年）、尼日利亚（1971 年）、加蓬（1975 年）、安哥拉（2007 年）、赤道几内亚（2017 年）、刚果共和国（2018 年）。

OPEC 自 1960 年成立至今，成员国发生了一些变化：

一是厄瓜多尔于 1973 年加入 OPEC，在 1992 年 12 月到 2007 年 10 月期间其 OPEC 会员国身份被取消；2007 年重新加入 OPEC 后，于 2020 年 1 月 1 日再次退出。

二是印度尼西亚 1962 年加入 OPEC，2009 年 1 月被冻结身份，2016 年 1 月再次被激活，2016 年 9 月 30 日的 OPEC 会议 171 次会议上再次暂停会员国身份。

三是加蓬于 1995 年 1 月退出 OPEC，不过又于 2016 年 7 月重新加入。

图 9-3 为 OPEC 组织架构。四是卡塔尔于 1961 年加入 OPEC，在 2019 年 1 月退出。

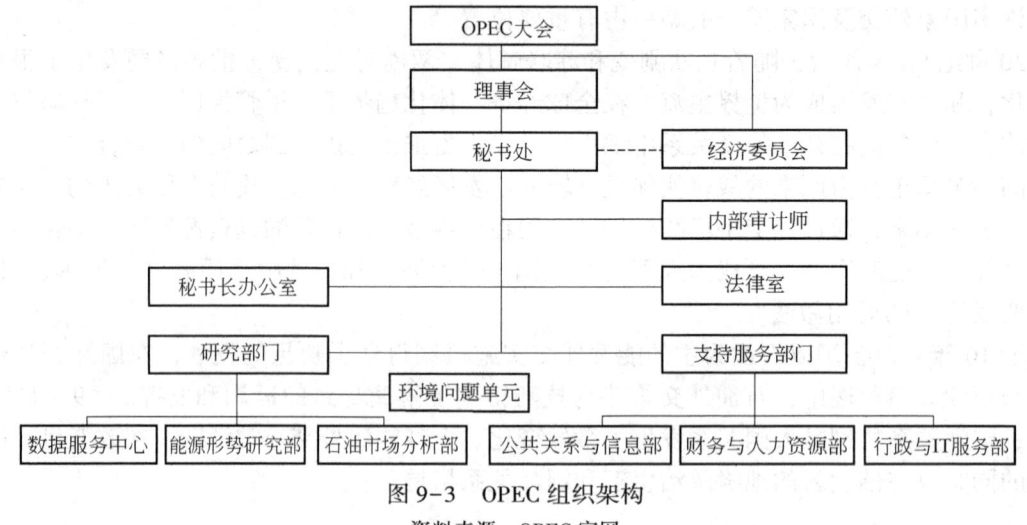

图 9-3 OPEC 组织架构

资料来源：OPEC 官网

OPEC 成员国拥有十分丰富的油气资源。当前 OPEC 成员国石油储量约占全球总储量的三分之二，石油产量约占全球总产量的三分之一。OPEC 以其巨大的供应量在稳定油价方面起着举足轻重的作用。从长期来看，世界石油的供应主要还是依赖于 OPEC。另外，OPEC 能否有效地影响价格，不仅取决于它的石油储量、产量和国际石油市场份额，还取决于国际石油市场上供需结构的变化、市场参与结构的变化、经济结构调整的变化、能源结构的转换及 OPEC 内部的团结和纪律，即共同遵守各自的产量配额的决心。成立 60 年以来，OPEC 作为一个卡特尔组织，现在与以前的情况大不相同。但还可以认为，OPEC 成员国是影响世界石油市场最重要的力量。

OPEC 成立后至 20 世纪 90 年代后期从事了一系列的活动，主要有：夺回了石油价格——标价的控制权；多次迫使跨国石油公司同意提高石油税率和调整石油政策；实现了矿区使用费经费化；收回了大片租让地，实现了石油资源国有化；在世界石油市场出现供大于求的局面时，实行限产保价政策等。

为满足全球不断增长的原油需求，OPEC 正在增加勘探和开发新油田的投资，扩大产量，向国际市场供应更多的原油。OPEC 对国际石油市场的影响力正在扩大，它表现为以下几方面：(1) 稳步增产，减轻油价持续走高对世界经济产生的不利影响。(2) 利用市场监督机制，平抑国际市场油价。OPEC 自 2005 年 6 月 16 日开始，将市场监督原油种类从 7 种增加到 11 种后，该组织原油一揽子平均价因计价调整因素每桶下降了约 2 美元。(3) 资助发展中国家开发项目，促进南南合作。OPEC 为了促进发展中国家的共同发展，扩大出口创汇，设立了 OPEC 基金会，其宗旨是资助发展中国家一些经济和社会领域项目。(4) 平衡对冲资金，加强合作对话。为平衡对冲基金对国际石油市场的消极影响，使油价保持在促进世界经济增长的水平上，OPEC 在 2005 年 5 月与欧盟在布鲁塞尔举行首次能源对话，加强石油上下游领域的合作，保持油价稳定。同年 4 月，OPEC 重要产油国沙特阿拉伯与美国举行两国首脑会谈，讨论石油价格与全球经济增长等问题。(5) 开发新油田与加快石油下游产业相结合，增强对国际石油市场的影响力。

（二）OPEC+

稳定的石油市场对生产者和消费者都是有利的，当油价出现剧烈波动时，生产者和消费者都将尝试采取措施来影响价格。对于社会来说，他们更加关注生产者的应对，而早期的生产者应对就是 OPEC。但传统 OPEC 对市场影响力逐渐减弱，为了保证持续有效地应对石油市场，OPEC+诞生。

1. OPEC 市场影响力的弱化

OPEC 对市场影响力下降主要表现在两个方面，一是对成员国约束力的弱化，二是其自身市场实力的弱化。

OPEC 对成员国的约束机制包括价格约束机制和产量约束机制。OPEC 从 1986 年以前的固定官价体系到 1986—2005 年的指导性目标油价体系再到 2005 年之后的取消价格政策，其价格约束机制在不断弱化。在产量约束机制方面，OPEC 于 1982 年建立的产量配额制度仅有少数国家遵守，而遵守的国家在执行产量政策时，协同性、一致性较弱。对成员国约束力的弱化使 OPEC 已经不是一个严格意义上的生产卡特尔，其成员国在产量调整上的独立性越来越明显。

OPEC 自身市场实力的弱化表现在三个方面：一是寡头效应不断下降，2019 年全球 15 大产油国中仅有 7 个是 OPEC 国家；二是主力国家实力下降，产量在 100 万桶/日以上的主力国家，有 6 个国家的产量在 2008 年后开始进入递减期；三是扩员不利，有实力的国家不愿接受 OEPC 的配额约束，导致安哥拉成为 1971 年后唯一一个加入 OPEC 的日产量超过百万桶的资源大国。

2. OPEC+的诞生

老牌生产者组织 OPEC 对石油市场干预能力的下降，使得一种新的应对市场价格波动的供给侧机制诞生，这个机制就是 OPEC+。2014 年 6 月，供过于求的石油市场结构导致油价暴跌，市场将关注点聚焦在 OPEC。在油价下降的前两年，OPEC 拒绝减产，想通过低油价将市场边际供者（美国页岩油）挤出市场。但美国页岩油的生产韧性很高，OPEC 未能达到目的，造成油价持续下跌。持续下滑的油价对 OPEC 造成严重影响，2016 年 9 月，OPEC 宣布自行减产以提高油价，但由于其市场干预能力下降，自减产政策无效，并且油价持续走低，使 OPEC 和非 OPEC 国家均受到影响。面对遭受重创的石油市场，2016 年 12 月，OPEC 和非 OPEC 召开了历史上第一次正式会议，即第一届 OPEC 和非 OPEC 部长级会议。此次会议签署了《联合宣言》，双方提出共同减产以提升油价。由于减产机制是临时性的，因此在

2019年7月的第六届OPEC和非OPEC部长级会议上,双方签署《合作宪章》,将OPEC+机制长效化,这也标志着OPEC+正式诞生,成为生产侧应对市场油价波动的新力量。

OPEC+现有24个成员国,包括13个OPEC国家和以俄罗斯为代表的11个非OPEC国家(俄罗斯、哈萨克斯坦、阿塞拜疆、巴林、文莱、赤道几内亚、马来西亚、墨西哥、阿曼、苏丹、南苏丹)。OPEC+的目标是通过制定并执行统一的成员国石油政策,使价格波动稳定在合理的范围,从而维护各方利益。

OPEC+组织内设有三个机构:

(1) OPEC与非OPEC部长级监督委员会(JMMC)。JMMC实行的是双主席国制,这个结构形成了沙特阿拉伯和俄罗斯的"双寡头"结构。该机构是联合减产行动的中枢协调机构,是联合减产行动的最高监督与执行机构。其职责是制定联合减产行动协议,然后提交OPEC与非OPEC会议批准。

(2) OPEC与非OEPC部长级会议下设联合技术委员会(JTC)。JTC是联合减产行动的情报及研究机构,负责搜集联合减产行动执行所需的各类市场信息,并向JMMC提交研究报告。

(3) OPEC与非OPEC部长级会议。OPEC与非OPEC部长级会议是联合减产行动的最高权力机构,只有经过该会议批准,JMMC提出的建议才能成为具有约束力的政策文件。

二、国际能源机构(IEA)

国际能源机构(International Energy Agency,简称IEA)是经济合作与发展组织结构中一个独立的机构,总部设在法国巴黎,是石油消费国政府间的经济联合组织,成立于1974年。IEA由16个工业国发起,主要是工业国针对OPEC而建立的IEA成员国有29个,其中包括16个签署国(奥地利、比利时、加拿大、丹麦、德国、爱尔兰、意大利、日本、卢森堡、荷兰、西班牙、瑞典、瑞士、土耳其、英国和美国)和13个加入国(爱沙尼亚、澳大利亚、波兰、法国、芬兰、韩国、捷克、挪威、葡萄牙、斯洛伐克、希腊、新西兰、匈牙利)。其宗旨是协调成员的能源政策,发展石油供应方面的自给能力,共同采取节约石油需求的措施,加强长期合作以减少对石油进口的依赖,提供石油市场情报,拟订石油消费计划,石油发生短缺时按计划分享石油,以及促进它与石油生产国和其他石油消费国的关系等。

IEA成员国的义务包括直接基于《国际能源纲领协议》而承担的义务和履行理事会决定的义务两类。前者包括履行IEA紧急分享机制(the IEA Emergency Sharing System)基本要求的义务及其他相关义务,如石油储备、石油分配、召开紧急会议、石油生产国及其他石油消费国的关系、支持IEA工作并促其宗旨的实现等。

IEA是一个自治组织,其主要工作是确保其29个成员国实现可靠的、可承受的(廉价的)、清洁的能源供应。IEA的主要活动包括以下内容:

一是在出现石油短缺时,该机构在成员间实行紧急石油分享计划。即当某个或某些成员国的石油供应短缺7%或以上时,该机构理事会可作出决定是否执行石油分享计划。该机构各成员国根据相互协议分享石油库存,限制原油消耗,向市场抛售库存等。

二是该机构还要求各成员国保持一定数量的石油库存,即不低于其90天石油进口量的石油存量。

三是在加强长期合作计划方面。该机构采取了加强能源供应的安全、促进全球能源市场稳定、在能源库存上合作、加速替代能源的发展、建立新能源技术的研究与发展、改革各国在能源供应方面立法上和行政上的障碍等措施。

四是开展石油市场情报和协商制度，以便使石油市场贸易稳定和对石油市场未来发展有较好的信心，以及加强与产油国和其他石油消费国的关系。

五是对能源与环境的关系采取应有的行动，如限制汽车、工厂和燃煤的火力发电厂的排放，对较干净的燃料进行研究。

六是该机构定期对世界能源前景做出预测，供全世界参考。

但是，IEA自其成立后，在国际石油市场上未能发挥很多作用，主要是由于出现了油价下跌和石油供过于求的局面。另外，IEA国家在何时使用石油储备和如何分享石油储备问题上有不同的看法，同时也缺乏具体的措施。IEA的主要贡献在于提出了战略石油储备的概念，此后各国不同程度地建立了本国的石油储备，这对于切断IEA国家石油供应的企图，具有威慑力。

IEA的组织结构包括理事会、管理委员会、四个常设小组和秘书处。主要机构是理事会，主要负责通过决议。每一个成员国的能源部门都在理事会中派有代表，由政府高级官员担任。一些重要的问题常常提交给经济合作与发展组织和国际能源机构的代表团讨论，代表团的成员是这些国家对外政策和能源部门的代表。管理委员会是理事会的执行机构，由各成员国的主要代表一人或以上组成，包括非成员国家委员会、能源研究和技术委员会及预算和支出委员会。IEA的四个常设小组分别是紧急情况常设小组、石油市场常设小组、长期合作常设小组、石油生产国和其他石油消费国关系常设小组。每个常设小组由各成员国的政府代表一人或以上组成，主要负责为理事会准备报告以及提出建议。业务管理则由IEA的秘书处负责，秘书处收集、分析信息，评估成员国的能源政策，编制预测报告，进行研究，并就能源领域的一些特别问题向成员国政府提供建议。秘书处由管理委员会任命的执行总裁领导。

当前，IEA的事务主要集中在以下四个领域：

一是能源安全：在所有能源部门中促进多样性、效率和灵活性；

二是经济发展：通过支持自由市场来促进经济增长，并消除能源贫困；

三是环境保护：分析政策选择，以抵消能源生产和使用对环境的影响，特别是在应对气候变化方面；

四是全球治理：与合作国家，特别是主要经济体紧密合作，共同找到解决能源和环境问题的方案。

思考题

1. 政府在石油工业中的作用有哪些？
2. 简述中美石油产业管制的异同。
3. 世界新一轮石油资源国有化对国际能源结构调整和地缘政治格局将会产生哪些深远影响？
4. 目前OPEC成员国有哪些？
5. OPEC在国际石油市场发挥了怎样的作用？
6. 简述OPEC+的诞生过程及其内部结构与决策机制。

参考文献

[1] 刁艳华.中国石油行业产业结构优化及其规制研究［J］.价格月刊，2006（8）：3-4.
[2] 苟三勇.新形势下政府进行石油产业管制的对策建议［J］.商业时代，2006（21）：70-72.
[3] 蒋瑞雪，余秉森.中国油气监管机构集约化改革探讨［J］.国际石油经济，2017，25（2）：23-28.
[4] 刘明.美国、日本和欧盟的石油政策和能源战略［J］.中国能源，2001（8）：15-17.
[5] 罗兰·普里德尔.美国和加拿大石油天然气行业监管体制简介［J］.国际石油经济，2001（2）：21-22.
[6] 尚春香.能源外交序幕拉开［J］.经济，2006（4）：130-132.
[7] 隋舵，孔艳杰.石油问题政治化与石油外交应对策略［J］.国际石油经济，2007（3）：11-13.
[8] 汪巍.欧佩克与国际石油市场发展趋势［J］.市场研究，2005（9）：28-29.
[9] 杨嵘.石油产业政府规制改革的国际借鉴［J］.生产力研究，2004（10）：107-110.
[10] 张宏亮，沙景华，何波，等.美国油气资源管理机构研究［J］.资源与产业，2013，15（6）：149-156.
[11] 刘东.欧佩克/欧佩克+/欧佩克++.石油观察空中会.第10期视频资料，2020.

第十章 国际石油合作

第一节 国际石油合作形式

世界上绝大多数的剩余油气资源都分布在人口相对较多、技术与管理水平相对落后、资金缺乏的发展中国家，而石油资源的勘探开发耗资巨大，风险极高，因此，导致许多资源丰富的国家不能独立有效地开发和利用这些资源。相反，那些历史悠久、技术先进、管理经验丰富、拥有雄厚资金的大型石油公司，其掌握的油气资源剩余潜力小，劳动力成本高，投资环境不太理想。在保证能够维持其在发达国家原有市场的基础上，这些大型石油公司很愿意把剩余的资金、人员及其技术、设备与管理经验投入利润空间更大的发展中国家市场上。在此背景下，国际石油合作应运而生。

一、国际石油合作模式的历史演变

世界石油工业已经有一个半世纪的发展历史了。随着国际政治、经济环境的变化和石油工业的发展，国外石油合作模式也在不断演变，先后经历了租让阶段、对抗阶段和合作阶段。租让制产生的本质是发达国家利用强权政治，为掠夺发展中国家的石油资源，强行制定的不平等石油合作协议。对抗阶段是在殖民制度动摇和瓦解后，发展中国家争取民族权利，保护本国经济利益制定的石油合作协议，以成立 OPEC 为标志。随着对抗的进行，西方国家不得不改变策略，转而与发展中国家在平等互利的基础上展开合作并制定了合作协议，从此进入了国际石油的合作阶段。未来国际石油合作将朝着更加有利于发展中国家资源权益的方向发展，形成更加多样化的石油合作模式。

（一）租让阶段（1900—1945 年）

从二十世纪初到第二次世界大战结束，由于石油在军事、经济中的作用日益提高，西方列强，首先是美国的跨国石油公司兴起，使跨国石油工业得到了迅速发展。同时，英国、法国、荷兰等国，也在其殖民政策下，通过政府的支持和参与，发展了跨国石油工业。此间，西方各主要国家不断加强争夺国际石油资源的活动。英国、法国和荷兰等国在南美的墨西哥、委内瑞拉、秘鲁、阿根廷等地区，以及中东地区的波斯（现伊朗）、伊拉克、沙特阿拉伯、巴林等地区开展了钻探开发活动，获得了大量石油租让地和开采权，掠夺开采资源国的石油。后来，美国跨国石油公司又在美政府的支持下，与其他列强争夺，扩张势力范围。这一阶段的国际石油合作，事实上是西方列强在不平等的条件下，通过租让制，对其他产油国资源的掠夺。如1928年7月签订的西方大国瓜分中东石油资源的国际卡特尔协定——"红色协定"和同年9月签订的西方瓜分和垄断世界石油资源、生产、价格和市场的国际卡特尔协定，都把其他产油国视为己物。

在这些不平等条件下，西方跨国石油公司于第二次世界大战前通过与产油国签订租让合同，只付少量的矿区使用费，就可将一个国家大部分领土以至全部领土的石油开采权益在几十年内为自己所占有。例如：英国跨国石油公司承租伊朗76.4%的国土面积协议达60年；美国跨国石油公司承租沙特阿拉伯74.1%的国土面积协议达60年；英美两国跨国石油公司承租科威特全部国土协议达92年等。显然，这种国际石油经济协作并不是真正意义上的国际石油合作。

（二）对抗阶段（1946—1969年）

第二次世界大战以后，石油出口中心从墨西哥湾向波斯湾地区的转移，结束了几十年来美国在世界石油供应上所占的统治地位，并开始了对中东原油的依赖。美国凭借其战后的巨大实力，取代了英国在中东的石油霸主地位。到1954年，中东已经没有一个产油国不受美国跨国石油公司的控制。与此同时，随着第二次世界大战后民族解放运动的兴起，许多产油国政府在政治上独立后，纷纷要求经济上的独立。如伊朗、伊拉克、埃及、哥伦比亚、秘鲁、玻利维亚、印度尼西亚等国先后提出了将石油公司收归国有的口号。这些斗争，在不同程度上都对西方跨国石油公司掠夺产油国资源有一定的冲击作用，但仍未使这些国家在国际石油经济关系上处于平等的地位。这一阶段的国际石油经济关系仍不是国际石油合作。

1960年，委内瑞拉、科威特、沙特阿拉伯、伊朗和伊拉克为抵制西方各石油公司强制压低原油标价的行动，成立了OPEC。OPEC的成立，标志着第三世界产油国争取平等经济关系和联合行动抵制西方跨国石油公司的开始。虽然在20世纪60年代，这一组织还没能够立即采取大的行动来改变与西方跨国石油公司那种过时的不平等经济关系，但却至少已能够使西方各大石油公司不再用单方面压低原油标价的办法来进一步加强对第三世界各产油国的经济掠夺，这预示着国际石油合作的时代即将到来。

（三）合作阶段（1970年至今）

在20世纪70年代，以OPEC成员国为主的第三世界主要产油国经过顽强斗争，逐步摧毁了存在了70多年的旧租让制，从西方主要国家及其石油公司手里收回了对自己的石油资源、石油生产和产品的主权，并以此为基础，进一步取得了对西方世界原油价格的决定权，并逐步掌握了自己的原油和石油产品的独立贸易权。在这种情况下，西方国家不得不改变过去的政策，同意在新的比较平等互利的基础上同第三世界产油国签订一些新石油合作协议与合同，例如建立合营公司的协议、产量分成合同、提供服务的合同和新条件下的租让协议，通过提供自己的技术、资金和劳务帮助资源国勘探和开采石油，换取资源国给予一部分石油或其他利益。自此以后，国际石油经济关系才正式进入国际石油合作时期。

二、国际石油合作的主要特点

（一）高风险性

国际石油合作的风险包括政治风险、投资环境风险、市场风险和储量风险。政治风险是国际合作面临的重要风险，政治风险来源于资源国受到邻国或其他国家的威胁甚至战争，资源国国内发生罢工、暴乱、起义乃至内战等突发事件，资源国政权不稳定而导致的政府的频繁更迭，资源国对石油工业实行国有化或资源国对合同区块征用、报复性充公或没收等可能产生的风险。投资环境风险包括很多方面，如资源国对外合作管理体制对外国公司运作造成的困难，资源国经济的不稳定，资源国税制、税法的改变，资源国对利润汇出及外汇兑换的抵制等。市场风险主要来源于石油价格的波动。储量风险来源于资源评价的不确定性。

（二）政治性

国际石油合作具有很强的政治性。一方面，国家之间良好的政治关系可以带动、促进国家之间的石油合作。比如，上海合作组织的成立增进了中国与俄罗斯、哈萨克斯坦的友好睦邻关系；中哈领导人的频繁互访，带动了中石油在哈萨克斯坦合作开发项目的扩大。另一方面，霸权主义对合作的顺利进行产生了负面影响。比如，1979年伊朗伊斯兰革命，尤其是在伊朗学生扣留美国使馆人员做人质的事件后，美国对伊朗实行经济制裁，不许美国的公司在伊朗参与石油活动，包括不许美国公司购买伊朗的原油，致使Amoco公司撤出合作项目。1994年，克林顿总统签署命令，宣布大陆石油公司（Conoco）投标伊朗外海锡里A、E油田开发项目的做法违法，重申禁止美国的石油公司参与伊朗石油开发和购买伊朗原油。

三、国际石油合作的主要形式

（一）合营企业

国际石油合作开采石油资源中的合营企业，是指石油资源国国家石油公司与外国石油公司组成的以开发石油资源为目标的企业。

这种企业与其他行业的合营企业大致相同，即共同投资、共同管理、共负盈亏和共担风险，可组成股权式或契约式合营企业。但由石油开发的特点所决定，这类合营企业与其他合营企业所不同的一个重要特征就是勘探资金损失的风险由外方合营者承担。

这种安排方式显然对资源国是有利的，主要体现在两个方面：在石油资源开发活动中，最大的风险在于勘探阶段；而在取得商业性发现后，资源国可能从世界银行以优惠利率取得贷款，也可能向其他国际性或区域性开发机构贷款参与投资，不致承担太大的财政负担和经营风险。

（二）联合作业

尽管这种形式也具有作业双方共同投资、共同经营和共负盈亏的特点，但是作业双方仅仅达成了一项作业协议，并没有组成联合的企业组织。合作双方为联合作业而设立的机构只是一种技术和业务性质的实体。这种形式并未组成新的独立法人；在财务上，合作双方保持独立，分别计算开支和收入，分别纳税；在法律上，合作双方各自独立承担法律责任。

（三）产品分成

产品分成合同最早出现于20世纪50年代的玻利维亚，60年代在印度尼西亚首先推广，1971年形成其法定规则，也称作"印尼式合同"。目前，这种形式被秘鲁、马来西亚、危地马拉、利比亚、埃及、叙利亚、约旦、孟加拉国等发展中国家普遍采用。这种合同属服务合同。合同中资源国拥有开采权,外国石油公司处于合同者的法律地位。因此,从法律角度看,外国石油公司取得的产品份额是资源国支付给其合同者的报酬或补偿,这点应该同特许协议严格区分开来,产品专属性地属于拥有开采权的资源国方。

(四) 承包 (风险服务合同)

这种形式最早产生于拉美国家,现在被中东、东欧国家普遍采用。在这种形式中,资源国政府或国家石油公司具有石油开发权,独立投资和经营,自负盈亏;同时通过与外国石油公司签订承包合同,把石油开发工作交由外国石油公司承包。

风险服务合同是承包合同的一种。这种合同的特点是,外国石油公司提供技术服务,负责开发作业,从资源国取得报酬。然而与产品分成合同不同的是,报酬的形式是现金而不是原油,但有时也规定外国石油公司可以以国际市场价格或低于国际市场价格从资源国购买原油。由于这种合同规定勘探风险由外国石油公司承担,风险服务合同因此得名。

第二节 国际石油合同类型及其经济评价

一、概述

(一) 石油合同的作用

国际石油合作合同的本质是保护资源国利益,并给投资者提供合理的利润空间。外方石油公司通过合同取得在资源国经营的法律地位。资源国政府通过合同可以实现对其石油资源的开发。国际石油合作合同既是规范和约束合同双方权利义务的法律文件,又是调节油气生产所获得的收益在合同双方之间分配的经济杠杆工具。国际石油合作合同主要有以下几方面的作用:

首先,它是联结资源国政府(或国家石油公司)与外方石油公司进行资源国石油资源勘探和开发的纽带;是合同双方合理开发利用油气资源的法律保证。

其次,它是规范和约束合同双方权利义务的法律文件,是合同双方进行勘探和开发投资与实施生产作业的法律依据。

最后,它可有效保障和调节石油生产所带来的经济收益在资源国和外方石油公司之间的合理分配,保障资源国的石油资源权益,保障外方石油公司的投资收益,降低其勘探开发的投资风险。

(二) 石油合同的主要参与者

一项石油合同涉及方方面面,参与者众多,有以下几个方面:一是资源国政府(东道国)(Host Government);二是政府机构(Government Agencies),如财政部、税务局、环保局、计委等;三是国家石油公司(National Oil Company);四是外方石油公司(Foreign Oil Company),包括大石油公司、大独立石油公司、小独立石油公司、国营石油公司;五是合同者(Contractors),指通过招标或双向谈判,最终获得东道国政府招标区块许可证的一家公司或数家公司;六是银行(Bank);七是培训机构(Education Institution)。

(三) 合作双方建立合同考虑的因素

资源国政府关注的重点在于，其开放本国石油资源建立石油财税制度时一般要考虑以下因素：最大限度的经济地租（Economic Rent）；最低的投资风险；地租（收益）的收入时机；技术转让；高效率的石油开采；对国民经济的影响；研究、开发与培训；对石油资源的了解与管理；环境保护；安全事宜，等。

外国石油公司关注的重点则是主要考虑：取得成功后的利润；确保项目早期的现金流动；风险与报酬应均衡；所得利润可自由返回本国；尽可能减少风险；关于勘探成功后，开发事宜的明确的财务制度；可供选择的灵活开发方案；获得可供利用的资料；等。

(四) 石油合同的基本方面

一个国际石油合同所能反映的内容基本上可概括为四个方面：一是风险的承担者，石油工业是高风险的，因此，在签订一项石油合同时，确定风险的承担者是至关重要的；二是资金的供给者，这与风险是一致的，一般来说，谁提供资金，谁相应承担的风险就要高一些；三是收益的分成，对提供资金多、承担风险高的项目，相应获取的收益要多一些；四是项目的管理，获得对项目的管理权，特别是在生产作业阶段，拥有作业者的权利。

二、国际石油合同类型

油气勘探、开发和生产的合同模式一般建立在国家的法律基础之上。政府通过特许经营权或合同的方式授予特定区域或区块的勘探、开发和生产的权利，选择何种方式则取决于国家的法律体系。当不存在相关石油法律时，资源国政府和投资者之间可以签订全面合作协议。当投资公司首次进入不确定性较大的国家，或者当石油活动的重要性不足以支持设计一个独有的政策体系时，可以选择签订全面合作协议。

在国际石油合作实践中，多种不同的法律体系已经界定了资源国政府和投资者的权利和义务，总体上大致可以分为两类：租让制和合同制，详细分类如图 10-1 所示。

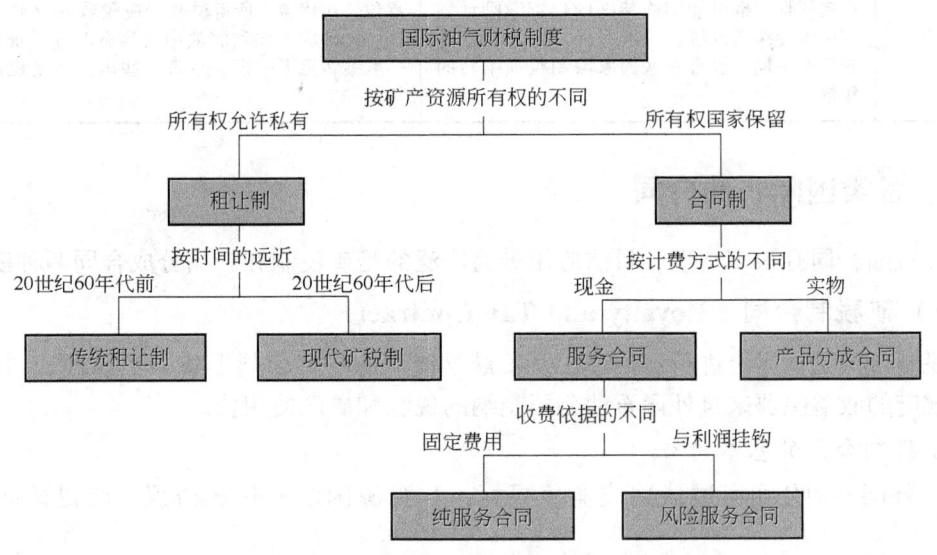

图 10-1　国际油气财税体系的基本分类
在 Johnston Daniel 的分类基础上进一步加工和补充获得

租让制和合同制的根本差异是自然资源所有权的不同。在租让制下，政府将矿产权转让给投资者。政府由于授权投资者开采自然资源，通过矿区使用费（以下简称为矿费）和税收获得补偿。当租约到期或者结束时，为油气勘探开发活动建设和安装的设备所有权就会转交给政府。在产品分成合同中，投资者可以拥有其产量份额部分的所有权。在服务合同中，承包公司不会获得资源的所有权，而只是由于提供服务获得或者固定或者变动的费用。在有些服务合同中，服务费也用实物来支付。除了支付报酬的性质不一样之外，产品分成合同和风险服务合同非常相似。为油气勘探开发活动建设和安装的设备的所有权即时转交给政府。租让制和合同制的主要特征见表10-1。

表10-1 租让制和合同制的主要特征

	租让制	合同制
关键要素	矿费、费用扣减 [如操作成本、折旧与摊销（DDA）、无形钻井成本（IDC）]、税收	矿费、成本回收、利润油和税收
矿费	矿费一般是占油气销售收入的一定比例，也可以被设置成滑动比例，一般滑动比例可以进行谈判或招投标，可以用现金或实物支付。矿费属于经营的成本，可以税前抵减	与租让制相似。此外，一般矿费是不能够作为成本回收的
成本	成本会在国家法律或具体租让协议中定义。矿费和操作费一般在其发生后作费用化处理，折旧则按照规定的方法来计算。成本是资本化处理还是费用化处理取决于国家税制的规定，对不同投资者的处理方式各有不同。一般来说，如果成本作资本化处理，则按照规定计提折旧进行回收。如果费用化处理，则确认为当期费用，在收入中扣减。这两种方法的主要区别在于在收入扣减的时点及成本摊销的方式不一样。有些国家允许一定投资额度、融资利息和奖金的扣减	成本的定义和摊销折旧的规则在国家法律或者具体产品分成合同中规定。在支付矿费后，根据合同条款（可能会有成本回收限制），允许承包公司回收成本。剩余的利润油在资源国政府和国际石油公司之间按照约定的比例（经常由谈判确定）进行分配
税收	公司所得税可以按照国家的基本公司所得税税率征收。也可能实施特殊的投资激励计划和征收特殊资源税。税损（tax loss）一般结转至下一期，也有一些国家限制税损结转的年数	公司所得税可能由资源国政府或其国家石油公司为承包公司代缴。所得税基于应税收入（收入减去矿费、允许成本和利润油中的政府部分）征缴。税损一般结转至下一期，也有一些国家限制税损结转的年数

三、各类国际石油合同

国际石油合同有很多类型，目前应用最为广泛的是矿税制和产品分成合同两种模式。

（一）矿税制合同（Royalty and Tax Contract）

矿税制合同是世界上进行石油勘探开发最早使用的一种合同形式，在这种合同形式下，资源国政府的收益主要来自外国石油公司交纳的税收和矿区使用费。

1.矿税制合同的基本特征

（1）外国石油公司通过谈判或竞争投标，与资源国政府达成协议，获得矿区使用许可证；

（2）在许可期内，外国石油公司享有在许可区进行石油勘探、开发和生产的专营权，并对矿区内所产石油拥有所有权；

(3) 外国石油公司单独承担风险并投资；

(4) 外国石油公司向资源国交付矿区地租；

(5) 一旦矿区内开始生产石油，外国石油公司要以实物或现金形式向资源国政府交纳矿区使用费；

(6) 外国石油公司如果盈利，应向资源国政府交纳所得税和石油特别税。

2. *矿税制合同的历史演变*

矿税制在其历史演变中经历了两个阶段，即早期租让制和现代矿税制。

(1) 早期租让制。早起租让制可追溯到 20 世纪初，其典型特征是租让矿区非常大；租让期限相当长，通常为 60~70 年，有些甚至长达 90 余年；资源国政府对矿区内的石油作业几乎没有任何控制权；资源国的收益极为有限，主要来自外国石油公司按产量支付的矿区使用费，费率通常采用一成不变的形式，而不是按原油产值的一定百分比或外国石油公司所获利润多少而定。

(2) 现代矿税制。现代矿税制是在第二次世界大战以后逐步发展起来的。典型的现代租让制租让矿区有一定的范围限制；租让期限一般比较短，勘探期通常在 12 年以内，勘探期满时如果没有发现石油，协议即告终止，如果发现商业性储量，则转入生产期，生产期通常为 20~30 年；资源国的收益大大增加，矿区使用费可随产量增长或油价上涨而递增或向上浮动，同时资源国也可以对外国石油公司征收所得税和石油特别税；资源国对石油作业的控制权大大加强。其中包括规定外国石油公司的最低勘探工作量、批准油田开发计划、确定石油价格、检查和监督外国石油公司的作业及财务等条款。

3. *矿税制合同经济评价流程*

矿税制合同没有成本回收百分比的限制。外国石油公司与资源国之间的利润分割形式主要如下：

(1) 向政府缴纳矿区使用费。从油气产量的总收入中，首先扣除矿区使用费，用现金缴纳，各个国家和地区间的费率差异很大。

(2) 外国油公司的费用扣减，包括经营成本、折旧、折耗和摊销及无形资本成本。其中，有些国家允许扣除定金。

(3) 油气收入扣除矿费和成本后为应纳税收入。

假设一桶原油的价格为 100 美元，矿区使用费率为 10%，一桶原油的费用（包括经营成本、折旧等）为 40 美元，石油特别税率为 55%，所得税税率为 35%。则可以用图 10-2 来说明收入分配流程。

4. *矿税制合同利弊分析*

矿税制合同对于外方石油公司而言，有两大因素决定合同收益的高低：一是石油产量，若区块石油产量大，则能够保障外方石油公司缴纳矿区使用费及各项税费，回收成本，但若是区块石油产量小，则外方石油公司将面临项目亏损的局面；二是油价，外方石油公司需要承担油价的风险，因为他们通过矿税制合同获得的是原油此类的实物，油价的高低决定了公司的收益。

矿税制合同对于资源国政府来说，优势在于便于管理、经济风险小、收益稳定；劣势在于此类合同缺乏灵活性，资源国政府授予外方石油公司的权利过大，政府对于勘探开发作业活动监督管理过少。

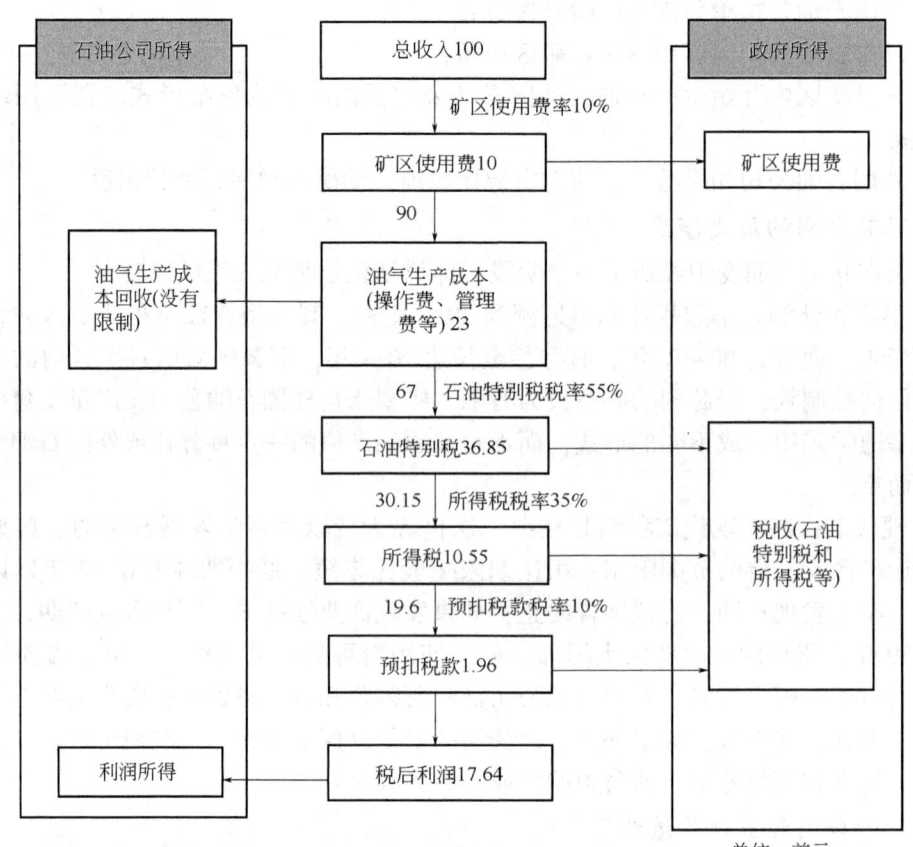

图 10-2 矿税制合同收入分配流程
油气生产成本回收 23 美元是假定值，并非计算出来的数值

（二）产品分成合同（Production Sharing Contract）

产品分成合同是在资源国拥有石油资源所有权和专营权的前提下，外国石油公司承担勘探、开发和生产成本，并就产量分成与资源国政府（或国家石油公司）签订的石油区块勘探开发合同。第一个产品分成合同产生于 1966 年，由 IIAPCO 公司与帕米纳（Petmina）公司（原印度尼西亚国家石油公司）签订，20 世纪 70—80 年代形成一种较为通用的合同类型。

目前，全世界有很多国家和地区在国际石油合作中采用产品分成合同，采用的国家有印度尼西亚、法国、印度、土库曼斯坦、厄瓜多尔、俄罗斯、阿尔及利亚、哈萨克斯坦、赤道几内亚等。

1. 产品分成合同的基本特征

（1）成本回收。由于外国石油公司独自承担与某一发现有关的勘探费用，而国家在这种发现中要到生产阶段才占有份额，因而在合同里包括了一种做法，即允许石油公司回收其初期投资，达到此目的的常规做法的石油一般称为成本油，即允许外国石油公司为了回收其初期投资，可以分得该油田产量的一定百分比，数量由谈判决定。回收机制的确定非常重要。

（2）产品分成。在交付了合同规定的成本油之后，剩余的产量称为利润油，由资源国和外国石油公司按照事先谈判确定的比例进行分成,分成比例一般都与产量高低有关。如特立尼达和多巴哥所签订的产品分成合同有如下的分成条款(表10-2),这些数字是产品分成合同的典型做法,有些国家在划拨分成份额时,除了产量之外,还列入其他参数。例如,科特迪瓦采用了双因素分成制,确定分成额不仅要看日产量,还要依据水深,例如水深在1000米以下或1000米以上。

表10-2 特立尼达和多巴哥所签订的产品分成合同分成情况

产量,万桶/天	政府分成,%	公司分成,%
5以下	60	40
5~10	65	35
10~15	70	30
15以上	75	25

(3)资源国通常掌握重大的监督权和管理权,日常业务管理通常由外方石油公司负责。
(4)外方石油公司要承担勘探风险,若有商业性发现,还要承担开发和生产费用。
(5)外方石油公司如果盈利,就向资源国交纳所得税。
(6)用于合同区内石油作业的全部设备和设施通常属资源国所有。

2. 印度尼西亚现行的产品分成合同

印度尼西亚现行的是第五代产品分成合同,主要包括以下特点:
(1)多数合同存在总产量10%~20%的头份油,由政府和承包商共享,即存在80%~90%的成本回收上限;
(2)在头份油之后,承包商有权收回允许的作业成本及摊销的资本成本;
(3)政府必须批准每个产品分成合同的工作计划、预算和可执行预算;
(4)政府和承包商对头份油、成本回收之后的利润油气进行分配,承包商税后可获得15%的原油,30%或35%的天然气;
(5)承包商必须以25%的所得履行国内市场义务,商业生产开始后最初5年内可享受按市场价格与印度尼西亚政府结算国内市场义务量,5年之后仅能获得市场价格的10%~15%甚至更低。

3. 产品分成合同经济评价

假设一桶原油的价格为100美元,矿区使用费率为10%,一桶原油的费用(包括经营成本、折旧等)为40美元,利润油分成为55%,所得税税率为35%。则可以用图10-3来说明收入分配流程。

4. 产品分成合同利弊分析

与矿税制合同类似,产品分成合同对于外方石油公司而言,合同收益受石油产量与油价两大因素的影响。当原油产量低于预期产量时,外方石油公司将面临不能完全回收投资成本的风险,同时外方石油公司也承担着国际油价的风险。因此,产品分成合同是效益与风险并存的一种合同模式,但尽管如此,由于外方石油公司可以依据产品分成合同获得大量原油利润分成,产品分成合同对于外方石油公司而言仍具有很大的吸引力。

此外,产品分成合同对于资源国来说也颇为有利,资源国政府可以取得大量的原油。产品分成合同可谓是一种双赢的石油合作合同模式。

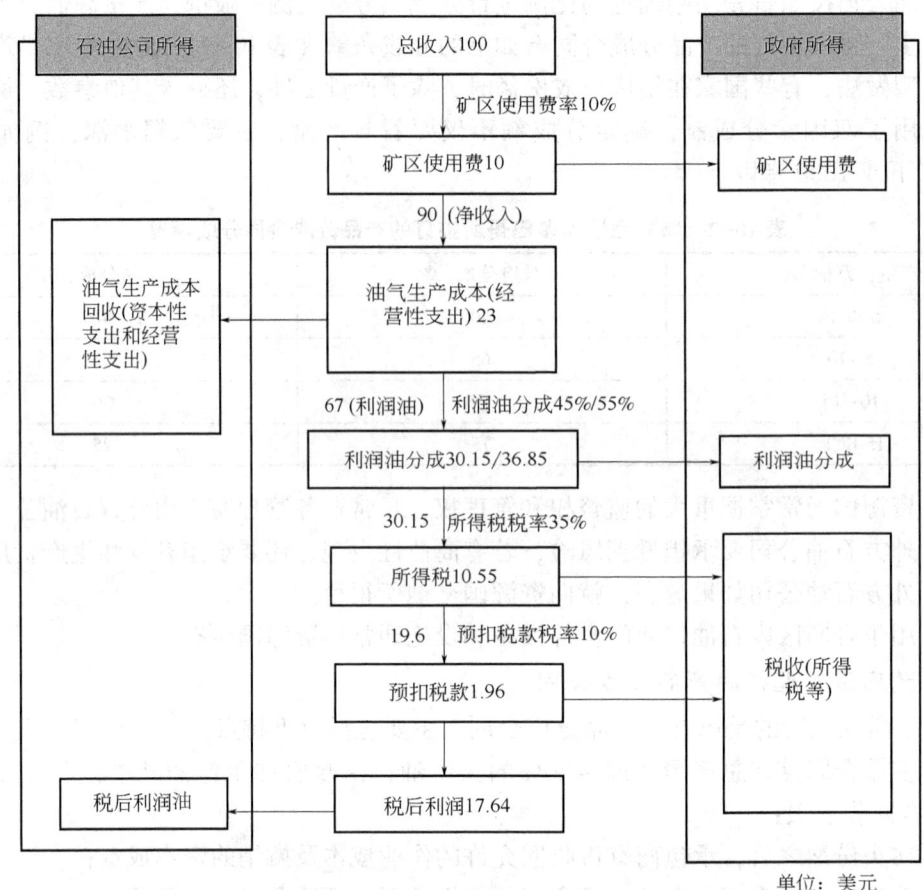

图 10-3　产品分成合同收入分配流程
油气生产成本回收 23 美元是假定值，并非计算出来的数值。

（三）风险服务合同（Risk Service Contract）

比较标准的风险服务合同在 20 世纪 60 年代后期出现于中东一些产油国和拉丁美洲一些国家。目前，全世界有 10 多个国家采用这种合同形式。

1. 风险服务合同的基本特征

（1）资源国拥有石油资源的所有权和石油勘探、开发和生产的经营管理权；

（2）外国石油公司作为资源国的承包商提供技术、金融等服务；

（3）外方石油公司要提供勘探资金，并承担勘探风险，如果发现石油，外方石油公司还要提供全部开发资金；

（4）油田投产后，资源国将按合同有关规定在一定期限内偿还承包商的投资费用，并支付风险服务费，偿付通常用现金，有些也用原油。

由此可见，就基本特征而言，风险服务合同与产量分成合同没有什么差别。所不同的只是承包商获得报酬的方式。风险服务合同更强调资源国家石油公司对合同区块的专营权和产出原油的支配权；而产品分成合同中，合同者在原油投产、达到预定产量时拥有对分成油的所有权和支配权。

2. 风险服务合同利弊分析

风险服务合同对于资源国而言是一种极为有利的合同模式，石油产品的所有权与经营权都属于资源国所有。然而风险服务合同对于外方石油公司而言则是一种风险很大的服务合同模式，合作者承担勘探开发的全部资金及风险，但其合同收益仅是一笔现金形式的服务费用，其收益与风险不对称，因此这类合同对外方石油公司的吸引力极为有限。实践中只有油藏储量丰富的地区采用此类合同，如伊朗、巴西等国家。

（四）回购合同

回购合同实际上是风险服务合同的一个变形，首先由伊朗在1997年采用，后被伊拉克采用。

1. 回购合同的基本特征

（1）外方石油公司承担油田勘探开发的全部费用和技术服务，油田投产后，从油田生产的原油的销售收入中回收投资、作业费用、财务费用和报酬。财务费用和报酬在合同谈判时确定。报酬指数可以由每桶油的固定费用计算，也可以按油田的等级确定。

（2）油价的风险由资源国承担，报酬的总数也与产量无关，既外方石油公司也无产量风险。

（3）当承包公司全部回收完其投资和合同规定的报酬后，就不再拥有项目的操作权，将其交还给政府。

（4）回购合同的主要风险是开发和投资计划要比较符合实际，按回购合同的规定，投资预算不能超支，超支部分由外方石油公司承担。

2. 回购合同的主要内容

（1）外方石油公司提出开发建设期、开发计划、开发工作量和投资；

（2）外方石油公司确定油田的生产期，即成本及报酬全部回收期；

（3）成本回收的限额和产品分成合同一样，确定总产量的某一百分比用于回收勘探、开发、经营成本，当可回收的成本超过该年度的成本回收限额，超出的部分可以向以后的年度转结；

（4）报酬指数的确定，成本公司得到的报酬是报酬指数乘以开发阶段的实际投资，但每年得到的实际报酬不能超过成本回收的限额。

对于中东这样油气资源落实程度很高的油田，回购合同的风险较小，但不可能获得暴利。即便这样，外国油公司也愿意接受。伊朗也将其回购合同用于勘探项目，其风险就相对比较大，特别是勘探合同与开发合同的关系不够合理时。

回购合同勘探期的时间有限定，有义务工作量的规定等，与产品分成合同类似，独担风险。但其权利就比产品分成和租让制合同小，一旦有了发现，承包公司并不能成为该油田的当然作业者。首先，国家石油公司有权决定不开发，虽然国家公司要付给承包公司投资和回报，但其数量与所承担的风险不相称。如果决定开发，又要重新谈判合同，存在许多不确定性因素。正因为中东的一些国家的地质条件好，勘探风险小，仍有外国公司愿意进入。

3. 回购合同的利弊分析

回购合同对于外方石油公司而言，只要按照合同履行投资、作业等相关合同义务，合同收益是有稳定保障的。另外，外方石油公司不承担相关的油价风险，因此，即使是在油价低迷时其合同收益依旧有保障。回购合同与产品分成合同的区别在于外方石油公司无法分享项目开发后期的收益。因此，回购合同对于外方石油公司来说无法获取暴利，但是一种风险较小并且收益稳定的合同模式。

回购合同中资源国拥有石油资源的所有权，勘探开发投资及相关作业风由外方石油公司承担，但资源国政府需要准备好用于回购项目的作业权及权益的资金。回购后的运营风险由资源国自己承担。

（五）联合经营合同

联合经营合同方式出现在20世纪50年代。当时西方一些独立石油公司为了能够进入某些第三世界产油国进行石油勘探开发，采用了这种与矿税制相比对产油国较为有利的形式。联合经营指外国公司与资源国国家石油公司之间的联合经营。联合经营往往与其他合同模式相结合，如产品分成合同模式。

1. 联合经营的类型

（1）合资经营（Joint Venture）：由资源国（或其国家石油公司）为一方，外国石油公司为另一方，共同组建一个新的公司，负责石油勘探、开发、生产、运输和销售等经营活动。双方各参与一定比例的股份，按比例分享利润，双方共同承担勘探风险，共同承担纳税责任。

（2）联合作业（Joint Operating）：双方不需组建独立经营的公司，而是借助合同协议，共同出资、共同作业、共同分享权益，但双方各自核算开支和收入，单独纳税。

通常，不论采用哪种形式的联合经营，所有重要决议都必须提交给各方都有代表参加的董事会或管理委员会审批通过。董事会或管理委员会的代表名额可以按照各方所占资金股份的比例委派，也可以另作规定。有些决议，如钻初探井，各方代表均有权表决通过。通常将年度勘探开发预算、对石油发现的商业价值评定、油田开发规划和开采速度、二次采油计划及石油销售政策等重要事项都列入议事日程，由董事会或管理委员会予以审批通过。

2. 联合经营的特点

（1）在联合经营决议中，以资源国或资源国的国家石油公司为一方，外国石油公司为另一方，双方在联合进行石油勘探开发和生产经营中分享权益。根据联合经营协议中规定的条款，双方共同承担风险和费用，分享产品和利润。联合经营的双方或各方参加联合经营的公司，通常要负责向政府支付矿区使用费和税金。

（2）很多联合经营协议中规定：如没有商业性发现，外国石油公司要承担勘探费用和风险。如果在勘探期结束时没有发现具有商业性价值的油层，联合经营协议可告终止。联合经营协议通常还规定：由外国石油公司钻勘探井的工作量和投资义务，以及分期归还勘探区域。联合经营协议有时也规定：由外国石油公司负责筹措勘探开发全部费用，并在规定期限内，以分期摊还的办法回收投资费用。因此，每年将按一定百分比回收投资，列入费用支出，不计所得税。

（3）在联合经营的协议中，外国石油公司预先垫付勘探和开发费用的做法是多种多样的。如果外国石油公司预先垫付费用只限于在勘探阶段，也就是直到有了商业性的石油发现为止，或者直到大体可以确定将有商业性的石油发现后，要求国家石油公司偿还按比例分摊的勘探费用。而协议通常明确规定预先垫付到什么界限为止，例如，若以商业性发现为界，就要对商业性发现这一概念确立一个严格确切的标准。在达到这一界限后，国家石油公司就必须承担起他所商定同意的在开发阶段中应分摊的费用支出。

（4）资源国政府在联合经营中的参股多少往往要受到许多因素的影响，如石油公司对勘探风险的评价，石油发现的可能规模、开发和作业费用等。因此，政府参股多少，事先必须充分考虑到各种因素。在有些情况下，政府参股可采取浮动办法，即随油田规模大小按一定比例增加，参股份额一般都要通过谈判来具体商定。

（5）通过联合经营，资源国可在石油经营方面取得专业技能和管理经验。

（六）近年来出现的非传统类型石油合同

最近几年，出现了一些不属于上述几种类型的石油合同，这些合同被统称作非传统类型石油合同（Non-Traditional Contracts）采用这些合同形式的主要是那些原来没有对外开放、全部上游业都由本国国家石油公司经营的国家。但到目前为止这些合同的数量还很少，这类合同有以下几种形式：

一是东道国与外国石油公司签订合同，将一个油田（或其一部分）交给外国石油公司进行生产（如阿根廷、阿尔及利亚）；

二是东道国与外国石油公司签订合同，由外国石油公司来开发那些国家石油公司发现的，但尚未开发的油田（如印度、土库曼斯坦）；

三是东道国与外国石油公司签订合同，由外国石油公司对那些已经开发，但又停产的油田进行重新开发生产（如委内瑞拉、缅甸）；

四是东道国与外国石油公司签订合同，由外国石油公司在投产油田进行提高采收率作业（如印度尼西亚、缅甸、阿尔及利亚、罗马尼亚）。

尽管这几种合同可能沿用前述五种合同的基本框架，但是不难看出，它们涉及的作业领域都是已知油田的开发和生产，而不涉及石油勘探。从这个意义上讲，它们与五种类型的合同是有明显区别的，预计这类合同今后会越来越普遍地被采用。

表10-3为石油合同的比较。

表10-3　石油合同的比较

	类型	风险	利润分成或产量分配	管理	其他说明
现代租让合同	资源国	无任何风险	收取矿区地租；外方开始生产石油后收取矿区使用费，且可随产量和油价浮动；外方盈利后收取所得税	规定外国石油公司的最低勘探工作量；批准油田开发计划；确定石油价格；检查和监督外国石油公司的作业和财务等	原则上要求优先雇佣、培训国内人员；使用国内物资
	外方石油公司	承担所有投资的风险	除去投资、矿区地租、矿区使用费、税收后的所有收入	承担主要的管理责任	拥有租用区块石油资源的专营权和所有权
产品分成合同	资源国	无风险	利润油分成	掌握重大的监督权和管理权	可获得石油作业的全部设备和设施
	外方石油公司	独立承担勘探风险、开发和生产费用	若有发现，可优先获得成本油，再利润油分成	日常业务管理	
风险服务合同	资源国	分担开发风险；承担生产风险	拥有全部产量	主导管理	管理简单
	外方石油公司	承担勘探风险；分担开发风险	获得风险服务费	参与管理	不长期参与，风险固定

续表

类型		风险	利润分成或产量分配	管理	其他说明
回购合同	资源国	油价风险、产量风险	拥有全部产量	监督	适用于中东等资源落实程度高的地区
	外方石油公司	勘探风险；开发和投资计划风险（若费用超支，将由外方公司承担）	按成本或油田等级获得报酬	提出开发建设期、开发计划、开发工作量和投资；确定油田的生产期，即成本及报酬全部回收期	不能获得暴利
联合经营合同	资源国	资源国和外方石油公司共担承担风险和费用	按股份分享产品和利润	各方都有代表参加的董事会或管理委员会共同管理	根据具体合同也有外方公司先垫付勘探费用开发费用或者由外方公司独立承担勘探风险的情况

第三节　不同国家的石油税收制度

一、税收制度分析的重要性

税收制度是国家以法律形式规定的税种设置、税收管理体制和征收管理办法的总称。税种是一个国家或地区税收体系中的具体税收种类。税收制度是影响投资环境的重要因素，也是投资环境各种影响因素的集中表现。一方面，税收制度浓缩了资源国有关的政策法规、石油工业在资源国国民经济中的地位、油气资源丰度、国际油气市场价格、国内外油气供需状况等众多因素，了解财税制度可以更加深刻地认识投资项目。另一方面，油气勘探开发项目中，资源品质的优劣固然重要，但投资者收益水平主要取决于税收制度。就石油税制的发展趋势来看，资源条件好的项目税制条款往往对投资者越苛刻。一般而言，在一定资源基础条件下，石油税制是影响项目收益水平的决定因素，所以认识不同国家的税收制度十分重要。

二、基本税制

包括美国、加拿大、巴西、委内瑞拉、挪威、俄罗斯、印度尼西亚等国在内的世界主要产油国的基本税制情况如下：

一是大多数国家石油税制的税目种类在4种左右，一般对油气行业征收企业所得税、矿区使用费、增值税和其他税费。

二是从税目来看，企业所得税是各国普遍设置的一种税，而矿区使用费除少数国家外（如印度、英国、挪威等），一般也都有设置，企业所得税和矿区使用费是国际上最为普遍的石油税费种类。一般的产油国都设置增值税，但对石油上游企业一般不征收。

三、税制模式

从各国石油工业对外开放程度和政府所得的组成来看,石油税制模式包括完全开放模式、大开放模式和小开放模式三种。

(一) 完全开放模式

完全开放模式的主要特征是石油工业对外完全开放,石油勘探开发活动以现代租让制为基础,石油税收对国内外各类石油公司采用单一、统一标准。政府所得主要来自以所得税为中心的直接税。采用这类模式的国家主要是发达国家。

(二) 大开放模式

大开放模式的主要特征是石油工业对外开放程度很大,石油勘探开发活动以产量分成合同或租让制为基础,石油税收对国内外实行两套标准。对外的税收主要来自企业所得税和矿区使用费。但政府有大量的非税收入,主要来自产量分成和政府参股。采用这类模式的国家主要是一些开放时间较早的国家,这些国家一般都有国家石油公司,政府通过设置有别于国内的税收,专门对其利益进行调整,如马来西亚等。

(三) 小开放模式

小开放模式的主要特征是石油工业对外开放的范围小、时间短。石油工业主要由国内石油公司支撑,税收主体也主要是国内的石油公司。税制结构简单,主要征收企业所得税,在缴纳所得税之前,已将其大部分收入作为国有收入上缴国库。采用这类模式的国家主要是大的石油输出国,特别是中东地区的沙特阿拉伯、科威特等。小开放模式是非市场经济的模式。

四、国际石油合同中的财税条款

国际石油合同中使用了大量税收和非税收的财税条款,下面从条款介绍、对资源国政府的利弊分析及对投资者决策的影响三个方面系统分析各个财税条款。

(一) 矿区使用费

1. 条款介绍

矿区使用费在石油工业中被各资源国政府广为使用,作用是帮助政府从本国矿产资源的开采中获得收益。矿费可以基于产量或出口的数量计算(从量计算),也可以基于产量或出口量的价值(从价计算)计算。一些国家将矿费费率与平均日产量、油价、水深、油田位置、油藏深度、原油质量等参数相联系。

2. 对资源国政府的利弊分析

(1) 矿费对政府有利,因为当生产开始后,矿费保证了政府的项目前期收入。

(2) 因为矿费依附于产量或销量,因此具有一定的可预测性。

(3) 相对来说,易于计算、征收和监管。

(4) 矿费属于递减性质(项目盈利越少,实际税率越高)的税收。过高的矿费会扭曲投资决策,为了降低其递减性,一些国家使用与产量或销售额、水深、井深或 R 系数等相关的滑动比例来计算矿费。

3. 对投资者决策的影响

（1）不管项目是否盈利，都需要交纳矿费，因此矿费可能成为投资的障碍。

（2）由于提高了项目的最低预期投资回报率，因此矿费降低了项目的经济寿命。这样可能导致原本能够被生产出来的油气储量留在了地下。

（二）篱笆圈

1. 条款介绍

篱笆圈是石油行业的一个特色条款，划定了纳税实体的轮廓和范围；而所得税一般在公司层面征收。在石油行业纳税实体常为合同区域或独立项目，当对合同区域或独立项目使用篱笆圈条款时，一个区域或项目的收入不能抵消另一个区域或项目的亏损。另一种类型的篱笆圈将上游和下游的经营分离开来。通常一个给定区域或许可证发生的全部成本都必须由该区块产生的收入来回收，即该区块被篱笆圈拴住了。

然而，一些国家允许勘探成本可以跨篱笆圈回收。在新西兰，勘探费用可以在其发生年内100%扣减；允许海上钻井产生的开发费用在发生后的7年内回收，且任何损失在许可证、油田、甚至在贸易中都不采用篱笆圈，即任何在新西兰公司或财团的收入都可以弥补损失。

2. 对资源国政府的利弊分析

篱笆圈的目的在于保护现有应纳税收入水平，在某种程度上，此条款对新进入和已进入的投资者平等对待。篱笆圈的缺点在于降低了对勘探和投资行为的激励。如果允许成本跨越篱笆圈，实际上就相当于资源国政府在补贴失败的勘探活动。

3. 对投资者决策的影响

放松篱笆圈限定能够对投资者产生很强的投资激励，尤其是已有油田在生产或处于缴税状态之中的投资者。如果存在成本回收限制，则可能会进一步增强篱笆圈的激励。

（三）公司所得税

1. 条款介绍

国家可能使用标准的公司所得税税率在石油行业征税，也有可能使用更高的税率来征税，以此来获取更多的经济地租。由于石油公司一般都跨国经营，因此对于资源国政府来说，采取保护措施防止利润被转移到低税率地区非常重要。

影响所得税的关键因素是应纳税额的范围及适用的税率。对于应纳税额来说，要求对税前扣减的利息或关联公司之间的收费要求存在公平合理的交易，这样只对每年收入超过一定成本和补贴部分的利润进行征税。在传统的计算公式中，所得税税率是个定值，因此所得税相对是一种递减性质的税收，因为不同盈利水平下所得税的征收比例是相同的。

为了保证当项目利润很高时，资源国政府能够分享到相应收益，越来越多的国家采用递进性质的所得税税率。一般可以使用与原油价格、产量、销售价值等参数相关联的分级税率。这些都是按比例征收的传统所得税的一个补充。在一些国家，投资者的所得税由政府从其产量份额中支付。

2. 对资源国政府的利弊分析

（1）在国家税法中，所得税的规定很完善，在国家的现有体制下公司所得税的计算、搜集和监管相对更加容易，这样就降低了政府的管理负担。

（2）递进的所得税将税收水平与油气产量水平、油气价格等参数联系起来。这样就允许当经济条件比预期更好时，资源国政府参与分享项目的收益。

3. 对投资者决策的影响

一般来说，决定所得税税率的参数与投资者的投资回报不一定完全相关，因此公司所得税对投资者的决策来说可能不是中立的。在一些税收由政府（或国家石油公司）代表承包公司支付的国家，应当考虑税收结构问题，因为这种措施相当于承包公司自行支付，但享受了本国的税收减免。这样承包公司不受税率变化的影响，这种类型的税收安排一般非常稳定。

（四）资源租金税

1. 条款介绍

资源租金税将税收与项目的盈利性直接联系起来。一般来说，当所有费用都被回收，项目达到了预定的报酬目标后，资源租金税才被征收。然后，对于随后的经营收入就会征收一个非常高的边际税率。基本上，与传统的税制相比，当预期随着时间的推移政府能获得一个非常高的回报时，就会授予一定的免税期。

租金税税收系统主要有两类：一是基于 R 系数的系统，与投资回收率（累计税后收入或累计成本）相关联的比例；二是基于收益率的系统，即与项目的投资收益率相关联。

目前，一些国家已经采用分段递进的资源租金税来平缓地实现从低税率到高税率的转换。在另外一些国家中，投资者的资源租金税由政府在其产量份额中代为支付。

2. 对资源国政府的利弊分析

（1）资源租金税的主要优点是其中立性。

（2）资源租金税的缺点是当投资公司获得目标回报率或收益率时，仅给政府增加收益。尽管这可以通过将资源租金税、矿费和公司所得税结合起来避免，但这样关键问题就会变成如何定义一个有效率的目标收益率。这是一个复杂问题，因为这取决于项目的具体情况，包括很多外生条件。

（3）资源租金税相对更难评估和监管，因此，维持这一税种的管理成本取决于资源国政府的执行和监管能力。

3. 对投资者决策的影响

资源租金税对于投资决策来说是相对中立的。这取决于目标收益率与投资者的贴现率的接近程度，反过来这反映了项目的风险和投资者的风险——收益状况。

（五）进出口税

1. 条款介绍

进口税适用于一国所有进口的物品和设备。此税种曾经用来保护本地商品的生产。几乎所有的国家都征收某种贸易税，在石油行业中进口税较少作为财税工具使用，因为本地化的规定在很大程度上替代了进口税的使用，保护了本国产业。大多数国家都对油气行业的物质和设备提供进口关税豁免。在一些情况下，整个产品分成合同或租让制协议执行过程中均享有进口关税豁免；在其他情况下，进口关税豁免仅局限于勘探和开发阶段。一些国家提供总体性豁免；其他国家将豁免仅限制于具体详细的材料和设备。对于产油国来说，对进口设备采取临时性豁免是通常采用的措施，因为出口税扭曲了出口和国内供给的价格，一般不会对油气产量征收（俄罗斯例外）。

2. 对资源国政府的利弊分析

（1）对于资源国政府来说，当项目刚开始运作时进口税是一个收入来源。但是，根据此类税收的管理程序，基层的政府官员经常需要对货物进行分类。这样可能导致货物处理中的延迟，可能增加潜在的寻租行为。

（2）使用材料与设备豁免经常会增加海关部门的管理负担。

3. 对投资者决策的影响

如果一个项目在其勘探开发阶段有大量的进口需求，则对材料和设备进口税的支付就会降低项目的净现值，增加项目的风险，从而对项目的经济性有直接的影响。正因如此，至少在项目初期，海关进口税务的豁免对于投资者来说具有重要价值。

（六）增值税

1. 条款介绍

增值税的征收一般遵循目的地原则，即进口征税，出口零税率。因此，油气项目一般处于免税地位。当产量（增值税税率为零）只是少量在本地市场销售时，石油公司可以通过购买货物和服务而获得增值税退还，使自己处于一个持续的免税地位。大多数产油国政府都免除或取消了增值税对出口项目的影响，主要方法是在给项目初期或特定购买提供某种贷款信用、退返、豁免、退税或延期。

2. 对资源国政府的利弊分析

油气项目增值税的管理非常复杂，它取决于选择的方式是完全豁免还是某种形式的退返、信用、退税或延期。尤其是如果政府的能力不适合管理一个退税系统，采用对油气行业特定物品采取税务豁免可能会更加有效率。

3. 对投资者决策的影响

对于投资者现金流来说，增值税与进口税有着相同的效果。因此，投资者更加偏好对特定物品采用豁免的税制。

（七）地面费

1. 条款介绍

地面费一般根据租赁区域的面积按年支付。一般对勘探和开发区域征收的费用不同。地面费的设定一般是一个象征性的数额，其目的在于防止投资者持有区块而不开发。

2. 对资源国政府的利弊分析

地面费易于计算、征收和监管。其优点是在项目周期中的每一个阶段，都提供了一个收入来源（尽管数额有限）。一般政府在上游会设置一个代理机构，负责征收地面费，并使用税收收入冲抵其管理成本。

3. 对投资者决策的影响

由于地面费的数额一定，基本上对投资者没有什么特别的不利影响。

（八）定金

定金（Bonuses）一般由投资公司签署勘探开发协议时支付，可能在如下几种情况下都需要支付定金：发现、商业声明、设备启用、开始生产、日产量或累计产量水平达到目标设定值。定金增加了勘探和开发的经济界限，增加了项目的风险。为了弥补这一风险，高定金一般用低矿费、低产品分成比等方式来平衡。

（九）政府参与

1. 条款介绍

许多产品分成合同都给资源国政府或国家石油公司提供了是否参与项目勘探与开发的选择权，政府可以选择多种方式参与。政府可能选择以联合经营方式参与项目。联营公司承担油气资产勘探、开发和运营成本，作为报酬，有权获得该区块产量的一定份额。

政府可能在项目初期就选择参与项目经营，但是不多见；更为常见的是，政府在项目的某一阶段（一般在开发或生产阶段）参与到项目经营中来。一般同时也取得一种附加权益：政府按其在未来项目收益中的份额支付成本。在一些国家，政府参与项目后，也不给投资者补偿其在勘探阶段发生的费用和承担的风险。

政府可能直接参与或者通过国家石油公司参与项目经营。

2. 对资源国政府的利弊分析

（1）除非是非经济性原因（如增加主权意识、方便技术转让、增加油田开发决策的控制权）使得资源国政府直接参与到项目中来，否则政府直接参与几乎不能提供什么好处。在一些情况下，直接参与的风险和成本很大，不如政府只管项目的征税和监管。

（2）对于政府来说，其既是股份持有者，同时也要监督项目对环境和社会影响，这两种身份的利益和目标可能存在冲突。

（3）政府参与对投资者来说是一种成本，参与股份比例越高，对投资者的影响越大。

3. 对投资者决策的影响

（1）政府参与的条款降低了投资者的现金流，增加了投资者的风险。

（2）有时候为了弥补运营和投资成本，作业者向合资公司中每一位参与者募集资金。政府以产量注资时，投资者就面临着筹集所有资金的负担。

（3）在一些情况下，政府直接参与开发活动可能导致次优的投资水平。许多投资者将政府参与视作一种阻碍，如运营和技术上决策制定过程的效率可能会降低。此外，政府参与降低了国际石油公司账面储量的比例。

（十）成本回收限制（一般应用于合同制之中）

1. 条款介绍

在许多国家中，产品分成合同将能够用来回收成本的原油产量比例设定限制。如果成本超过了成本回收限制，差额部分将被结转至下一期进行回收。对于成本回收而言，并不是所有的成本都可以被回收，相关的会计规则一般在合同中或石油法律中规定回收成本的范围和顺序。

2. 对资源国政府的利弊分析

（1）成本回收限制保证了在每一个会计期间，政府都能够得到一定比例的产量。

（2）与矿费相比，成本回收限制的递减性相对较弱。

（3）从管理的角度来说，成本回收限制比矿费更难以监管。

3. 对投资者决策的影响

在设置有成本回收限制的产品分成合同中，通常大致比例在 40%~60%。较低的成本回收限制将会阻碍边际油田的开发。

(十一) 利润油分成 (利润油条款属于合同制)

1. 条款介绍

在产品分成合同中，利润油指收入减去矿费和成本回收后的部分。此概念在租让制下是应税收入，在服务合同中是服务费。差异在于油气资源的所有权（产品分成合同中指交接点，租让制中指井口）。在纯服务合同中，所有的产量都归政府所有。

在多数情况下，利润油分成比例根据一定参数的滑动比例来设定，这些参数可能包括日平均产量、累计产量、原油价格、产量价值、R 系数和收益率。世界范围内大约80%的利润油分成含有某种形式的滑动比例。利润油在资源国政府和投资者之间分成，分成比例通常通过谈判来确定。

2. 对资源国政府的利弊分析

(1) 滑动比例的利润油分成是一种比较灵活的安排，使得政府能够在不改变整体财税框架的前提下给特定项目提供合适的财税方案。

(2) 政府偏好于将滑动比例利润油分成与产量挂钩，相对于与 R 系数或收益率挂钩来说，这更加易于计算，但是也导致利润油分成对油气价格的变动不敏感。

3. 对投资者决策的影响

投资者更偏好滑动比例的利润油分成，尤其是与 R 系数挂钩，更好地是与投资回报挂钩，因为这样的设置给财税方案带来了灵活性，使得能够给特定项目带来合适的实际利润率，从而降低了具体项目的风险。由于其灵活性，这种类型的安排一般不会阻碍边际油田的开发。

(十二) 外汇管制

1. 条款介绍

一般来说，投资者可以持有境外外汇账户，并且可以获得硬通货利息。投资者可以直接使用境外账户处理与项目相关的收入和支出。转换为当地货币一般仅限于完成国内支出义务，包括税务支出。

2. 对资源国政府的利弊分析

(1) 实施有限的外汇管制对政府来说并没有特别的坏处，与历史相比，政府对货币兑换的控制逐渐弱化。

(2) 为了满足统计的需要，一般要求公司向中央银行汇报所有的资金移动。

(3) 为了保证国内支出义务，对于投资者来说，可以采用履约保证金和类似的保证书，而且相对成本较低。

(4) 在实施严格外汇监管的国家，石油合同一般会授予油气公司豁免权，因为油气一般在国际市场上销售，销售收益通常是偿还项目贷款的抵押品。

3. 对投资者决策的影响

(1) 在存在外汇管制的情况下，投资者在出口时须向中央银行卖出其外汇，再以官方汇率买入等额货币。这样做是为了满足国内项目义务，买卖汇率的差额（假设没有其他限制时）增加了项目的成本。

(2) 严格的外汇管制会增加政治风险，也会影响项目的净现值。

第十章 国际石油合作

（十三）环境税、保证金和履约保证金

1. 条款介绍

环境保护是一个重要领域，许多政府都开始借此对投资者的作业自由实施限制。在一些情况下，投资者必须缴付履约保证金，作为遵守废弃义务的保证，有时也会征收环境税，有时则要求对可能的环境破坏采用保险政策。与环境保护有关的成本一般被确认为作业成本的一部分，可以进行税前抵扣，超出环保监管范围的罚金和补救成本都不能进行税前扣减。

在作业过程中，当投资者没有遵守合同义务或协议条款时，保证金可以保证政府获得保障。当项目出现技术和资金失败，项目提前或者意外终止时，也可以给政府提供保障。公司的担保函一般可作为履约保证金的附属或者替代。

2. 对资源国政府的利弊分析

（1）对环境损害直接征税，理论上可能可以很好地统一私人成本和社会成本的分歧。但是执行起来却相当复杂。在界定环境保护的税收时，决策制定者必须避免惩罚负责任的作业者。通常可以采取如下做法：允许环保设施和设备在其有效期内摊销，允许当前环境费用能够进行税前扣减。

（2）在理想的保证金制度中，融资风险从政府被转移到投资者。在违约情况下，完成合同义务的必要资金必须立即到位，这样才有可能避免复杂和昂贵的法律程序。

3. 对投资者决策的影响

（1）环境保护义务的税务处理方式对投资者来说非常重要。因为如果税前可以扣减环保成本，就可以通过减税降低环保成本。

（2）履约保证金在很大程度上已经标准化和规范化，不会给投资者带来特别复杂的问题。保证金的成本将取决于金融机构施加的担保和投资者愿意接受的额度。反过来说，这些担保也是国家政治风险、项目风险、投资者地位、市场竞争程度的一个函数。

（十四）本地化义务

1. 条款介绍

本地化义务包括如下几个方面：培训义务、本地雇员配额及购买本地商品和服务等。

培训义务的目标是方便投资者帮助资源国政府提升专业技能。规定数量的政府官员会被借调到投资者公司某个部门工作一段时间，有时候带有培训和监督的双重目的。除此之外，投资者还需要每年提供一定资金来支付培训费用。培训和借调成本一般可以进行成本回收和税前扣减。

本地雇员配额常见于发展中国家，以便于促进本国就业。

使用本地产品和服务的要求在发展中国家是标准做法。一般如果本地产品和服务的质量能够与进口产品和服务相媲美，并且其价格不高出一定比例（合同中规定）的话，政府会要求投资者购买本地的产品和服务来满足项目需要。

2. 对资源国政府的利弊分析

（1）本地化义务使得政府能够实现多样化的政策目标，从技术转让，到提高本国工业水平，以及促进本国就业。

（2）本地产品和服务可能存在过多提价的问题，政府应该注意规避通货膨胀的压力。

（3）考虑到石油业务的国际化特点，石油公司一般都是跨国经营，考虑人员借调额度

时，应该考虑投资公司的吸纳能力（如小公司不能够容纳大量的政府培训人员）。

3. 对投资者决策的影响

许多国家提出各种形式的本地化义务，投资者设计了各种程序和体系来满足这些要求。严格的本地化义务一般增加了经营成本，在一些情况下，还会降低公司的效率。最终，部分成本还会通过分成机制和税收转嫁到资源国政府身上。

（十五）特殊条款

石油合同财税体系中还含有一些特殊的条款。这些条款设计的目的在于提供一些吸引投资者的激励。经常使用的特殊条款如下：

1. 资产折旧

资产在其有效期（设备的有效使用寿命，油藏的经济寿命）内可使用很多方法进行折旧。石油行业中折旧的方法有：（1）直线法；（2）余额递减法；（3）双倍余额递减法；（4）年数总和法；（5）单位产量法。

2. 递减津贴

递减津贴是耗竭性商品（例如矿藏、石油或者天然气等）在开采过程中由于矿藏的递减而允许投资者从收入总额中扣减的费用。从理论上说，递减津贴的目的是激励投资者在石油这种高风险行业中扩大投资：随着油藏的递减，公司需要进行更多的勘探，来发现新的油藏。递减津贴是对扩大勘探的一种补贴。由于石油行业是一个全球化的竞争市场，一些国家出于竞争的目的使用递减津贴来补贴勘探，如巴巴多斯、加拿大、巴基斯坦和美国等。在菲律宾实施的"菲律宾参与奖励津贴"（FPIA），是类似于递减津贴的一种条款。

3. 利息减免规定

项目融资对于大型项目或者小型石油公司来说非常常见。一般来说，贷款利息可以在税前收入中扣减，也能够进行成本回收。公司之间的利息（如果其计算是公平合理的）也可以进行成本回收和税前扣减。

4. 损失结转

此条款意味着公司具有将亏损从一个会计期间结转到下一个会计期间来抵消税务负担的能力。在大多数情况下，亏损结转是没有时限的。有时会对损失结转时限加以限制，一般为5~7年，时间年限过后，税前亏损就不能被结转。

5. 投资补贴

在一些国家，政府提供给投资者一个激励，即允许投资者额外回收一定比例的有形资本支出（也称为投资津贴或者投资提升）。有时投资补贴也需要纳税。

6. 免税期

当项目的资本投资非常大时，资源国政府可能给投资者提供免税期。例如，缅甸在2002年颁布的产品分成示范合同中提供了三年所得税的免税期。免税期给投资公司提供了一个很好的加速回收成本的时间。换句话说，资源国政府在使用这一条款吸引投资者时应该倍加谨慎。

7. 稳定性条款

稳定性条款可以分为两大类：一类是"冻结性条款"，即使得合同或合同条款在合同期间或一定时间内保持不变；另一类是"平衡条款"，即允许合同条款在不同时间进行调整，使得条件的变化不损害或有利于一方,而有益于或损害另一方。

思考题

1. 国际石油合作模式的历史演变大致分哪几个阶段?
2. 国际石油合作有哪些特点?
3. 国际石油合作的主要形式有哪些?
4. 国际石油合同的类型有哪些?并阐述其特点。
5. 简述矿税制合同和产量分成合同的基本特征。
6. 请画出矿税制合同收入分配流程示意图。
7. 请画出产品分成合同收入分配流程示意图。
8. 请选取一个石油资源国研究其财税制度的特点。

参考文献

[1] 邓玉辉. 产品分成模式的国际石油合作开发项目经济评价方法研究 [J]. 现代经济信息, 2018 (3): 115.
[2] 郭鹏. 国际油气合作合同模式多样化 [J]. 中国石油企业, 2006 (12): 72-74.
[3] 兰君, 法贵方, 衣艳静, 等. 矿税制合同模式下油气净储量的计算方法及净现值影响因素敏感性分析: 以哈萨克斯坦为例: 2019 油气田勘探与开发国际会议 [C]. 西安, 2019.
[4] 理查德·贝利, 等. 国际石油合作管理 [M]. 东营: 石油大学出版社, 2003.
[5] 罗东坤, 闫娜. 国际石油合同财税条款评价方法 [J]. 石油勘探与开发, 2010, 37 (6): 756-762.
[6] 秦朗. 国际石油合同风险控制浅析 [J]. 国际石油经济, 2012, 20 (12): 52-56.
[7] 沈剑锋, 刘晓斌. 哈萨克斯坦石油财税制度对国际石油合作的影响 [J]. 俄罗斯中亚东欧市场, 2005 (11): 28-32.
[8] 孙杜芬, 李祖欣, 刘申奥艺, 等. 国际石油合同比较方法分析 [J]. 中国矿业, 2019, 28 (9): 32-36.
[9] 王艳山. 国际石油合同中的风险与对策 [J]. 现代国企研究, 2017 (10): 158.
[10] 徐振强, 王育红. 国际石油合作合同模式的特征及演进 [J]. 国际经济合作, 2003 (1): 50-53.
[11] 周明春. 石油税制研究 [M]. 北京: 中国市场出版社, 2009.
[12] Khadijeh J. Risk Analysis of International Petroleum Contracts [J]. The Journal of American Science, 2013, 9 (8).
[13] Kronman, 等. 国际油气风险投资商务要素分析 [M]. 北京: 石油工业出版社, 2005.
[14] Okechukwu E. The Impact of Nigerian International Petroleum Contracts on Environmental and Human Rights of Indigenous Communities [J]. African Journal of International and Comparative Law, 2013, 21 (3).

第十一章

能源安全与石油体制改革

石油是国民经济的血液,由此石油安全也日益受到重视。随着经济的发展,能源越来越成为不可缺少的重要物资。而石油是"工业的血液",是一种战略资源,是关系到国家经济建设和人民生活必需的基础能源及基础原料。过去几十年发生的许多战争,如两伊战争,无一不与石油有着密切关系。石油安全是一个国家能源安全和经济安全的重要组成部分,不仅关系到该国经济可持续发展及社会的稳定,而且对世界的经济格局和政治、军事形势也会产生深远的影响。

第一节 能源安全

一、能源安全的定义

能源是经济增长和人类发展的基本要素,是国民经济发展的重要基础,工业革命以后,煤炭、石油等化石能源取代薪柴成为能源消费的主体。受能源资源禀赋和分布的约束,国际能源贸易应运而生,在纷繁复杂的国际能源贸易中,如何保障能源持续稳定的供应,成为能源进口国普遍关注的问题。1973 年第一次石油危机给主要工业国(也是石油进口国)造成了巨大的经济损失,直接催生了对能源安全问题的关注及相关概念的提出。

在国际上具有较大影响的能源安全概念由 IEA 于 20 世纪 80 年代提出。这一时期的能源安全有两大特点:一是聚焦石油供应安全,二是对象为资源进口国。IEA 从能源供应安全的角度出发,把能源安全界定为"以合理的价格获取充足的能源供给",供应安全成为能源安全的核心。IEA 的能源供应安全包括两层含义:一是不能持续出现严重的供应短缺,即供应短缺要小于上一年进口量的 7%;二是未出现持续的难以承受的高油价。

从 20 世纪末开始,能源安全的概念和目标开始发生了一些转变。这一时期不同机构对能源安全的界定基本上都是在传统的供应安全基础上,加入能源生产和使用(资源生产国和资源消费国)中的环境和社会要素。例如,约瑟夫·欧姆在 1993 年为能源安全增加了环境保护的约束:"90 年代的能源安全目标是通过增加经济竞争力和减少环境恶化,确保充足可靠的能源服务"。1997 年《京都议定书》的签订标志着世界各国重新界定了能源安全的概念,即增加了"能源使用不对人类自身生存与发展的生态环境构成大的威胁"的要求。2004 年,联合国开发计划署(United Nations Development Program,UNDP)将能源安全定义为"The availability of energy at all times in various forms, in sufficient quantities and at affordable prices without unacceptable or irreversible impact on the environment"。这一定义包括三个方面：(1) sufficient quantities——数量充足；(2) affordable prices——价格可承受；(3) without unacceptable or irreversible impact on the environment——环境可接受。2007 年，亚太能源研究中心（the Asia Pacific Energy Research Centre, APERC）提出了能源安全的"4A"概念，即：Availability（可利用性）——地质因素；Accessibility（可得性）——地缘政治因素；Affordability（可负担性）——经济因素；Acceptability（可接受性）——环境和社会因素。

在综合分析的基础上，借鉴魏一鸣（2013）的研究将能源安全定义为：满足国家经济发展需求的可靠的、买得起的、持续的能源供应，同时能源的生产和使用不会破坏生态环境的可持续发展。简单来说，能源安全由供应安全（经济技术层面）和使用安全（生态环境层面）两部分构成（图 11-1）。

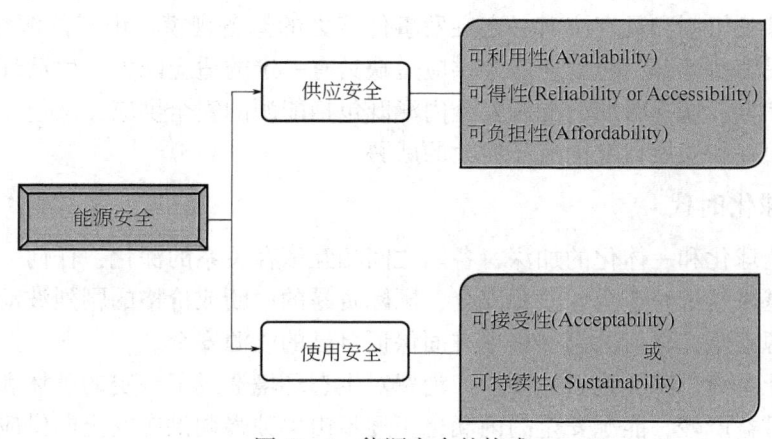

图 11-1　能源安全的构成

二、能源安全的内涵及其演变

（一）战争时期

能源安全最初是保障国家军事和经济发展所需的能源供应，尤其是石油供应。石油的战略价值主要体现在它在战争中不可替代的作用，传统的能源安全主要是以防止中东石油供应中断为重心。因此，在战争时期，国家能源安全的内涵主要是指能源的生产、加工、储备和运输的安全保障，对经济性的考虑则要淡化很多。

（二）和平发展时期

在和平年代，市场和价格等经济风险在一定程度上取代了战争和禁运等供应安全风险，成为许多国家能源安全的主要风险因素。在此背景下，石油的商品属性逐渐突出，石油战略价值逐渐转变成作为基础能源的经济价值。以石油安全为核心的传统能源安全正逐步转向化石能源、电力、核电和可再生能源并存的全面能源安全，能源多元化成为各国能源战略的必然选择。

在这一时期，国家能源安全的内涵主要是经济安全和使用安全，即能源安全的风险要素主要是市场和价格风险而不是供应中断风险，以及化石能源和核能的使用不应对人类自身的生存与发展环境构成任何大的威胁。

对于和平发展时期，又可以分为两个阶段，即工业化建设时期和后工业化时期。

1. 工业化建设时期

工业化建设时期，发展是社会的主旋律，一切能源的消费和利用都是为了满足经济和社会快速发展的需要，能源供应对经济发展具有很强的约束力，而且由于受技术水平和经济实力的限制，一次能源的替代技术还没有取得突破性进展，战略能源的储备等问题还未得到有效解决，国家和工业生产部门应对能源突发事件的能力还比较有限，所以这一时期能源安全的主要内涵是保障能源持续、廉价的供应。

2. 后工业化时期

在工业化完善时期或后工业化时期，由于生产力已经达到很高水平，人们物质生活较为殷实，能源利用效率相对于工业化阶段有很大进步，整个社会和工业生产部门的能源消费结构多元化，并且以清洁优质能源为主，一次能源利用的替代技术取得较大进展，拥有较为完善的战略能源储备机制和具有应对一定突发事件能力的储备规模。由于能源结构的多样性，工业生产和居民消费等部门对短期能源供应短缺具有一定的适应能力，生活环境的保护成为人们新的关注焦点。这一时期的能源安全内涵既包括能源的安全供应，又包括能源的使用不对人类自身的生存和发展环境构成任何大的威胁。

（三）全球化时代

随着经济全球化和一体化的加深，各国之间相互依存关系的深化，任何一个国家或地区的能源安全都越来越依赖于全球能源安全，国际贸易的中断或价格的剧烈波动将影响世界各国的经济和能源安全，任何国家很难单方面保证自己的能源安全。

此外，工业革命以来，化石能源生产消费对生态环境造成了一定的破坏和影响，随着全球气候变化的日益严峻，能源安全的内涵也正逐步由单独强调供应安全向供应和使用安全并重转变。如何实现能源安全和气候保护的"双赢"是人类面临的共同挑战。在这一情况下，全球性应对和环境兼容成为能源安全的主要内涵。

第二节　中国石油安全

一、概述

石油安全最早是一个军事领域的概念，产生于两次世界大战之中，主要是指以石油为战争机器的燃料供应安全问题。但石油安全作为一个与石油危机相对应而广泛使用的概念，则是20世纪70年代世界第一次石油危机的直接产物。自出现以来，石油安全概念的内涵和外延一直处于不断变化之中，不同国家及不同的人对它的界定也不尽一致。美国将石油安全界定为：以合理的价格自由地获取国外石油资源，或者说确保石油价格合理并自由流通；英国的一个课题组从正反两个方面描述了能源安全状态：能源安全是指这样一种情况，即消费者及其政府有理由相信在能源方面有足够的储备、生产和销售渠道来满足它们在可预见的将来对能源的需求，其价格不至于使他们在竞争中处于劣势从而危及他们的生活。当国民的福利或政府追求其他正常目标的能力，由于能源供应中断或突然发生重大价格变化而受到威胁时，不安全就出现了；一些中国学者则从综合意义上对石油安全概念进行了描述，认为石油安全应该是"量""价""质"三位一体的整体概念。所谓石油安全的"量"，即石油供应的稳定性，指满足国家生存和发展正常需要的石油供应保障的稳定程度；所谓石油安全的"价"，即石油价格的合理性或可承受性，涉及石油安全中的价格变化因素，主要指进口国或消费者所能够承受的在一定范围内波动的价格；所谓石油安全的"质"，即环境安全性，主要是指在石油的生产、运输、使用和消费等各个环节上，不应该对人类、动植物的生命和健康，以及生态环境造成损害或构成威胁。

在何种状况下才算出现石油安全问题呢？对此问题，不同的学者和机构有不同的看法。一些学者认为石油安全与石油进口量或对外依存度密切相关，认为当一国石油进口量达到其国内消费总量的30%时就会发生石油安全问题；还有学者认为当一国石油进口量超过5000万吨，该国的国民经济正常运行就会受到影响，而如果进口量超过1亿吨，就有可能通过外交、经济甚至军事手段来维护石油供应的安全；IEA将石油供应中断量达到需求量的7%确定为石油安全警戒线。因此，在当今全球石油供求总量大体平衡的情况下，越来越多的消费国认识到，石油进口量及其占消费总量的比例并不是主要问题，最令人担心的是进口是否中断，以及进口代价是否能够承受。可见，石油安全与石油供应中断的关系是直接关系，而与进口量的关系是间接关系，只要供应渠道畅通而稳定且价格适中合理，就基本不会出现石油安全问题。

石油安全是世界主要石油消费国的安全战略最重要的内容之一，也是能源管理机制的重要组成部分。早在20世纪70年代末期，美国就开始构建世界上最大的、相对完善的石油安全和储备体系，同时还进行一系列的政府项目为构建该体系提供详细信息，如"战略石油资源"。在这些项目中，会考虑到各种可能发生的事件，如国际突发（政治、军事）事件、国内恐怖事件、重大事故、自然灾害、能源价格突变等方面，考虑本国资源储备、运输能力、国外资源结构变化、未来国内能源需求、国际能源提供方式、能源价格变化趋势、区域石油供应与消费程度和运输安全保障体系，来确定美国的石油储备体系与机制。一旦有反常信号出现，国家可以启动不同级别的预警系统。

二、中国的石油安全问题

石油在中国经济结构中占有极其重要的地位，石油的安全供应对中国经济的稳定运行和发展具有非常重要的意义，对中国整体经济可持续发展和社会稳定也起到至关重要的作用。我国化石能源结构表现为"富煤、贫油、少气"，21世纪以来，中国石油消费和进口持续攀升。2018年，中国首超美国成为世界原油第一大进口国。石油对外依存度上升快速且趋势明显，2019年我国石油对外依存度已高达70%。分析我国石油安全面临的问题，对制定我国石油战略与政策具有重要的意义。

（一）我国原油供需矛盾突出

2010—2019年，随着国民经济持续快速发展，我国石油消费年均增长4.27%，而同期的原油年均产量不增反降（表11-1）。1993年，我国石油消费量首次超过产量，成为石油进口国；2009年，我国对进口油的依存度首次突破50%；到2019年，我国石油对外依存度已经超过70%，供需矛盾十分突出。国内石油生产一直在低储采比下运行，在紧急状态下，"量"的调节余地有限，我国石油安全的脆弱性凸显。从我国石油消费量和产量来看，对外依存度还将继续攀升，随着进口油的依存度增长，国际油价的起伏和供应中断都将对我国的国民经济造成重大影响。

表 11-1　2010—2019 年我国石油产量和消费量

年份，年	2010	2011	2012	2013	2014	2015	2016	2017	2018	2019	年均增长率 %
产量，百万吨	203.0	202.9	207.5	209.9	211.4	214.6	199.7	191.5	189.3	191.0	-0.67%
消费量，百万吨	446.3	462.4	484.2	505.0	524.4	558.3	571.5	596.4	619.8	650.1	4.27%

资料来源：bp Statistical Review of World Energy June 2020。

（二）我国原油进口来源相对集中、来源结构不尽合理

从我国原油进口的来源地看，2019 年的原油进口有 62.64% 来自中东和非洲地区，其中中东占 44.41%。从目前的发展趋势看，我国近三分之二的原油进口来自中东和非洲的局面不会根本改变。而中东和非洲地区正是目前国际政治经济局势动荡的主要地区，局部冲突持续不断，恐怖事件也频繁发生，容易影响石油稳定供应。如果不改变当前的进口局面，我国的原油进口将面临较大的运输风险和供应风险。

中国的原油进口来源结构因国际形势变化而有小幅变化，美国长期对伊朗实施高压制裁，导致中国从伊朗进口原油的比例持续下滑；自 2009 年以来，俄罗斯在中国原油进口中所占份额上升明显，2019 年蝉联俄罗斯原油出口"第一大国际买家"。就原油进口来讲，来源结构不合理，进口地区主要集中在中东和非洲，进口国别主要集中在俄罗斯、沙特阿拉伯等是目前突出的问题（表 11-2）。

表 11-2　2019 年我国原油进口来源地区分布及其进口量情况

地区	国家	进口量 百万吨	合计 百万吨	占比
北美洲	加拿大	2.2	9.0	1.77%
	墨西哥	0.5		
	美国	6.3		
中南美洲		67.2	67.2	13.25%
欧洲		13.6	13.6	2.68%
独联体国家	俄罗斯	77.7	81.9	16.15%
	其他独联体国家	4.2		
中东	伊拉克	51.8	225.3	44.41%
	科威特	22.7		
	沙特阿拉伯	83.3		
	阿联酋	15.3		
	其他中东国家	52.2		
北非		10.7	10.7	2.12%
西非		77.8	77.8	15.35%
东南非		3.9	3.9	0.76%

续表

地区	国家	进口量 百万吨	合计 百万吨	占比
亚太	澳大拉西亚（包括澳大利亚、新西兰及太平洋西南岛屿）	2.3	17.9	3.52%
	其他亚太国家	15.6		
合计			507.2	100%

资料来源：bp Statistical Review of World Energy June 2020。

（三）我国利用国外石油资源受到大国牵制

首先，我国有近一半的进口原油来自中东，而美国不惜动用武力加强对中东地区石油控制权的争夺。其次，中亚国家拥有丰富的油气资源，而且是我国的近邻，双方在油气领域合作具有广阔的前景。但是美国通过控股及参股等形式，竭力插手中国同哈萨克斯坦及土库曼斯坦的油气投资和国际合作，力图控制中国油气供应的中亚源头。第三，美国、日本等国通过各种手段，阻挠中国与俄罗斯、中亚国家进行能源合作，为中国实现石油来源多元化设置种种障碍。

（四）我国应对石油风险的能力十分脆弱

战略石油储备是应对石油外部风险的有效手段，20世纪70年代石油危机之后，IEA要求其成员国必须建立战略石油储备，且储量要满足90天的石油进口量。我国战略石油储备的建设较西方发达国家起步较晚。1993年我国从石油净出口国变为石油净进口国，开始关注战略石油储备的建设问题，2003年开始筹划建设，2017年12月，我国一期工程的四个国家石油储备基地已全部建成并投入使用，战略石油储备为3773万吨。2020年完成第二期规划后我国战略石油储备规模将达到4495万吨，这一规模大约是33天的石油进口量，远小于IEA要求的90天。日本和美国的战略石油储备量分别达到了203天和140天，相较之下，我国战略石油储备仍然不足，一旦发生危及石油供应的战争和其他突发事件，应对石油外部风险的能力远远不够。

总体来说，我国石油安全问题十分突出，中国原油进口贸易中仍存在着数量大增势猛、对外依存度高、来源结构不合理、主要产区政局动荡、运输沿途风险显著、进口单价偏高等问题。战略石油储备没有达到国际水平，应对外部风险的能力远远不够。

三、保证我国石油安全的基本思路

确保我国石油安全应该开源节流、多管齐下，在制订石油安全策略时应该采取全方位、多视角的石油安全措施，实施全方位国际能源战略，包括通过对话和建立伙伴关系进行更加紧密的能源合作，如与产油国进行合作。为此，强调要从以下几个方面实施全方位的能源发展战略。

（一）开源节流

我国石油工业可持续发展的关键是加大勘探力度、扩大石油储量、保证我国国内石油的持续稳产。另外我国能效不高，有很大节约空间。大力提倡节能，加快建立节约型的石油消费模式和经济结构，是缓解我国石油供需矛盾的重要措施。

（二）全球化合作

当前，石油消费国与生产国的相互依存不断加深，不再有孤立的能源安全，为此我国积极倡导新的能源安全观，提倡互利合作。国际合作日益成为我国维护能源安全的一项重要的战略手段和措施。解决我国的石油安全问题，要求必须进行国际双边、多边的对话与合作，与相关国家共筑安全屏障。

（三）石油进口多元化

一是广开国际市场货源，实行原油进口多元化战略，坚持通道多元、海陆并举、均衡发展的思路，保证我国原油进口的稳定供应，逐步完善原油进口通道；二是大力鼓励我国的石油公司遵循石油工业国际化的特点到国外进行石油开发，取得海外份额油。

（四）市场化运作

首先是逐步开放石油市场，全面放开成品油竞争性环节价格，依托石油交易中心，由供需双方协商或市场竞价形成价格，引起竞争机制；其次是要尽快完善原油期货交易市场，建立成品油期货交易平台，有序推进全国性和区域性石油现货市场建设，并逐步实现与国际接轨，参与国际石油期货市场交易，运用套期保值，规避价格风险。

（五）发展替代能源

依靠其他能源的发展可以缓解石油供应的压力，要大力开展石油替代能源的研究和推广。可以积极介入可再生能源和新能源领域，优先发展技术、生产、国家政策环境成熟的新能源和可再生能源。例如建立生物柴油原料供应和生产基地、非粮食乙醇生产基地，发展地热能项目，逐步探索氢能技术和天然气水合物勘探开发技术，有选择地开发利用丰富的太阳能和风能资源等，最终实现能源供应多元化。

（六）加强科技进步

扎实推进石油科技创新突破，能够带动石油及其相关产业升级。一方面，科技进步可以在油气开采领域实现突破，达到世界先进水平的开采技术能够使石油储量增加、石油生产成本下降、石油产量增加；另一方面，科技进步可以在石油的使用阶段发挥作用，提高石油使用效率和替代能源的发展，降低石油需求。

（七）建立储备提高应变能力

石油储备是保证石油安全、提高应变能力的重要措施。我国宁波镇海、舟山岱山、青岛黄岛和大连四个战略石油储备基地二期建设即将完成，应借此势头加快石油储备体系建设，推进石油储备方式多元化，充分利用国际低油价机遇期提高石油储备规模，到 2030 年石油储备规模达到 90 天以上。

第三节 中国石油体制改革

一、中国能源发展的机遇与挑战

从能源的角度来看，中国面临的最大问题是如何在环境友好的条件下开发利用充足的能源以支撑经济的持续发展。中国当前的能源供应不足问题主要表现在油气领域，当前的油气管理体制不能很好地促进国内油气开发，油气行业实践没有很好地关注环境问题。能源（石油）行业改革尤为重要。从"十四五"开始，中国将致力于构建国内国际双循环相互促进的新发展格局、推动实现碳中和目标。国内外环境突变，使中国能源发展面临历史性挑战，同时也迎来历史性发展机遇。

（一）中国能源发展的机遇

改革开放以来，中国发展经历五个阶段：第一阶段，从改革开放之初到1990年，这一阶段主要解决的是人民的温饱问题；第二阶段，从1990年到2000年，这一阶段的目标是要实现人民生活达到小康水平；第三阶段，从2000年到2020年，这一阶段的目标是要全面建成小康社会；第四阶段，从2020年到2035年，要基本实现社会主义现代化；第五阶段，从2035年到本世纪中叶，建成富强民主文明和谐美丽的社会主义现代化强国。

小康社会的建成、社会主义现代化及富强的社会主义现代化强国的实现都离不开经济基础，这意味着至少在2050年前，经济发展仍是主流，这也是推进中国能源持续发展的最大驱动力。

（二）中国能源发展的挑战

1. 社会主要矛盾转变

十九大报告中强调，中国特色社会主义进入新时代，我国社会主要矛盾已经转化为人民日益增长的美好生活需要和不平衡不充分的发展之间的矛盾。随着我国社会主要矛盾发生变化，国内的能源生产与消费、能源基础设施建设、能源体制机制改革、能源科技创新等方面的发展不平衡不充分问题也日益凸显。

2. 生态文明体制改革

习近平总书记在十九大报告中指出，要加快生态文明体制改革，建设美丽中国。这就要求能源行业要带头推进绿色发展，建立绿色低碳循环发展的能源体系；着力解决突出环境问题，积极参与全球环境治理，落实减排承诺；加大生态系统保护力度，建立市场化、多元化的生态补偿机制；改革生态环境监管体制。

3. 建设富强民主文明和谐美丽的社会主义现代化强国

习近平总书记指出，从十九大到二十大，是"两个一百年"奋斗目标的历史交汇期，从2020年到本世纪中叶可以分为两个阶段来安排。第一个阶段，从2020年到2035年，在全面建成小康社会的基础上，再奋斗15年，基本实现社会主义现代化。第二阶段，从2035年到本世纪中叶，在基本实现现代化的基础上，再奋斗15年，把我国建成富强民主文明和谐美丽的社会主义现代化强国。能源行业要在这个奋斗目标下明确发展路径，即通过"创新、协调、绿色、开放、共享"的新发展理念顺利实现新目标。

4. 绿水青山就是金山银山

习近平总书记多次讲述"绿水青山"和"金山银山"的辩证关系——"我们既要绿水青山，也要金山银山。宁要绿水青山，不要金山银山，而且绿水青山就是金山银山。"在发展能源的同时，环境的承载能力不可忽视，对生态环境不可一味索取。能源发展要在保护生态环境中进行，用良好的生态环境保证能源可持续发展。

二、中国石油体制改革方案

2014年6月13日,习近平总书记主持召开中央财经领导小组会议强调,积极推动我国能源生产和消费革命。就此提出五点要求:(1)推动能源消费革命,抑制不合理能源消费;(2)推动能源供给革命,建立多元供应体系;(3)推动能源技术革命,带动产业升级;(4)推动能源体制革命,打通能源发展快车道;(5)全方位加强国际合作,实现开放条件下能源安全。上述要求构成了中国石油体制改革的核心,在此之后,国家相关部委快速行动,通过深入研究,先后出台若干重要文件,作为未来石油体制改革的重点。

(一)《能源生产和消费革命战略(2016—2030)》

能源安全是国家安全的重要一环。在当前能源供需格局发生变化、国际能源发展出现新趋势的情况下,国家发改委、能源局于2016年12月29日联合印发了《能源生产和消费革命战略(2016—2030)》(以下简称《战略》),目的在于推进我国能源生产和消费革命,同时保障国家能源安全。

1. 目标要求

1)总体目标

《战略》的总体目标是到2030年,初步构建起现代能源体系,为全面建成社会主义现代化国家、实现中华民族伟大复兴中国梦提供坚强保障。

2)2020年目标

《战略》在2020年的阶段性目标是实现能源消费总量控制在50亿吨标准煤;煤炭比例进一步下降,清洁能源成为能源增量主体,非化石能源占比15%;单位GDP二氧化碳排放比2015年下降18%;单位GDP能耗比2015年下降15%;电力和油气体制、能源价格形成机制等基础性制度体系基本形成。

3)2030年目标

《战略》的中期目标是在2030年实现能源消费总量控制在60亿吨标准煤;非化石能源占比提高到20%,天然气占比提高到20%,新增需求主要依靠清洁能源满足;单位GDP二氧化碳排放比2005年下降60%~65%,二氧化碳排放峰值在2030年达到并争取尽早实现,单位GDP能耗达到目前世界平均水平;现代能源市场体制更加完善成熟、初步构建现代能源体系。

4)2050年目标

《战略》的长期目标是期望在2050年实现能源消费总量基本稳定,非化石能源占比超过一半,建成能源文明消费型社会;能效水平、能源科技、能源装备达到世界先进水平;成为全球能源治理重要参与者;建成现代能源体系,保障实现现代化。

2. 战略举措

《战略》将从以下七个方面推动我国油气生产和消费改革:

1)推动能源消费革命,开创节约高效新局面

第一,坚决控制能源消费总量。在油气方面,要重点控制石油消费增量,鼓励可再生能源消费;扩大天然气替代规模。东部发达地区化石能源消费率先达到峰值,加强重点行业、领域能源消费总量管理。

第二,打造中高级能源消费结构。化解过剩产能,依法依规淘汰煤炭、钢铁、建材、石

化、有色、化工等行业环保、能耗、安全生产不达标和生产不合格落后产能，促进能源消费清洁化。

第三，深入推进节能减排。在油气行业方面，要统筹油、气、电等多种交通能源供给，积极推动油品质量升级，全面提升车船燃料消耗量限值标准等。

第四，推动城乡电气化发展。大幅提高城镇终端电气化水平；超前建设汽车充电设施，完善电动汽车及充电设施技术标准，加快全社会普及应用，大幅提高电动汽车市场销量占比等。

2）推动能源供给革命，构建清洁低碳新体系

第一，推动煤炭清洁高效开发利用。

第二，实现增量需求主要依靠清洁能源。在油气方面，主要是要积极推动天然气国内供应能力的倍增发展。推动煤层气、页岩气、致密气等非常规天然气低成本规模化开发，稳妥推动天然气水合物试采。处理好油气勘查开发过程中的环境问题，严格执行环保标准，加大水、土、大气污染防治力度。

第三，推进能源供给侧管理。通过技术进步降低清洁能源成本，完善支持清洁能源发展的市场机制，建立健全生态保护补偿机制，推动化石能源外部环境成本内部化，合理确定煤炭税费水平。建立多元化成品油市场供应体系，实现原油、煤炭、生物质等原料的生产技术和产品的协同优化。优化能源系统运行，打造能源高效公平流动基础设施平台。建立能源基础设施公平性接入的有效监督机制，降低输配成本，提高能源供给效率。

第四，优化能源生产布局。对于油气行业来说，东部地区要充分利用国内外天然气；中部地区要加快发展煤层气；西南地区要大力发展川渝天然气；西北地区要建设化石能源和可再生能源大型综合能源基地；东北地区要完善国外能源输入通道；同时还要加快建设海上油气战略接续区，稳步推进海洋能开发利用。

第五，全面建设"互联网+"智慧能源。在油气方面，要推动化石能源开采、加工及利用全过程的智能化改造，加快开发先进储能系统；加强电力系统的智能化建设，有效对接油气管网、热力管网和其他能源网络。

3）推动能源技术革命，抢占科技发展制高点

第一，普及先进高效节能技术。

第二，推广应用清洁低碳能源开发利用技术。油气开发技术部分包括提高采收率技术、非常规油气开发技术、深海油气勘探技术、海上油气事故快速响应与处理技术、重油加工技术、油品升级技术等。

第三，大力发展智慧能源技术。

第四，加强能源科技基础研究。油气研发部分包括经济安全的天然气水合物开采技术等。

4）推动能源体制革命，促进治理体系现代化

第一，构建有效竞争的能源市场体系。在油气行业中，要建立完善的油气、煤炭、电力及用能权等能源交易市场，确立公平开放透明统一的市场规则。实施国有能源企业分类改革，坚持有进有退、有所为有所不为，着力推进电力、油气等重点行业改革。

第二，建立主要由市场决定价格的机制。全面放开竞争性环节价格，凡是能由市场形成价格的，都要交给市场。加强对市场价格的事中事后监管，规范价格行为。推动形成由能源资源稀缺程度、市场供求关系、环境补偿成本、代际公平可持续等因素决定能源价格的

机制。

第三，创新能源科学管理模式。

第四，建立健全能源法治体系。

5）加强全方位国际合作，打造能源命运共同体

第一，实现海外油气资源来源多元稳定。着力构建多元化供应格局。有效利用国际资源，加快重构供应版图，形成长期可靠、安全稳定的供应渠道。加强创新合作方式。坚持经济与外交并重、投资和贸易并举，充分利用高层互访、双多边谈判、对外经济援助等机会，创新完善能源国际合作方式。发挥资本和资金优势，推动资源开发与基础设施建设相结合。

第二，畅通"一带一路"能源大通道。巩固油气既有战略进口通道，加快新建能源通道，有效提高我国和沿线国家能源供应能力，全面提升能源供应互补互济水平。

第三，深化国际产能和装备制造合作。

第四，增强国际能源事务话语权。

6）提升综合保障能力，掌握能源安全主动权

第一，形成多元安全保障体系。在油气方面，加大国内油气勘探开发力度，稳定国内供应，确保油气安全。加快形成全面覆盖的油气管网。

第二，增强战略储备和应急能力。对于油气行业来说，要加快石油储备基地建设，科学确定储备规模。积极发展天然气应急调峰设施，提升天然气应急调峰能力，加快地下储气库、沿海液化天然气应急调峰站等建设。增强煤制油、煤制气等煤基燃料技术研发能力，积极研发生物柴油、燃料乙醇、生物纤维合成汽油等生物液体燃料替代技术，大力推进纯电动汽车、燃料电池等动力替代技术发展。

第三，提升生产运行安全水平。油气行业的安全运行，要加大老旧油气管道和电网改造力度，做好基础设施保护与隐患排查治理工作。强化炼厂、油库、油气加注站等重大危险源管控等。

7）实施重大战略行动，推进重点领域率先突破

具体行动包括：全民节能行动，能源消费总量和强度控制行动，近零碳排放示范行动，电力需求侧管理行动，煤炭清洁利用行动，天然气推广利用行动，非化石能源跨越发展行动，农村新能源行动，能源互联网推广行动，能源关键核心技术及装备突破行动。其中，天然气推广利用行动要进一步明确积极发展天然气政策，高效利用天然气。实施大气污染治理重点地区气化工程，根据资源落实情况，加快重点地区燃煤设施和散煤燃烧天然气替代步伐，做好供需季节性调节。提高城市燃气化率。开展交通领域气化工程等。

（二）《能源"十三五"规划》

"十三五"时期是我国经济社会发展的重要阶段，这一时期的能源发展呈现能源消费增速放缓、能源结构更替加快、能源发展动力转变、能源国际合作深入的状态。为进一步开辟我过能源发展新格局，2016年12月26日，国家发改委、能源局联合印发《能源发展"十三五"规划》（以下简称《规划》）。

1. 目标要求

综合考虑安全、资源、环境、技术、经济等因素，《规划》的能源发展目标是在2020年实现能源消费总量控制在50亿吨标准煤，煤炭控制在41亿吨以内；能源供应能力实现国内一次能源生产40亿吨标准煤，其中煤炭39亿吨，原油2亿吨，天然气2200亿立方米，

非化石能源 7.5 亿吨标准煤；能源消费结构实现非化石能源占比 15%，天然气力争达到 10%，煤炭降低到 58%，发电用煤占煤炭消费的比例提高到 55%以上；单位 GDP 能耗比 2015 年下降 15%；煤电平均供电煤耗下降到每千瓦时 310 克标准煤；单位 GDP 二氧化碳排放比 2015 年下降 18%。

2. 战略举措

《规划》的战略举措基本上与《战略》一致，只是后者是在 2020 年前措施的细化，具体包括以下七个方面：

1）高效智能，着力优化能源系统

对油气行业来说，要利用大型综合能源基地风能、太阳能、水能、煤炭、天然气资源组合优势，推进风光水火储多能互补工程建设运行。

2）节约低碳，推动能源消费革命

将"天然气消费提升行动"纳入能源消费革命重点工程，提高城市用气率，推动农村煤改气，推广交通领域用气，提高天然气发电比例。2020 年，气电装机规模从 2015 年的 0.56 亿千瓦提高到 1.1 亿千瓦。

3）多元发展，推动能源供给革命

在炼油方面，加强炼油能力总量控制，淘汰落后产能；在油气供应方面，夯实供应基础，确保石油天然气探明储量持续增长，加快开发非常规油气，确保石油产量 2 亿吨，天然气产量 2020 年末接近 2200 亿立方米，其中常规气 1700 亿立方米，页岩气 300 亿立方米，煤层气等 160 亿立方米；在油气管网方面，实现干网与区域管网互联互通，加快成品油管网建设，加大 LNG 接收站建设，2020 年，原油、成品油管道分别达到 3.2 万千米和 3.3 万千米，天然气管道达到 10 万千米；在储备设施方面，加快石油储备体系建设，完成石油储备二期工程，加大储气库和 LNG 及城市初期调峰设施。

4）创新驱动，推动能源技术革命

针对油气行业，在关键技术上，推广应用页岩气水平井分段压裂技术、煤层气井高效排水降压技术，示范试验非常规油气评价技术，集中攻关非常规油气精确勘探和高校开发技术和深海深层常规油气开发技术。在重大装备上，创新旋转导向钻井系统、国产水下生产系统、万吨级半潜式起重敷管船、海上大型浮式生产储油系统、非常规油气勘探开发技术装备、重大海上溢油应急处置技术装备；实施非常规油气开发、深层稠油开发、1500 米以下深海油气开发重大示范工程。

5）公平效能，推动能源体制革命

在能源市场上，推动投资多元化，支持民营进入能源领域，推进天然气交易中心建设，推动建设全国统一碳排放交易市场；在能源价格上，管住中间，放开两头，放开油气领域竞争性环节价格，严格管控输配环节价格等；在油气体制上，出台油气体制改革方案，扩大改革试点范围，有序放开油气勘探开发、进出口及下游环节竞争性业务，研究推动网运分离，实现管网、接收站等基础设施公平开放接入。

6）互利共赢，加强能源国际合作

推进能源基础设施互联互通。加快推进能源合作项目建设，促进"一带一路"沿线国家和地区能源基础设施互联互通。

7）惠民惠利，实现能源共享发展

完善居民用能基础设施，加快天然气支线官网建设，扩大管网覆盖范围。在天然气管网未覆盖地区推进液化天然气、压缩天然气、液化石油气直供,保障民生用气。实施天然气利用扶贫工程。提高天然气供给普及率,全面释放天然气民用需求,2020 年城镇气化率达到 57%,用气人口达到 4.7 亿。

(三) 石油天然气体制改革总体方案

为明确石油天然气体制改革的指导思想、基本原则、总体思路和主要任务,中共中央于 2017 年 5 月 21 日印发了《关于深化石油天然气体制改革的若干意见》(以下简称《意见》)。针对石油天然气体制内现存的矛盾与问题,《意见》部署了八个方面的重点改革任务,以期通过改革推动行业的健康、持续发展,实现安全、高效、创新、绿色的行业发展目标。《意见》分别从市场、政府和企业三个层面提出改革思路与主要任务。

1. 市场层面

《意见》对市场层面的改革要求是"抓住中间、放开两头",提高油气市场的开放程度。《意见》的前四项改革任务分别对油气市场的上、中、下游及油气进出口方面进行了任务部署。在上游油气勘查开采方面,实行"勘查区块竞争出让制度"和"更加严格的区块退出机制"。目前页岩气等已经放开,常规油气勘探开发也要逐步放开,形成以大型国有油气公司为主导、多种经济成分共同参与的勘探开发体系。在油气进出口方面,明确油气进口资质,完善资质管理,让符合资质的企业,无论是国企还是民企都进来,对资质实行动态管理,不符合的退出。在中游油气管网方面,"分步推进国有大型企业干线管道独立"并"完善油气管网公平接入机制,油气干线管道、省内和升级管网均向第三方市场主体公平开放",明确了"抓住中间"的举措。在下游产品与市场方面,石油下游炼化要对质量、安全、环保和能耗高技术标准;完善准入与淘汰机制;提升原油深加工水平;天然气下游要加大市场开发;配售环节放开,实现公平竞争。凸显了"放开两头"的改革重点。

2. 政府层面

《意见》对政府的管理与监管提出了新的要求。一是强调资质管理,如任务一提出"加强安全、环保等资质管理";任务二提出"建立以规范的资质管理为主的原油进口动态管理制度";任务五提出"鼓励符合资质的市场主体参与交易"。二是强调改革油气产品定价机制,成品油终端价的正常波动由市场决定,异常波动受政府控制;天然气终端价的非居民用气价格市场化,居民用气仍受政府管制,但要完善;运输油气价格需加强管输成本和价格监管,实行成本加合理收益原则;油气平台应发挥交易平台中多市场主体交易形成市场竞争价格的模式。三是强调油气安全保障供应能力,如任务七提出"提升油气战略安全保障供应能力",完善政府储备、企业社会责任储备和企业正常生产库存有机结合、互为补充的储备体系,完善储备投资建设与运营机制,鼓励社会资本参与储备设施建设运营,建立天然气调峰政策和分级储备调峰机制,明确各方的储备调峰责任与义务,确保平稳供气;任务八提出"建立健全油气安全环保体系",保障油气开发利用全过程安全环保,实现清洁安全生产、清洁安全运输、清洁安全利用。

3. 企业层面

任务六对深化国有油气企业改革提出了指导方向,要求油气企业充分释放骨干企业活力。完善国有企业法人治理结构,鼓励有条件的企业发展股权多元化和多种形式的混合所有制。推动国有油气企业实行专业化整合、工程技术、工程建设和装备制造专业化重组,作为市场主体独立参与竞争。推进国有企业瘦身健体,剥离社会职能和解决历史遗留问题。

(四)《新时代的中国能源发展》

十八大以来,中国能源进入高质量发展新时代。习近平总书记在第七十五届联合国大会一般性辩论上宣布,中国的二氧化碳排放力争在 2030 年前达到峰值,争取在 2060 年前实现碳中和。新时代的中国能源发展,将为中国经济社会持续健康发展做出积极贡献。为全面阐述中国推进能源革命的主要政策和重大举措,国务院于 2020 年 12 月发布《新时代中国能源发展》的白皮书(简称"白皮书")。

1. 战略理念

新时代的中国能源发展要积极贯彻习近平总书记提出的"四个革命、一个合作"的能源安全新战略。发展中国能源要坚持以人民为中心,将能源发展与脱贫攻坚相结合;以清洁低碳为导向,推动绿色能源发展,加快能源绿色低碳转型;将创新置于核心地位,提升能源科技水平;以改革促发展,发挥市场和政府的作用,深入推进能源行业市场化改革;推动构建人类命运共同体,积极参与全球能源治理。

2. 战略举措

中国能源发展进入新阶段,为了在 2035 年基本实现社会主义现代化、在本世纪中叶全面建成社会主义现代化强国,中国将持续推进能源革命,构建清洁低碳、安全高效的能源体系。

1) 全面推进能源消费方式变革

在浙江省、福建省、河南省、四川省开展用能权有偿使用和交易试点,在北京、天津、湖北、重庆、上海、广东、深圳七个省市开展碳排放权交易试点。以京津冀及周边地区、长三角、珠三角、汾渭平原等地区为重点,推行天然气等替代低效和高污染煤炭的使用。加强天然气基础设施建设与互联互通,在城镇燃气、工业燃料、燃气发电、交通运输等领域推进天然气高效利用。大力推进天然气热电冷联供的供能方式。

2) 建设多元清洁的能源供应体系

在不破坏资源环境承载力的基础上,提升油气勘探开发力度,促进增储上产,提高油气自给能力。

在天然气方面,提高天然气生产能力。促进常规天然气增产的同时,突破页岩气、煤层气等非常规天然气的勘探开发,加强页岩气的规模开发。逐步完善非常规天然气产业政策体系,促进页岩气、煤层气开发利用。以四川盆地、鄂尔多斯盆地、塔里木盆地为重点,建成多个百亿立方米级天然气生产基地。

在石油方面,提升石油勘探开发与加工水平。一要加强国内勘探开发,加大低品位资源勘探开发力度,推进原油增储上产。二要发展先进采油技术,提高原油采收率。三要加强渤海、东海和南海等海域近海油气勘探开发,推进深海对外合作。四要推进炼油行业转型升级。

在能源输配网络方面,加快建设"全国一张网",初步形成调度灵活、安全可靠的天然气输运体系。

在能源储备应急、调峰体系方面,提高石油、天然气等储备能力。既要完善国家石油储备体系,建设石油储备基地,又要建立健全的多层次天然气储气调峰体系。完善天然气储气调峰辅助服务市场化机制,提升天然气调峰能力。

3) 发挥科技创新第一动力作用

围绕石油天然气等重点领域建设国家能源研发中心和重点实验室。聚焦国家重大战略产业化目标,实施油气科技重大专项,重点突破油气地质新理论与高效勘探开发关键技术,开展页岩油、页岩气、天然气水合物等非常规资源经济高效开发技术攻关。建设先进能源技术装备重大能源示范工程，在深水和非常规油气勘探开发、油气储运和输送等领域提升装备技术水平。

4）全面深化能源体制改革

多元化的市场主体，统一开放、竞争有序的能源市场是新时代中国能源发展的必行之举。培育多主体市场，一要深化油气勘查开采体制改革，开放油气勘查开采市场；二要大力支持符合条件的企业进口原油；三要对油气管网运营机制进行改革，将管输与销售业务分离。新时代的能源市场，要加强供需互动，因此，应当搭建起石油和天然气交易平台，推动原油期货交易和天然气现货交易，加强全国碳排放交易市场建设。

按照"管住中间、放开两头"的思路，首先要有序放开竞争性环节价格，持续完善成品油价格的形成机制，并逐步推进天然气价格的市场化改革；其次要科学核定自然垄断环节价格，构建天然气输配领域全环节价格监管体系。

对于能源法律体系的建设，应当加快石油、天然气等领域规章规范性文件的"立改废"进程，并且要将改革的成果在法律法规和重大政策文件中有所体现。

5）全方位加强能源国际合作

为促进能源高质量建设，中国将持续深化能源领域的对外开放。在油气行业，全面取消了油气外资准入限制，如2018年的《外商投资准入特别管理措施（负面清单）》中提出取消加油站的建设、经营准入限制；2019年的《外商投资准入特别管理措施（负面清单）》中提出取消石油、天然气的勘探、开发限于合资、合作的准入限制。

在油气对外合作工作中，积极推动跨国、跨区域的能源基础设施联通，中俄、中国—中亚、中缅油气管道的建成与投运，有效促进了区域国家经济合作。中国在应对气候变化，推进绿色低碳转型，加速绿色经济复苏的建设中也作出了积极贡献。

思考题

1. 简述能源安全的内涵。
2. 什么是石油安全？
3. 我国石油安全存在哪些问题？
4. 中国采取了哪些措施来确保中国的石油安全？
5. 中国能源发展有哪些机遇？
6. 我国未来石油体制改革的重点有哪些？

参考文献

[1] 冯卫红，王红.世界石油安全走势与我国的能源安全问题［J］.理论探索，2006（4）：94-96.
[2] 国家发改委，国家能源局.能源发展"十三五"规划［R］.北京：国家发改委，国家能源局，2016.
[3] 国家发改委，国家能源局.能源生产和消费革命战略（2016—2030）［R］.北京：国家发改委，国家能源局，2016.
[4] 国务院发展研究中心资源与环境政策研究所.中国能源革命进展报告2020［R］.北京：石油工业出版社，2020.

[5] 国务院新闻办公室.新时代的中国能源发展［R］.北京：国务院新闻办公室，2020.

[6] 曲会，刘明明.对《关于深化石油天然气体制改革的若干意见》的几点认识［J］.国际石油经济，2017，25（6）：7-11.

[7] 舒先林，李庆春.石油安全概念与石油安全战略［J］.长江大学学报（社会科学版），2005（4）：60-63.

[8] 魏一鸣，焦建玲.高级能源经济学［M］.北京：清华大学出版社，2013.

[9] 魏一鸣，等.中国能源报告（2006）：战略与政策研究［M］.北京：科学出版社，2006.

[10] 新华社.中共中央国务院印发《关于深化石油天然气体制改革的若干意见》［EB/OL］.新华网，(2017-05-21)［2017-05-23］.http：//news.xinhuanet.com/2017-05/21/c_1121009817.htm.

[11] 张帅，李蕾.对我国能源经济安全问题的思考［J］.理论视野，2020（3）：54-59.

[12] 中国工程院，"中国可持续发展油气资源战略研究"课题组.中国可持续发展油气资源战略研究综合报告：专题六 石油安全与储备战略研究［R］.2004.

[13] Asia Pacific Energy Research Centre（APERC）. A quest for Energy Security in the 21st Century. 2007.

[14] UNDP. World Energy Assessment：Overview：2004 Update. New York：United Nations Development Program.